OLIMPO

W. Max Müller

Mitología Egipcia

BookTrade

· *Mitología e historia* ·

W. Max Müller

Mitología Egipcia

MITOLOGÍA EGIPCIA

Edita: Olmak Trade S.L.
C/ Roca Plana 1
08110 - Montcada i Reixac
Barcelona (España)

www.olmaktrade.com
info@olmaktrade.com

Impreso en España / Printed in Spain

I.S.B.N: 978-84-10109-95-7
Depósito Legal: B 22583-2024

Al
Dr. MORRIS JASTROW, JR.,
de la Universidad de Pennsylvania

y

a los doctores
ALBERT TOBIAS CLAY

y

CHARLES CUTLER TORREY,
de la Universidad de Yale

PREFACIO DEL AUTOR

Este estudio sólo aspira a esbozar un vasto tema que, debido a sus interminables y difíciles fuentes, ha recibido siempre una atención superficial incluso por los mejores eruditos; una elaboración completa requeriría varios volúmenes de espacio y toda una vida de preparación.

La dificultad principal es dejar claro, a la mentalidad moderna, que una religión puede existir sin un definido sistema doctrinal, compuesta tan sólo por incontables especulaciones que divergen y confluyen de forma muy amplia. Esta incertidumbre doctrinal se ve incrementada por la forma en que las tradiciones han sido transmitidas. Sólo muy raras veces hay una pieza mitológica completa. La mayor parte de las veces no hay sino muchas alusiones esparcidas que sólo pueden ser unidas por medio de una ardua restauración de alguna de estas teorías. En otros asuntos, de igual modo, el enorme material epigráfico presenta tales dificultades y es de naturaleza tan confusa, que todo lo hecho hasta la fecha sobre la religión de Egipto es, como ya hemos indicado, simplemente un trabajo de pionero. Por lo que es muy difícil realizar una descripción exhaustiva.

Un problema menor de esta cuestión es cómo transliterar las palabras y nombres egipcios, muchos de los cuales están escritos de forma tan abreviada que su pronunciación, especialmente a tenor de las vocales, siempre resulta dudosa, a menos que tengamos una buena tradición final de este sonido. Es como si ante la abreviación «st.» (= «street»), conociéramos a una persona sin ninguna relación con el inglés para saber que significa algo así como «calle», pero sin ninguna indicación de su pronunciación. Los extranjeros se verían obligados a adivinar que el sonido de la palabra es algo así como *set, sat, seta, sota,* etc., o *este, usot,* etc., ya que no hay nada que sugiera la verdadera pronunciación de «street». Una gran parte del vocabulario egipcio se conoce sólo de esta forma, y en muchas ocasiones debemos hacer pronunciables las palabras asignándoles de forma arbitraria sonidos vocalizables, etc. De acuerdo con esto, he pensado que es mejor seguir pronunciaciones populares como Nut, en lugar de intentar Newet, Neyewet u otros intentos insatisfactorios, y de este modo he sacrificado la corrección a la simplicidad, ya que hubiera podido confundir al lector poco familiarizado con los sistemas orientales de escritura. Debe considerarse que Sekhauit y Uzoit, por ejemplo, estarían más correctamente escritos S(e)kh}ewyet, Wezoyet, y que la *e* es con frecuencia utilizada como simple relleno, ya que se desconoce la verdadera vocal.

Algunas veces podemos probar que los antiguos egipcios mismos interpretaban mal los jeroglíficos imperfectos, pero la mayor parte de las veces debemos retener estas malas pronunciaciones, aunque seamos conscientes de su poco valor. Todo esto explica por qué es tan raro que dos egiptólogos concuerden en sus traducciones. Volviendo con desesperación a las viejas formas de las transcripciones convencionales, he buscado escapar a estas dificultades, más que resolverlas.

En la transliteración *kh* tiene el valor de la *ch* escocesa o alemana; *h* es una letra muda de aspiración laríngea, un sonido áspero, siseante y gutural; *q* es una enfática *k*, formada en lo profundo de la garganta (la hebrea ק); ‘ es una extraña voz laríngeamente explosiva (la hebrea ע); la *t* es silibante (una *z* alemana); la *z* es utilizada aquí como un sustituto bastante inexacto de la peculiar pronunciación egipcia de la semítica enfática (la hebrea צ, con un sonido egipcio similar a *ṭ ṣ*, pues no puede expresarse con un solo tipo).

Para aquellos no familiarizados con la historia de Egipto, será suficiente decir que sus principales divisiones (pasando por alto los períodos intermedios) son: el Antiguo Imperio (Dinastías I a VI), alrededor del 3400 al 2500 a.C.; el Imperio Medio (Dinastías XI a XIII), alrededor del 2200 al 1700 a.C.; y el Nuevo Imperio (Dinastías XVIII a XXVI), alrededor del 1600 al 525 a.C.

Las ilustraciones que no pudieron ser fotografiadas directamente de los libros han sido dibujadas por mi hija; las ilustraciones 13 y 65 (b) han sido tomadas de escarabajos de mi propiedad.

Debido a que el espacio no permite referencias completas a monumentos, he omitido aquellas que, hasta donde he seguido el conocimiento general presente, los estudiantes pueden verificar en los índices de los libros más recientes que he citado. Las referencias se han limitado, tanto como fuera posible, a las observaciones que son nuevas o menos conocidas. A pesar de que me he propuesto una breve y simple presentación de la mitología egipcia, mi estudio contiene una gran cantidad de investigaciones originales. Debo enfatizar las dos principales que han sido realizadas hasta la fecha: a) la visión comparativa: en la religión egipcia no puede aislarse un crecimiento, como generalmente se supone; b) como muchas otras religiones, sus doctrinas han encontrado un alto grado de expresión tanto en el arte religioso como en la literatura religiosa, de modo que los traductores modernos deberían hacer mayor uso de las pinturas egipcias. Así he tratado no sólo que este libro llene las exigencias apremiantes de un tratado legible y popular sobre este tema, sino que los eruditos también puedan lograr una mejor comprensión de los más interesantes legados de Egipto a la posteridad.

W. Max Müller

Universidad de Pennsylvania

INTRODUCCIÓN

Durante casi dos milenios, la religión del antiguo Egipto ha despertado el interés de las naciones occidentales. Cuando los pueblos clásicos habían perdido la fe en las creencias de sus antepasados, se volvieron hacia los «sabios sacerdotes» de Egipto, y ciertas reverencias a la «sabiduría de Egipto» sobreviven incluso en la decadencia de todas las religiones paganas. Esta admiración recibió considerable ímpetu cuando la expedición de Napoleón reveló la grandeza de esa destacada civilización que había florecido en las riberas del Nilo. Así hoy, un templo egipcio parece ser un santuario particularmente apropiado para el misticismo religioso, y los pensamientos más profundos de la mente humana y la más sutil de las moralidades parecen estar ocultos en los grotescos jeroglíficos de obeliscos y esfinges.

Sin embargo, las únicas bases de esta impresión popular tiene dos argumentos falaces. El primero considera que el pensamiento religioso de una nación que produjo una civilización tan maravillosa en tantas facetas debería, como es natural suponer, ofrecer logros paralelos en arquitectura, arte, etc. La razón principal para esta estimación excesiva, sin embargo, ha sido el injustificado prejuicio por el paganismo clásico. Los lectores modernos deben ser prevenidos de estas sobrestimaciones a ciegas, ampliamente fundadas en la casi ininteligibilidad de la religión egipcia que, en su ultraconservadurismo, rehusa de forma absoluta a ser adaptada a la razón. Incluso la ansiedad del ateísmo agonizante no puede forzar el interminable número de dioses y sus funciones contradictorias en un sistema racional, o explicar de alguna forma la crudeza de algunos aspectos de la fe egipcia, como el culto de los animales; los misioneros de la cristiandad seleccionaron estos mismos aspectos como las ilustraciones más palpables de la estupidez o diabólica locura de las alegadas creencias. Sin embargo, lo ininteligible siempre produce una fuerte atracción en la mente religiosa, y las apelaciones de los primeros apologistas cristianos a la razón no hubieran podido aniquilar la fe en Isis y Osiris, aun fuera del valle del Nilo, si esta creencia no hubiera sido sostenida por las tradiciones nacionales de muchos miles de años. El hecho de que los egipcios mismos fueran absolutamente incapaces de reducir su religión a un sistema racional, fue para los romanos de los tiempos poscristianos la mejor prueba de sus profundidades místicas, y todavía puede impresionar de forma similar a muchas personas. Incluso después de que la ciencia de la historia de la religión fuera desarrollada, los eruditos no examinaron la religión de Egipto con suficiente imparcialidad, sino que constantemente la sobrestimaron. Por supuesto, el estudiante moderno se sentirá poco inclinado a considerar todos los absurdos como maravillosas profundidades místicas y a colocar a la religión egipcia en la cima de todos los sistemas religiosos simplemente por sus muchas oscuridades. Sin embargo, los eruditos han vacilado en considerar estos burdos aspectos como reales y han tratado, frecuentemente, de encontrar más sentidos ocultos en ellos que los mismos egipcios, de modo que pasó un considerable lapso antes de que la ciencia aceptara examinar las «sabias religiones de Egipto» de forma crítica y las considerara como lo que realmente son: un legado de eras muy primitivas y, en gran parte, un remanente de un barbarismo del que los egipcios emergieron muy gradualmente.

Los primeros egiptólogos no se atrevieron a aventurar explicaciones de la religión egipcia, cuyos textos jeroglíficos comprendían sólo de forma incompleta. Los primeros descifradores, J.F.Champollion y Sir J.G.Wilkinson, hicieron poco más que seleccionar las imágenes de los dioses. R.Lepsius hizo los primeros y débiles intentos de investigar algunos capítulos especiales de sus textos. La primera escuela de egiptólogos franceses, J.J.Champollion-Figeac, E. de Rougé y P. Pierret, buscaban explicar la religión de los faraones como una especie de monoteísmo, extrayendo esta inferencia, bastante extraña, de epítetos tales como «el Grande», «el Único» o «el Eterno», incluso cuando estos títulos eran dados a muchos dioses diferentes. Para sus mentes, un monoteísmo puro era distinguible bajo la apariencia externa de un politeísmo simbólico, y tenía sus raíces en la creencia de que todos los diferentes dioses eran en realidad sólo diversas manifestaciones del mismo ser superior. Lo real en tales concepciones se encuentran en algunos monumentos,[1] pero es completamente erróneo considerar a éstos como la opinión general o la religión original de los egipcios. Por entonces se descubrieron textos religiosos adicionales, en los que la religión se revelaba en sí misma crecientemente burda y politeísta en proporción directa a los primeros datos de los documentos considerados: los textos más antiguos eran burdas e inferiores concepciones religiosas de este tipo. Todos los pasajes panteístas o supuestamente monoteístas representaban sólo el desarrollo del pensamiento egipcio en un período relativamente más reciente. Además, eran fragmentos aislados de unos pocos y avanzados pensadores y poetas, y no afectaban a la religión de las masas; y, finalmente, estaban aún muy lejos de un monoteísmo real o un panteísmo sistemático.

Entre los apologistas de la religión egipcia en aquella primera generación de eruditos, H.K.Brugsch expresó un celo especial, de una forma algo alejada de lo convincente, en demostrar que la religión egipcia era originalmente panteísta; para mantener su teoría se vio obligado a analizar los divinos principios de ocho o nueve fuerzas cósmicas por medio de osadas identificaciones de las distintas divinidades, algo que incluso los últimos egipcios habían intentado. Antes que él, Le Page Renouf había enfatizado los aspectos cósmicos del panteón de una forma que no fue confirmada por el descubrimiento de los primeros textos religiosos; e incluso antes, Lepsius había tratado de interpretar el politeísmo egipcio como una degeneración de un monoteísmo solar o henoteísmo, una posición intermedia entre los primeros eruditos franceses y los últimos investigadores. De igual manera, a pesar de asumir un desarrollo hipotéticamente más complicado, J.Lieblein también acentuó una supuesta degeneración de la simplicidad original; y ciertas y similares teorías, que sostienen que el politeísmo egipcio fue parcialmente (o incluso ampliamente) desarrollado a partir del monoteísmo o henoteísmo por diferenciaciones locales, o revelando una errónea tendencia a descubrir un origen cósmico en todos los dioses, continúa influyendo a más de uno de los más modernos escritores. Pero, repetimos, incluso si algunos elementos de pensamiento superior puede ser espigados de los textos, estas esparcidas huellas no rozan las primeras formas de creencia egipcia, tal como ahora leemos en textos anteriores al 3000 a.C., ni afectan a la religión de las masas incluso durante los últimos períodos históricos. Más retrocedemos, más primitivas son las ideas que encontramos, que carecen por completo de huellas de monoteísmo; y estos burdos conceptos predominaron siempre en la religión del pueblo, con tal extensión, que representaron la creencia del auténtico egipcio.

El primer paso hacia la comprensión de la crudeza fundamental de la religión egipcia fue dado en 1878, cuando R. Pietschmann[2] propuso considerar sus comienzos de forma paralela al puro animismo y fetichismo de África Central, mostrando al mismo tiempo que tal religión debió en algún lugar ser asumida en gran parte con un carácter mágico. El efecto de este avance fue muy grande; y a pesar de que encontró mucha oposición y aún hoy es negado por algunos eruditos y muchos profanos con prejuicios, ha hecho mucho para desarrollar la teoría sobre el tema que ahora prevalece entre los estudiantes de religión. El escritor más enérgico en la promulgación de esta teoría fue G.Maspero, cuyos numerosos ensayos han sido los principales factores para establecer una mayor comprensión de la religión egipcia, a pesar de que nunca realizó una exposición exhaustiva de estas creencias.

La objeción estereotipada contra esta inferior concepción de la religión egipcia es su extremado contraste con el total de la civilización de la nación egipcia. ¿Es posible que, tal como Maspero declaró con valentía, el muy elevado y desarrollado pueblo del antiguo Oriente, una nación sólo inferior a los griegos en sus logros, tuviera en religión un lugar no mayor que el ocupado por algunas bárbaras tribus negras? Sin embargo, los desarrollos civilizatorios raramente corren paralelos al pensamiento religioso. La maravillosa civilización de la China, por ejemplo, era por completo incongruente con el carácter muy primitivo de su religión indígena; y, por otra parte, Israel, la mayor fuente de progreso religioso, tiene un papel muy modesto en arte y ciencia antes de ser dispersada entre los gentiles. Por encima de todo, la religión es en todas partes más o menos controlada por las tradiciones del pasado y busca sus bases en las creencias y costumbres de los primeros días. De acuerdo al acostumbrado razonamiento del hombre, sus antecesores parecen cada vez más felices y sabios en proporción directa a que las huellas históricas se busquen cada vez más hacia el pasado, hasta que por último éstos son retratados en convivencia con los dioses, que aún caminaban sobre la tierra. Los ultraconservadores egipcios estaban especialmente ansiosos por colocarse en la vía de los benditos antepasados, por adorar los mismos dioses ante los cuales sus ancestros se habían inclinado desde tiempo inmemorial, y por adorarlos exactamente en la misma forma; es así que la religión de los últimos y muy desarrollados egipcios posteriores al 3000 a.C. permaneció deplorablemente similar a la de sus bárbaros antecesores. Nuestro presente conocimiento del estado de la civilización egipcia próxima y anterior al 4000 a.C. es suficiente para demostrar que ya se habían realizado algunos desarrollos, incluyendo los primeros pasos hacia la evolución del sistema jeroglífico de escritura; pero los burdos intentos artísticos de esa era, el entierro de sus muertos en agujeros miserables o en grandes tinajas, sus construcciones de paja y ladrillos de barro y sus templos de mimbres y esterillas aún contrastan con el período de las Dinastías II y III, cuando la arquitectura y el arte egipcio dieron los primeros pasos hacia la perfección de la Era de las Pirámides, por lo que no vacilamos en colocar el desarrollo religioso de los egipcios del quinto milenio a nivel del paganismo africano. Los burdos grabados de esa época muestran que la mayoría, sino todos, de los últimos dioses, con sus nombres, símbolos y tipos artísticos, existían entonces y habían sido por tanto trasmitidos por antiguas tradiciones de los días ancestrales.

Así podemos suponer que el panteón egipcio tuvo sus orígenes en el más remoto y oscuro neolítico (o quizás, incluso, en el paleolítico), y considerarlo con seguridad como un producto del más primitivo barbarismo. Puede parecer un poco extraño que el rápido desarrollo de la civilización egipcia de algún modo anterior al 3000 a.C. no nos conduzca a una mejor sistematización de las tradiciones religiosas. Hasta que no sepamos las condiciones políticas que produjeron esa rápida evolución,[3] deberemos contentarnos con la explicación que ya hemos avanzado, esto es, que en todos lados el conservadurismo es uno de los más importantes factores en religión, y que la mente de los antiguos egipcios eran particularmente conservadora a través de toda su historia. Este conservadurismo está fuertemente ilustrado por el arte egipcio que, incluso en la época de su más alto desarrollo, no pudo librarse de las cadenas del tradicionalismo, pero que mantuvo tenazmente la infantil perspectiva de los días primigenios, a pesar de que muy pronto los artistas de la Era de las Pirámides fueron capaces de dibujar con mucha corrección, y ocasionalmente lo hicieron así. En el arte religioso, esta adherencia a la tradición constituye una barrera especialmente grave al desarrollo artístico; de acuerdo con esto las figuras de los dioses siempre conservaron, más o menos, la rigidez y —en algunos detalles— el infantil e imperfecto estilo de los primeros períodos. Por ejemplo, todas las imágenes de Ptah, uno de los dioses más antiguos, nos retrotrae a un estilo torpe que traiciona una era en que los artistas no eran capaces todavía de separar brazos y piernas del cuerpo. La salvaje simplicidad de la era en que se creó la religión egipcia está indeleblemente estampada en su subsecuente evolución, evidenciada de igual forma en los bárbaros tocados de las divinidades,[4] que consisten en plumas, cuernos y coronas dobladas con prisa, así como los simples emblemas que sostienen en sus manos. Estas insignias, en el caso de las deidades masculinas, son por lo general báculos que terminan con la cabeza del animal Sêth, mientras que las diosas sostienen comúnmente un tallo de loto florecido; la aparición de armas como insignias es comparativamente rara. De esta manera, las formas animales de la mayoría de las divinidades egipcias y la génesis del culto animal mismo, como receptáculos-fetiches de adoración a This, la extraña divinidad local cuyos símbolos nos recuerdan los emblemas totémicos, etc, todo se hace fácilmente inteligible cuando lo consideramos una supervivencia de una era bárbara, que nos esforzaremos en reconstruir en el próximo capítulo.

Capítulo I

LOS DIOSES LOCALES

El animismo es una forma muy extendida de las religiones primitivas. No tiene dioses en el sentido de las religiones paganas avanzadas; sólo cree que la tierra y los cielos están llenos con incontables espíritus, tanto sedentarios como errabundos. Estos espíritus pueden estar terrenalmente por encima de hombres, animales o plantas, o cualquier objeto destacable en tamaño o forma. Tan pronto como el hombre, en su miedo a estas deidades primitivas, trata de aplacarlas por medio de sacrificios, éstas se convierten en espíritus y fetiches tutelares, y luego en dioses. Algunos eruditos afirman que todas las religiones han partido de un animismo primitivo. Si esto es o no cierto, un origen tal se ajusta especialmente bien a la primitiva religión egipcia, y explica su interminable y confuso panteón. Los egipcios del período histórico nos cuentan que cada parte del mundo esta llena de dioses, una afirmación que en nuestros días ha sido mal interpretada, como si estos dioses fueran cósmicos, como si una especie de panteísmo primitivo subyaciera bajo estas declaraciones. Así los dioses que vivían, por ejemplo, en el agua, como el cocodrilo Sobk, la deidad-hipopótamo Epet, etc., no representan este elemento; la mayor parte de ellos simplemente habitan en una corriente de agua. En general, encontramos que la gran mayoría de los viejos dioses locales desafían toda explicación cósmica: incluso traicionan que alguna vez no fueron otra cosa que espíritus locales cuyo dominio debió ser originalmente muy limitado. En los comienzos pudo existir una tendencia a atribuir espíritus tutelares a cada árbol o roca de tamaño o forma inusual, o a cada casa y campo, siendo adorados, en el primer caso en la forma del sagrado objeto mismo en el que moraban, y en el último siendo imbuidos en algún sorprendente objeto de la localidad o en algún animal destacado que solía frecuentar el lugar. Muchos de estos espíritus tutelares nunca se convirtieron en dioses reales, es decir que nunca recibieron un culto regular. La etapa tradicional aparece algunas veces, como cuando, de acuerdo a ciertas paredes pintadas tebanas, los trabajadores de una cosecha depositaban una pequeña parte de su comida como dádiva al árbol que dominaba ese campo, es decir al genio que habitaba el árbol; o cuando alimentaban una serpiente descubierta en el campo, suponiendo que fuera algo más que una criatura ordinaria.[1] Esta serpiente podía desaparecer y sin embargo ser recordada en el lugar, lo que podría convertirla en sagrada para siempre; quizá la pintura de su alimentación puede ser interpretada con el significado de que incluso entonces la ofrenda era simplemente el reconocimiento a la aparición original de un espíritu local en forma de serpiente.

Otra clara ilustración del primitivo animismo superviviente en los tiempos históricos nos es suministrada por un relato que se encuentra en un viejo fragmento de papiro del musco de Berlín. Los pastores descubren «una diosa» que se ocultaba entre los matorrales de la orilla del río. Se aterrorizan y llaman al sabio y viejo pastor, quien por medio de fórmulas mágicas la hace salir de su guarida. Desafortunadamente, el papiro se interrumpe cuando la diosa «aparece con terrible apariencia», pero podemos observar nuevamente cómo aparece el término «dios» en la Era de las Pirámides y en tiempos posteriores.

Tales dioses rudimentarios, sin embargo, no toman parte en la religión de las eras históricas. Sólo aquellos que han atraído la atención más de lo corriente y cuyo culto se ha extendido de la familia al villorrio, podrán más tarde ser llamados dioses. Debemos, sin embargo, tener en cuenta que apenas podría establecerse una distinción teórica entre estos espíritus o «almas» (*baiu*) que no gozaban de un culto formal o regular y los dioses reconocidos por los ofrecimientos regulares, tal como no hay diferencia real entre la deidad de un pueblecito con morada en una pequeña choza de paja y el «gran dios» que tenía un templo establecido, numerosos sacerdotes y ricos sacrificios. Si tuviéramos una información completa sobre la vida egipcia, seríamos capaces de trazar el desarrollo efectuado por un espíritu o fetiche que originalmente protegía sólo la propiedad de un simple campesino y que de forma gradual avanza hasta la posición de dios del pueblo, y, consecuentemente, por el crecimiento de ese pueblo o el éxito de su política se convierte en un «gran dios» que gobierna primero sobre una ciudad y luego sobre toda la región dominada por esa ciudad, hasta que por fin es adorado en todo Egipto. Tal como podemos ver, el último paso puede ser observado repetidamente; pero el primer progreso de un «espíritu» o «alma» hacia un culto regular como dios[2] completo nunca pudo ser hallado en las inscripciones. En verdad, este proceso de deificación debe haber sido muy infrecuente en los tiempos históricos, ya que, como hemos visto, sólo las deidades que datan de días ancestrales pudieron encontrar suficiente reconocimiento. En una era simple este desarrollo de un espíritu en dios puede haber sido mucho más sencillo. En el período histórico podemos ver, más bien, el proceso opuesto; las grandes divinidades atraen todo el culto y los sacrificios a sus templos y por esta causa muchos dioses locales son olvidados, sobreviviendo sólo en la magia, etc., o hundidos en el olvido más completo. Algunas veces, el culto a tal divinidad y la existencia de sus sacerdotes eran salvados por la asociación con una deidad poderosa, quien recibía al humilde colega en su templo, así como a su esposa e hijo; pero muchas veces incluso un dios del más alto rango toleraba un insignificante culto rival en la misma ciudad, algunas veces como protector de un distrito o suburbio especial.

En su origen, la capital de cada uno de los cuarenta y dos nomos, o condados, de Egipto parece haber sido el asiento de una especial y gran divinidad o de un grupo de dioses, que eran amos y patrones de ese condado; y muchos de estos nomos mantuvieron el culto de su deidad original hasta los últimos períodos. El sacerdote del templo local acostumbraba exaltar a su patrón como si éste fuera el único dios o al menos la suprema deidad; más tarde, con frecuencia le atribuyeron el gobierno de toda la naturaleza e incluso la creación de todo el mundo, así como las más importantes funciones cósmicas, especialmente, en cada posible instancia, aquéllas de carácter solar; y no se desconcertaban por el hecho de que un nomo vecino proclamara exactamente la misma posición para su propio patrón. No debería parecernos extraño que estas condiciones de no rivalidad entre los dioses o sus sacerdotes esté manifiesta en las inscripciones. Para explicar este extraño aislamiento de la religión local por lo general se supone que en tiempos prehistóricos cada uno de estos nomos era una organización tribal o un pequeño reino, y la posterior prominencia dada a su patrón o patrones divinos era una supervivencia de esa primitiva independencia política, ya que cada antiguo estado Oriental poseía su dios nacional y lo adoraba en una forma que con frecuencia se aproximaba al henoteísmo.[3] Sin embargo, el culto casi henoteísta que era dado al patrón de estas cuarenta y dos pequeñas capitales estaba conectado con los varios dioses locales de otras ciudades en el mismo nomo, donde incluso el patrón en jefe del nomo en cuestión era relegado a un segundo o tercer lugar en favor del ídolo local. Esto fue llevado a tal extremo, que cada egipcio esperaba rendir culto principalmente al «dios (o dioses) de su ciudad», cualquiera fuera el carácter de esta divinidad. Así, cada uno de los grandes asentamientos que de este modo adoraba a su espíritu local o deidad tutelar sin determinar su precisa relación a los dioses de otras comunidades, podemos con gran probabilidad suponer que en el período primitivo el dios del pueblo precedió al dios de la ciudad, y que el dios del caserío y de la familia no eran desconocidos. Y en esos primeros días, las fuerzas de la naturaleza parecen no haber recibido ningún tipo de culto. Estas condiciones son explicables sólo desde el punto de vista del animismo.[4] Esto está de acuerdo con la tendencia a buscar preferentemente dioses de forma animal, y con objetos extraños, parecidos a fetiches, en la que otros dioses estaban representados.

Tan numerosas como las huellas del animismo, el henoteísmo local exclusivamente como culto de un espíritu local de cada establecimiento, no podría haber existido durante mucho tiempo. En un país que nunca fue favorable al individualismo, el espíritu familiar no podía competir con el patrón de la comunidad; y, de acuerdo con esto, cuando el gobierno en gran escala fue establecido, en innumerables lugares la divinidad local pronto tuvo que doblegarse al dios de una ciudad de mayor tamaño o importancia política. Podemos frecuentemente observar como un jefe, habiéndose convertido en amo de Egipto, o de una gran parte de éste, hace avanzar al dios de su ciudad por encima de todas las divinidades similares del panteón egipcio, como cuando, por ejemplo, la oscura ciudad de Tebas, súbitamente convertida en la capital de todo Egipto, obtiene para su dios local, Amón, la posición principal dentro del panteón egipcio, y así puede ser llamado amo de todo el mundo. El respeto debido al patrón especial del rey y sus ancestros, el rico culto con que ese patrón era honrado por cada nueva dinastía, y los oficiales que procedían de la zona y corte nativas del rey hacia otras ciudades, pronto extendieron el culto del dios especial del Faraón a través de todo el reino, de modo que no sólo se le adoraba junto a las deidades locales, sino que con frecuencia las suplantaba, e incluso era capaz de tomar el lugar de antiguos patrones de nomos. Así encontramos, por ejemplo, a Khnûm como dios del primero y undécimo nomos; Hat-hor, cuyo culto originalmente se extendió sólo en Egipto Medio (el sexto, séptimo y décimo nomo), también en el extremo norte de los nomos del Alto Egipto (el vigésimo segundo) y en un nomo del Bajo Egipto (el tercero); mientras Amón de Tebas, quien, como ya hemos visto, alcanzó su prominencia sólo después del 2000 a.C., reinó más tarde en no menos que cuatro nomos del Delta. Este último ejemplo es debido a la excepcional duración de la posición de Tebas como capital, que fue ininterrumpida desde 2000 a 1800 y desde 1600 a 1100 a.C.; sin embargo para la mentalidad de los egipcios conservadores, incluso este largo predominio de los dioses tebanos no pudo afectar toda la codificación de creencias

Fig. 1. La tríada de Elefantina: Khnûm, Satet, y 'Anuqet.

religiosas en favor de estos dioses, ni pudo destronar a la mayor parte de las deidades locales.

Como ya hemos dicho, la dificultad en mantener cultos separados, combinado con otras razones, condujo a los sacerdotes, desde los primeros tiempos, a agrupar varias divinidades en un templo, como una divina familia, por lo general una tríada de padre, madre e hijo,[5] en raros casos un dios podía tener dos esposas (como en Elefantina, y algunas veces en Tebas);[6] cuando una diosa que era demasiado prominente para ser satisfecha con el segundo lugar como esposa de un dios, era asociada con una divinidad masculina menor en calidad de hijo (como en Denderah). Podemos suponer que todos estos grupos estaban formados por dioses que originalmente eran vecinos. El desarrollo del conjunto (quizás una triple tríada en curso) es mucho más tardío (véase págs. 217-18).

En tanto que ningún papel cósmico era atribuido a los dioses locales, poca mitología podía ser adosada a su personalidad; incluso una deidad tan ampliamente adorada como el cocodrilo Sobk, por ejemplo, no exhibía un único trato mitológico. De muchos dioses no conocemos mitos, una ignorancia que no es debida a una accidental pérdida de información, como piensan algunos egiptólogos, sino al hecho de que las deidades en cuestión en realidad poseían poca o ninguna mitología. Las únicas divinidades locales capaces de vida mitológica, por tanto, eran aquellas que estaban conectadas con el ciclo del sol o de Osiris.

Una posible huella de primitiva simplicidad puede haber sido el hecho de que algunos dioses no tenían, propiamente hablando, nombres, sino que eran denominados por su lugar de culto. Así, la designación de la diosa de forma de gato Ubastet, significa solamente «la de la Ciudad de Ubaset», ya que había sido adorada allí sin ningún nombre real, siendo llamada, quizá, simplemente «la diosa»; y, otra vez, el dios Khen(i)-amentiu («el que se Encuentra ante los Occidentales», es decir los muertos),[7] que era originalmente un chacal (?), parece haber recibido su apelación simplemente por la localización de su templo, cercano a la necrópolis del oeste de This. Estas instancias, sin embargo, admiten otras explicaciones: un primer nombre pudo haberse vuelto obsoleto;[8] o un caso de diferenciación local pudo ser asumido en lugares especiales, como cuando el dios chacal Khent(i)-amentiu parece ser sólo una forma local de Up-uaut (Ophoïs). Nombres como el del dios cabeza de pájaro, «el que Está Bajo su Arbusto Aceite Castor»[?] (*beq*), nos da la impresión de ser muy primitivo.[9] Es cierto que a veces hay diferenciación de una divinidad en dos personalidades de acuerdo a sus distintos centros de culto; pero, excepto por muy raros casos como la diferenciación prehistórica de Mîn y Amón, esto no tuvo efectos radicales. A veces sabemos que el período histórico es tan extremadamente extraño que una

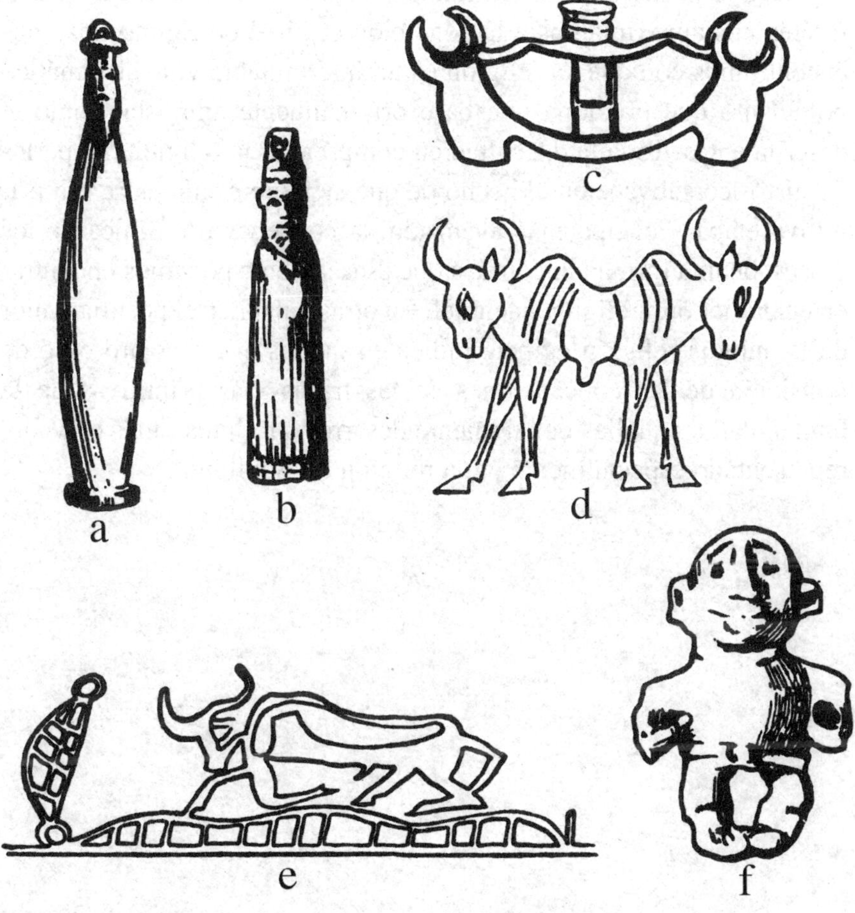

Fig. 2. Algunos dioses del Egipto prehistórico cuyo culto posterior se perdió a), b) Una barbada deidad muy usada como amuleto; c), d) un doble toro (Khônsu?); e) un desconocido dios-toro; f) una divinidad enana (?) similar a Sokari, pero encontrada muy alejada en el sur.

forma así discriminada evoca un nuevo nombre divino; el Horus y el Hat-hôr de un lugar especial por lo general permanece como Horus y Hat-hôr, de modo que tales diferenciaciones no pudieron haber desarrollado el profuso politeísmo a partir de un sistema simple. Por el contrario, debe haber sido cuestionado incluso en principio como identificación como, por ejemplo, la del disco alado Behdeti («el que está en Behdet» [el moderno Edfu]) con Horus como forma local original. En esta instancia el vago nombre parece implicar que la identificación con Horus era incluso asumida como secundaria.

Así nos vemos siempre enfrentados con el resultado de que, cuanto más nos aproximamos a la condición original de Egipto, más nos encontramos con que su religión es un interminable y no sistemático politeísmo que traiciona una base originalmente animista, como la descrita antes. Toda la dificultad en comprender la religión del período histórico subyace en el hecho de que siempre oscila entre esa primitiva etapa y el tipo más avanzado, la concepción cósmica de los dioses, de una forma tan confusa que escasamente podemos encontrar en cualquier otra religión nacional. En otras palabras, el peculiar valor de la antigua religión egipcia radica en que es el más claro caso de transición de las concepciones de las tribus más primitivas de la humanidad a aquéllas del siguiente desarrollo religioso más elevado, representado especialmente en la religión de Babilonia.

Capítulo II

EL CULTO DEL SOL

Considerando al animismo como la base de la primera etapa de la religión egipcia, debemos asumir que las principales fuerzas cósmicas eran fácilmente personificadas y consideradas como divinas. Una nación que descubre espíritus divinos en cada árbol o roca destacable, encontrará mucho más elegible al sol, la luna, las estrellas y otros cuerpos del cielo. Pero, a pesar que los primeros egipcios pudieron haber hecho esto, y quizás incluso pueden haber admitido que estos espíritus cósmicos eran grandes dioses, al principio parecen no haber pensado en otra cosa que darles las ofrendas habituales de muchos pueblos primitivos en la etapa animista de su religión, que adosar unos pocos pensamientos religiosos a los grandes factores cósmicos. ¿Y qué sucedía si estas fuerzas, que avistadas cada día parecían menos misteriosas y, por tanto, menos divinas que los espíritus tutelares del pueblo, o estos espíritus locales parecían más cercanos al hombre y así más interesados en sus guerras que los dioses cósmicos, que eran demasiado grandes y remotos para el común de los mortales? De cualquier forma, podemos observar que, por ejemplo, en los tiempos históricos el dios de la tierra (Qêb) es

Fig.3 El dios sol vigilando la aparición de su disco en el portal oriental del cielo

descrito como el padre de todos los dioses y como uno de los más importantes personajes del panteón, pero que, a pesar de esto, no parece haber poseído templos propios en el Nuevo Imperio; y afirmaciones similares pueden hacerse del dios Nuu (el abismo), a pesar de que es declarado como el más antiguo y sabio de todos los dioses, etc. Por sus mismas contradicciones, los últimos intentos de transformar los viejos espíritus y fetiches locales en personificaciones de poderes cósmicos prueba que tales personificaciones no fueron reconocidas en los períodos históricos en los que la mayoría de los cultos egipcios pueden ser rastreados, confirmando así la ausencia general de homenajes a los poderes cósmicos. E incluso es dudoso si el culto del dios sol era originalmente importante; mientras la escasa atención prestada a la luna en los tiempos históricos y la confusión de tres planetas bajo un mismo nombre nos hace llegar a la conclusión de que ningún culto de ellos ha sido transmitido desde días ancestrales.

Por otra parte, los primeros intentos del pensamiento filosófico que acompaña el desarrollo de la civilización egipcia evidencian conducir a una más cercana contemplación de la naturaleza y a una mejor apreciación de ésta. Sin embargo, a pesar de que podemos encontrar huellas de varios intentos por crear un sistema de dioses cósmicos, ninguno de tales sistemas fue llevado a cabo satisfactoriamente, de modo que una gran parte del panteón nunca se volvió cósmico o, como ya ha sido dicho, a lo mejor sólo le faltó la suerte de tornarse cósmico.

El primero de todos los poderes cósmicos en encontrar culto general fue el sol, cuyos rayos dominaban Egipto con tanta fuerza. El primero de los esfuerzos para personificarlo está identificado con un antiguo dios halcón, y así es descrito como un halcón en su vuelo diario a través del cielo. Por tanto, las dos formas más populares de la deidad solar, Rê' y Horus, tienen forma de halcón o de un hombre con cabeza de halcón (posteriormente, a veces también como un león con cabeza de halcón). Ambas

Fig. 4. Imágenes de Khepri en forma humana

Fig. 5. Khepri como el sol niño

divinidades han tenido tantos templos en los tiempos históricos que no podemos determinar el asiento original de su culto. En el comienzo del período dinástico Horus parece haber sido el dios-sol más adorado, generalmente, en Egipto.[1] A pesar de que Rê' no parece encontrar reconocimiento oficial hasta más tarde, en las Dinastías II y III parece ser la más antigua personificación del sol desde que su nombre proporcionó la designación popular del disco solar.

Menos popular es la descripción del sol como Khepri (Kheprer en la primera ortografía), o «Parecido al Escarabajo», es decir como un escarabajo haciendo rodar su huevo (el sol) a través del cielo, o como un hombre que utiliza un escarabajo sobre su cabeza o en lugar de la cabeza. Los últimos teólogos se esforzaron por armonizar esta idea con las otras representaciones del dios-sol, explicando a Khepri como el sol atenuado, por ejemplo como aparece en la mañana, cuando el huevo solar es formado, o, algunas veces, en el atardecer, o incluso como el sol en embrión bajo el horizonte de la noche,[2] cuando atraviesa las regiones de los muertos y brilla en el mundo inferior. Cuando el escarabajo arrastra un segundo huevo detrás de sí, o transporta dos huevos como cuando vuela oblicuamente en el cielo, simboliza la mañana y el sol poniente.[3]

Fig. 6. Khepri con el sol en doble aparición

En el mismo primer período, sin embargo, el sol era también descrito como un hombre cuya cara, ojo o cabeza ornamentada era el cuerpo solar. En última instancia esto fue regularmente comparado con el *uraeus*, el fiero áspid, enroscado sobre la frente del faraón como signo de su absoluto poder sobre la vida y la muerte. Cuando, como pode-mos ver, el dios-sol es mordido por una serpiente al caminar a través del cielo, sobre la ruta celestial, es simplemente una posterior reversión del mito y combinaba la interpretación del sol como un ojo (que puede ser perdido) y como un áspid. La idea más popular, sin embargo, es la de una nave (que quizá ha reemplazado una primera doble almadía),[4] el sol navega sobre el cielo, concebido como un río o lago azul, que es una continuación del mar y del Nilo. En la proa de esta nave solar encontramos con frecuencia un

Fig. 7. El dios sol transporta a un alma difunta por el cielo

curioso detalle, algunas veces presentado como una alfombra o esterilla[5] sobre la cual el dios se sienta, duplicando así una segunda figura de sí mismo en la cabina. Este detalle aún espera explicación. La deidad puede también ser el único ocupante de la barca, que se mueve por sí misma o impulsada por la deidad por medio de remos; o puede ser acompañada por muchos dioses prominentes, especialmente los nueve dioses del conjunto heliopolitano y las personificaciones de la sabiduría, etc. En el último caso, la gran nave, que un texto[6] describe con setecientos setenta codos de longitud, impulsada por los remos de numerosos dioses, almas de reyes y otros muertos (especialmente prominentes), los «seguidores de Horus», o «de Rê'»,[7] es decir de los dioses que pertenecen a la nave del sol. *El Libro de los Portales* [8] revierte a la antigua idea explicando que esas «estrellas nunca desvanecientes» (es decir las almas elegidas) se convierten en los remeros del sol durante el día. Entonces el sol puede descansar en la cabina como un disco en el que el dios mismo puede ser entronado, o como el áspid *uraeus,* el símbolo del fuego; en la última forma pude también enroscarse alrededor de la proa, cabina o cualquier otra parte del navío. En un ejemplo, una doble áspid forma en realidad la barca que transporta las estrellas del sol, es decir el símbolo de su camino diario (véase más adelante la doble naturaleza del áspid). Una idea extremadamente antigua, que aparece, por ejemplo, en tiempos tan primitivos como los de la famosa tableta de marfil del rey Menes, es la mezcla de la forma humana del sol con su forma de halcón, en tanto que el pájaro solar navega en la cabina del enorme navío como si no tuviera alas.

Fig. 8. Una estrella como remero del sol en el tiempo diurno

Fig. 9. La barca solar con forma de doble serpiente

En su diario camino el navío del sol tiene aventuras y adversarios que aparentemente simbolizan nubes y eclipses; y sus peligros se incrementan aún más durante la noche, cuando pasa el borde de las montañas occidentales, el límite de la tierra, y entra en la hostil oscuridad. En la mañana, sin embargo, siempre emerge victorioso sobre las montañas orientales; el sol mismo y sus bravos remeros y soldados han dispersado a todos sus oponentes, navegando exitosamente a través del curso subterráneo del Nilo o cruzando el abismal océano en el cual el sol se sumerge al atardecer.[9] Durante la noche (o parte de ella) el dios-sol ilumina las regiones de los muertos, que por un tiempo despiertan de su sueño cuando los rayos brillan sobre ellos, y de quienes algunas veces se cree que remolcan la nave del sol a través de las bajas aguas inertes o sin viento a través de partes especialmente dificultosas de éstas,[10] o quienes la asisten contra sus enemigos. A la noche el sol puede también descansar de su especial estadía en el otro mundo, en «la isla de las llamas»,[11] donde el fiero elemento tiene su propio centro.

Fig. 10. El dios sol en el tiempo nocturno. Con «Sabiduría» y «Magia» en su barca, es remolcado por los «espíritus del mundo inferior».

Para hablar con más exactitud, el dios-sol tiene dos naves diferentes: una —la Me'enzet— para el día, y la otra —la Semektet—[12] para la noche; algunas veces él entra en la «nave del anochecer» en la tarde. Esta distinción no es más difícil de comprender que las últimas diferenciaciones del sol en sus tres distintas personalidades durante el tiempo diurno, cuando es llamado Horus (o Har-akhti, «Horus del Horizonte») en la mañana, Rê' (su nombre común) al medio día, y Atum(u) hacia el atardecer. Esta última forma, tomada del dios local del Heliópolis,[13] es representado como humano, muy raramente en la antigua forma de Atum como una mangosta. La imagen acompañante muestra a este dios del sol del atardecer en su forma animal original, detrás del cerrado portal occidental, construido en la montaña del oeste. Ya hemos visto que el nombre Khepri era utilizado para las manifestaciones débiles; más tarde Rê‘, como el más antiguo nombre, era también empleado más para el sol débil y avejentado;[14] mientras el sol agonizante del atardecer y la muerte del sol de noche fue pronto identificado con Osiris, como veremos en el capítulo sobre el mito osiriano. La representación del sol con la cabeza de carnero durante su viaje nocturno a través del mundo inferior parece datar sólo del Nuevo Imperio.[15] Su obvia explicación está identificada con Khnûm, el guardián de las aguas que vienen de mundo inferior y señor del Hades. El sol del tiempo nocturno está perdido en los oscuros dominios de Khnûm y se une con él. La descripción del sol como una llama fragante de incienso parece encontrar su explicación en el hecho de que surge en las regiones orientales de donde provienen las especias y los perfumes.

Fig. 11. Atum junto al portal occidental del cielo

Después del 2000 a.C. el culto del sol, gracias al incremento del favor oficial, se hizo tan dominante que esas identificaciones con el sol o con fases de éste fueron intentadas con casi cada dios que no había recibido una clara función cósmica en los primeros tiempos; y de esta manera muchas divinidades locales fueron por último explicadas como diferentes manifestaciones del sol, como los «miembros» de Rê‘ o como sus «almas». Atentos a sistematizar estas manifestaciones, se nos dice que un gran dios como el sol tiene siete o catorce almas o dobles.[16] Las últimas identificaciones solares, por supuesto, exceden en mucho estos números.

Un lugar ligeramente mucho más modesto es atribuido al dios-sol en paralelo con la luna, cada una de estas grandes luminarias es un ojo del dios celestial, a pesar de que esta divinidad celestial aún lleva el nombre del dios-sol como amo del cielo, usualmente como Horus (cuando es también llamado «Horus de los Dos Ojos»), más raramente de Rê‘ u otras identificaciones con el sol.[17] El hecho que esta deidad celestial muestre sólo un ojo a la vez, es explicado por distintos mitos que dicen, como podremos ver más adelante (págs. 88-94), cómo el dios-sol perdió un ojo; de acuerdo a la creencia que prevaleció más tarde, y que fue adaptado del mito osiriano, esto sucedió en un combate con Sêth.[18]

La palabra egipcia para «ojo» es femenina, por lo que el disco del sol puede también ser considerado como hembra. Una teoría concerniente al sol, alcanzando la misma conclusión general, ha sido ya mencionada; el orbe solar es comparado al fiero áspid, el *'ar'et* (el *uraeus* de los griegos y romanos), que el faraón, el representante del dios-sol sobre la tierra, utilizaba alrededor de su frente. Comprendido como un símbolo del fuego, esta serpiente era por lo general destinada a adornar la frente o residir en la nave del dios solar o celestial, como se ha descrito en la pág. 28, pero pronto fue identificada con el ojo flamígero, y «ojo» y «áspid» se volvieron sinónimos. Así los ojos del dios celestial fueron identificados con áspides, a pesar de la suave luz de la luna; o se pensaba que dos *uraei* se enroscaban en la frente del sol, tal como algunas veces adornaban la del faraón. Estos dos ojos o serpientes eran llamadas «las hijas del dios sol»,[19] y las encontraremos bajo el mito de estas dos hijas rivales. (Véase también Fig. 9, la imagen de una doble áspid como nave que transporta la escalera del dios sol.)

Todas estas expresiones suministran métodos de solarizar las divinidades femeninas. Las diosas supremas consideradas solares y descritas como la hija, ojo, áspid o corona del sol, eran Tefênet, Sekhmet y Ubastet, cuyas formas animales (leonas la primera y segunda, gato la tercera) también parecen haber contribuido a su asociación con la luminaria del día, pues el dios sol tiene con frecuencia la tendencia a la forma de león (pág. 26). Por tanto, Hat-hôr, Isis y otras diosas celestiales algunas veces traicionan una tendencia a tales interpretaciones solares, precisamente en divinidades masculinas como Horus, que oscila entre funciones solares y celestiales (pág. 30).[20] Podemos, sin embargo, enfatizar el hecho de que todas las personificaciones femeninas del sol no tienen real cabida en la mente de los egipcios, acostumbrados a considerar al sol como deidad masculina. Estas solarizaciones de los dioses femeninos nos dan la impresión de primitivos intentos transitorios cuya historia aún no es muy clara. Para un mito como el del ojo del sol como hija que voluntariamente abandona a su padre, vemos en las págs. 88 y siguientes muchas otras leyendas del ojo herido (o ciego) del dios sol, que es eufemísticamente llamado «el sonoro, intacto» (*uzat, uzait*), pues no puede ser dañado permanentemente.

Fig. 12. Thout como mandril

La poesía religiosa, también llama a todo lo que es bueno y útil «el ojo del sol», porque toda vida es debida a los rayos del gran cuerpo celestial, como algunos himnos gráficamente declaran, o, quizá, también porque el ojo, desgarrado y caído en la tierra, creó la vida.

Había mucha diferencia de opinión sobre el tiempo en que el sol vino al mundo; algunos sostenían que procedía directamente de los abismos y había creado (o al menos organizado) todo el mundo, engendrando a todos los dioses, y otros mantenían que, especialmente en la última forma solar de Osiris, era el resultado de la primera separación del cielo y la tierra, las dos más grandes fuerzas cósmicas (véase págs. 78-81). En cualquier caso, el sol es siempre considerado como el creador de los hombres, quienes «proceden de su(s) ojo(s)», como ha sido distintamente interpretado por los egipcios, y como el dios que (solo o por medio de su escribiente Thout) organizó el mundo, al menos en su forma presente.

La sustancia más sagrada del dios sol era el brillante oro. Éste juega una parte importante en el simbolismo religioso,[21] y algunas diosas como Hat-hôr estaban conectadas con el sol por epítetos como «la áurea».

El culto dominante del sol influyó en toda la religión egipcia y afectó todos los cultos de los dioses locales, incluso se hizo moda explicar muchos dioses como solares. Así el par de monolíticos obeliscos rojos erigidos ante los portales de los templos egipcios, intentaba en sus origenes sólo simbolizar los límites del curso del sol, y especialmente sus lindes anuales, los equinoccios. También tenemos que decir que el sol tenía dos obeliscos en la tierra y dos en el cielo;[22] de igual forma, sólo uno de estos pilares puede ser considerado en verdad importante. Una alusión a esta concepción se duplicó al encontrar esas enormes y solitarias estructuras parecidas a obeliscos sobre una base cúbica que sólo los reyes de la Dinastía V erigieron en honor de Rê‘, porque parecen haberle proclamado su ancestro de forma más literal que otras familias reales.[23] Más tarde todos los obeliscos fueron en sí mismos como signos de la presencia del sol sobre la tierra.[24]

En cuanto a la más antigua y sagrada ciudad de Egipto (Un[u?], Eun[u?], en la ortografía primitiva), la «Ciudad del Sol» —la

Heliópolis de los griegos—, era el principal asiento de la mitología solar, a pesar de que el nombre general del dios sol, Rê‘, parece gradualmente haber reemplazado a la vieja deidad local, Atum(u), sólo después del 2000 a.C. Heliópolis contenía el representante terrenal del árbol de los cielos, el sagrado *Persea,* y el sagrado pozo, que hoy en día es llamado «el Pozo del Sol» (‘Ain Shams), y en el cual se creía que el sol se bañaba a sí mismo mañana y noche, o donde nació en el comienzo del mundo, cuando surgió de los abismos, etc. De este modo, el estanque no era un estanque cualquiera, sino un auténtico superviviente del diluvio primigenio.[25] Tales lagos sagrados eran imitados en muchos santuarios, ya que el sagrado árbol de Heliópolis tenía paralelos locales.

En todos los santuarios del sol, la presencia del dios sobre la tierra estaba indicada por una sola o doble reproducción de la nave solar, que algunas veces eran enormes construcciones de piedra o ladrillos,

a

b

Fig. 13. Los mandriles saludan al sol

a) Sobre el pilar celestial b) En el árbol celestial

aunque por lo general eran de madera y portátiles, para que los sacerdotes pudieran imitar el curso diario y anual del sol en las procesiones solemnes, en las que transportaban o arrastraban la nave alrededor del templo, o la hacían flotar en el cercano lago sagrado.

Más cercanamente asociados con el sol, encontramos a su secretario Thout(i) (la luna), quien también cura su ojo cuando es herido o arrancado. Cuando los dioses o «almas» de las capitales prehistóricas del dividido Egipto, Buto y Hierakónpolis, que eran representadas como figuras humanas con cabezas de halcones o chacales,[26] y que eran llamados «las almas del este», son descritos como saludando al sol cada mañana, algunos eruditos han intentado ver en esto alusiones a los gritos con que los animales salvajes parecen saludar al sol naciente. Sin embargo, son los mandriles cinocéfalos los que, de acuerdo a la concepción egipcia, de igual forma dan la bienvenida al sol naciente con oraciones e himnos, lo despiden en su puesta e incluso saludan, acompañan y ayudan al sol nocturno en su viaje a través del mundo inferior.[27] Por tanto, su papel parece haber sido desarrollado a partir del que Thout jugaba al asistir al dios sol, y los halcones y chacales ya mencionados, de igual forma, sugieren explicaciones mitológicas.

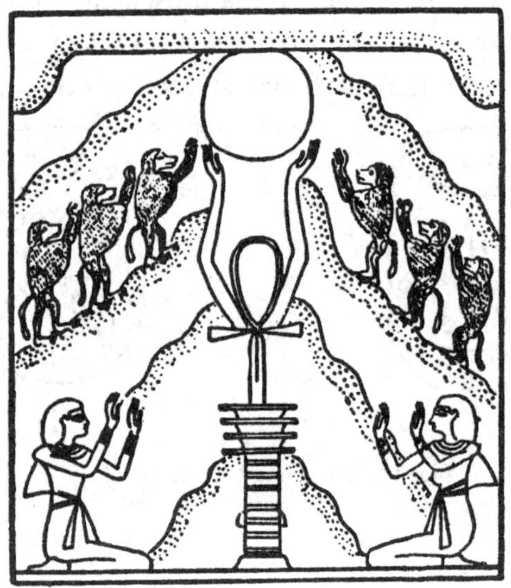

Fig. 14. Mandriles saludando al sol naciente. El sol surge en las montañas orientales, de acuerdo con los símbolos del estado osiriano y de la vida.

Capítulo III

OTROS DIOSES CONECTADOS CON LA NATURALEZA

Es remarcable que la luna, que tanta importancia tuvo, especialmente en Babilonia, nunca haya rivalizado con el sol entre los egipcios.[1] En tiempos bastantes primitivos fue identificada con el dios del ibis blanco, Thout(i) (primeramente Zhouti, Dhouti), la divinidad local de Khmun(u)-Hermópolis, que así se convirtió en la deidad de los cálculos y la escritura, y en su capacidad de secretario de la compañía de dioses actuaba como el juez de las divinidades y los hombres.[2] La razón es clara: la luna es el más sencillo regulador de tiempo del hombre primitivo. Es de manera similar que Thout toma a su cuidado el ojo herido del dios solar o celestial, y lo cura o reemplaza, la idea subyacente es que la luna regula perturbaciones tales como los eclipses; puede, sin embargo, de modo igualmente correcto, implicar que la luna, siendo el segundo ojo del dios celestial, es simplemente una débil reaparición del sol durante la noche.

Fig. 15. Thout

Fig. 16. Thout, el escriba

Fig. 17. Thout en forma de mandril como dios de la luna y escriba de los dioses

Algunos eruditos pensaron originalmente que las razones para la elección del ibis estaba en la forma de media luna del pico del ave, pero tales explicaciones se desmoronan cuando encontramos que el cinocéfalo es considerado (¿algo más tarde?) la personificación del mismo dios de la sabiduría; de modo que este tipo de mandril aparece no sólo como un amigo especial del dios sol (pág. 34), sino también como la deidad de la sabiduría, el patrón de los escribas y sabios.[3] Thout es algunas veces descrito navegando, como el sol, a través del océano celestial, en un navío. Originalmente, como los dioses halcones Rê' y Horus, se pensó que volaba por el cielo en su vieja forma de ave como un ibis blanco.

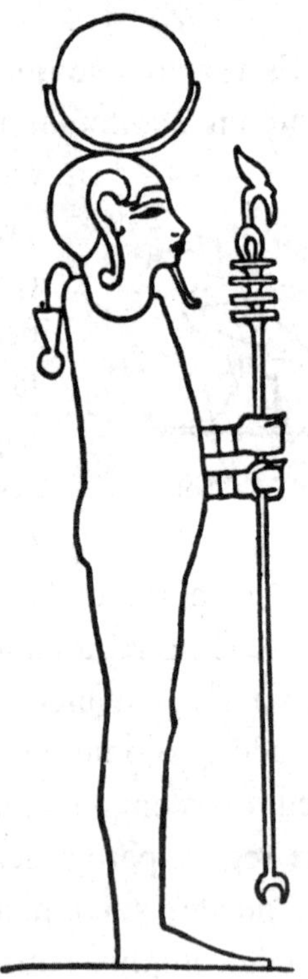

Fig. 18. Khôns como dios de la luna

Durante el período del Imperio Medio,[4] también Khôns(u), el menos importante miembro de la tríada tebana (Cap. I, nota 6), asumía el carácter de un dios lunar debido a que, las uniones de Amen-Rê' como sol con Mut como cielo, conducen a la teoría de que la luna era su hijo.[5] Por lo general se lo representaba con forma humana, utilizando un rizo lateral para indicar juventud; pero más tarde, como Horus, algunas veces tiene la cabeza de halcón y también aparece muy frecuentemente como Ptah; a pesar de que es con frecuencia equiparado con Thout, es raro que ostente una cabeza de ibis. Un símbolo, algunas veces identificado con él, está lejos de ser explicable (a menos que pertenezca a otro dios, véase las declaraciones sobre Dua, pág. 135); y es bastante dudoso cuando es representado por el doble toro con un solo cuerpo (Fig. 2 (d)).[6] Su nombre parece significar «el Vagabundo, el Errabundo», y es quizá por esta razón que los griegos lo identificaron con Heracles.

Fig. 20. El dios sol en sus escaleras

Ya hemos hecho notar que el cielo es agua y forma una continuación del Nilo o el océano, en la que la gran barca solar prosigue su camino. No está claro cómo esto se armonizaba con la idea paralela, algo rara, de que el cielo era un techo metálico, una creencia que puede haber derivado a partir de observaciones de meteoritos. Algunas veces sólo se pensaba que el centro del cielo, el trono de su amo, era de metal; mientras en otros textos se habla del «navío solar navegando en el metal», como si se pensara que éste estuviera bajo las aguas celestiales. Esta concepción de una cúpula de metal explica algunas expresiones de los últimos tiempos, como el nombre del hierro, *be-ni-pet* («cielo metálico») o la posterior palabra para «trueno», *khru-bai* (literalmente, «sonido del metal»), es decir que el trueno era evidentemente explicado como el golpeteo de las grandes láminas de metal que constituían el cielo. Se creía que este techo celestial descansaba sobre cuatro enormes pilares, que por lo general eran dibujados como soportes ahorquillados **Y** para éste último; más raramente, eran interpretados como montañas o (en el último período) como cuatro mujeres sosteniendo el cielo.[7] El cielo podía también ser explicado como una gran escalera (la mayoría de las veces doble) por la que se suponía el sol ascendía y descendía diariamente (véase Fig. 9).

Fig. 19. Un pilar personificado del cielo

Otro de los antiguos conceptos describe al cielo como un enorme árbol que sombrea la tierra, siendo las estrellas los frutos u hojas que

Fig. 22. La barca solar y los dos árboles celestiales

cuelgan de las ramas. Cuando «los dioses se balancean en sus ramas», son evidentemente identificados con las estrellas. El árbol celestial desaparece en la mañana, y el dios sol surge de sus hojas; por la tarde se oculta a sí mismo otra vez en el follaje, y el árbol (o su doble del atardecer) una vez más se extiende sobre el mundo, de modo que trescientos sesenta y cinco árboles simbolizan el año o dos tipifican sus momentos cruciales: la noche y el día.[8] En esta idea del árbol (o árboles) celestial o cósmico, que se encuentra en tantas naciones, también subyace la idea del árbol de la vida, cuyos frutos guardan a los dioses y las almas elegidas de los muertos en eterna juventud y sabiduría en Egipto o en cualquier otro lado. El árbol del destino, cuyas hojas o frutos simbolizan acontecimientos o las vidas de los hombres, representa el mismo pensamiento: el pasado así como el futuro está escrito en las estrellas. Osiris, como el dios de los cielos, es con frecuencia identificado con el árbol celestial o con alguna parte importante de éste, o en conexión con sus frutos o flores. La teología egipcia trata de determinar la analogía terrenal de este árbol. Como el árbol-mundo es también comparado con el árbol de ramas más amplias de Egipto, el sicomoro; más raramente es identificado con la datilera o el tamarindo, etc.; algunas veces es el sauce, que crece cerca del agua y que puede ser fácilmente asociado con el árbol celestial que brota del abismo o las aguas osirianas. En cone-

Fig. 21. El muerto testimonia el nacimiento del sol en el árbol celestial

Fig. 23. El muerto en el árbol y fuente de la vida

xión con el mito de Osiris, sin embargo, el árbol es más frecuentemente el *Persea* o (quizás en época posterior) el fragante cedro que crece en las remotas montañas de Asia, o, otra vez, la vid, a través de cuyo fruto el amor y la muerte entraron en el mundo; mientras que como árbol del destino es una vez más, con frecuencia, el *Persea* de Osiris. Estas comparaciones pueden referirse a los inevitables intentos de localizar o simbolizar el maravilloso árbol en la tierra. Por una transición de pensamiento, es descrito como localizado en una parte del cielo. Así en «una gran isla del Campo de Sacrificios sobre la que los grandes dioses descansan, las estrellas nunca desvanecidas»[9] sostienen el árbol de la vida, evidentemente entre el océano y el cielo, entre el mundo superior y el inferior, cuando los muertos, pasando de un dominio a otro, pueden encontrarlo. Como ya hemos visto, el más famoso de los delegados terrenales era el sagrado árbol *Persea* de Heliópolis, que podemos encontrar, por ejemplo, en la figura incluida aquí, completamente identificado con el árbol celestial; pero el santuario central de cada nomo era un árbol sagrado que, probablemente, siempre afirmaba un símbolo celestial; incluso algunas especies botánicas eran más representadas en estas contrapartes celestiales que las que hemos mencionado (pág. 38).

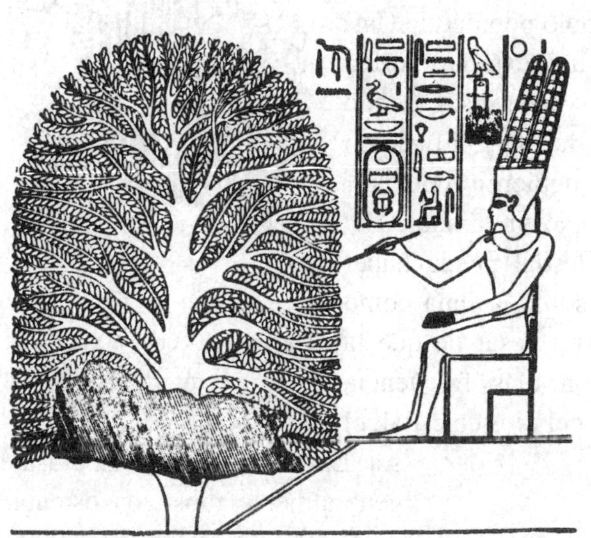

Fig. 24. Amón como la suprema divinidad registra un nombre real como «el sagrado Persea en el palacio del sol»

Cuando se personifica el cielo, es como un ser femenino, ya que la palabra *pêt* («cielo») es femenina. Por tanto el cielo es comparado a una mujer inclinada sobre la tierra (Figs. 35, 47), o a una vaca cuyas

Fig. 25. Símbolo de Hat-hôr desde el comienzo de la era histórica

patas corresponden a los cuatro pilares de los puntos cardinales (Fig. 27).[10] La diosa Hat-hôr[11] de Denderah, que originalmente era simbolizada por la cabeza o el cráneo de una vaca clavado sobre la puerta de un templo, o sobre un pilar, era identificada desde tiempos muy antiguos con las diosas de forma de vaca del cielo; y muchas otras divinidades femeninas identificadas con el cielo —especialmente Isis— indicaban su naturaleza celestial en las imágenes utilizando los cuernos o incluso la cabeza de una vaca. El símbolo popular de Hathôr se convirtió en una extraña mezcla de rostro humano y vacuno, sugiriendo el tiempo en que la personificación humana y animal debieron coexistir simutáneamente. Como un símbolo del cielo este rostro celestial puede haber reclamado tener al sol y la luna como ojos (véase pág. 30) a pesar de que la diosa representa con más frecuencia sólo el ojo principal del dios celestial, el sol. En forma de vaca, la diosa es generalmente mostrada ostentando al sol entre sus cuernos y apareciendo entre plantas y flores, es decir, en estrecha analogía con las verdes hojas del árbol celestial que envía al sol en la mañana y lo oculta en la tarde.[12] Estas plantas aparecen en el muro montañoso oriental u occidental, de donde el sol surge al amanecer o en el cual se retira al anochecer. Durante el

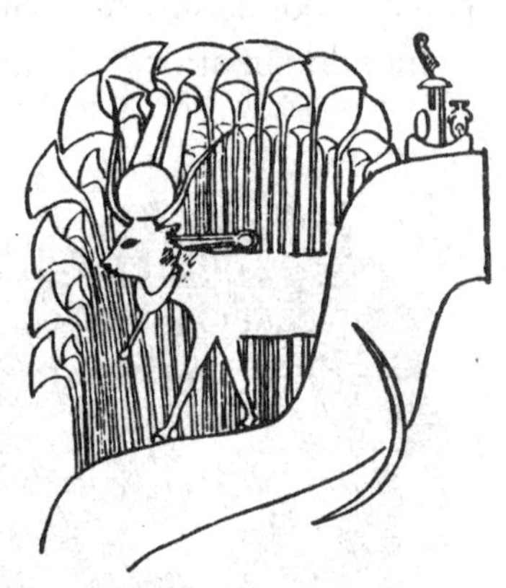

Fig. 26. Hat-hôr en el anochecer, entrando en las montañas occidentales y la verde espesura

Fig. 27. El dios sol entre los cuernos de la vaca celestial

día, puede viajar bajo el vientre de la vaca o sobre su lomo, o puede vagabundear sólo entre sus cuernos, lo que simboliza los límites diarios y anuales de su curso, en analogía con los dos obeliscos, o a las dos montañas mundanales, o a los dos árboles, etc. (págs. 32, 38). El sol también puede ser pensado como ocultándose a sí mismo en el cuerpo de la vaca celestial durante la noche; de modo que entra en su boca en la tarde y nace otra vez de su matriz por la mañana. Así, por medio de una concepción a través de la boca, el dios sol «se engendra a sí mismo» cada noche y es llamado «el toro de su madre», es decir su propio padre, un nombre que es muy utilizado en los himnos. En tanto que transporta al sol, Hat-hôr puede otra vez ser considerada como una divinidad solar (véase pág. 31, sobre las solarizaciones de las diosas).

Fig. 28. El muerto encuentra a Hat-Hôr detrás del árbol celestial

Como dama de los cielos entre rayos verdes, Hat-hôr puede estar sentada en ellos o puede ser identificada con el árbol celestial, del cual ella otorga el alimento y la bebida celestiales a las almas de los muertos (como en la Fig. 23), mostrándose así como dadora de la vida eterna para ellos. Sus cuatro rizos azul oscuro cuelgan a través del cielo o lo forman, cada rizo marcando un punto cardinal. Algunas veces estos rizos son también atribuidos a Horus como un dios celestial y la contraparte masculina de Hat-hôr (véase págs. 114-15, acerca de los cuatro hijos de Horus). Mucha fantasía mitológica parece haber sido agregada a esta red, hermosa pero peligrosa, delicada aunque fuerte, que rodea todo el mundo.[13]

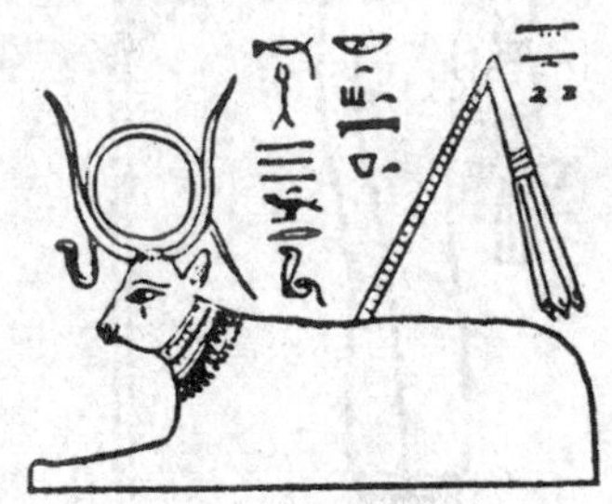
Fig. 29. «Meht-Uêret, la señora del cielo de ambas tierras y ambos países (es decir, Egipto)

La idea del cielo como una vaca es de algún modo combinada con otra que ya hemos señalado, de acuerdo a la cual el cielo es el agua de un río o una continuación del océano; así el cuerpo de la vaca puede ser cubierto con líneas que representan agua, y en esta forma la divinidad es algunas veces llamada Meh(e)t-uêret (en griego Mequer), o «el Gran Diluvio». Como este nombre es más sugestivo que Hat-hôr, se dice usualmente que el sol ha sido engendrado en o por «el gran diluvio» (Meht-uêret), o ha estado escalando sobre su lomo o entre sus cuernos el día de la creación; pero el mismo proceso puede también haber tenido lugar cada mañana, pues los procesos diarios y cosmogónicos son siempre paralelos. Incluso cuando el sol primigenio o engendrado diariamente es descrito como una flor de loto azul en el océano celestial o terrenal, puede ser llamado «hijo de Meht-uêret». El paralelo anual con la inundación traída por Meht-uêret es utilizada también en conexión con la cosecha. La vaca cósmica es de igual modo llamada Ahet, Ahit, Ahat o Ehat, Ehet, principalmente como nodriza y protectora del recién nacido dios sol en la creación del mundo.

Fig. 32. Nut con los símbolos del cielo diurno

Como diosa del cielo en forma de vaca, Hat-hôr asumió muchas de las funciones de la Reina Asiática del Cielo, así que por último se convirtió en la protectora especial de las mujeres y la deidad del amor, la belleza, el júbilo, la música y los adornos; mientras, de nuevo exactamente igual que la semítica Astarté, era a veces la señora de la guerra. Su esposo, tal como hemos visto, es por lo general Horus, el regente masculino del cielo.

Esta diosa ha sido multiplicada en el grupo de las «siete Hat-hôr» que predicen el futuro, especialmente de cada niño en su nacimiento. La sospecha de que

Fig. 30. La diosa de Diospolis Parvay

estas siete parcas eran originalmente las Pléyades, que, entre otras naciones eran las constelaciones del destino humano (de forma especial en el augurio de las enfermedades), y también la vaticinadora de la cosecha,[14] se confirma cuando encontramos las «siete vacas Hat-hôr con su toro»; pues las Pléyades están en la constelación de Tauro. Como este signo zodiacal no es egipcio, es probable que el Nuevo Imperio lo hubiera tomado prestado de Asia en conexión con las constelaciones que hemos descrito, aunque hubiera fracasado en su comprensión. Se han hecho esfuerzos para localizar las formas unitarias de estas siete Hat-hôr en ciudades egipcias.[15]

En los primeros períodos, Hat-hôr asimiló a varias otras diosas. El nombre de Bat(?), la deidad femenina de la ciudad de Diospolis Parva, está escrita con un símbolo similar o con una cabeza que representaba a Hat-hôr; más tarde este símbolo fue identificado con la gran diosa Hat-hôr misma y explicado como un sistro, esto es, un cascabel sagrado, que era utilizado especialmente en las festividades de la jubilosa diosa.[16]

Fig. 31. Nut recibiendo a los muertos

La representación del cielo en forma humana femenina, que Hat-Hôr también puede asumir, conduce a la identificación con muchas diosas, originalmente locales pero que fueron solarizadas en tiempos tardíos, y entre estas divinidades está Isis (algunas veces con su hermana y rival, Neftis), la Mut tebana y la fiera Tefênet. Para el cielo nocturno en particular, la prevaleciente personificación es Nut,[17] que, en conformidad con su nombre, es por lo general comprendida como la contraparte celestial del abismo Nuu (¿o Nûn?), es decir como las aguas celestiales que forman una continuación del océano que fluye alrededor y bajo la tierra. Podríamos esperar que ella fuera la consorte de Nuu, pero es raramente asociada a él en esta capacidad; ella es, en su lugar, la esposa del dios de la tierra, por medio del cual da nacimien-

Fig. 33. Qêb como fructificadora de la vegetación

to al sol cada mañana; y de forma similar, como «la que condujo (o conduce) los dioses» (es decir, todos los cuerpos celestiales), la madre de toda la vida o al menos de las jóvenes generaciones de dioses que forman la transición a la humanidad, como veremos en págs. 75, 80. Es comúnmente representada como una mujer oscura cubierta con estrellas, inclinada sobre el dios de la tierra cuando éste se tiende de espaldas (véase Figs. 33, 35, 38, 39). Las pinturas funerarias, especialmente sobre ataúdes, la muestran recibiendo las almas de los muertos en su seno, brazos y alas ornados de estrellas. Como contraparte de la oscura profundidad abismal es también explicada como el cielo del mundo inferior, donde el firmamento cuelga permanentemente de arriba a abajo o donde por la noche asciende de las aguas, para trocar su lugar con el brillante cielo del día. Por tanto Nut, la madre de las estrellas, está unida con el árbol estelar del cielo, en el cual está oculta, o sus ramas están formadas por sus miembros. No siempre, sin embargo, es claramente distinguida del cielo diurno y, en correspondencia, toda diosa identificada con la bóveda del cielo puede de igual modo tomar el lugar del cielo nocturno, especialmente Hat-hôr en su frecuente función de divinidad de Occidente y de los muertos.

El esposo de Nut, por el cual ella conduce al dios sol (y a la luna), es Qêb,[18] el dios de la tierra, con frecuencia representado como un hombre sobre su espalda o su costado, y con plantas que surgen de su cuerpo. La oca que algunas veces adorna su cabeza cuando es representado erecto, es simplemente el jeroglífico que forma una abreviación de su nombre, pero los teólogos pronto lo malinterpretaron con el significado de que el dios de la tierra era un enorme ánsar, «el Gran Cloqueante», que pone el huevo solar.[19] Tiene también una cabeza de serpiente, como

Fig. 34. Qêb con su símbolo Jeroglífico

señor de las víboras, sus criaturas especiales (pág. 107); o sobre su cabeza humana descansa la complicada corona de la «corona príncipe», como es frecuentemente llamada.[20] Con toda probabilidad, Qêb era originalmente sólo una divinidad local (¿cercana a Heliópolis?) sin función cósmica, pues por las primeras tradiciones conocemos otro dios de la tierra, llamado Aker o Akeru.[21] Esta deidad es representada como un doble león con dos cabezas opuestas (algunas veces humanas) sobre un cuerpo,[22] una boca tragando al sol en el atardecer, cuando entra en las montañas desérticas de occidente; mientras que de la otra surge en la mañana, de modo que durante la noche el dios sol pasa a través del cuerpo de Aker, la tierra. Los últimos teólogos soñaban reconciliar la existencia del superfluo Aker con la de su sucesor Qêb, haciendo del viejo dios la representación de las regiones inferiores de la tierra y lo retrataban como negro; luego Qêb es colocado sobre él como un guardián,[23] de modo que algunos eruditos pudieron en verdad confundir a Aker con el dragón satánico 'Apop, yaciendo en las profundidades de la tierra.[24] Algunos artistas y teólogos tardíos también separaron la figura compuesta de Aker en dos leones que se vuelven la espalda mutuamente y transportan las dos montañas entre las que sale el sol. Subsecuentemente, en algunos

Fig. 35. Qêb, como una serpiente, y Nut

Fig. 36. Qêb observando a Aker y extendiéndose sobre él.
A la izquierda se ve el sol, como Khepri, en el mundo inferior.

Fig. 37. Representación desfigurada de Aker, asimilada a Shu y Tefênet

comentarios se denomina a estos misteriosos leones «la mañana» y «ayer», mientras otros los confunden con los «dos leones celestiales», Shu y Tefênet, y en consecuencia son representados sentados entre arbustos (es decir, el horizonte; véase pág. 40) o sosteniendo el cielo (véase Fig. 37).

Los últimos dos dioses, Shu y Tefênet, eran mayoritariamente comprendidos por los egipcios como el espacio etéreo que separa la tierra y el océano del cielo. Esta función es especialmente clara con Shu,[25] quien es con frecuencia representado como un hombre levantando el cielo con sus manos extendidas o sosteniendo uno de los pilares del cielo; como sostén del cielo y el sol puede ser retratado con el disco solar sobre su cabeza o puede incluso ser considerado un dios solar.[26] Si era un hijo del dios solar (como era la aceptación más común) o si era una emanación de la fuente de los dioses, los abismos, que preceden al sol, éste era un problema teológico. En una época primitiva, Shu era identificado con Heka («Mágico», o «el Mago»), quien de igual forma era considerado como el sol; pero la razón no es tan clara cuando se lo fusiona con Heh («Espacio Infinito»), como en la Fig. 71, o con Horus.

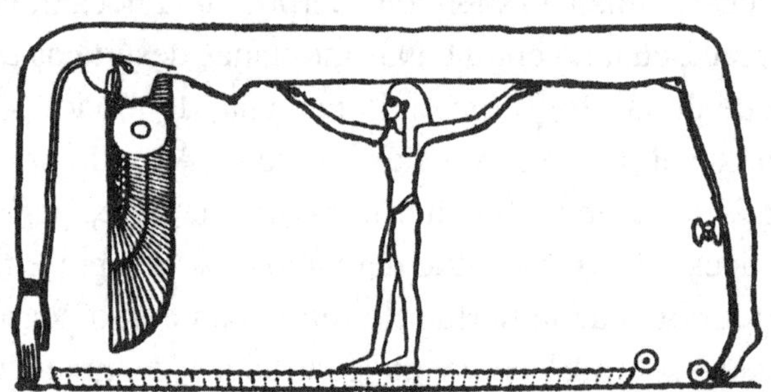
Fig. 38. Shu, de pie sobre el océano (?), sostiene a Nut, el cielo. Están representadas cuatro fases del sol

Representando su función cósmica encontramos una negación de su forma leonina, a pesar de que esta forma era evidentemente original, de

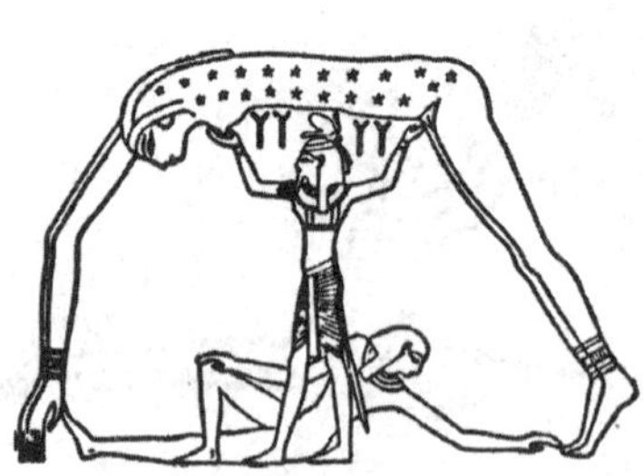
Fig. 39 Shu-Heka y los cuatro pilares que separan el cielo y la tierra

modo que su lugar local de culto era llamado Leontópolis. Más tarde fue identificado con varias otras deidades de forma humana, aunque raramente con el dios lunarizado Khôns de Tebas, con más frecuencia con el guerrero An-hôret (en griego OnouriV) de This.[27]

Cómo la leona Tefênet[28] llegó a ser asociada con Shu como su hermana gemela y esposa, y así recibió la función de diosa del cielo,[29] es algo incierto; quizá su forma de león, que nunca intercambia con aspectos humanos, proporcione la explicación, o la accidental vecindad de los dos dioses, cuando eran sólo divinidades locales. Las comparaciones modernas de Tefênet con las nubes de lluvia o el rocío son bastante infundadas; si de ella y Shu, en época más tardía, se afirmaba que causaban el crecimiento de las plantas, era más una referencia a otras funciones celestiales que a una aportación de humedad, que en Egipto raramente viene del cielo.[30] Los textos egipcios hablan más de Tefênet como lanzando calor flamígero (es decir, solar) y la describen como una hija verdadera u ojo del dios sol o como el disco sobre su cabeza. Las pinturas, de igual forma, siempre la conectan con el sol. Como contraparte femenina de Shu, puede ser identificada con diosas del cielo como Isis, por lo que en algunos lugares es llamada la madre de la luna; pero es también denominada madre del cielo (en otras palabras, de Nut) y, en sentido contrario, hija del cielo (esto es, de Nut o Hat-hôr). Ella y su hermano Shu son de igual modo llamados «los dos leones»[31] (véase la explicación de la Fig. 37). La idea del malvado Sêth como dios de los truenos y las nubes, que se desarrolló en un período muy primitivo, será discutido en la pág. 106.

Fig. 40. Tefênet

Volviendo al elemento agua, debemos primero mencionar su más cercano representante, Ha'pi, el Nilo, representado como una figura humana de azul o verde muy intensos,[32] utilizando un cinto de pescador alrededor de los riñones y con plantas acuáticas sobre su cabeza.[33] A pesar de las loas de los poetas, no gozó del culto general que podríamos esperar, siendo ésta otra prueba de que la teología de los primitivos egipcios no enfatizaba los caracteres cósmicos de los dioses (págs. 25-26). Desde los primeros períodos se creía que la fuente del Nilo estaba en el Egipto fronterizo, entre las cataratas de Asuán. Éste brotaba del no mundo o de los abismos, o algunas veces desde dos fuentes distintas, y estaba dividido en dos ríos, uno que fluía hacia el norte a través de Egipto, mientras el otro tomaba el curso sur a través de Nubia. La tradición asiática de cuatro ríos fluyendo de los cuatro puntos cardinales[34] había dejado sus huellas en la idea egipcia de que las fuentes profundas del Nilo en Elefantina eran cuatro,[35] de modo que las aguas de vida fluían desde cuatro jarras representadas por la diosa catarata Satet, etc. Para las explicaciones mitológicas del origen y surgimiento del Nilo de acuerdo al mito osiriano, véase págs. 98,118,127-28, donde encontramos que Osiris se identifica con el Nilo.

Las dos diosas del agua están unidas al Nilo,[36] Mu(u)t (o Muit) y Nekhbet. En armonía con su nombre («La Acuosa», «Flujo de Agua»), en los primeros períodos la primera fue algunas veces identificada con lo húmedo, principio primitivo del Universo y madre de todas las cosas, a pesar de que por lo general tuvo poca prominencia. Nekhbet, de quien se decía estaba en la entrada de los abismos,[37] está evidentemente conectada con la capital prehistórica del Alto Egipto, incluso cuando no está conectada de forma directa con la diosa buitre de esa ciudad; y la cuestión surge cuando las primitivas teologías no

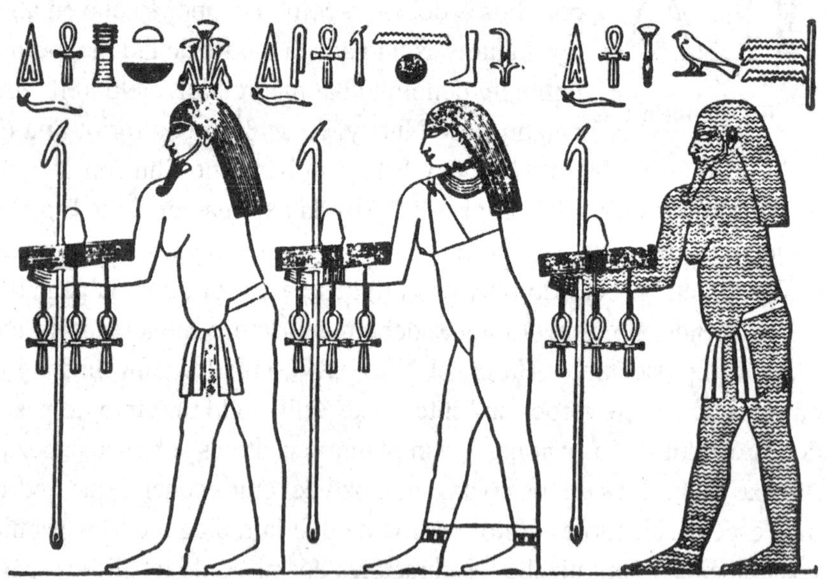

Fig. 41. El Nilo, su esposa Nekhbet y el océano

hacen que el curso del Nilo comience allí sino en la Primera Catarata, como fue la creencia en tiempos más tardíos. Ambas esposas de Ha'pi lo imitan, algunas veces, en corpulencia.

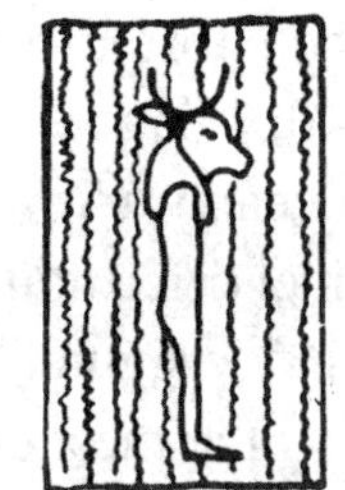

Fig. 42. Nuu con cabeza de buey

Ocasionalmente, el «océano» (literalmente «el Gran Verde») es obeso como el Nilo, a pesar de que traiga la fertilidad; y su esposa es de igual forma Mu(u)t o Mu(i)t. Por lo general, sin embargo, es identificado con Nuu (¿o Nûn?),[38] el dios de los abismos. Originalmente, este último representaba no sólo la oscuridad, sino las aguas insondables que fluyen bajo la tierra y pueden ser alcanzadas en el sur,[39] es decir, en la fuente del Nilo, pero también su continuación, que rodea el mundo como el océano todoabarcante; los confines del océano, que desaparecen en la oscuridad y el espacio interminable, conducen de retorno a las aguas subterráneas. Estas corrientes abismales representan la materia primigenia de la cual surgieron todas las deidades, así su personificación, Nuu, es llamado el más viejo y sabio de los dioses, quien existía «cuando no había cielo ni tierra»,[40] el poseedor de todos los secretos y padre de todos los dioses y el mundo. Esta idea cosmológica encuentra su paralelo en el descenso diario del sol y su renacimiento en el océano. La representación egipcia del océano era el Nilo, que —de acuerdo con esto— ha sido largamente identificado con Nuu.[41] Un poco más tarde concepciones más místicas, como hemos ya visto, identifican a Osiris con la fuente de las aguas subterráneas, con Nuu, y así lo conectan con el océano; incluso más tarde Ptah(-Tatunen) es también directamente igualado con los abismos, probablemente después de su identificación con Osiris.

Nuu es ordinariamente representado en forma humana, a pesar de que de forma ocasional tiene la cabeza de una rana y alguna que otra vez[42] la de un buey; cuando lo muestran con dos plumas abiertas de avestruz sobre la cabeza, esta imagen comprende una posterior identificación con el sabio Ptah-Tatunen. Una muy notable pintura mitológica[43] representa a «Nuu, el padre de los misteriosos dioses», emitiendo dos o cuatro cursos de agua por su boca, mientras los dos dioses, probablemente el Nilo sureño y norteño, reciben una parte de estas corrientes y la escupen otra vez.[44] Para el océano con forma humana enroscada, véase Fig. 46 y pág. 99; como última atribución del océano a los poderes hostiles al sol y su identificación con 'Apop-Sêth, véase págs. 107 y siguientes.

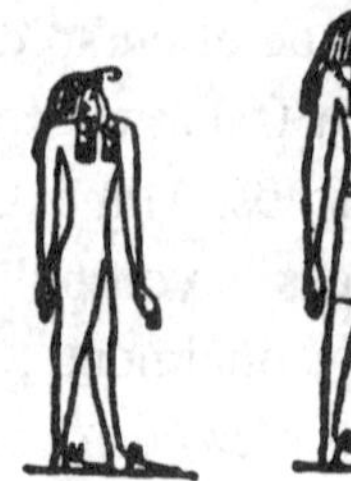

Fig. 44. Dos miembros del ogdoad primigenio

La cuestión de las relaciones y secuencia de las partes principales de la estructura cósmica y de los cuatro elementos no fue nunca resuelta de una forma que encontrara aceptación general. En principio, el mito de la creación del mundo pudo haber existido en un gran número de variantes locales. Así Nuu —el agua abismal, el elemento primigenio— fue, sin embargo, uno de los primeros acuerdos de la teología primitiva, y la siguiente conclusión fue que la creación del sol era el paso más importante en el proceso cosmogónico.

En el Nuevo Imperio, las especulaciones concernientes al estado del mundo antes de la creación, simbolizaba este estado caótico por medio de cuatro pares de dioses (un ogdoad), los masculinos como criaturas acuáticas representadas por cabezas de ranas, y las femeninas con cabezas de serpientes.[45] Sus nombres son Nuu y Nut, las fuerzas abismales; Heh(u) y Hehet (o Hehut; «Espacio Interminable»); Kek(u) (o Kekui) y Keket (o Kekut; «Oscuridad»); Ni(u) y Nit («Aire Tórrido»).[46] En la suma de sus números, estos ocho parientes o ancestros del dios sol estaban conectados con Khmun(u) («la Ciudad de los Ocho»), en el Egipto Medio (pág. 35), y algunos sacerdotes hicieron de esto (o de sus «altos campos») la escena o comienzo de la creación.

En realidad, sólo el primer par, Nuu y Nut, eran los padres del dios sol de acuerdo a la doctrina considerada al pie de la letra; pero era fácil transferir las personalidades cósmicas del ogdoad al nacimiento

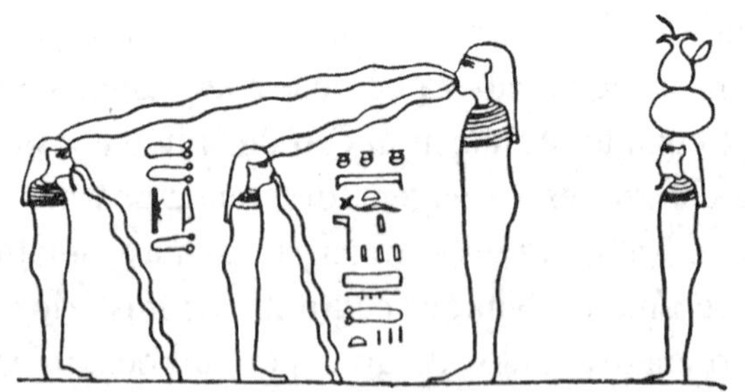

Fig. 43. «Nuu, el padre de los dioses misteriosos», envía sus fuentes a «los dos misteriosos»

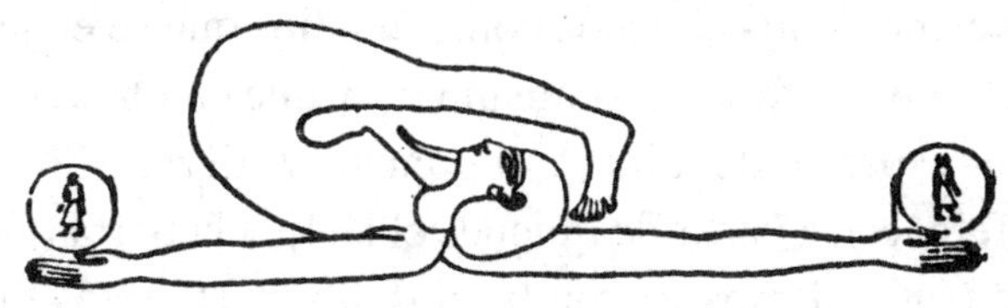

Fig. 46. Representación inusual del esposo de la diosa del cielo

diario del sol, como en Fig. 45, que representa a Heh y Hehet, en función de Shu y Tefênet, levantando al sol niño «en el este», es decir, cada mañana. Esto parece haber sido algo incierto, ya que la Nut del ogdoad era la misma divinidad que la diosa celestial Nut, que transportaba al sol cada día, o era sólo el cielo primigenio o simplemente un aspecto del caos acuoso; pero es probable que las dos personalidades fueran idénticas. De acuerdo con esta teoría, entonces, con Nut como la creciente, o con la vieja diosa del agua Mu(u)t, Mu(i)t, Nuu, el padre de los dioses, engendra al dios sol. Como un acontecimiento diario, este acto de creación algunas veces representa a Nut como el cielo inclinado sobre el océano, cuya posición circular parece distinguirlo de la diosa tierra, que es representada yacente y plana (véase Fig. 46).

Los egipcios de las últimas épocas no parecen haber comprendido quién era esta figura masculina que hacía pasar el sol del oeste al este;[47] y la misma declaración hace cierta una representación muy similar en el templo de File, que se cree representaba al cielo superior e inferior como personalidades distintas inclinadas sobre el principio masculino: retrata al sol no menos de ocho veces. Muy pronto se hizo corriente la creencia de que el sol, la más grande de todas las fuerzas cósmicas, salía por sí

Fig. 44. Dos miembros del ogdoad primigenio

mismo de los abismos como el «dios que se engendra» o «se forma a sí mismo»;[48] y que entonces crea el espacio de aire entre cielo y tierra (Shu y Tefênet), a partir de quienes el cielo y la tierra (Qêb y Nut) mismos fueron traídos al ser. De estos dioses proviene el resto de la creación, incluyendo el nuevo sol como Osiris, o el dios sol continua creando dioses y finalmente produce a los hombres de sus ojos, etc. Esta es la vieja doctrina heliopolitana de la creación tal como es reflejada en la adaptación de la enéada de Heliópolis (véase págs. 217-18). Podemos así inferir que la doctrina del ogdoad descansaba sobre la creencia diferente de que el aire procedía del sol y separaba el cielo (Nut) y el abismo (Nuu), por lo que el sol habría nacido en la creación, como nace de nuevo cada día (véase págs. 49-51). La doble aparición del sol como Atum-Rê‘ y como Osiris en la doctrina heliopolitana, y el mismo antiguo viejo papel de Shu como separador de las dos principales partes del mundo, nos conduce otra vez a suponer que esas variantes existían debido a que el dios sol tomaba un lugar posterior en la creación. De similar manera, leemos en algunos textos que después de haber crecido en el océano, o en el loto azul que lo simboliza, el dios sol escala directamente el lomo de la vaca celestial (véase Fig. 27), implicando así la preexistencia del cielo, aire, y otros elementos, así como de la tierra.

Fig. 48. El joven sol en su flor de loto

Fig. 47. La diosa del cielo en su doble forma y su consorte

Una vieja variante de esta creación del mundo desde los abismos aparece preservada en la tradición que hace del dios de cabeza de carnero Khnûm(u), de Elefantina, y su esposa, la diosa de cabeza de rana Heqet, «los primeros dioses que estaban en el comienzo, que construyeron a los hombres e hicieron a los dioses».[49] La idea subyacente simplemente busca el origen de todas las aguas, incluyendo el océano, en la mitológica fuente del Nilo entre las rocas de la Primera Catarata; así Khnûm como «dios de las fuentes» es considerado una mera variante localizada de Nuu. Incluso en el Antiguo Imperio Khnûm y Heqet son transferidos a Abidos por causa de la fusión con el mito osiriano, donde encontramos no sólo el lugar de entierro de Osiris, sino también la fuente de vida, la entrada y manantial de los abismos, etcétera.

Es dudoso saber durante cuánto tiempo el significado original de Khnûm y Heqet como dioses de la región de las Cataratas fue comprendido correctamente, después de haber sido localizado «en la cuna [más literalmente, "en el lugar de nacimiento", *meskhenet*] de Abidos».[50] En cualquier caso, la posterior teología ya no comprendió la naturaleza abismal de Khnûm, dado que pretendía explicar la tradición de su creación por una etimología de la raíz *khonem*, «dar

Fig. 49. Khnûm da forma a los niños, y Heqet les da vida

Fig. 50. Meskhenet

forma como un alfarero», de modo que se convirtió en un «dios alfarero», aquel que una vez hizo todas las cosas, desde los dioses a los animales, sobre su rueda de alfarero y quien incluso determinaba la forma del mismo niño recién nacido, creándola aparentemente, o al menos su doble, en el cielo antes del nacimiento del bebé.[51] En conformidad con este desarrollo, la posterior consorte de Khnûm, Heqet, se convirtió en la diosa del nacimiento.

De esta forma, Heqet es alguna veces un paralelo de Meskhenet, una divinidad explicada como la «Diosa de la Cuna» (o más literalmente, «del Lugar de Nacimiento»), otra deidad que gobernaba no sólo el nacimiento terrenal, sino también el renacimiento de los muertos a la nueva vida con Osiris. Como símbolo utiliza sobre su cabeza un ornamento que semeja a dos antenas oblicuas de insectos. También puede ser simbolizada por un ladrillo (𓄟), o por dos de ellos, aludiendo a los ladrillos sobre los que la mujer egipcia colocaba a los niños, como se describe en el Éxodo I-16. El sol y Osiris tienen cuatro diferentes Meskhenets, o diosas de nacimiento, un simbolismo que admite varias interpretaciones (con Osiris, preferentemente a las cuatro fuentes del Nilo [pág. 48]; con el sol del cielo, simbolizado por el número cuatro [pág. 41]). El nombre Meskhenet puede ser explicado como «coincidencia, suceso, augurio», esto es como la coincidencia de los augurios que acompañan el nacimiento y así determinando el destino, de modo que esta divinidad se convierte en una diosa del hado. No es imposible que esta etimología sea la original, y que la función de la diosa del nacimiento fuera meramente una derivación de ésta.[52] Como veremos, Renenutet también está conectada con el nacimiento y la educación.

Para las personas comunes, un principio masculino, Shay («Destino») aparece en el Nuevo Imperio como la contraparte masculina y compañero de la diosa del nacimiento. Es representado en forma humana; más tarde, identificado con el griego Agathodaimon, adquiere la forma de una serpiente, algunas veces con cabeza humana.

Entre las deidades cósmicas también podemos considerar, como aparentemente estelar en origen, a la muy interesante divinidad Sekha(u)it (o posiblemente Sekha(u)tet),[53] la «diosa de la escritura», o Destino, cuya pluma de escribir dirige el curso de todo el mundo. Es denominada «la que está frente al divino lugar de los libros», esto es la biblioteca de los dioses, y en un pasaje[54] tiene el título de «la que se encuentra ante la casa de libros del sur», que puede sugerir una localización en la vieja capital Nekhbet, o más bien puede ser una alusión a su hogar en las profundidades del mundo, o sea en el sur. Una vestidura sacerdotal (por ejemplo, la piel de leopardo), la pluma y el tintero (o dos tinteros atados juntos, colgando de su hombro) caracterizan su oficio; en tanto que su conexión con el cielo subterráneo está indicado por dos cuernos, que simbolizan su naturaleza celestial (pág. 40), pero señalando hacia abajo.[55] La estrella entre los cuernos enfatiza su naturaleza; pero, contrariamente a la costumbre de pintar todas las estrellas con cinco rayos, ésta en particular tiene siete, una cuidadosa indicación de un simbolismo que no podemos aún comprender o que puede posiblemente provenir de Asia.[56] Como diosa del destino, Sehait se sienta a los pies del árbol cósmico o, en otras palabras, en la parte más profunda (al sur) del cielo, o en el lugar de encuentro del cielo superior e inferior; y no solamente escribe sobre este árbol o sus hojas los acontecimientos futuros, tales como la extensión de la vida (al menos para los reyes), sino que también archiva los grandes acontecimientos para conocimiento de las generaciones futuras, ya que todo hecho, pasado o futuro, como ya hemos visto (pág. 38), está escrito en las

Fig. 51. Sehait, Thout y Atum registran el nombre de un rey en el árbol celestial, colocando al rey dentro de éste.

Fig. 52. El planeta Saturno en una pintura del período romano

estrellas.[57] Consecuentemente, es algunas veces localizada en el sagrado *Persea* de Heliópolis. También es identificada con el cielo, por ejemplo como Isis, con los cielos diurnos, o, como Neftis, con una más remota y menos conocida personificación del cielo (¿inferior?);[58] pero no, como deberíamos esperar, con Nut. En una fecha comparativamente temprana, el folclore común perdió el significado de todo este simbolismo y le otorgó el vacío nombre de Sefhet 'Abui («la que Una Vez Yació Junto a sus Cuernos»,[59] es decir, de su cabeza).

A pesar de que los sacerdotes egipcios proclamaron ser grandes astrónomos, los planetas («las estrellas que nunca descansan») no gozaron de la prominencia que poseían en Babilonia. En ningún lugar gozaron de especial culto; y si tres (u, originalmente, cuatro) de ellos fueron denominados manifestaciones del mismo dios, Horus, en su capacidad de regente del cielo, es extremadamente dudoso que en épocas primitivas estuvieran preocupados en distinguirlos. Por supuesto, la estrella matutina (que probablemente fue una vez diferenciada de la estrella vespertina) fue siempre el más importante de los planetas.[60] Al ser masculina era llamada «el Dios Naciente» (Nuter Dua). Considerada como la representación nocturna del dios sol oculto, simbolizaba a Osiris o su alma, el Fénix (*benu*, *bin*), o el Osiris renaciente como Horus-Rê'; que más tarde fue llamado «el que transporta a Osiris», o «el que transporta al Fénix». En los textos primitivos, la estrella matutina y Orión, como regentes del cielo, son frecuentemente comparados. Para algunos dioses que, con un nombre similar, parecen haber sido confundidos con la estrella matutina, véase pág. 135 sobre Dua y Dua-uêr. Claramente concebidos como un principio femenino (una idea ampliamente extendida en Asia, donde el concepto de Venus como la «Reina de los Cielos» dominó originalmente sobre la poste-

Fig. 53. Sothis-Sirio

rior interpretación como un dios masculino, 'Athar o «Lucifer»), sólo encontramos a Venus-Isis en los últimos períodos de Egipto. En los primeros períodos, la comparación de Sothis y Venus como hija y esposa del dios sol y madre de Osiris-Horus es incierta y pudo haber existido sólo esporádicamente.[61] Los otros planetas son menos prominentes. El nombre de Júpiter fue más tarde mal interpretado «Horus, el que Abre los Secretos» (Up-shetau); la lectura original era Upesh («la Estrella Resplandeciente»), o «Horus, el Resplandeciente»,[62] y también «la Estrella del Sur». Saturno es «Horus, el Toro»; y Marte es «el Horus Rojo» o «Horus del Horizonte» (Har-akhti). Es de algún modo sorprendente que Sebg(u)-Mercurio no tenga conexión con el sabio Thout, como podríamos esperar de sus análogos asiáticos y europeos; y algunas veces esta estrella es efectivamente dedicada al malvado dios Sêth.[63]

Fig. 54. Sothis (llamada «Isis»)

Las estrellas fijas son todas dioses o «almas», y a su particular santidad se agrega que «nunca se desvanecen», lo que significa que son visibles todo el año en el cielo del norte. Para estas estrellas, así como para la tripulación del navío solar, véase *supra*, págs. 27-28. También funcionan como el conjunto de servidores del dios sol, portando armas en su servicio[64] y actuando como sus mensajeros. En estos «hijos de Nut» (pág. 43) o sus grupos, los egipcios imaginaban al mismo tiempo que reconocían los variados campos de flores y plantas celestiales, y que estos prados formaban las habitaciones de los benditos muertos. Al mismo tiempo, llamaban a los campos celestiales con nombres tales como «este campo que produce los dioses, o donde los dioses crecen de acuerdo

Fig. 55. Sothis y Horus-Osiris conectados

a sus días cada año».[65] Careciendo de soporte, las creencias egipcias de que los dioses se manifestaban a sí mismos en la aparición o vagabundeo de cada estrella, sólo los más conspicuos de ellos tuvieron una parte importante en la religión. Primero estaba la estrella perro, o Sirio, que los egipcios llamaban Sopdet[66] (en griego, Σωθις). Como la estrella perro es la reina de las estrellas fijas y de los cielos, Sothis-Sirio fue tempranamente identificada con Hat-hôr o Isis. En consecuencia, es por lo general representada como una vaca reclinada en una nave (como los otros cuerpos celestiales, págs. 28, 37),para simbolizar su regencia sobre los cielos (véase págs. 39-42, acerca de la forma de vaca del cielo). Cuando era retratada en forma humana, usualmente indicaba que era la compañera de su vecino (e hijo, o hermano y esposo, o padre) Orión, levantando un brazo como él. Una notable representación también la muestra en asociación con (o más

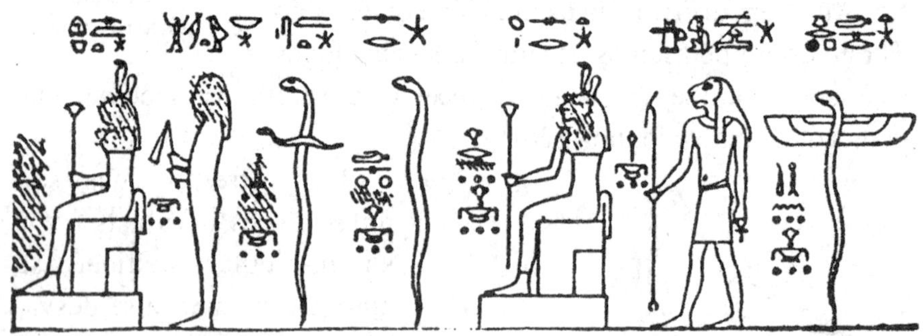

Fig. 56. Estrellas del decanato de Denderah

bien en oposición a) Horus como estrella matutina, y así en una extraña relación con este líder de los planetas y regente del cielo, relación que no podemos aún explicar a partir de los textos. Esta misma pintura además se funde con una constelación (¿cercana y posterior?), una archidiosa, pues sostiene un arco y flechas.[67] Esta estrella, la más brillante de las estrellas fijas, es también utilizada como reguladora del año, de donde Sothis es llamada «la (estrella) anual»,[68] y el ciclo astronómico de mil cuatrocientos sesenta años, que con el año ordinario, intercalado, de trescientos sesenta y cinco días, coincide con el año astronómico correcto, es llamado el «ciclo sótico». La identificación de Sopdet con Isis otorga a ésta una parte importante en el mito osiriano.

Ninguna de estas constelaciones parecen haber sido la fuente de algún tipo de pensamiento religioso como las concebidas en Babilonia. Su descripción difiere con mucha amplitud de las constelaciones de Babilonia, así que el Leo egipcio no está ni siquiera conectado con el grupo babilónico del mismo nombre, como podemos ver en la ilustración de la pág. 61; el «Gigante» u «Hombre Fuerte» (Hakht) no tiene nada en común con Orión, quien en Asia es llamado «el Héroe, el Gigante», etc. Incluso los doce signos asiáticos del zodíaco están enteramente ausentes de la astronomía sagrada de Egipto antes del período griego. Las alusiones a ellos en la mitología más popular, como referencias al toro de las Pléyades (*supra*, pág. 42), o al mito de Virgo sosteniendo a Spica e Hidra (págs. 86, 155, Cap. VIII, nota 11), son escasas y no parecen ocurrir antes del 2000 a.C. Para dividir el año los egipcios utilizaban, en lugar de los signos zodiacales, las estrellas del decanato, marcando el cielo en treinta y seis secciones de diez días cada una, con un sobrante de cinco días epagomenales que eran contados separadamente. Este cinturón de estrellas comenzaba con Sopdet-Sothis, la estrella perro, la «señora del año». En los tiempos grecorromanos, los signos zodiacales se hicieron muy populares y podemos encontrarlos pintados en muchas fastuosas representaciones.

Fig. 57. Primitiva representación de Orión

Orión, la más destacada y maravillosa de todas las constelaciones, «pies ligeros, pasos amplios, ante la tierra del sur»,[69] representa al héroe del cielo, exactamente como en la mitología asiática.[70] Es primitivamente identificado con el victorioso dios sol Horus, mientras su padre Osiris (en otras palabras, la forma muerta o no nacida de Horus mismo, que iguala a Osiris), la deidad en una caja o una pequeña barca, es principalmente imaginado en la constelación inmediatamente por debajo, es decir la nave Argos o su principal estrella, Canopus. Con frecuencia, sin embargo, tanto dioses como constelaciones son libre-

Fig. 58. El doble Orión

mente intercambiados como manifestaciones de la misma deidad. Podemos trazar la representación de Orión como un hombre que se aleja corriendo y mira hacia atrás antes del 2000 a.C. En la mayor parte de éstas, levanta el brazo derecho, por lo general con la mano vacía, aunque a veces sostiene una estrella o el jeroglífico de la vida. En tiempos posteriores sostiene una lanza, conectándose así con el combativo Horus. Tal como hemos visto, con frecuencia aparece como compañero de Sothis. En el Nuevo Imperio encontramos también la idea de los dos Oriones, que tan ampliamente se desarrolló en la mitología universal como un mito anual; estos gemelos celestiales aparecen unidos como en la ilustración que hemos dado,[71] o separados.[72] Los egipcios no parecen haber reconocido que esta idea corresponde con su propio mito de Osiris-Sêth en muchas versiones de la mitología universal. De igual manera, la probable identidad original de Orión (¿o su contraparte o doble, Canopus, el timonel de la nave Argos?), con el barquero del mundo inferior «cuyo rostro está vuelto hacia atrás», fue olvidado aun en fechas muy tempranas.[73]

Entre los otros decanatos, el más remarcable es el decimosexto, la estrella principal de la constelación Shesmu (transcripción griega: Σεσμη), una vieja deidad de un carácter algo violento que ocasionalmente aparece como señor de la última hora de la noche.[74] A partir de los jeroglíficos de una prensa que marca su nombre, los teólogos de los últimos tiempos infirieron que era

Fig. 59. El barquero de los muertos

una prensa de aceite y el «amo del laboratorio», un dador de ungüentos; pero los primeros textos lo describen más bien como un carnicero o un cocinero.[75] Es representado en forma humana o con una cabeza de buey o león, siendo este último el que parece más original. En otras palabras, Shesmu parece ser el compañero de la diosa Shesemtet, quien de igual forma tiene probablemente cabeza de león. Los miembros de ésta fueron una vez concebidos para ser representados en el décimo, undécimo, duodécimo y decimotercer decanatos. En una época, por tanto, era una poderosa divinidad denominada diosa del cielo, pero fue casi olvidada aun en el Período de las Pirámides y más tarde desaparece por completo; incluso en épocas anteriores al 2000 a.C. su nombre[76] está tan deformado en la lista de los decanatos como falto de sentido.[77]

La constelación de siete estrellas de la Ursa Major (el Carro de David, popularmente llamada el Cucharón en los Estados Unidos) fue sólo mucho después identificada con el malvado dios Sêth-Tifón, el adversario de Osiris, e incluso con sus viejos nombres, «la Pata del Buey» o «el Bastón, el Percutor» (*Mesekhti*),[78] era una constelación de mal augurio, a pesar de pertenecer específicamente a las venerables «estrellas indestructibles», es decir las visibles durante todo el año en la región más destacada del cielo, cerca del Polo Norte (pág. 57).

Siguiendo al imagen que hemos dado aquí del tempo del rey Sethos (Setkhuy) I, podemos identificar unas pocas constelaciones cerca de la gran «Pata del Buey», que tiene aquí la forma de un buey. La más prominente entre todas ellas es la extraña diosa Epet.[79] Es

Fig. 60. Constelaciones alrededor de la pata de buey

Fig. 61. Tres posteriores tipos de Epet (el último como reina de los cielos)

representada como un hipopótamo hembra (quizá preñada) con pechos humanos y pies de león. Sobre la espalda lleva un cocodrilo (que posteriormente, algunas veces, aferra con sus garras), y de esta asociación recibe la cabeza y la cola —o sólo la cola— de un cocodrilo; más tarde aun puede asumir la cabeza de un león o de una diosa celestial en una forma humana, indicando así su naturaleza celestial. En un época debe haber sido muy adorada, pues el mes Epiphi le estaba consagrado; y de acuerdo a esto ostenta el nombre de Urêtet o, más tarde, T-uêret (en griego, QouhriV), es decir «la Grandiosa». Originalmente, parece haber sido tan sólo una divinidad local, pero antes del Nuevo Imperio, como podemos ver en la Fig. 60, fue identificada con la constelación de Boötes, como guardián de la malévola «Pata de Buey». A pesar de su aspecto horrible, es en realidad benéfica y una «señora de talismanes». Otorga protección contra las enfermedades y es eminentemente útil en el parto, apareciendo así no sólo en el nacimiento del sol cada mañana, sino también, lo que es bastante extraño, en su muerte en el atardecer. De acuerdo a esto, es llamada «La Que Transporta al Sol», y es, por tanto, identificada con Nut o tiene la cabeza de Hat-hôr–Isis.

Fig. 62. 'An-Horus combatiendo a la pata de buey

En esta representación de las estrellas circumpolares podemos ver el último intento en descubrir, como posteriores guardianes del peligroso grupo de siete estrellas, a la diosa nubia Selqet (como se discute en págs. 150, 159) y los «cuatro hijos de Horus» (véase págs. 114-15). Allí, de igual forma, encontramos 'An, 'Anen,[80] un dios que sostiene una pica detrás de sus hombros (¿de allí su nombre, del verbo '*n*, «darse vuelta?), de modo que algunas veces incluso se convierte en una manifestación de Horus luchando con el monstruo del cielo del norte.

Esta extraña y fea serpiente estranguladora enana (o gigante), Bês,[81] puede también ser considerada aquí, por tanto, como Epet, entre las estrellas en un período primitivo. Tenía orejas, crin y cola de algún animal salvaje de la tribu de los gatos, de la cual parece haber derivado su nombre, a pesar de que los artistas están con frecuencia inseguros en este detalle, no otorgándole otra cosa que una piel desechable. En la mitología estelar, parece corresponder a la constelación de la serpiente estranguladora, Ophiucos (o Serpentario), del mundo clásico. Es probable que esta localización clásica en el cielo fuera tomada prestada de Egipto, a pesar de que los últimos egipcios parecen no haber sido ya conscientes de algún tipo de interpretación estelar.

Si debemos juzgar a partir de las numerosas pinturas de Bês entre los amuletos, una muy rica mitología debía estar unida a esta extraña personalidad, pero debido a que floreció sólo en la tradición oral, queda a nuestra fantasía adivinar las historias en las cuales, por ejemplo, es encontrado tanto bailando como ejecutando un instrumento, de modo tal que se convirtió en el patrón de estos placeres, así como de otras artes femeninas como hacer guardas florales, preparar cosméticos, etc. Como jocunda deidad, se la encuentra

Fig. 63. Antiguos tipos de Bês de las dinastías XII y XVIII

también bebiendo, y es representada especialmente sorbiendo cerveza (?) de una gran jarra a través de una paja. Parece estar divirtiendo a los niños, principalmente el recién nacido dios sol, al que proteje y alimenta, y eso explica porqué se convierte en compañero (algunas veces esposo) de Uêret-Epet como protector del recién nacido, etc.[82] No sólo estrangula o devora serpientes, sino también atrapa jabalíes, leones y antílopes con sus manos. Su imagen, en los respaldos de madera de las camas, o sobre las puertas, etc., mantiene alejados no sólo a los animales, sino también a los malos espíritus. Sus representaciones en los tiempos romanos lo muestran blandiendo cuchillos o como un guerrero con pesada armadura (Lámina I, 2), lo que parece exhibir en él esta misma función protectora. Como las huellas de su nombre no pueden ser encontradas más allá del 1500 a.C., y como su exacta imagen no fue encontrada —con total seguridad— antes del 2000 a.C., mientras que su representación *en fase* es bastante inusual en el arte egipcio,[84] con frecuencia se le consideró un dios extranjero. No obstante, hay pasajes que lo describen como «viniendo del este, Señor del Oriente», o lo localizan en Bugen (o Bu-gemet)[85] en el este de Nubia, evidentemente no para señalar su culto original local, sino también porque los mitos concernientes a él se refieren a Nubia o Arabia; todos los dioses vienen, como las estrellas, del cielo oriental o del mundo inferior. Las lar-

Fig. 65. Bês bebiendo[83]

Fig. 64. Bês con flores

gas trenzas de su barba y cabello, y la piel de leopardo (?) que utiliza (originalmente, tal como acabamos de ver, una parte de su cuerpo), así como la corona de pieles que lo adorna (¿desde la Dinastía XVIII?), todo podría ser considerado análogo a la vestimenta roja y marrón de las tribus africanas del Mar Rojo; pero, debemos saber más sobre los mitos que hablan de enanos en el sur y acerca de ciertos dioses de forma enana de los primitivos períodos, cuyos modelos parecen ser niños nonatos o raquíticos, para comprender estas y otras conexiones.[86]

Fig. 66. La Bês femenina

Las primeras divinidades similarmente enanas de ambos tipos son absolutamente femeninas. La Bês (probablemente llamada Bêset) femenina desnuda, aparece no sólo en los últimos períodos,[87] donde encontramos una deidad masculina y femenina de este tipo entre dioses cuyo carácter prevaleciente es estelar, pero también en las varas mágicas de la Dinastía XII,[88] de cuya época reproducimos una estatuilla de la Bês femenina aplastando una serpiente y envuelta en la piel de algún *Felidae*, mientras sus orejas son de igual modo las de ese animal.

No sabemos por qué el culto de estos antiguos dioses fue abandonado en el Período de las Pirámides. No es sino hasta el 2000 a.C. que podemos encontrar a Bês representada sobre objetos mágicos, e incluso más tarde parece haber sido una deidad adorada principalmente por gente común y sin mucho reconocimiento oficial. Se hizo más prominente después del 1000 a.C., cuando su tipo artístico desarrolló tal popularidad que no sólo hizo que muchos dioses menores asumieran su forma,[89] sino que también influyera con mucha fuerza en Asia y Europa, donde puede ser rastreado, por ejemplo, en todo el arte y la mitología griegos en las imágenes del Sátiro, Gorgo, Sileno, etcétera.

Fig. 67. La Bês femenina

Así, probablemente siendo una de las formas divinas más antiguas que se conocen, Bês y su prototipo o amistades primitivas, el

Fig. 68. Un «Pataik»

patizambo, los subdesarrollados dioses enanos, establece los modelos para ciertas deidades en las que la posterior era panteística deseó simbolizar al más universal o más primitivo poder de la naturaleza. Este modelo de representación fue subsecuentemente aplicado también a divinidades que afirmaban ser las más viejas de todas, Ptah, el dios de Memfis, y su variante local, Sokari; y entonces fue amoldado a Nuu (el abismo), cuando fue identificado con Ptah-Sokari como dios primigenio, y con Khepri, el sol cuando aún permanece informe (pág. 27). Herodoto llama «representaciones de Hefaístos» (es decir, Ptah) de Memfis, a los amuletos protectores con forma de Bês colocados en las proas de las naves fenicias, determinando su nombre fenicio con gran exactitud como Pataïkoi, o «pequeños Ptahs».[90] Las representaciones enanas, infantiles o incluso embrionarias de estos dioses parecen entonces haber sido comprendidas como símbolos del comienzo de todas las cosas. Desgarrando y devorando serpientes, que probablemente parecían símbolos de primitivos poderes hostiles, forman una transición a Bês. Algunas de estas especulaciones pueden también hacer volver a la idea de Bês como guardián del joven sol, mientras las otras parecen haber sido más tempranas. El desarrollo de estos pensamientos y pinturas necesita de posteriores investigaciones (para una estatuilla prehistórica del tipo enano, véase Fig. 2 [f]).

Sabemos poco sobre otras divinidades que se encuentran en las estrellas, por ejemplo Hephep, quien aparece en forma humana y utiliza coronas reales,[91] o sobre Heqes,[92] quien es al mismo tiempo llamado dios de los pescadores y «señor de la boca de los ríos» (¿en el Bajo Egipto?). El significado y nombre de muchos de estos dioses se ha perdido en época muy primitiva. Así una deidad llamada Sunt, quien es mencionada en los Textos Piramidales[93] apareciendo o circulando en el cielo, más tarde es olvidada por completo. El mismo destino sucede a un extraño ser mitológico, un leopardo o león con un cuello muy largo parecido a una serpiente, que aparece con

Fig. 69. Divinidad estelar perdida

mucha frecuencia (por lo general a pares) en los monumentos primitivos, luego aparece por un corto período en las varas mágicas del Imperio Medio y finalmente se desvanece. El especial interés de esta divinidad perdida es que tiene exactas analogías con el primitivo arte babilónico. Algunas estelarizaciones, por otra parte, aparecen sólo más tarde. La época y la verdadera estimación del valor de estas especulaciones estelares son con frecuencia inciertas. Tienen especial importancia en algunos de los más antiguos textos funerarios que tratan de los vagabundeos del rey muerto entre las estrellas, donde él mismo se convierte en una estrella (véase págs. 179-80). Más tarde, incluso, los significados astronómicos de estos textos fueron olvidados y la concepción de las estrellas como almas de los muertos se hizo progresivamente menos distintiva. La influencia griega hizo despertar de forma especial el interés por estos grupos cuando los doce signos del zodíaco, que los griegos habían recibido de los babilonios, penetraron en en la astronomía sagrada de Egipto (págs. 70-71).[94]

Los cuatro vientos son considerados divinos. El viento norte es un carnero o toro de cuatro cabezas, a despecho de algunas variantes; el viento este es un halcón, quizá porque el dios sol surge en el este; los vientos sur y oeste revelan su carácter ardiente al tener cabeza o cuerpo de un león y una serpiente respectivamente. Muchos de estos atributos son cuádruples, por ser cuatro el número celestial (págs. 41, 54); ocasionalmente incluso incurren en grandes repeticiones.[95] Con frecuencia, los cuatro vientos tienen forma o cabeza de carnero como alusión a la palabra *bai* («alma, hálito»). Son por lo general alados. Sus nombres son conocidos sólo en épocas muy tardías.

En cuanto a la analogía de las cuatro «almas» o carneros, de los vientos, el período griego intentó representar a los dioses de los cuatro elementos también como carneros, cuyas deidades son Rê' (sol y fuego), Shu (aire), Qêb (tierra) y Osiris (agua).[96]

Fig. 70. Los vientos del este y el oeste

Posiblemente el dios sol con cuatro cabezas de carnero tiene otra base para esta idea, que puede haber estado conectada también con el carnero de Mendés como representación de toda la naturaleza en Osiris, etc., por especuladores teológicos.

Dioses especiales representaban las veinticuatro horas del día.[97] A pesar de que los treinta días del mes no estaban personificados, cada uno estaba colocado bajo la protección de un bien conocido dios; así el primero, suficientemente característico, estaba representado por el dios lunar Thout, como gran regulador del tiempo (pág. 35).

La vida de las plantas puede ser personificada en Osiris, en tanto simboliza la resurrección de los muertos. Así era adorada la especial diosa de la cosecha, la serpiente Renenutet (más tarde pronunciada Remute(t), es decir la «la Diosa Emergente», y el octavo mes (Pharmuthi, en la posterior pronunciación) le estaba dedicado, evi-

Fig. 71. El dios del aire Shu-Heh con los vientos del sur y el norte

dentemente porque la cosecha caía en este mes.[98] El «Dios del Grano», Nepri (o, como una Nepret femenina, que algunas veces es identificada con Renenutet), es más que una abstracción poética como los dioses «Abundancia» y «Plenitud» (Hu, Zefa), etc., todos los cuales, incluyendo Nepri, son por lo general ilustrados con figura de hombres gordos como el dios Nilo (pág. 49), con el cual están con frecuencia conectados. La «diosa de los campos» transporta un gran campo verde sobre su cabeza. Tenemet parece haber sido una patrona de la bebida alcohólica,[99] y una diosa de los productos horneados, tal como sabemos.[100]

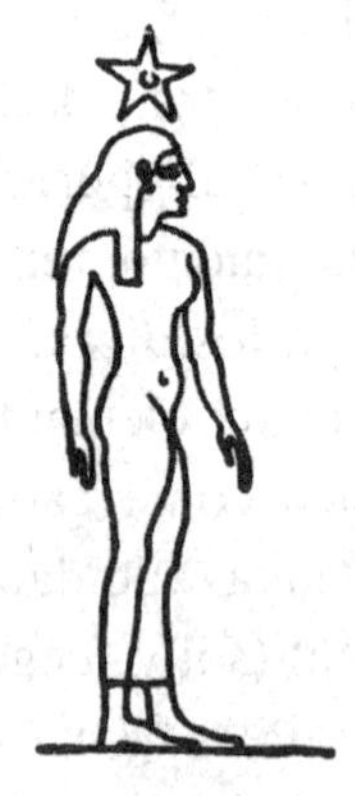

Fig. 72. Una hora

Podemos cerrar nuestra enumeración de los dioses de la naturaleza con las personificaciones de los cuatro sentidos, que parecen como hombres llevando sobre sus cabezas el órgano conectado con el sentido en cuestión y frecuentemente acompañando al dios sol, quizá por la capacidad de éste como creador de todas las cosas. Estas deidades son Hu («Tacto, Sabiduría», con frecuencia confundida con Hu, «Abundancia»), Sa(u) o Sia(u) («Gusto»), Maa(?) («Vista») y Sozem (más tarde Sodem, Sotem, «Oído»). Las dos primeras también simbolizan la sabiduría. Heka («Magia») es similarmente personificada,[101] como Nehes («Vigilia [?], Despertar [?]», ambas acompañando con frecuencia al dios sol en su nave (véase Fig. 11). A estas abstracciones masculinas algunas veces[102] añadimos las personificaciones femeninas de la «Alegría» (Aut-[y?]êb) y la «Felicidad» (Hetpet). Sobre los extraños desarrollos de Ma'et («Justicia»), véase pág. 103. Las regiones y ciudades tienen personificaciones femeninas, como se mostró con Nekhbet (pág. 48). Como es natural, sin embargo, estas deidades abstractas tienen una muy pequeña participación en la mitología egipcia, y su papel era muy inferior al que otras divinidades similares gozaron en algunos otros sistemas religiosos.

Fig. 73. Nepri, el dios del grano, marcado por espigas de trigo

Fig. 74. La diosa de los campos

Capítulo IV

ALGUNOS MITOS CÓSMICOS Y COSMOGÓNICOS

I. LA CREACIÓN DEL MUNDO Y DE LOS HOMBRES

El texto más completo sobre la creación del mundo es un himno preservado sólo en un papiro escrito en el reinado de Alejandro III[1] (310 a.C), pero que parece retroceder a originales considerablemente anteriores.

EL LIBRO DEL CONOCIMIENTO DE LA GÉNESIS DEL DIOS SOL Y LA DESTRUCCIÓN DE ‘APOP

El Maestro de Todas las Cosas dijo después de su formación:
«Yo soy quien fue formado como Khepri.[2]
Cuando yo fui formado, entonces (sólo) las formas fueron formadas.
Todas las formas fueron formadas después de mi formación.
Numerosas son las formas que han procedido de mi boca.[3]
El cielo no había sido formado,
la tierra no había sido formada,
el suelo no había sido creado
(¿para?) los reptiles en ese lugar.[4]

Me elevé (a mí mismo) entre ellos [variante: allí] en los abismos, fuera de (su) inactividad.
Cuando no encontré un lugar donde estar de pie
pensé prudentemente (?) en mi corazón,

fundé en mi alma (?).
Yo hice todas las formas,[5] yo solo.

No había aún sido expulsado como Shu,
no había sido escupido como Tefênet,[6]
Ninguno otro había surgido para que trabajara (?) conmigo.
(Luego) me encontré en mi propio corazón;[7]

Había formadas muchas (¿formas?),[8]
las formas de las formas en las formas de los niños,
(y) en las formas de sus niños.

Ego sum qui copulavi pugno meo,
libidinem sentivi[9] in umbra mea,[10]
semen cecidit (?) e meo ipsius ore.
Cuando fui expulsado era Shu,
cuando fui escupido era Tefênet.
Mi padre, el abismo, los envió a ellos.[11]
Mi ojo los siguió a través de incontables eras (?)[12]
mientras (ellos) se separaban de mí. Después yo fui formado como el único (dios),[13]
tres dioses fueron (separados) de mí (desde) que yo estuve en esta tierra.
Shu y Tefênet se regocijaban en los abismos donde estaban
Me trajeron mi ojo (que venía) detrás de ellos.
Después de que hube unido mis miembros,[14] lloré sobre ellos.
El origen de los hombres fue (entonces) de las lágrimas que brotaron de mi ojo.
Éste se enojó contra mi después de haber (vuelto)
cuando encontró que yo me había hecho otro ojo en su lugar
(y) lo había reemplazado por un resplandeciente ojo;
yo había reemplazado su lugar en mi rostro enseguida,
(de modo) que éste gobernaba sobre todo el reino.
Fue (?) por entonces (?) cuando sus (?) plantas (?).[15]
Yo reemplacé lo que ella había tomado de allí.
Yo vine de las plantas (?).
Yo cree todos los reptiles y todo lo que estaba en (?) ellas.[16]
Shu y Tefênet engendraron a [Qêb] y Nut.
Qêb y Nut engendraron a Osiris, Horus (el que está ante el sin ojo) (?), Sêth, Isis y Neftis de una matriz,
uno después del otro;
Sus hijos fueron muchos sobre esta tierra.»

Como muchos textos orientales antiguos concernientes con el problema de la cosmogonía, éste intenta utilizar varias tradiciones de carácter contradictorio. Vemos, por ejemplo, que comienza por la afirmación de que el abismo estaba ocupado por monstruos extraños, o «reptiles», entre los que el dios sol creció; mientras otra teoría, evidentemente mucho más reciente, considera a la deidad solar como el primer ser viviente y el creador de todas las cosas, de modo que el dios sol creó, primero de todo, estos monstruos primigenios.[17] Con la formación del primer par de dioses cósmicos por el sol, el poeta conecta libremente la teoría diferente de que la creación de la vida ordinaria o del orden presente del mundo comenzó con la pérdida del ojo de la deidad. También alude a varias interpretaciones de este mito, de las cuales hablaremos más adelante: a) el ojo perdido del dios supremo vagabundea en el exterior como sol; b) su restauración a su lugar de origen como el sol cotidiano por Shu y Tefênet, evidentemente en su capacidad de divinidades solares o celestiales que sostienen al sol en su lugar; c) la disputa entre el ojo errabundo y el que la deidad colocó en su lugar, y la rivalidad con su padre, la gran deidad cósmica, da margen a varias interpretaciones de esta leyenda por el curso del sol. El poeta no trata de armonizar estas interpretaciones, para él el punto más importante es la creación de la humanidad. La teoría más antigua, que el hombre fue originado de una esencia divina que fluía del ojo que había sido perdido o dañado por alguna aventura de su creador, no estaba muy claramente establecida; y el himno enfatiza, además, la versión que atribuye la creación del hombre a una emanación más pacífica del sollozante ojo divino, una paronomasia basada sobre la similitud entre *remy,* «llorar», y *rômet, rôme(t)*, «hombre», que aparece muy frecuentemente en la literatura egipcia después del 2000 a.C. y que admite una interpretación racionalista de la humanidad y creación general por los rayos del sol.[18] En las cerradas líneas de nuestro texto aparece empero otra teoría: los hombres son descendientes de las últimas generaciones divinas; son, por decirlo así, dioses degradados, conectados especialmente con Osiris, la fuente de la mortalidad y ancestro de los

Fig. 75. El nacimiento del dios sol

hombres mortales. Este esfuerzo para condensar las distintas teorías y tradiciones cosmogónicas en unas pocas palabras se refiere también a mitos posteriores, pero no consideraremos éstos aquí. Nuestro rápido examen del texto nos muestra suficientemente qué imposible era para el sacerdote poeta construir una teoría racional de la creación sobre material tan contradictorio.

Esta constante incongruencia de los mitos egipcios está también ilustrada por una destacable serie de pinturas cosmogónicas[19] que muestran primero «los miembros crecientes (?) del dios sol»[20] en una extraña representación que parece indicar su condición embrionaria. Cerca de él se sientan los dioses del aire Shu y Tefênet como niños pequeños. Esto simboliza sus naturalezas primigenias y su precedencia del dios sol, como se ha afirmado en las págs. 50-51 (en oposición a la teoría establecida por el himno presentado en págs. 70-71). Cerca aparece otra vez el dios sol en un estado embrionario, flotando en una caja ornamentada que, dice la explicación, representa a Nut, el diluvio celestial, a pesar de que deberíamos esperar al abismo oceánico como lugar del sol recién nacido (págs. 51-52); el arca adapta esta idea al mito de Osiris-Horus (pág. 59). Luego viene la vaca «Ehet (pág. 42), desarrollo de los miembros de Khepri». con los emblemas dobles de Hat-hôr y con el símbolo del cielo, transportando el sol tanto sobre su cabeza como su cuerpo.[21] Ante ella se alza Hu, el dios de la sabiduría y la divina palabra (pág. 69), sosteniendo un huevo, un símbolo que puede ser explicado como una alusión al dios de la tierra Qêb, cuyo nombre algunas veces se escribe con el signo del huevo (pág. 44), o con el huevo solar (?), o con la creación en general. En cualquier caso representa un único simbolismo cosmogónico que podría parecer conflictivo con todas las otras pinturas. Esto no es más extraño, sin embargo, que «los miembros (?) del dios sol» (pág. 30), en el fondo de la pintura, como el rostro celestial y la flor semidesarrollada,

Fig. 76. Posteriores símbolos del nacimiento del dios sol

creciendo de una base que el artista quiso que fuera una indicación a mitad de camino entre un estanque de agua y el disco solar. El valor de estas pinturas místicas, reproducidas de acuerdo a las tradiciones más antiguas, es que ilustran otra vez la combinación de tantas diferentes teorías sobre el origen del sol y del mundo; la divergencia de estas visiones convierte al misterio en algo más solemne ante la mente egipcia.

En el *Libro de los Muertos* [22] encontramos un fragmento cosmogónico que incluye alusiones a varios otros mitos desconectados.

> «Además arruinaré todo lo que yo he hecho.
> Esta tierra aparecerá (?) como un abismo,
> en (o, como) un diluvio como en su condición primigenia.
> Soy el único superviviente junto con Osiris.
> Mi formación es (entonces) hecha entre otras (?) serpientes
> que los hombres nunca conocieron,
> que los dioses nunca vieron.»

El texto continúa con una narración de la distribución del mundo entre los dioses; la conexión con el fragmento precedente es bastante ininteligible:

> «Lo que yo he hecho para Osiris es bueno.
> Le he exaltado sobre todos los dioses;
> le he dado el mundo inferior [variante: como regente];
> su hijo Horus (será) su heredero en su trono en la isla de las llamas (pág. 29).
> He hecho su trono [variante: su sustituto] en la Barca de la Eternidad.»

El texto se pierde entonces en el ordinario mito de Osiris, dando una interesante descripción del destino de Sêth, el enemigo de Osiris:

> «Además he enviado al alma de Sêth a occidente,
> exaltado sobre todos los dioses;
> He destinado guardianes a su alma, estando en la barca.»[23]

Cuando hemos informado que el alma de Sêth, después de su destrucción sobre la tierra, es mantenido prisionero en occidente, evidentemente como la serpiente oceánica que mora en la oscuridad, una confusión de Sêth y 'Apop, que muestra esta parte del texto, en principio desconectado con el fragmento cosmogónico, es subsecuente al 1600 a.C. De igual manera no podemos estar muy seguros de que la amenaza del retorno del mundo a su condición primigenia fuera originalmente asociada con fragmentos mitológicos que precede y que habla de una rebelión de los dioses:

> «Oh Thout, ¿qué es lo que se ha elevado entre los hijos de Nut?[24]
> Han sido hostiles, han instigado (?) desórdenes,
> han cometido pecado, han creado rebelión,
> han cometido muertes, han creado destrucción,
> y lo han hecho, el grande contra el pequeño
> de todos los que yo (?) he hecho.
> ¡Da, Oh Thout, una orden a Atum!»[25]

El compilador parece haber comprendido que este último fragmento se refiere a la rebelión de Sêth y sus compañeros contra Osiris, quien llevó a cabo la reorganización del mundo, un paralelo a la rebelión de los hombres contra el dios sol (pág. 76). Es incierto que el primer fragmento pueda ser interpretado como una alusión al diluvio (como piensa Naville); parece ser sólo una amenaza del dios sol, bajo su nombre de Atum. Su interés reside en el hecho de que confirma una teoría cosmogónica encontrada en el Papiro de Nesi-Amsu, como se registra en el himno citado en las págs. 70-71: el dios sol crece entre los monstruos que llenaban el abismo y constituye la más antigua generación de seres divinos, posiblemente afrontando así un paralelo con el dios bueno que mora en el abismo descrito en el mito siguiente.

La teoría asiática de que esta antigua generación opone al nuevo poder cósmico y de que el dios sol creó el nuevo orden del mundo en una guerra contra los poderes abismales (o al menos contra algunos de ellos) no pertenece al primer estrato de teología egipcia, como hemos visto antes a partir de la mención de 'Apop, la serpiente del abismo, pero forma una transición a la siguiente colección, lo que es muy importante.

II. LA DESTRUCCIÓN DE LA HUMANIDAD

Un documento del Imperio Medio –probablemente de la primera parte de ese período– que ha sido preservado en una tradición muy desfigurada en dos tumbas reales de las Dinastías XIX y XX, es una compilación de varios textos mitológicos similares a los que ya hemos considerado, lleno de contradicciones y redactado con igual descuido.[26] Allí encontramos una importante leyenda de la destrucción de la raza humana.

«[Una vez hubo reinado sobre la tierra Rê', el dios que[27]] resplandece, el dios que se formó a sí mismo. Después de que hubiera sido regidor de hombres y dioses por igual, cuando los hombres (2) conspiraron [contra él] en la época en que Su Majestad –¡vida, combate, salud (a él)!– había madurado. Sus huesos eran de plata, sus miembros de oro, su cabello de genuino lapislázuli. Su majestad (3) supo de la conspiración que los hombres [habían formado] contra él y dijo a sus seguidores: "Convocad a mi ojo y a Shu (4) y Tefênet, Qêb y Nut, junto con mis padres y madres que estaban conmigo cuando yo estuve en los abismos, y también al dios[28] Nuu. Él vendrá con sus cortesanos (5). Traedlos[29] secretamente (?); los hombres no deberán verlo, y sus corazones no huirán.[30] Venid con ellos a palacio y ellos expresaran sus opiniones respetuosamente (?), (6) y yo podré ir al abismo, al lugar donde he nacido".

»Esos dioses fueron llevados [a este dios], y esos dioses [se colocaron] a su lado, tocando el suelo con sus frentes (7) ante Su Majestad (que debía) presentar su informe ante su padre, el dios más antiguo (es decir, Nuu), el hacedor de los hombres, el rey de los seres humanos (?).[31] Ellos dijeron ante Su Majestad: "Háblanos (8) que queremos escucharte". Rê' dijo a Nuu: "¡Tú el más antiguo dios, del que yo he surgido, y los dioses de una era anterior! salud, los hombres que han surgido (9) de mi ojo, ellos han conspirado contra mí. Dime que debo hacer contra esto. Yo estoy dudoso. No debería matarlos antes de oír lo que (10) tienes que decir". La Majestad de Nuu dijo: "Rê', hijo mío, dios más grande que el que lo ha creado y más poderoso de los que fueron creados por él, ¡permanece en tu lugar! (11) Tu temor es grande; delgado ojo tendrán quienes han conspirado contra ti". Rê' dijo: "Observa, con el terror en sus corazones han huido hacia las montañas (del desierto) a causa de lo que han dicho". (12) Ellos dijeron ante Su Majestad: "¡Haz que tu ojo castigue a los que han instigado cosas malignas! ¡No dejes que el ojo esté ante ella[32] para castigarlos!" (13) (De modo que) fue como Hat-hôr.[33]

»Entonces esta diosa volvió cuando destruyó a los hombres en las montañas. Entonces la Majestad de este dios dijo: "Bienvenida, Hat-hôr, ¿has hecho aquello a que te he enviado?" (14) Esa diosa dijo: "Por la vida que me has dado, he sido poderosa entre los hombres; ha sido un placer para mi corazón". Dijo la Majestad de Rê‘: "Serás poderosa entre ellos en Herakleópolis (15) por su aniquilación".[34] Este fue el origen de Sekhmet (es decir, «la Poderosa») y de la mezcla de bebida (?),[35] de la noche de tránsito de su sangre, originalmente (?) en Herakleópolis.[36]

»Rê‘ dijo: (16) "Llamad ahora veloces mensajeros, que se deslicen como la sombra de un cuerpo". Tales mensajeros fueron traídos (17) de inmediato. Este dios dijo: "Id a Elefantina y traed muchos frutos de mandrágora".[37] Esas mandrágoras fueron traídas, y [Rê‘ indicó] (18) al molinero (?)[38] que moraba en Heliópolis que (?) trozara esas mandrágoras mientras las esclavas preparaban (?) el grano para la cerveza. Entonces las mandrágoras fueron puestas en mixtura, y fueron como (19) sangre humana, y siete mil jarras de cerveza fueron llenadas.

»Luego vino la Majestad del Rey del Alto y Bajo Egipto, Rê‘, con aquellos dioses para ver esa cerveza cuando despuntó la mañana (20) en que los hombres fueron muertos por la diosa en su[39] hora (señalada) de ir hacia el sur. La Majestad de Rê‘ dijo: «¡Qué hermoso es esto! Protejeré (21) a los hombres de ella». Rê‘ dijo: "Llevad esto ahora al lugar donde ella dijo que mataría a los hombres".

»Desde ese día Rê‘ [se mantuvo de pie] (22) en la mejor parte (?) de la noche[40] para hacer que esta cerveza de sueños fuera vertida, y los campos se inundaran cuatro palmos de alto por [ese] líquido a través del poder de la Majestad de este dios. Cuando (23) esa diosa vino en la mañana, se encontró con que había una inundación. Su rostro se vio maravillosamente (reflejado). Bebió el líquido y le gustó y volvió (a casa) ebria sin (24) reconocer a los hombres. Rê‘ dijo a la diosa: "¡Bienvenida, la que causas placer!"

»Así aparecieron las jóvenes en la Ciudad Placentera.[41] Rê‘ dijo a esa diosa: "¡Haced cerveza de sueños para ella cuando llegue la festividad del Año Nuevo! Su número (estará) de acuerdo a (?) las de las esclavas de mi (templo)". Esto originó la costumbre de hacer cerveza de sueños de acuerdo al número de esclavas en la festividad de Hathôr que todos los hombres celebran desde ese día.»

Aquí encontramos otra vez el relato cerrado por las etimologías conocidas de los nombres divinos y las explicaciones de las ceremonias locales. El aspecto más interesante de este mito, sin embargo, es la posibilidad de que, como Naville ha sido el primero en señalar, ver una analogía de las tradiciones del diluvio semítico en la casi completa destrucción de la raza humana y del flujo de bebida que cubrió la tierra. La fantasía egipcia debería haber sido volver al diluvio, enviar ayuda a la amenazada raza humana, buscar los medios de salvar a los hombres de su castigo de extinción; pero hasta no encontrar textos posteriores, las analogías de la historia egipcia con los relatos de diluvio de otros países son bastante problemáticas. Similar incerteza se puede aplicar al fragmento mitológico (pág. 74) que presenta ciertas ideas paralelas, a pesar de que pertenece, más bien, al siguiente mito, que relata porqué el dios sol se apartó de la tierra. La afirmación de Platón[42] de que el diluvio no había alcanzado Egipto también implica que los egipcios no tenían una leyenda del diluvio distintiva. La única fe egipcia paralela al diluvio es la leyenda de Osiris o Horus, el ancestro de la humanidad, flotando en un cesto a su nacimiento o muerte, como relataremos en el próximo capítulo. La conexión entre el mito recién expuesto y el Año Nuevo admite distintas interpretaciones.[43]

III. POR QUÉ EL DIOS SOL SE APARTÓ DE LA TIERRA

A la tradición de la destrucción de la humanidad el mismo texto añade otro relato que parece estar asociado con éste.

«La Majestad de Rê' dijo a esa diosa: "¿Es esta enfermedad[44] el ardor de la enfermedad (ordinaria)? ¿Por qué, entonces, (me) abandonan (27) por la enfermedad?" La Majestad de Rê' dijo: "Por mi vida, mi corazón se ha apenado con ellos. Los he matado, (pero es como) si no lo hubiera hecho (?). "Es la extensión de mi brazo un (28) error?"[45] Los dioses que lo habían seguido dijeron: "No flaquees (?) a tu pena; tú eres poderoso en lo que tú desees". La Majestad de ese dios (29) dijo a la Majestad de Nuu: "Mis miembros están débiles por primera vez; no dejaré que otro (¿caso como éste?) pueda alcanzarme".[46]

»La Majestad de Nuu dijo: "Mi hijo Shu, el ojo (30) de (su) padre [que es sabio] en su consulta, (¿y?)[47] mi hija Nut, lo puso [sobre tu espalda." Nut dijo: "¿Cómo, entonces, mi padre Nuu?" Nut dijo: "... (31)... Nuu". Nut se convirtió [¿en una vaca?]. [Luego] Rê' [se colocó] sobre la espalda de ella. "Cuándo [vinieron] esos hombres (32), ¿[vieron al dios sol?] Luego lo vieron sobre el lomo de la vaca [celestial]. Luego aquellos (33) hombres dijeron: "[Vuelve] a nosotros (que) nosotros destruiremos a los que han conspirado [contra ti]". [¿A pesar de lo que ellos dijeron?], su Majestad (34) fue a su palacio [en occidente (?)]. [Cuando ya no estuvo] con ellos, la tierra se volvió oscura. Cuando la tierra se iluminó en la mañana, (35) aquellos hombres vinieron con sus arcos y sus [armas] para atacar a los enemigos (del sol). La Majestad de este dios dijo: "Vuestros pecados están detrás de vosotros.[48] Los asesinos (36) son (demasiado) remotos (para sus planes) asesinos". Esto originó la (ceremonia de) matar... La Majestad de este dios dijo a Nut: "Ponme sobre tu espalda para elevarme".»

Las siguientes líneas están demasiado mutiladas para una traducción coherente pero, como vemos, el dios sol establece su permanente elevación en el cielo, donde crea los campos celestiales «con todas las estrellas resplandecientes (o verdosas, crecientes)» (véase pág. 57).

»Entonces Nut comenzó (41) a temblar en (?) las alturas» (es decir, bajo el peso de estas nuevas cosas), y el interminable espacio (Heh) fue creado para soporte.[49] Luego Rê' dijo: (42) "Shu, hijo mío, ponte debajo de mi hija Nut. Cuida por mí a la (barca del sol llamada) "Millones de Millones" (que está) allí, y (?) de aquellos que viven entre (o, de?) las estrellas (?). Pon a ella sobre tu cabeza".

Así fueron separados cielo y tierra, y el dios sol permaneció sobre el lomo de la vaca celestial. De esta forma el pecado humano había apartado a los dioses de esta tierra, y ninguna repetición podría hacerlos volver entre la humanidad. Esta leyenda es obviamente una versión diferente del mito precedente, a pesar de que todas sus alusiones no son aún inteligibles; los «arcos», por ejemplo, pueden ser un término astronómico. Podemos también comparar la análoga colección de mitos fragmentarios dados en la pág. 75, donde los rebeldes contra el dios sol parecen considerados como parcialmente divinos y son denominados los «los hijos de Nut».

Después de estas bastante oscuras indicaciones sobre cómo representar el nuevo orden de cosas,[50] esta misma colección nos da otra muy interesante explicación del apartamiento del sol, de la tierra al cielo.

(56) «La Majestad de ese dios dijo a Thout: "Llama ahora por mí a la Majestad de Qêb así: '¡Ven, apresúrate!'" Luego la Majestad de Qêb vino. La Majestad de ese dios (es decir, Rê') dijo: "¡Ten cuidado[51] (57) con tus serpientes que están en ti! Cuidado, las he temido desde que he existido. Ahora tú conoces sus (fórmulas) mágicas.[52] Deberás, por tanto, ir al lugar de mi padre Nuu y decirle: (58) "Guárdate contra los reptiles que habitan tierras y aguas",[53] y deberás hacer una escritura (mágica) para cada lugar[54] en que estén tus serpientes, diciendo: "¡Guardaos de hacer cualquier truco!" Ellas sabrán (59) que les daré luz.[55] Pero cuidado, ellas pertenecen (?) a (tú, mi) padre, que está (?) en esta tierra para siempre. Cuídate ahora de estos brujos, sé hábil (60) con sus bocas. Recuerda, el dios de la magia[56] (mismo) está allí. Quien lo devoró (?), mira que nadie me guarda de una gran cosa (?). Eso sucedió (61) ante mí. He sido destinado a ellos por tu hijo Osiris, (quien lo guardará?) contra sus pequeñas y hará que el corazón de sus grandes olvide. Las que prosperen (?)[57] harán (62) como si les gustara estar sobre toda la tierra con su magia en sus pechos".»

Fig. 77. La vaca celestial, el dios sol y los dioses que la sostienen (Shu en el centro)

Gran parte del texto está mutilado hasta el punto que traduce esto de forma desgraciadamente oscura, sin embargo podemos estimar que, en opinión del compilador de estos antiguos fragmentos mitológicos, no tenemos otra razón que explique el porqué los dioses celestiales ya no moran en la tierra: las serpientes o una serpiente los apartó de ella. El escritor sólo duda si esto fue hecho por una serpiente del dios de la tierra después de la organización del mundo o si se refiere a los seres primigenios que habitaban el abismo (pág. 71) y de los cuales el dios sol se separó cuando comenzó a construir este mundo. El escritor o redactor confunde así dos eras del mundo y dos teorías; e incluso parece aludir a una tercera teoría, digamos, la que dice que el gran enemigo de los dioses, la serpiente cósmica ʻApop, que constantemente trata de tragarse al dios sol y de este modo lo fuerza a estar en guardia y mantenerse en lo alto de los cielos. Esta combinación de teorías sobre serpientes peligrosas para los dioses parece haber sido volcada en encantamientos mágicos de protección contra los reptiles, al menos como podemos deducir de las desgraciadamente oscuras líneas 58-61.

IV. EL DIOS SOL, ISIS Y LA SERPIENTE

Sobre la base de la compilación de mitos, de los cuales hemos obtenido cuatro secciones, es posible obtener una mejor comprensión de ese de algún modo mito posterior del dios sol e Isis.[58]

(PAPIRO DE TURÍN, LÁMINA CXXXI)

LÍNEA

(12) «Capítulo del divino dios que surgió por sí mismo,
que hizo el cielo, la tierra, el aire de vida y el fuego,
los dioses, los hombres, los animales salvajes y el ganado lanar,
los reptiles, los pájaros y el pez,
el rey de los hombres y de los dioses por igual,
(13) (cuyas) edades son mayores que los años (humanos),[59]
rico en nombres que las personas de acá desconocen,
aunque las de acullá conozcan.[60]
En ese tiempo[61] estaba Isis, una mujer
hábil en brujerías (?), cuyo corazón estaba cansado
de vivir para siempre[62] entre los hombres;

(LÁMINA CXXXII)

(1) Ella prefería estar para siempre entre los dioses;
estimaba (mucho más) vivir eternamente entre los espíritus iluminados.
¿No era capaz[63] (de estar) en el cielo y en la tierra como Rê‘,
para ser la señora de la tierra de los dioses?[64]
De modo que pensó en su corazón
(2) aprender el nombre del santo dios.
Ahora Rê‘ venía cada día
a la cabeza de sus seguidores,[65]
establecido en el trono de ambos horizontes.
El dios había envejecido; su boca goteaba,
(3) su baba fluía sobre la tierra,
su saliva caía sobre el suelo.

Isis la amasó con su mano
junto con la tierra sobre la cual estaba.[66]
Formó una santa (4) serpiente;
La hizo de forma de dardo.
Ésta no vagó viva ante ella;
dejó que rodara (?) en la senda[67]
en la cual el gran dios vagaba
y el deseo del corazón de éste estaba sobre (5) sus dos países.[68]

El santo dios –vida, prosperidad, salud (a él)– apareció *(de) su palacio*,
los dioses lo siguieron *detrás*.[69]
Él caminaba como cada día.
(Luego) la santa serpiente lo mordió.[70]
Una llama viviente surgió de (6) sí mismo[71]
para apartarse (?) de uno de los cedros.[72]
El santo dios abrió[73] su boca.
La voz de Su Majestad –vida, prosperidad, salud (a él)– alcanzó los cielos.
Su círculo de dioses (dijo), «¿Qué es esto?»,
sus dioses (dijeron), "¿Qué sucede?».

(7) Él no encontró palabras[74] para responder a esta (pregunta).
Sus mandíbulas temblaban,
todos sus miembros se sacudían,
el veneno tomaba posesión de su cuerpo
como el Nilo toma posesión (de las tierras), desbordándose[75] sobre éstas.

(8) El gran dios concentró todo su poder de voluntad.[76]
Gritó a sus seguidores:
«¡Venid a mí, a mí que me he elevado de mis miembros,
vosotros dioses que habéis venido de mí,
para que pueda informaros que ha sucedido![77]
(9) Algo doloroso me ha punzado
que con mi corazón [no] he advertido,
y mis ojos no han visto,[78]
que mi mano no ha hecho.
No sé quién ha hecho todo esto.
(Nunca) había sufrido tanto;
ningún dolor es más fuerte que éste.
(10) Soy el príncipe, el hijo de príncipe,
la progenie de un dios que se hizo dios;
soy el grande, el hijo de un grande.
Mi padre pensó mi nombre;
Soy el que tiene muchos nombres, con muchas formas.
(11) Mi forma está en todo dios.
Soy llamado Atumu y Har-hekenu.[79]
Mi padre y madre, (sin embargo), me dijeron mi (verdadero) nombre;
éste había estado oculto dentro de mí desde (?) mi nacimiento
(12) para que ese poder y (fuerza)[80] mágicos no pudiera surgir para cualquiera que (deseara) hechizarme.
He venido para ver lo que (una) vez hice,
(comencé) a caminar en los dos países que creé
(13) cuando me ha punzado algo que no conozco.
No es fuego,
ni es agua.[81]

Mi corazón está incandescente,
mis miembros tiemblan,
todos mis miembros se estremecen (14) de frío.
Los hijos de los dioses[82] deberán traerme
aquel sabio de palabras,
hábil con su boca
que con su conocimiento alcanza el firmamento».

(LÁMINA CXXXIII)

(1) Vinieron los hijos del dios; cada uno
estaba allí con sus lamentaciones.
Vino (también) Isis con su sabiduría,
el lugar de su boca (lleno) de aliento de vida,
(con) sus fórmulas que alejaban el sufrimiento,
(con) sus palabras (2) acelerando a los privados de aliento.
Ella dijo: «¿Qué es esto? ¿Qué es esto, mi divino padre?
¿Una serpiente ha esparcido dolor (?) en tu interior?
¿Alguno de mis hijos ha alzado su cabeza contra ti?
Entonces lo sujetaré (3) por la excelente magia,
lo expulsaré lejos ante (?) la vista de tus rayos».

El majestático dios abrió su boca:
«He caminado por el camino,
he vagado en los dos países y el desierto,
(4) (pues) mi rostro (?)[83] deseaba ver lo que yo había creado.
(Allí) fui mordido por una serpiente que no vi.
No es fuego,
ni es agua.
Siento más frío que el agua,
siento más calor que el fuego.
(5) Todos mis miembros estaban sudando;
mis ojos temblaban y no podían fijarse;
no podía mirar hacia arriba.

La sangre cubría mi rostro como (la inundación) en la época de verano.»

(6) Isis dijo: «¡Dime tu nombre, divino padre!
El hombre que será mantenido vivo es aquel que es adorado[84] por su (correcto) nombre».
(El dios sol respondió:)
«Soy el que ha hecho los cielos y la tierra, que ha elevado[85] las montañas
y creó todo los que está sobre ellas.[86]
(7) Soy el que ha hecho el agua que se convirtió en el Gran Diluvio.[87]
quien hizo el Toro de su Madre,
quien se convirtió en el errabundo (?).[88]
Soy el que hizo los cielos como un secreto y (sus) dos horizontes,[89]
soy el que he colocado el alma[90] de los dioses.
(8) Soy el (único) que abre sus ojos, y hay luz;
cuando sus ojos se cierran, cae la oscuridad.
Las inundaciones del Nilo comienzan cuando yo lo ordeno.
(9) Los dioses no saben su nombre.
Soy el que hizo las horas para producir los días.
Soy el que hizo que el año comenzara y creó los ríos.
Soy el que hizo el fuego viviente
(10) para producir trabajos de alfarería.[91]
Soy Kepri en la mañana, Rê‘ inmóvil en el firmamento.[92]
Atumu en el atardecer».

El veneno no se habían detenido;
El gran dios no se sentía bien.
(11) Isis dijo: «Tu nombre no es la enumeración que tú has hecho.
Dímelo y el veneno se irá;
el hombre cuyo nombre es pronunciado vivirá».[93]

(12) El fuego ardía como una llama:
se hizo más poderoso que un horno de fundición.

La Majestad de Rê‘ dijo:
"He sido (demasiado) buscado por Isis;
mi nombre saldrá de mi pecho a mi pecho».

(13) El dios se hizo a sí mismo de sus dioses;
su lugar fue preparado en la nave (llamada) "Millones [de Años]".
En el momento en el que (el nombre) hubo salido de (su) corazón,
Ella (Isis) dijo a su hijo Horus:
«Lo he conducido por medio de un sagrado juramento (14) que el
[¿gran?] dios dio [para ti] a sus dos ojos».
[El gran dios, su nombre fue traicionado a Isis, grande en magia,
¡parte, Oh conjuro, vete de Rê‘!»

Los dos últimos versos no parecen pertenecer al poema original, sino a la aplicación del mito a un conjuro para las picaduras de serpiente. La historia, explica el papiro, debe ser escrita dos veces, una copia envuelta alrededor del cuello del paciente, y la otra lavada y bebida por éste en cerveza o vino, de acuerdo a una costumbre que será descrita en el capítulo sobre magia (pág. 226).

Este mito, que es más destacable por su poesía que por su teología, parece datar del comienzo del Nuevo Imperio, ya que es una concepción panteísta escasamente admitida de un período más remoto. La historia muestra en buena conexión lógica el antiguo mito astral asiático que asocia las constelaciones de Virgo, Hidra y Orión (= el sol), que encontraremos otra vez en nuestro capítulo sobre las influencias foráneas; y da otra versión de la leyenda que lo precede, respondiendo a la pregunta acerca de por qué los dioses ya no moran en la tierra: una serpiente provocó que el dios sol se retirara a esferas más elevadas. Su relación con una serie de mitos que hemos considerado en II y III no es aún muy clara; la incoherencia y el lenguaje de esa colección da la impresión de que su leyenda pertenece a una época más antigua que la del papiro. Para la primitiva idea egipcia que preparaba el camino para la leyenda de Isis y el dios sol, véase la pág. 27 y el mito del ojo perdido de la deidad solar (págs. 87-90).

V. DE CÓMO LA LUNA SE CONVIRTIÓ EN EL REGENTE DE LA NOCHE

La compilación de mitos que nos hablan de la destrucción de la humanidad y de por qué el dios sol se apartó de la tierra también contienen una leyenda sobre la forma en que la luna fue instalada como señora de la noche.

(62) «La Majestad de este dios (es decir, Rê‘) dijo: "Convocad a Thout(i) a mi presencia". Éste fue traído directamente. La Majestad (63) de este dios dijo a Thout: "Salve,[94] yo te pondré ahora en el cielo (64) en mi lugar mientras (65) doy luz a los espíritus luminosos (es decir, de los muertos) (66) en el mundo subterráneo y la isla de Baba.[95] (67) Escribe allí tu juicio (?)[96] para los que estén en ellos (es decir, esos dos lugares) (68), (para) los que han estado (?) cometiendo (69) pecados. ¿No estabas tú [¿entre?] (70) mis servidores en (?) este acto vergonzoso?[97] (71) Estarás en mi lugar, serás mi representante.[98] Ahora déjame decirte a ti, Thout, el representante de Rê‘: Dejaré que portes algo (*hab*) que es más grande que tú". (Así) se originó el ibis (*habi*) de Thout. "Dejaré (72) que tú extiendas tu mano contra (?) los dioses de [¿mi?] círculo que son más grandes que tú. Mi (?) *khen* es bueno".[99] (Así) se originaron las dos alas (*tekhenui*) del ibis de Thout. «Dejaré que tú rodees (*ens*) (75) el cielo con tu belleza y con tus rayos». (Así) se originó la luna (*io‘h*) de Thout."Dejaré que tú vuelvas la espalda a los bárbaros (*‘an‘an*)".[100] Así se originó el cinocéfalo (*‘an‘an*) de Thout. "[Tú] serás (76) el juez (mientras) seas mi representante. El rostro de aquellos que te vean serán abiertos en (?) ti. Los ojos de todos los hombre te darán las gracias".»

La instalación de un vicerregente en lugar del sol en la oscura noche ofrece varios aspectos interesantes. En primer lugar está conectado con el juicio de los rebeldes: desde el tiempo de su entronización Thout toma un lugar más prominente, ya que se hace necesario un juez para el mundo pecador; pero hay sólo una oscura y rápida alusión a la idea paralela de que el dios sol debe descender al infierno donde están los rebeldes en lugar de brillar sobre la tierra durante las veinticuatro horas. Lo más importante, sin embargo, es explicar el origen del culto de los animales de Thout jugando con las palabras con que el sol lo instala. Vemos el primer intento de interpretar un fragmento de culto animal... una destacable prueba de que este aspecto más primitivo de la religión ancestral comienza a perturbar a los pensadores egipcios alrededor del 2000 a.C., el período del cual parece datar esta leyenda. Jugar con palabras siempre tuvo una profunda significación en el antiguo Oriente, como podemos ver en las explicaciones de ceremonias expuestas en las páginas 77-78.

VI. EL OJO PERDIDO DEL DIOS SOL

Ya hemos hecho referencia (pág. 72) al mito que dice cómo el dios sol perdió una vez su ojo (el sol) y de cómo éste se rebeló contra él. Posteriores informaciones sobre esta leyenda han sido preservadas sólo en textos muy posteriores,[101] en los cuales su significado está muy desfasado y es, con muchas variantes, tal como sigue.

El ojo del sol, como Tefênet o Hat-hôr, fue retirado desde Egipto a Nubia, donde vivía como una leona o lince salvaje. Como mensajeros para hacerla retornar al dios sol, fueron enviados el hermano de Tefênet, el formado león Shu (o su manifestación local, Erihems-nofer), y el mandril o ibis Thout (o ambos en la forma de dos mandriles o dos leones). Vagando por toda Nubia, éstos finalmente la descubrieron en las montañas orientales del sol naciente, en un lugar llamado Bu-gem(et) («el Lugar de Encuentro»),[102] y ganando su consentimiento con alguna dificultad (especialmente por la sabia conversación de Thout), finalmente la llevaron de vuelta a Egipto. Allí fue recibida con música, danzas, banquetes, y así el recuerdo de su retorno fue celebrado en muchos templos a través de las eras que siguieron. Los mandriles sagrados, es decir los dos dioses recién mencionados, o incluso los mandriles que loan al sol cada mañana (pág. 34), saludan y guían a la diosa que regresa; y en Heliópolis ella se reconcilia con su padre. Los teólogos han tratado de conectar este mito con la batalla de Rê‘ y Hat-hôr, su «ojo e hija», contra los hombres rebeldes (págs. 76-77). Así, por ejemplo, el templo de Ombos se ufana de ser.

«El lugar de Shu en el comienzo,
cuando vino a su padre Rê‘,
ocultándose de quienes conspiraron contra él
cuando el perverso vino a buscarle.
Luego Shu hizo la forma de él
(como la) de Horus, el combatiente (?) con su lanza;[103]
él los mató inmediatamente en este distrito.
El corazón del dios sol fue amable con esto,
por lo que su hijo Shu había hecho por él.»[104]

Más tarde «vino Nuu (?), la sin (?) ojos (?),[105] a este distrito como un grande y fuerte león a vengar a su padre Rê‘ otra vez... Luego vino Tefênet a este lugar con su hermano Shu cuando ella vino de Bugem(et)». Esta diosa que regresa es entonces identificada con Hat-hôr y con el terrible Sekhmet, la destructiva fuerza solar (pág. 77). No tenemos, sin embargo, ninguna conexión temprana de este mito con la revolución de los hombres pecadores, cuya alusión se hizo en varios mitos ya estudiados, especialmente en el cuento de la instalación de la luna como regente de la noche; incluso en la posterior leyenda recién contada, esta asociación parece débil y secundaria.

El viejo himno de la creación, que hemos considerado en la primera sección de este capítulo, se refiere al mito del ojo perdido de otra manera: el ojo sigue a Shu y Tefênet a los abismos para traerlos de vuelta, pero más tarde estos dioses del aire hacen que el ojo retorne de ese lugar (pág. 71). En ambas versiones, Tefênet y el ojo del sol están diferenciados, a pesar de que es difícil decir si esta es la forma primera de esta historia. La siguiente referencia a un mito de dos ojos del sol, el viejo que retorna de las profundidades y su sustituto (¿temporal?), describe esta estratagema entre el dios sol y su hija u ojo (págs. 30-31) como consecuencia de los celos entre los dos ojos (quizás el solar y el lunar, o el del tiempo diurno y el invisible nocturno) y como subsecuente al retorno del único ojo.[106] Por otra parte, los textos del período Ptolemaico se refieren a la desavenencia de la «enojada diosa» con su padre y dan como razón la partida de ésta a Nubia, aunque no logran dar ninguna explicación de la hostilidad de la pareja. Es destacable que en todas estas tradiciones no encontremos conexión con el ciclo osiriano, y éste parece una especie de huella que confirma que el mito en su forma original estaba basado en una tradición muy antigua, que data de un tiempo en que el culto de Osiris no se había aún esparcido por todo Egipto.

Los antiguos Textos Piramidales tienen, en su mayor parte, sólo indistintas alusiones al ojo del sol, «que nace cada día»,[107] como fiero áspid (véase pág. 31 para esta forma de único o doble ojo del sol); incluso comienzan a conectar a éste con la lucha entre Horus y Sêth. Así hemos hecho mención del «áspid procedente de Rê'» y del «áspid [de la corona real que es mencionado previamente en el mismo pasaje] procedente de Sêth [!], que había alejado y vuelto a traer».[108] Esta restauración era improbable a Sêth, a pesar de que un áspid fue arrancado de «la cabeza de Sêth»,[109] éste adornaba regularmente la frente de la deidad solar; parecería que Sêth lo hubiera robado por un tiempo, y que el dios sol lo hubiera encontrado por casualidad. La alusión más definitiva declara que «(el rey en marcha hacia[110] el cielo llevará) al ojo de Horus a él; (el rey) es un hijo de Khnûm».[111] En otras palabras, el ojo perdido desaparece en las profundidades del dominio acuático de Khnûm, en la fuente del Nilo y el océano, como la Primera Catarata, donde vive como «la (diosa), grande en magia, del sur».[112]

Fig. 78. Thout en forma de ibis (doble), con Shu y Tefênet como dos leones

Todo esto nos permite comprender la imagen pictórica que acompaña al capítulo decimoséptimo del *Libro de los Muertos*. Representa dos lagos o fuentes subterráneos que son guardados por dos dioses del agua, uno de los cuales aparece retratado como un joven o algo más delgado que el otro. Uno de ellos sostiene una rama de palma que simboliza tiempo, año, renovación, vegetación fresca; y extiende la otra mano sobre un agujero que contiene el ojo de un halcón, es decir el ojo del dios con forma de halcón (pág. 26) que se encuentra perdido en el submundo. Mucho antes esta representación fue mal comprendida y desfigurada, de modo que los dos ojos del sol fueron quitados. El Papiro de Ani añade una inscripción explicativa en la base que sostiene el ojo de halcón: «El océano; su nombre es "Lago de Purificación de Millones"»; y así indica una interpretación paralela de la leyenda como el descenso diario del ojo del sol a las profundidades del océano y su retorno de éstas; mientras la deidad de la izquierda, que sostiene una rama de palma, es explicada como Heh (espacio infinito), es decir como Shu, una diosa del aire (págs. 45-46). Así comprenderemos porque representaciones paralelas (véase pág. 45) lo sustituyen por la imagen ya representada de dos leones transportando al sol, es decir los dioses del aire Shu y Tefênet, que cada día separan el ojo del sol de su lugar en el agua, y así restaurado en el mundo.

Fig. 79. Thout saluda a Tefênet al retorno de ésta de Nubia
(una continuación de la figura precedente)

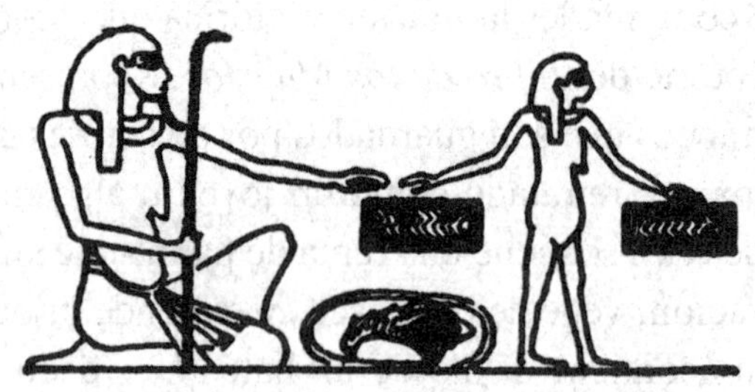

Fig. 80. El ojo solar en la profundidad acuática

Aquí tenemos el origen del papel de Shu y Tefênet, pero también tenemos, para nuestra sorpresa, que su participación en el mito era secundaria y comparativamente posterior (¿1500 a.C.?), para el Papiro de Ani, a pesar de que otros manuscritos anteriores al *Libro de los Muertos*, aún representan al mencionado dios del aire como la deidad del Nilo y cubren incluso su cuerpo con líneas que representan agua.

En otras variantes[113] podemos ver al dios de las fuentes Khnûm mismo, algunas veces armado como un guardián, y algunas veces sosteniendo en una mano el ojo solar, mientras su doble (el tristemente desfigurado ojo de halcón) es uno de los dos agujeros de agua de Khnûm. El mandril de la sabia divinidad Thout aparece de igual modo, evidentemente como el curador del ojo. A veces Khnûm está de pie sobre un león, en el cual reconocemos al viejo dios de la tierra Akeru (pág. 45); el cocodrilo que le acompaña no puede ser interpretado con certeza (pág. 112). Así, una vez más, el lugar donde se encuentra el ojo es la fuente mítica del Nilo, el océano, y todas las aguas del mundo por entero, como la Primera Catarata o la región al sur de ella.[114]

Además, el agua del Nilo es explicada en sí misma como el ojo perdido, ya que es una importante manifestación de Osiris-Horus, desapareciendo o disminuyendo en invierno, pero devueltas desde Nubia, en las inundaciones de verano, por Isis, o por sus lágrimas, o como Isis misma, ya que ésta es otra hija del sol. Alusiones a esta interpretación del mito se encontrarán en el texto mágico de las lágrimas de Isis traducido en las págs. 127-28. Allí reaparece también el sabio Thout; y este curador, reconciliador y regulador de todas las manifestaciones solares nos conduce de nuevo a la conexión del ojo perdido con el mito osiriano. Como el cuerpo de Osiris, el ojo solar del renacido Osiris, el dios sol Horus, es desgarrado en muchas partes durante el combate con Sêth, de modo que Thout debe unir seis, o catorce, o sesenta y cuatro piezas. Los fragmentos quince y sesenta y cinco estaban aparentemente perdidos y fueron restaurados sólo por la magia del divino médico; allí se declaraba que los días sexto y decimoquinto de casa mes se «llenaba el ojo sagrado».[115] A esta restauración y a la interpretación numérica del «ojo salvado», los sacerdotes la mencionan cuando representaban al ojo solar con el peculiar símbolo que se convirtió en el más popular amuleto de los egipcios. De este modo los antiguos mitos solares y su subsecuente tendencia hacia la adaptación en el ciclo osiriano, que era parcialmente solar, emerge de formas tan variadas que ya no podemos separarlos.

Fig. 81.El ojo solar guardado en lo profundo

Podemos inferir que el mito del ojo que iba, o estaba perdido, en la región de la oscuridad y las profundidades abismales existió en interminables variantes, que tenemos esperanzas de recuperar en gran parte. Las versiones que son más extensas, especialmente las del período grecorromano, como ya hemos dicho, conticncn poco más que una muy débil recolección de su riqueza. Para citar un solo ejemplo, incluso el significado cósmico de Nubia como pasaje al submundo, o como el submundo mismo (págs. 48-49, 88, 149), había sido entonces completamente olvidado.

De modo que es poco seguro comparar este mito con tradiciones análogas en historias de otras mitologías que nos hablan como el dios del cielo o la deidad solar perdió en un ojo (por lo general el lunar) que se hunde en un pozo, etc.[116] El estudio de tales paralelismos debe ser reservado a futuras investigaciones.

Todas las leyendas que hemos recordado muestran que la mitología de los antiguos egipcios debe haber sido una de las más ricas de mundo, a pesar del deplorable hecho de que la mayor parte de las veces nos hemos visto forzados a obtener nuestro conocimiento de esta riqueza reuniendo alusiones fragmentarias. Podemos tratar de reconstruir mucho más aquí, pero primero se necesita el restablecimiento de un grupo de mitos que se expondrán en el próximo capítulo.

Capítulo V

EL CICLO OSIRIANO

En tiempos muy primitivos un grupo especial de dioses, todos de origen local, fueron colocados en una conexión mutua que dio surgimiento a un extremadamente rico desarrollo de mitos que sobrepasaron a toda otra mitología[1] y convirtió a estas divinidades en las más populares, no sólo de Egipto, sino, subsecuentemente, de la totalidad del mundo antiguo. De acuerdo con esto, serán las mejor tratadas, separadamente, de los otros miembros del panteón, a pesar de que sus funciones cósmicas han sido mencionadas en gran parte en los capítulos sobre las divinidades cósmicas. Aquí tenemos el más completo agrupamiento de personalidades divinas de toda la religión egipcia, y sin embargo en esta misma relación podemos advertir con especial claridad cómo muy pocos egipcios se preocuparon por una presentación sistemática y lógica de sus creencias religiosas. El único y débil intento para describir este ciclo sistemático fue hecho por el griego Plutarco de Caeronea (alrededor del 120 a.C.) en su famoso tratado *Sobre Isis y Osiris*. A pesar de sus fallos y de introducir muchas ideas no egipcias, este pequeño estudio nos da una información valiosa, en tanto que otros textos

Fig. 82. Osiris como dios negro

Fig. 83. Osiris oculto en su pilar

Fig. 84. Osiris en el Árbol Celestial La deidad de pie entre los dos obeliscos que simbolizan el tiempo. De un sarcófago del museo de El Cairo.

grecorromanos contienen sólo fragmentos de verdad. Tendremos frecuentes ocasiones de referirnos a él en nuestro estudio.

Osiris[2] fue originalmente el dios local de la ciudad de Dêd(u) (también llamado Dêdet) en el Delta, que los griegos denominaban Busiris, es decir, «el Hogar de Osiris», y donde un pilar de forma extraña, con proyecciones circulares en bandas de varios colores era su símbolo.[3] En fecha bastante antigua, se convirtió en una deidad cósmica, y después de oscilar entre simbolizar al sol o al cielo, finalmente se desarrolló en el dios un cambio de naturaleza en todo sentido. Así pudo convertirse en la divinidad del cambio más importante, es decir, la muerte, y pudo evolucionar hasta convertirse en patrón de las almas fallecidas y rey del mundo inferior, siendo al mismo tiempo el señor de la resurrección y de la nueva y eterna vida. La última concepción le otorga una gran prominencia sobre las muchas divinidades antiguas de la necrópolis, quienes no tenían nada que ver con la esperanza de resurrección y que, por tanto (con excepción de Anubis, un antiguo dios de los difuntos del Alto Egipto, véase *infra*, pág. 114), permanecieron sólo como guardianas locales de los muertos. Esto explica su gran popularidad. Como naturaleza cambiante, Osiris, de acuerdo a las ideas de los tiempos históricos, puede ser visto en curso diario y anual del sol, que muere cada tarde y revive por la mañana, convirtiéndose en viejo y débil en invierno y fuerte otra vez en primavera. La dispersión de los miembros del dios originalmente parece haber implicado la creencia de que las estrellas eran fragmentos esparcidos del sol muerto. Como regente del cielo, sin embargo, puede ser identificado con el cielo; puede estar sentado en el árbol celestial, o puede ser el árbol mismo o una parte importante de éste. Cuando se desarrolla del árbol muestra su naturaleza solar (pág. 37). Como toro (especialmente de color negro) es también celestial.[4] Trescientas sesenta o trescientas sesenta y cinco luces fueron encendidas en su honor, y se decía que trescientos sesenta y cinco árboles habían sido plantados alrededor de algunos de sus templos, etc., mostrándose así como dios del tiempo cambiante y del año. Como amo del año sus festividades eran principalmente lunares, de modo que podía fácilmente asumir los aspectos de la luna, la reguladora del cielo; más tarde fue directamente llamado la luna como «renovándose a sí misma». No obstante, puede ser visto en muchas importantes estrellas o constelaciones. Así la estrella matutina fue puesta en conexión con él o, más bien, con su doble, Horus; la reina paralela de las estrellas fijas y del cielo, Sothis, era entonces asociada con él como esposa-hermana o como madre (pág. 58). Puede ser encontrado de igual manera en el planeta Júpiter como otro regente del cielo.[5] En la constelación de Argos y su estrella principal, Canopus, aparece como niño o como muerto, flotando en un arca,[6] mientras en Orión es visto como guerrero victorioso, es decir renaciendo como Horus (para el fácil intercambio de estas constelaciones véase págs. 59-60). De igual modo, el Nilo creciente recuerda la fe en él, porque es un fenómeno del calendario anual de revitalización de la naturaleza, junto con otras explicaciones osirianas de este acontecimiento (véase más adelante).

Fig. 85. El Nilo revive el alma de Osiris en las plantas germinales

Poniendo el mayor énfasis en la muerte de Osiris, éste se convierte en amo del mundo inferior, el regente de los muertos. No importa si no es trata-

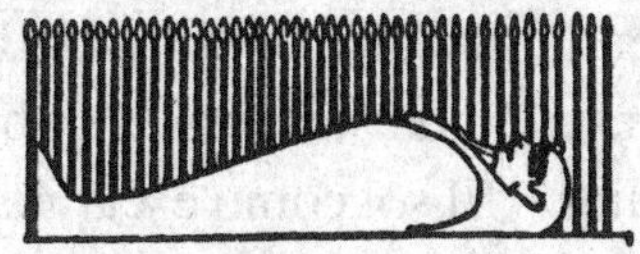

Fig. 86. Osiris surgiendo a una Nueva Vida en las semillas germinales

do como un dios de la tierra,[7] ya que simboliza en una forma bastante análoga lo que el dios asiático de las plantas y las fuentes, Tammuz-Adonis, tipifica[8] por la nueva vida de la vegetación que surge del suelo. Osiris puede también ser comparado o identificado con el agua de la inundación de verano, pues permite que los granos germinen otra vez, y ambas ideas se combinan en una pintura (Fig. 85) que muestra cómo el dios Nilo despierta a la vida el alma (es decir, la manifestación) del «Fénix-Osiris» en las nuevas plantas. El renacimiento del río dador-de-vida revela a Osiris mismo;[9] o el agua fluye de su cuerpo herido o desmembrado en misteriosas profundidades, o lo provoca por medio de las lágrimas de Isis (y Neftis) que fluyen sobre y alrededor de él. Los egipcios modernos aún creen que una gota misteriosa, cayendo al río en una noche de primavera, provoca su súbito crecimiento, a pesar de que sólo es otra versión de las lágrimas de Isis. Cuando Osiris se hace así idéntico al Nilo, esto se aplica especialmente a su misteriosa porción subterránea, de modo que Osiris es identificado con el abismo, e incluso con el océano (pág. 49). Aún en el último período, que comprende el mar como «tifónico», es decir, antagónico a Osiris, aún encontramos claramente especificado que Osiris es el océano.[10] Por tanto, generalmente representa por entero el principio del agua como elemento dador-de-vida, al que un mago de los días romanos, escribiendo en griego, llama «agua» de Osiris, y «humedad» de Isis, debido a sus lágrimas vertidas.[11] Como el subterráneo Nilo, Osiris da nacimiento a cuatro genios, o Meskhenets (págs. 54), un simbolismo que parece aludir a las cuatro fuentes del Nilo (pág. 49).[12] Como el océano rodea el mundo inferior, la concepción de Osiris revierte a la idea de regir o representar el oscuro dominio de los muertos. Esta conexión, particularmente interesante, lo relaciona con la famosa imagen del sarcófago del rey Set-khuy (Sethos) I. Esta escena cósmica muestra a Nuu, el dios de los abismos, en la mañana, levantando a la nave solar de las profundidades; en la inscripción se lee: «Estos brazos vienen del agua; ellos levantan a este dios». El sol como escarabajo está acompañado por Isis y Neftis, mostrando que Rê‘, Khepri y Osiris son identificados. Es bastante curioso que el dios de la tierra Qêb esté de pie junto a la nave, y luego Shu, Heka («Magia»), Hu («Sabiduría») y S(i)a («Conocimiento»), mien-

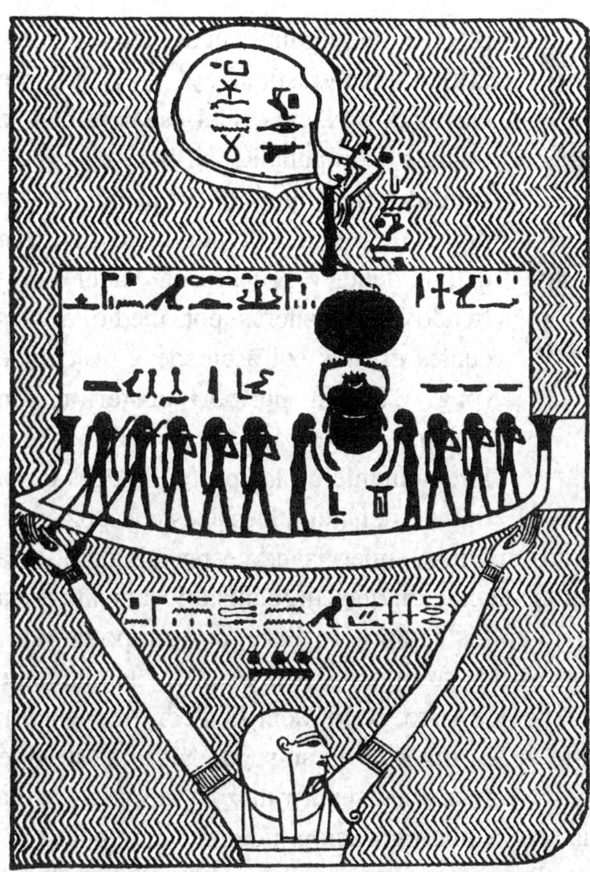

Fig. 87. Nacimiento y muerte del sol, con Osiris como amo de la profundidad abismal

tras a la derecha hay tres «guardianes del portal», evidentemente del mundo inferior. La madre «Nut recibe al sol» en la medianoche y lo coloca en su lugar de descanso en el profundo occidente, donde el círculo inferior del agua del abismo es definido como un dios de forma circular (véase Fig. 46) y descrito como «este es Osiris que rodea el submundo» (*Duat*).[13] Véase Fig. 87.

De este modo, no hay casi ninguna parte de la naturaleza cambiante en la que no pueda encontrarse a Osiris, lo que es en sí mismo una prueba de que originalmente éste no poseyó ninguna función cósmica. En este particular dominio parece ostentar el frecuente título de Neb-er-Zer, o «Señor de Todas las Cosas».

La principal función de este dios, sin embargo, siempre continuó siendo la de regente de la región de los difuntos, ya que es con frecuencia pintado de negro.[14] Sentado en su «trono de metal»[15] o en una

Fig. 88. Osiris como juez sobre sus escaleras

plataforma (algunas veces parece el jeroglífico de la «justicia», ⏥), o sobre elevadas escaleras. Las escaleras en la imagen acompañante, en la cual la (personificada) balanza de la justicia y los dioses del círculo divino de Osiris están de pie, deben originalmente haber significado las escaleras por medio de las cuales el dios sol asciende y desciende (pág. 37). El período posterior, sin embargo, muestra el trono de Osiris preferentemente en las profundidades de la tierra o del cielo. Desde este asiento dirige las ocupaciones de los muertos, supervisando especialmente —ya que está conectado con la vegetación que surge misteriosamente de la profundidad— el trabajo en los campos de Earu (el «campo de retoños»; pág. 58). Bajo o cerca de su trono guarda el agua y la planta de la vida (con las cuales, hemos visto, se lo identifica con frecuencia); y como decide la suerte de los muertos en su segunda vida, este tipo de rey de los difuntos se convierte en severo juez de su pasada vida moral. Sobre su divina ayuda en esta función judicial, véase pág. 177. Con las estrellas, él y todo su reino surgen del tiempo nocturno de las profundidades,[16] y en otros aspectos también sus funciones solares y celestiales se mezclan con las de guardián del mundo inferior. Esto lo muestra otra vez como señor de la resurrección y prototipo de los muertos que obtienen eterna vida. Por esta razón su nombre Un(en)-nofer, o Unnofru (en griego 'OnofriV), «el Buen Ser», lo caracterizan como el principal y más benéfico de los dioses.

Su culto se expandió de Busiris a todo Egipto, pero su principal asiento pronto fue Abidos en el Egipto Medio, la necrópolis de la antigua capital This, donde reemplazó al viejo dios lobo (?) Ophoïs (el egipcio Up-uaut) y su variante Khent(i)-amentiu (pág. 22). Hay un agujero en el suelo en U-peqa (o U-peqer, Re-peqer, «el Lugar, la Boca de Peqer») que se exhi-

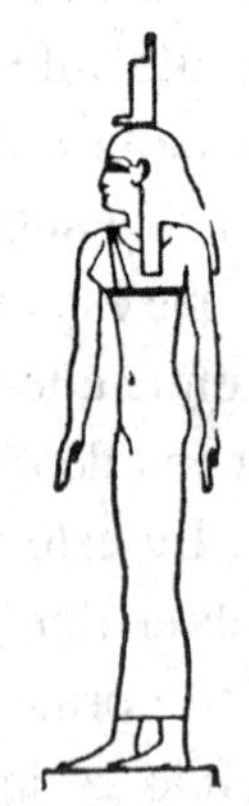

Fig. 90. Isis

bía como entrada al mundo inferior, un estanque considerado como el celestial «Lago del Chacal» o la fuente del abismo (pág. 53), un gran tramo de escalones representaba la escalera del sol (pág. 37), etc. Osiris mismo fue una vez enterrado allí; y después de la dispersión de sus miembros la cabeza, al menos, había permanecido detrás, en Abidos, donde fue adorada como la más sagrada de todas las reliquias del «buen dios».[17] La tumba donde su cuerpo una vez yació (e incluso era preservado) fue encontrada más tarde en una tumba real de períodos anteriores, cuyo poseedor había sido olvidado. Esta cercanía de Osiris hizo que todos los egipcios desearan encontrar la inmortalidad siendo enterrados en Abidos, de modo que allí se desarrolló un inmenso cementerio. En Menfis pronto fue identificado con el dios local de la necrópolis, el halcón Sokari,[18] y luego con Ptah y las deidades identificadas o asociadas con él, como el local y sagrado buey Apis (Hap). Esto condujo al nombre Osorhap («Osiris-Apis»), el Serapis de los griegos.[19] Su culto en la «ciudad del Sol», Heliópolis, fue menos distintivo, a pesar de que los viejos símbolos solares de las ciudades sagradas (págs. 32-33) más tarde fueran ampliados, en gran parte con aportes del mito osiriano.

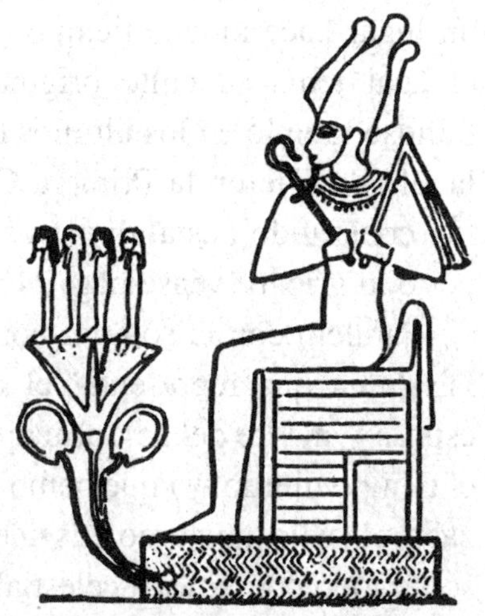
Fig. 89. Osiris con el agua y la planta de la vida, sobre las cuales están de pie sus cuatro hijos

En un período muy temprano Isis fue asociada con Osiris como su esposa, probablemente porque gozaba de un culto cercano y también porque su nombre (Eset, en egipcio) era lo suficientemente parecido al de Osiris[20] como para permitir la idea difundida de los gemelos celestiales (con diferente sexo), tal como eran vistos este divino par. No sabemos lo suficiente sobre los primeros asentamientos del culto de Isis en el Delta para decir con alguna certeza hasta dónde llegaba su culto local primitivo, por ejemplo a Per-hebet (la Iseion de los griegos y la moderna Behbeit). Es posible que el extraño amuleto (¿un peculiar nudo de lino?) que simboliza a Isis pueda ser el jeroglífico de un lugar hace mucho tiempo olvidado en el cual tenía su culto original. Su más famoso templo en los últimos tiempos, en la isla de File en la Primera Catarata, no fue construido hasta aproximadamente el período griego (véase pág. 246).

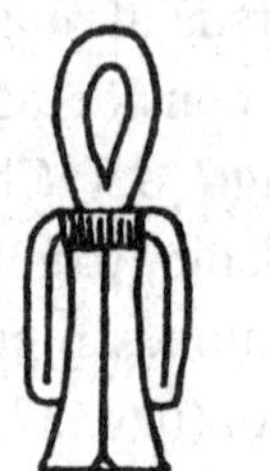

Fig. 91. El Simbolo de Isis

Paralelo con la solarización de Osiris, Isis tenía que representar el cielo como esposa y madre del sol, principalmente en el tiempo diurno, ya que como madre de las estrellas también simbolizaba el cielo nocturno. Es identificada con otras dioses celestiales, sobre todo con la vaca celestial Hat-hôr, etc., y por tanto con frecuencia utiliza cuernos de vaca sobre una cabeza humana, como símbolo de los cielos (págs. 39-40). Así es identificada incluso con su propia madre (Nut),[21] con el árbol de los cielos y de la vida (no obstante el hecho de que Osiris fuera también identificado con éste; véase pág. 97) y luego, de igual forma, con Selqet, la diosa escorpión del mundo inferior, etcétera.

Fig. 93. El Oeste recibiendo un alma muerta

Más tarde, como consorte del dios agonizante, Isis es con frecuencia llamada «Diosa de Occidente» (es decir, del cielo occidental o de las necrópolis de Egipto), y así es comparada con «el Oeste», ese personaje mitológico que usa, como símbolo de las regiones occidentales, una pluma de avestruz sobre la cabeza o en lugar de la cabeza perdida, o simplemente aparece como una figura femenina sin cabeza (es decir, carente de vida). Esta personificación de las regiones de la muerte recibe al sol en la tarde, estirando los brazos desde el cielo. Más tarde incluso, encontramos brazos similares extendidos desde el cielo (o desde el océano, como en las Figs. 87, 94) para enviar al sol en la mañana, convirtiéndose así en un símbolo del cielo. Como personificación de la región de los muertos, la diosa sin cabeza es eufemísticamente llamada «el bueno, maravilloso oeste», o «la buena, hermosa necrópolis», o incluso más

Fig. 92. Isis-Hat-Hor

eufemísticamente «la buena (diosa)» Nofret. Esta misteriosa figura recibe otras posteriores y extrañas interpretaciones.

Como este jeroglífico de la pluma de avestruz significa tanto «oeste« como «justicia», también pronto fue llamada «(la diosa de la) justicia (o verdad), la hija de (el dios sol) Rê'».[22] Así la «Justicia» está con frecuencia de pie en la barca del sol o cerca de su trono celestial en una función que nunca es explicada, pero que debió haber significado que el dios era justo. Algunas veces esta hija del sol está conectada con el áspid solar como su hija (pág. 31). Su presencia en el juicio de los muertos realizado por Osiris y su balanza está más en armonía con esta explicación secundaria como personificación de lo justo, pero aún la alterna con la concepción original de diosa de la pluma de avestruz como «el Oeste, el hermoso Oeste», que introduce los muertos a Osiris y a su segunda vida. Plutarco ya sabía que Isis es idéntica a «Justicia o Némesis». Por una mala lectura de la palabra *ma'tiu*, los «jueces» que son mencionados en la sala de Osiris, los teólogos del Nuevo Imperio llegaron a la conclusión de que «la justicia» de Osiris es doble; de acuerdo con esto las pinturas con frecuencia la representan así o diferenciada con una forma sin cabeza (es decir, muerta) y completa (es decir, viva). En las mitologías de otras naciones una virgen (con frecuencia explicada como la constelación Virgo) suele agonizar o dar nacimiento al dios o dioses, y frecuentemente ha sido privada de la cabeza. Esta concepción parece posible de trazar en el simbolismo egipcio que acabamos de describir. Probablemente el pueblo de las tierras del Nilo pensaran tener una diosa agonizante como paralelo con el agonizante dios Osiris.[23] Cuando esta doctrina de la «doble justi-

Fig. 94. Los brazos celestiales reciben al dios sol

Fig. 95. «La Doble Justicia»

cia» se hizo popular, Isis y Neftis[24] fueron identificados con estas diosas ornadas de plumas en el juicio de Osiris. Las deidades masculinas con dos plumas son referidas a la misma función.[25] Todo este simbolismo, mezclado con el mito de Osiris, permaneció siendo muy vago.

Isis es primariamente conectada con Sothis, la reina de las estrellas fijas (véase la imagen de pág. 57), y en el último período también fue asociada con el planeta Venus[26] como estrella vespertina (hija del sol) o matutina (madre del sol), todas estas manifestaciones estelares de la reina del cielo, tienen analogías asiáticas (véase pág. 56).

La tríada celestial osiriana fue completada por la adición de Horus (el egipcio Hor, Horu), una deidad solarizada con forma de, o al menos, con cabeza de halcón (más exactamente, quizás, un falcón) y poseyendo, como hemos dicho (pág. 26), demasiados templos para que podamos determinar su localización original. Su culto en Edfu (la griega Apollinópolis) es muy antiguo y con frecuencia se supone que éste ha sido su hogar original; pero el símbolo especial del Horus de Edfu (el disco alado) parece invalidar esta hipótesis, pues traiciona la huella de varias personificaciones del dios sol (Fig. 96). La mitología de este templo ha sido manipulada sólo en la tradición muy tardía, pero contiene interesantes aspectos, como una multitud de valerosos «herreros» (*mesniu*, *mesentiu*) como compañeros de Horus, la leona Men'et como nodriza, etc. Hierakónpolis («la Ciudad de los Halcones»), al oeste de Eileithyaspolis (la moderna el-Kâb), en o cerca de la vieja capital del Alto Egipto, parecería haber sido un asiento mucho más antiguo de Horus,[27] pero un templo en el Delta habría explicado mejor su lugar en la tríada. Su culto era, en el comienzo de la civilización egipcia, tan general que el jeroglífico del halcón o falcón sirvió como un signo clásico de todas las divinidades masculinas, como una serpiente que representa a todas las diosas.[28] Su nombre parece haber significado «el Muy Alto», que señalaría una función original como dios del cielo, e incluso en el último período aparece como tal cuando el sol y la luna son llamados «los ojos

Fig. 96. El símbolo del Horus de Edfu

de Horus» (pág. 31) o cuando es considerado como la estrella matutina (pág. 56) o como Orión. También estaba incorporado a la familia osiriana, siendo interpretado como el joven sol naciente en oposición al agonizante sol crepuscular como Osiris; en otras palabras, como Horus era un dios tan importante que no podía ser subordinado a su padre, fue explicado como el Osiris renacido de la mañana o en la estación apropiada (pág. 97).[29] Esta interpretación no tiene excesivo asidero, sin embargo, pues tanto sacerdotes como fieles consideraban a los dos dioses como distintos y tan individuales como fuera posible. La esposa de Horus es generalmente la diosa Hat-hôr, la señora del cielo (pág. 41).

Fig. 97. Uno de los herreros de Horus

Después de completarse esta tríada, el contraste político entre dos dinastías de reyes y entre sus dioses locales provocó la formación de un adversario de la tríada, la divinidad de la antigua ciudad de Ombos en el Alto Egipto (la moderna Naggadah o Naqqadah),[30] la extraña deidad Sêth.[31] Este dios es con frecuencia llamado «Señor del Sur», y su culto parece datar de un tiempo incluso más remoto que el de cualquier otro miembro de la tríada osiriana.[32] Era representado con la forma de un animal que dejaba perplejos incluso a los antiguos egipcios mismos, de modo que intentaban explicarlo como un derivado de otro dios que había quizá muerto en tiempos prehistóricos o de una estatua arcaica de tipo tan burdo que desafiaba todos los conocimientos zoológicos de los subsecuentes artistas.[33] A todo esto, los últimos egipcios ya no lo comprendían. En el Nuevo Imperio, Sêth es algunas

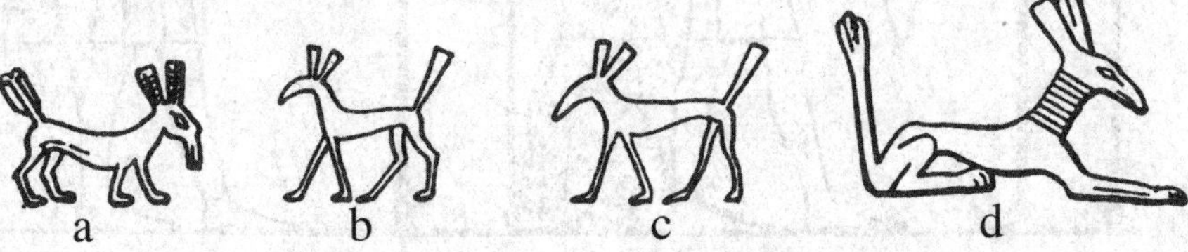

Fig. 98. Las más antiguas imágenes de Sêth
(a) prehistórica; (b) y (c) de la Dinastía II; (d) de la Dinastía III.

veces representado con forma humana ordinaria. Originalmente sólo adversario (y hermano) de Horus, Sêth se convirtió en enemigo de toda la tríada osiriana, asesino de su hermano Osiris y perseguidor de Isis y Horus. A pesar de que esto hizo de él el villano entre los dioses,[34] se mantuvo como una deidad y fue especialmente honrado por los soldados, que consideraban a este dios de salvaje e implacable carácter, «el hijo de Nut, grande en fuerza», su más adecuado patrón.[35] En contraste con Horus, cuya arma de jefe es la lanza, Sêth es un arquero. El papel cósmico adscrito a él es como dios del cielo y el trueno en la concepción de las naciones del norte de Egipto, pero de una forma degradada e inofensiva, que se corresponde al hecho de que las tormentas de truenos son raras y desaprovechadas en Egipto. Así Sêth se manifiesta a sí mismo en la tormenta de truenos,[36] pero esto es explicado como una batalla entre Horus y Sêth, de modo que el relámpago es la lanza de Horus y el trueno la voz del herido antagonista, aullando de dolor.[37] Un papiro griego se refiere a Sêth como «sacudidor de colinas, trueno, provocador de huracanes, sacudidor de rocas; el destructor, el que perturba al mismo mar».

Después del 2500 a.C., el mito asiático del combate entre el dios del cielo y la luz (Bêl-Marduk, etc.) y el dragón abismal del océano

Fig. 99. Sêth enseña manejar el arco al joven rey, y Horus lo instruye en el uso con la lanza

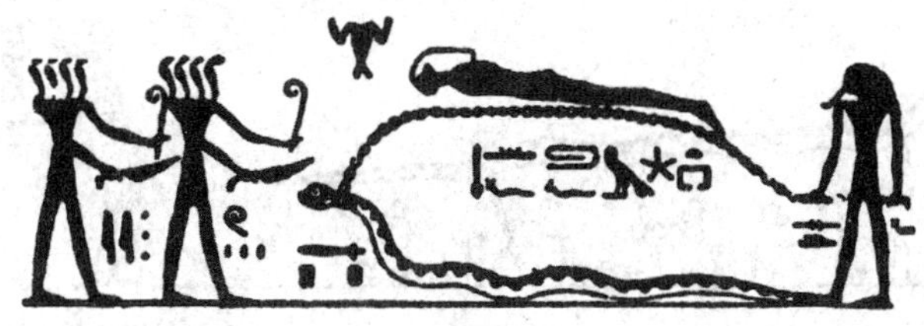

Fig. 100. 'Apop atado en el mundo inferior

(Tiâmat) penetró en Egipto, donde dio surgimiento a la historia de la serpiente gigante 'Apop (en griego, 'Απoφις),[38] el enemigo del dios sol. Sólo débiles huellas del cuento asiático de la creación del mundo a partir del caparazón del monstruo primitivo, que cubría todo el abismo, aparecen en Egipto, quizás en la idea de que ese hierro representa «el hueso de Tifón». Mejor preservada está la versión asiática paralela de que el dragón no es muerto ni aniquilado, sino que aún yace en las profundidades, bajo la tierra[39] o en el océano, de modo que un terremoto o tempestad del mar traiciona su vana lucha contra sus grilletes. Encontramos la idea, recurrente en muchas variantes, de que incontables manos de dioses o de almas difuntas (incluyendo incluso las de todos los extranjeros) deben sujetar al «monstruo que se retuerce» (*nuzi*) en las profundidades de la tierra. A ideas de este tipo pertenece la pintura acompañante (Fig. 100) de 'Apop, «cuya voz crea ecos en el mundo inferior». Está atado con cadenas de metal y a su cabeza yace la diosa nubia Selqet, quien aparece repetidamente como vigilándole (Fig. 60 y pág. 63). Esto sugiere que los guardianes de cuatro cabezas son una alusión a Khnûm, el amo de las cuatro fuentes del Nilo y de la vecindad de Sel-qet. Una variante muestra al dios de la tierra Qêb (no reproducido en la Fig. 101) y a los cuatro hijos de Osiris o Horus (págs. 114-15) atando cuatro serpientes, mientras la quinta surge del suelo; detrás de éstos se encuentra, de pie, «Osiris ante el Oeste». Aquí también la escena se desarrolla en la región de la Catarata, y el artista busca místicamente expresar la creencia de que las cuatro fuentes del Nilo,

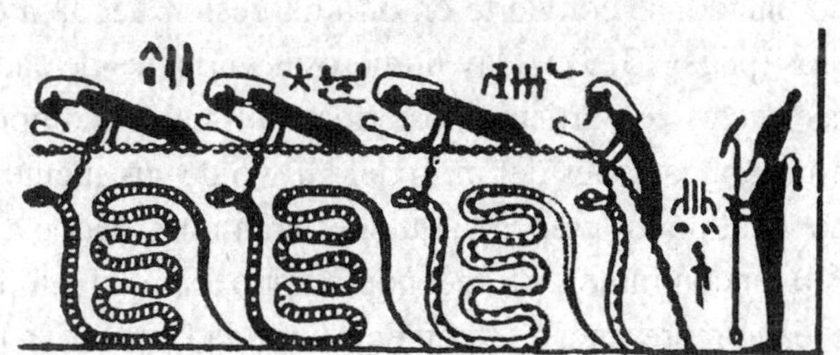

Fig. 101. Los hijos de Osiris vigilan a la serpiente de cuatro pliegues del abismo ante su padre

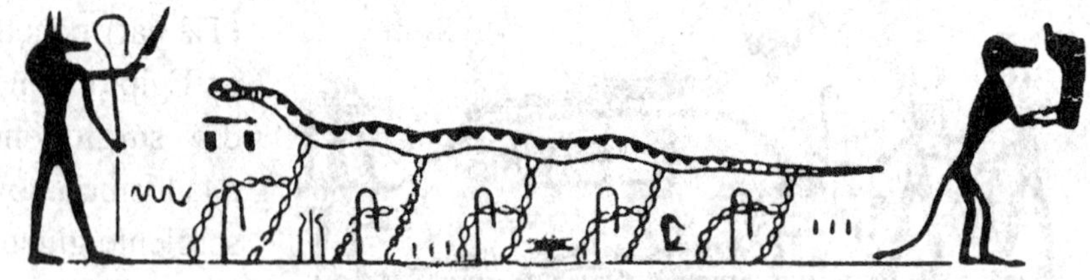

Fig. 102. 'Apop encadenado por «los hijos de Horus»

surgiendo del mundo inferior, pueden ser consideradas tanto (de acuerdo a tradiciones más antiguas) como parte de Osiris (pág. 98) o como provenientes de una profundidad abismal hostil a este buen dios. Otra variante, mostrada en la Fig. 102, pierde este simbolismo haciendo a los «hijos de Horus» iguales a cinco cadenas.[40] Aquí los vigilantes (sólo uno de los cuales es visible) tienen cabezas de perros o chacales como Anubis, mientras los mandriles, que llevan cuatro manos, parecen aludir a la sabiduría de Thout como instrumento para privar al monstruo de sus miembros. A pesar de que éste aparece en una útil y venerable función, podemos aún reconocer a la serpiente del abismo en otra pintura donde se envuelve alrededor del dios sol niño, Khepri, aludiendo así a Osiris como el océano y al Nilo, o como oculto en ellos[41] (véase Fig. 115 para una representación paralela de la «serpiente de muchas cabezas», cuyas cuatro cabezas[42] simbolizan las cuatro fuentes del Nilo); mientras, como rodeando al sol no nacido, se convierte en otra expresión del arca que contiene a este dios (págs. 73, 97). Hay numerosas variantes de cada representación, a las cuales los artistas posteriores buscaron comprender.[43] Junto con estas aplicaciones del mito del Nilo o de sus fuentes (es decir, el océano local de los egipcios, quienes eran poco dados a navegar mar adentro) encontramos el reconocimiento de que en realidad el amplio océano representa a 'Apop en cautividad, atando la tierra con cuerdas y manteniéndola unida, pero al mismo tiempo tratando de romper sus lazos y destruir el mundo. De acuerdo con esto el mar se convierte en

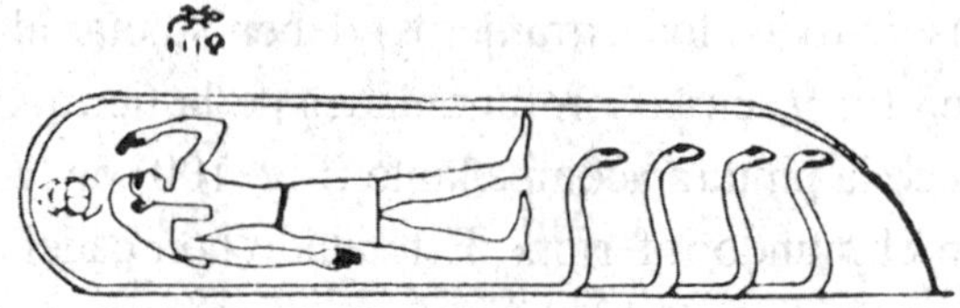

Fig. 103. El sol no nacido sostenido por el dragón de las aguas

«tifónico», o antiosiriano, en contraste a los primeros carácteres osirianos (págs. 98-99). Ese 'Apop «arrojado al océano en el día del año nuevo» es una reminiscencia de la doctrina babilónica de que la contienda de la creación es tipológicamente repetida en el comienzo del nuevo año en primavera. En tiempos antiguos, sin embargo, los egipcios comenzaron a interpretar el combate entre luz y sombra, entre el dios sol y su gigantesco adversario, como un fenómeno cotidiano. El sol es tragado por 'Apop en el atardecer, cuando se hunde en el océano, o tiene, al menos, que combatir con el dragón en su viaje nocturno por el submundo. Allí, desde el oscuro río o detrás de la montaña del amanecer, el monstruo se levanta otra vez contra la barca solar; pero en la mañana ha sido cortado en pedazos y el sol reaparece victorioso, o al menos el monstruo debe vomitarlo (pág. 30).

Podemos también encontrar imágenes[44] de una serpiente al pie del árbol celestial (es decir, en las profundidades acuáticas), donde es cortada en fragmentos por un gato divino explicado como símbolo del sol. Desafortunadamente, no tenemos ningún texto que nos dé una completa descripción de este mito, de modo que nos es imposible decir con certeza hasta dónde este gato está conectado con Mafdet, «la Diosa Lince», algunas veces descrita luchando en favor del sol. Una deidad masculina, llamada «el dios gato», o, más literalmente, «el parecido a una gata», y sosteniendo una serpiente,[45] puede aludir al mismo mito, que parece no representar más que otra versión de la historia de 'Apop. Un gato utilizando un cuchillo es representado también junto a las divinidades estelares mencionadas en la pág. 66, de modo que puede haber sido alguna vez explicado como constelación.

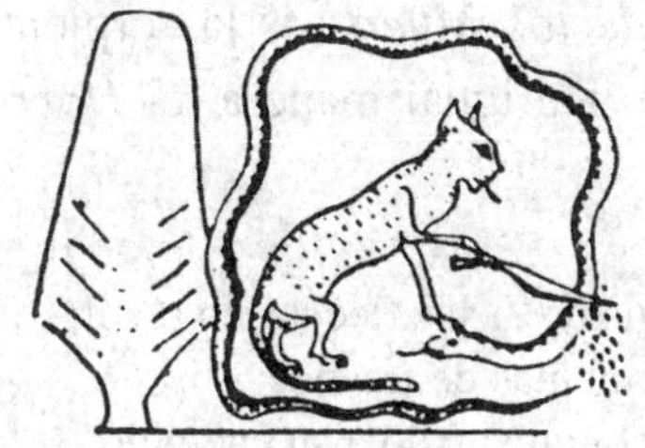

Fig. 104. El dios gato matando a la serpiente al pie del árbol celestial

Esta batalla puede de igual forma ser encontrada en cielo diurno, cuando las nubes de tormenta oscurecen la cara del sol, de modo que el mito de la serpiente y la deidad solar Rê' se combina con la vieja historia del conflicto entre Horus y Sêth. Así la ser-

Fig. 105. «El dios con aspecto de gato»

Fig. 106. El muerto ayudando al asno contra el dragón

piente se hace cada vez más idéntica a Sêth, siendo una manifestación adicional del malvado dios de quien más tarde se dice que combatió contra Horus bajo la forma de otros monstruos del agua, como el hipopótamo y el cocodrilo. Esta confusión de 'Apop y Sêth, sin embargo, no tiene lugar hasta después de la Dinastía XVIII. Los monumentos de esa dinastía no sólo distinguen al guerrero Sêth de la gran serpiente, sino que también lo hacen luchar contra ésta en compañía de los dioses, mientras que en un capítulo del *Libro de los Muertos*[46] la serpiente incluso ataca al asno de Sêth (Fig. 106). De igual manera, el *Harris Magic Papyrus* dice del dragón:

> «El dios de Ombos (es decir, Sêth) aguzó (?) sus flechas en (!) él;
> Sacudió el cielo y la tierra con sus tormentas de truenos;
> Sus poderes mágicos son poderosos, conquistando a su enemigo;
> Su hacha de batalla (?)[47] hiere al dragón de amplia boca.»

Similarmente, «el dios de Ombos (¿atraviesa?) a la serpiente con sus flechas»;[48] y en el *Vatican Magic Papyrus*[49] encontramos un curioso pasaje que, de algún modo paralelo con el que hemos citado en la pág. 74, parece rehabilitar a Sêth:

> «¡Ponte de pie, O Sêth, bienamado de Rê'!
> ¡Permanece en tu lugar en la nave de Rê'!
> Él ha recibido su corazón como justificación;
> Tú has derrotado [a los enemigos] de mi padre Rê'
> todos los días.»

Este texto trata de asociar al guerrero Sêth con el benéfico Rê', y comienza a mezclarse con el mito osiriano. Aquí, como se ha mostrado en la pág. 106, la idea asiática, de acuerdo a la cual la tormenta de truenos es una revelación del buen dios de la luz y de los cielos contra el poder de las tinieblas y la materia inerte de abajo, está en conflicto con la concepción egipcia de este fenómeno. En Egipto, por tanto, las nubes de tormenta son Sêth, pero en contradicción con esto la lluvia, que cae desde ellas, es con frecuencia llamada otra manifestación del buen dios (Osiris), como en Asia. Así tenemos una visión conflictiva de las tormentas similar a la que ya hemos encontrado considerando al océano como benéfico y representando a Osiris, o opuesto a él y a todo el orden del mundo (págs. 80, 108-09).

El comienzo de la confusión de Sêth y 'Apop puede ser buscada en la escena (Fig. 107) en la que este último ataca al dios sol, cuya cabeza, piernas unidas y posición de caída, indica el carácter osiriano.

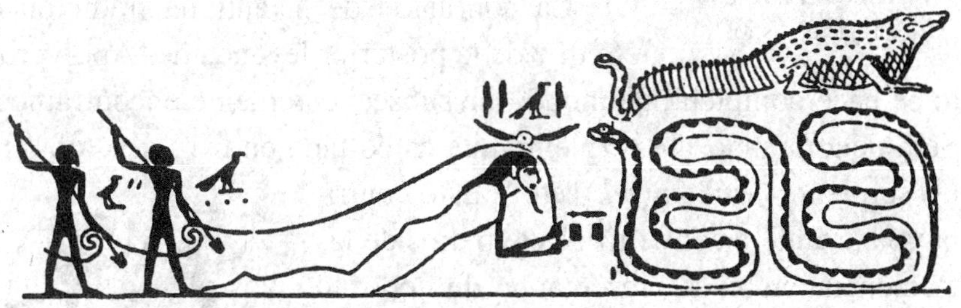

Fig. 107. El dios con orejas de asno en la lucha contra 'Apop

El ornamento al costado de su disco solar es aquí indistinto, de modo que podemos pensar en el disco alado de Horus, pero indudablemente se desarrolla en orejas de asno como una de las variantes dadas en la Fig. 108;[50] y así se supuso que el extraño nombre del dios sol en esta escena, Eay, Ay, significaba (o más tarde se interpretó que significaba) «asno» (*io*'). Si esto es verdad, debemos suponer una extraña confusión entre Sêth (¿en la barca solar?) y Osiris. A todo efecto, los egipcios estaban confundidos por esta vieja pintura y por las dos descripciones que la acompañaban. Los «portadores de arpones» parecen incluso arrastrar al dios o subirlo con su cuerda, pero el texto dice: «Ellos vigilan las cuerdas de Ay, no permitiendo que esta serpiente se eleve contra la nave del gran dios». El significado del extraño cocodrilo Shes-shes sobre el dragón es oscuro (véase el cocodrilo en la profundidad, con Khnûm, pág. 92, como varios otros detalles de esta

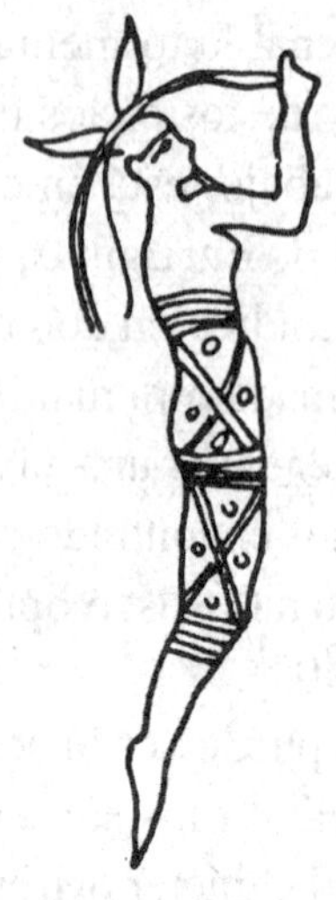
Fig. 108. El dios con orejas de asno

pintura;[51] pero es posible que la cuerda representara originalmente una red. La idea asiática de que el dragón era atrapado vivo o muerto en una red aparece aludida por todos lados en la representación de una enorme red para atrapar a los enemigos del dios sol.[52] Los espíritus buenos combaten contra el monstruo que con frecuencia vuela sobre sus cabezas y que más tarde parece una cuerda, pero que originalmente es de forma distintiva una red. La lanza de Horus, así como otros varios detalles, traiciona otra vez el origen asiático de todo este mito del dragón (véase nota 101).

La confusión de la antigua tradición de Sêth y de la posterior leyenda de 'Apop pronto se hace completa, de modo que subsecuentemente encontramos a Sêth denominado «la serpiente que es cortada en trozos, la obscena (?) serpiente» (*nik*, *neyek*), etc.[53] Esto contribuyó bastante a convertir al viejo dios de las tormentas en el representante de todo lo malo («todo lo rojo»), un verdadero Satán, cuyo nombre era mejor no pronunciar, incluso reemplazado por el desdeñoso «ése» (*pefi*), o por una maldición, o escupiendo, de modo que Sêth era sólo invocado en las prohibidas artes negras.[54]

Fig. 109. Genios combatiendo con redes o lazos

La identificación de Sêth con las siete estrellas de la constelación de la Osa Mayor[55] corre paralela a la igualación de la deidad con 'Apop. Esta constelación, llamada «la Pata de Buey» en el antiguo Egipto (pág. 61), es ocasionalmente explicada como, por ejemplo, un pie de Sêth, que debe ser encadenado y vigilado por guardianes. La confusión comienza por identificar «la Pata de Buey» con el dragón acuático (posiblemente en base a teorías asiáticas), de modo que los eruditos del Nuevo Imperio pensaron encontrar a los cuatro hijos de Horus, el guardián Selqet, etc., en estrellas cercanas al monstruo del norte, como se muestra en la representación dada en la Fig. 60.

Las razones por las que la oscura diosa Neftis (egipcia Nebt-hôt, «Señora del Templo»)[56] fue asociada con Sêth como esposa son desconocidas, y los egipcios mismos estaban bastante inseguros del papel cósmico que se le atribuía.

Fig. 110. Horus-Orión, asistido por Epet, combate a la pata de buey (véase Fig. 62)

Algunas veces se la simbolizaba con cuernos y disco como señora del cielo soleado.[57] Cuando era llamada «Señora de Occidente», se convertía en reina de la noche y de los muertos, como Isis-Hat-hôr (pág. 102), de modo que muchas veces es identificada con la «Diosa del Libro» o Destino (págs. 54-55), y con la reina sin cabeza de occidente, la así llamada «Justicia» (pág. 103). Así, como el cielo del submundo, ella forma —como Plutarco también sabía— una contraparte de Isis cuando ésta última es comprendida como el cielo diurno.[58] Neftis nunca es descrita como hostil a su hermano Osiris; no obstante su unión con Sêth, ella lloraba a Osiris y cuidaba su cuerpo junto con Isis, y daba el pecho al niño Horus[59] mientras, de acuerdo con algunas tradiciones, incluso llevó a Anubis ante Osiris, quizás otra conexión de Neftis con el bajo mundo.

Fig. 111. Neftis

Anubis (egipcio Anupu) era originalmente un chacal negro (o posiblemente un perro; con frecuencia el lobo, chacal y perro no pueden ser distinguidos con facilidad), usualmente representado en posición reclinada. «Sobre su montaña» reina sobre la misma necrópolis local, quizás en Kynópolis, en el decimoséptimo nomo[60] o en el Delta o en el sitio de la moderna Turrah, cerca de Memfis. Luego, al menos para el Alto Egipto, parece haberse convertido en el dios general de los muertos, guiando sus almas en las oscuras sendas del bajo mundo.[61] Esta función fue desarrollada aún antes incluso de ser asociado con el ciclo osiriano; después de esta incorporación fue llamado el hijo (o, más raramente, el hermano) de Osiris o del dios sol (idéntico) o de Sêth, y se decía que ayudó a Isis a enterrar a Osiris y

Fig. 112. Anubis como embalsamador

a darle el embalsamamiento que lo libró de la destrucción, de ahí todas las oraciones de difuntos para que Anubis pueda cuidar de sus cuerpos. Asiste también al examen de los muertos ante Osiris; evidentemente, en los primeros tiempos, fue su único juez (pág. 96). Es complemente incierto cómo su emblema, aparentemente desde el Imperio Medio en adelante, llegó a ser la piel de un buey recién muerto, moteado de negro y blanco, colgando de un palo y algunas veces goteando sangre en una vasija colocada debajo del animal.[62] Originalmente este símbolo parece haber representado a un dios por entero diferente.

En magia un espíritu maligno llamado Maga, o Mega(y), representado como un cocodrilo, parece ser un «hijo de Sêth» o su presentación como doble.

Cuatro genios denominados «los hijos de Horus» o «de Osiris»[63] con frecuencia siguen a Osiris, cuidando su cadáver y asistiéndole en su juicio; de acuerdo con esto se convirtieron en los guardianes del embalsamamiento de todos los muertos, cuyas vísceras son colocadas bajo su protección en «vasos canópicos» ornamentados con sus efigies, es decir: un hombre, un mandril, un chacal y un halcón. El ordenamiento de sus nombres era Emesti, Hepi, Dua-mu-f («Honrando a su madre») y Qebh-snêu-f («Refrescando a sus Hermanos»). Sus interpretación como las cuatro fuentes del Nilo, que ya hemos citado (pág. 107-08), aparece en épocas muy tempranas, cuando son conectados con el dios de la catarata Khnûmu o con el extremo sur, «la puerta de la región acuática, las aguas de Nubia»,[64] o cuando crecen de una flor (la flor de la vida, paralela a o un sinónimo de las aguas de la vida) que surge del trono de Osiris (véase Fig. 89), o flotando en las aguas, donde el cocodrilo Sobk los pesca.[65] Al provenir del

Fig. 113. Símbolo divino más tarde atribuido a Anubis

abismo (es decir, Osiris), eran simbolizados en los últimos tiempos (Figs. 103, 115) como cuatro cabezas creciendo de una serpiente que sostiene el símbolo jeroglífico de la vida (otra vez una confusión de su padre, Osiris, como el dador-de-vida Nilo, con el posterior dragón de los abismos).[66] Por otra parte, una muy antigua interpretación paralela los considera celestiales; en otras palabras, los identifica con los cuatro Horus que moran en los cuatro puntos cardinales o en el este o sur del cielo (véase nota 67), o con «los cuatro rizos de Horus» en los cuatro puntos cardinales (pág. 41),[67] cuando éstos «son enviados a los cuatro vientos».[68] Se han hecho intentos para localizarlos en las constelaciones, y en una pintura parecen encontrarse en el cielo no menos de cinco veces.[69] Son vistos especialmente cerca de su padre, Orión, entre las estrellas de los decanatos, o cercanos a la contraparte celestial del dragón de los abismos, la peligrosa «Pata de Buey», a quien vigilan, mientras sostienen a ʻApop en las Figs. 100-102. También tiene un lugar (¿inamovible?) en el horizonte oriental como patrones de las primeras cuatro horas del día. No obstante, su sentido original permanece aún incierto.

Fig. 114. Los hijos de Horus

Combinando lo más importante de las distintas visiones fragmentarias y ampliamente divergentes sobre el grupo de dioses que forman el círculo osiriano, podemos desarrollar el siguiente mito, utilizando una obra de Plutarco como base posible y desarrollando las más importantes variantes como puntales.

Osiris era especialmente «agraciado de rostro» y alto, como un hijo del dios de la tierra, Qêb, y del cielo, Nut (pág. 43), como una nueva personificación del sol. Nació en el primero de los cinco días epagomenales que cierran el año y que eran considerados como particularmente sagrados.[70] Vio la luz con su hermana gemela Isis

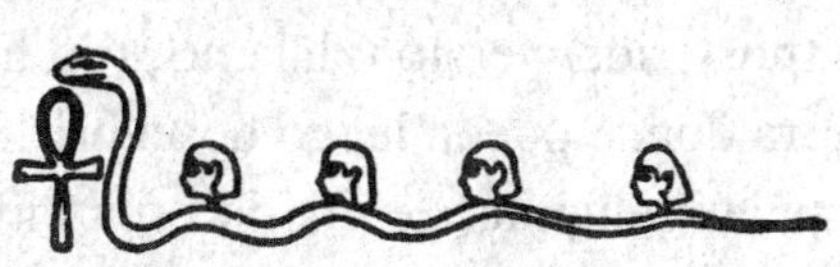
Fig. 115. Los cuatro hijos de Osiris-Horus unidos con la serpiente o la guardiana de la vida conservada en lo profundo

[algunas fuentes, sin embargo, declaran que nació en el cuarto día epagomenal]. Cuando su nacimiento es descrito como proveniente del océano, como su hijo y doble, la deidad solar Horus,[71] es simplemente otra interpretación de su madre, Nut, ya que hay poca distinción entre el océano y su continuación, el cielo. Osiris crea toda la vida, especialmente la humanidad, y gobierna sobre ésta. [Otras afirmaciones posteriores declaran que estableció la civilización, enseñando a los hombres religión y agricultura, particularmente el cultivo de su planta especial, la vid (pág. 38), etc.,[72] y aboliendo el barbarismo; su reino es por lo general limitado a Egipto, ya que los países exteriores carecen de interés.][73] Provoca los celos de su hermano (mayor), Sêth. De acuerdo a las primeras tradiciones, Sêth acechó a Osiris cuando éste cazaba gacelas en el desierto y lo mató.[74] [Posteriores fuentes declaran que Sêth actuó con una banda de setenta y dos confederados[75] o, de acuerdo a Plutarco, también con una reina egipcia llamada Aso;[76] y los conspiradores colocaron a Osiris, muerto o vivo, en un ataúd que arrojaron al río.] Su fiel esposa, Isis [quien, nos dice Plutarco, recibió la primera información de los «Panes y Sátiros» de Chemmis, es decir de los espíritus que acompañaban el nacimiento del sol],[77] que cazaba para él, lo encuentra en el desierto o el río, y lo revive con algún tipo de magia. [De acuerdo a otras versiones, la diosa descubre que Sêth había troceado a Osiris en catorce[78] pedazos, que ella une con gran cuidado con la ayuda de Anubis o del sabio Thout.] En las creencias de los últimos tiempos, cuando todos los dioses eran representados con alas,[79] Isis lo vuelve a la vida (sólo por un tiempo) abanicándole con las suyas. De acuerdo a otra (posterior) versión, Isis no sólo une los fragmentos, sino que los entierra donde pueda luego descubrirlos: un intento racionalista de explicar las reliquias de Osiris esparcidas por todo Egipto[80] en los principales templos o lugares de entierro especial, los denominados Serapeums. [Cuando se enfatiza la reunión de estos miembros, el lugar es santificado por el hallazgo de uno de

Fig. 116. Los hijos de Horus-Osiris en el cielo cercano a su padre Orión (llamado «Osiris»)

éstos.][81] De acuerdo a otra (posterior) versión, ella sigue al cuerpo en el ataúd hasta la costa fenicia, donde éste ha encallado. En Biblos, Plutarco nos cuenta que el ataúd había sido llevado a la casa de la pareja real, Melqart y Astarté (es decir, los dos dioses-ciudades bíblicos como dobles asiáticos de Osiris e Isis), confundido con una viga [que provenía de una erica o tamarindo, tanto de un arbusto como de un árbol; otros mitos hablan de un cedro que contenía a Osiris o su corazón o su cabeza[82]]. Debido al dulce aroma que Isis exhala, las damas de la corte la toman como nodriza del príncipe niño, al que ella alimenta colocándole un dedo en la boca,[83] mientras que de noche lo acuesta en un «fuego purificador»[84] y en forma de golondrina vuela alrededor de la columna de madera que contiene el cuerpo de Osiris. La reina la sorprende una noche y se echa a llorar cuando ve al niño entre las llamas y así privado de su inmortalidad.[85] Revelando su divina naturaleza, Isis obtiene del rey la codiciada columna y la corta, extrayendo el sarcófago o el cuerpo del tronco del árbol; la columna misma, envuelta en lino como una momia y asperjada con mirra (¿véase. Fig. 83?) permanece siendo objeto de culto en Biblos.[86] Acompañada por su hermana, Neftis, Isis toma el cuerpo, solo o en el ataúd, y lo devuelve a Egipto para llorarlo; como plañideras, ambas hermanas son con frecuencia representadas en forma de pájaros. [Plutarco hace que Sêth, cazando a la luz de la luna,[87] vuelva a encontrar el cuerpo y lo corte en trozos, que Isis se ve obligada a reunir.]

Fig. 117. Osiris bajo las vides

De acuerdo a algunas versiones, Horus nació [o fue concebido] antes de la muerte de su padre [otras sostienen, sin embargo, que fue engendrado mientras Osiris e Isis estaban aún en el vientre de su madre, es decir, el cielo]; pero la teoría prevaleciente era que Isis lo concibió del cadáver de Osiris, [temporalmente] revivido [sin abrir el

Fig. 118. Isis (¿como Sothis o estrella matutina?) y Selqet-Neftis reuniendo la sangre del cadáver mutilado de Osiris

ataúd completamente, o del cuerpo reunido, o incluso de algunos pedazos de éste], incluso en forma humana, de donde es con frecuencia representada sentada en el ataúd y por lo general reasumiendo la forma de un pájaro, o de la sangre que brotaba de su cuerpo, o de sus pedazos (Fig. 118). [Las primeras ideas decían que lo concibió de la fruta del árbol cósmico o del destino (por lo general la vid[88]) o de otra parte de este árbol; estas ideas, sin embargo, se aplicaban también al nacimiento de Osiris, quien es, después de todo, como ya hemos con frecuencia observado, idéntico a su hijo, ya que tiende a representar el lado pesimista del mito.]

Con su hijo Horus [aún no nacido, o recién nacido, o muy joven], Isis vuela [desde la prisión] a los marjales del Bajo Egipto y [con la forma de una vaca (véase págs. 39, 102)] se oculta de las persecuciones de Sêth en los verdes arbustos de la selva, en una isla [o en una isla flotante, cuyo nombre los griegos transcriben como Chemmis], donde Horus, como otras divinidades solares, nace entre ese verde follaje.[89] Distintos dioses y diosas, especialmente su hermana, Neftis, y el sabio Thout,[90] ayudan a protegerla y alimentarla junto al niño dios (véase pág. 116, sobre los «Panes y Sátiros»).

Fig. 119. Isis dando el pecho a Horus en los marjales

Algunas versiones enseñan que el hijo de Isis es colocado en un arca o cesta, mientras navega Nilo abajo. Esta concepción permite la combinación del nacimiento, muerte y revivificación de las dos deidades identificadas, Osiris y Horus, en el arca que navega en los abismos, o en el océano, o en su contraparte egipcia, el Nilo, representando a Osiris-Horus. Este arca puede también ser encontrado en el cielo en la constelación de Argos (pág. 60), simbolizando a la deidad muerta o el niño flotando en el océano; y la principal estrella de este grupo, Canopus, podía ser considerada como el dios mismo.[91] De acuerdo a Plutarco, Horus fue encontrado en el río y educado [bajo las órdenes de Cronos, es decir, el sol viejo o el año viejo[92]] por un aguador [llamado Pamiles en Tebas, a quien se dice que anuncie al mundo el nacimiento de la gran divinidad].[93] Otra versión parece sostener que la divina nodriza Renenutet (en griego, QermouqiV; véase pág. 68) lo toma a su cuidado en las bajas regiones del cielo hasta que éste puede revelarse a sí mismo al mundo.[94] El nacimiento y educación de Horus se localiza en o cerca de Buto, la más antigua de las capitales de los marjales del Delta (véase *supra* sobre la isla de Chemmis). Algunas aventuras em-bellecen este período de su vida, contando, por ejemplo, cómo el infante Horus fue una vez picado por un escorpión[95] y curado por su madre, la gran maga, o por Thout; o narrando, por el contrario, que gozó de la protección de siete escorpiones (véase pág. 149), etcétera.

En los últimos tiempos se distinguían dos formas del joven Horus: Har-uêr (en griego, «Gran [es decir, ¿adulto o mayor?] Horus» y Har-pe-khrad (en griego, «Horus el Niño, Horus Joven»). [Este último, que fue la forma más popular de Horus, especialmente en el período romano, fue confundido por Plutarco con los dioses enanos (págs. 65-66), ya que alegaba que la deidad había nacido prematuramente.] Algunos consideraban estas dos formas de Horus como dos personalidades distintas nacidas en tiempos diferentes, o distinguían al viejo Horus[96] de Har-si-êset (en griego, «Horus, hijo de Isis»), pero la mitología más antigua sólo conocía un solo Horus, que es la reencarnación de su padre Osiris.

De acuerdo a algunas fuentes, Isis también cuidó de Anubis, hijo de su hermana [y de Osiris, que lo concibió al confundir a Isis y Neftis[97]], y al criarlo obtuvo de éste un fiel compañero, siendo esta leyenda una reversión de la vieja variante de que Anubis o Neftis [o ambos] cuidaron al niño Horus en el submundo.[98]

Cuando Horus logró la adultez, «poniéndola sobre su cinturón (es decir, el signo de adultez) en la selva [99]» y resolviendo ser «el vengador de su

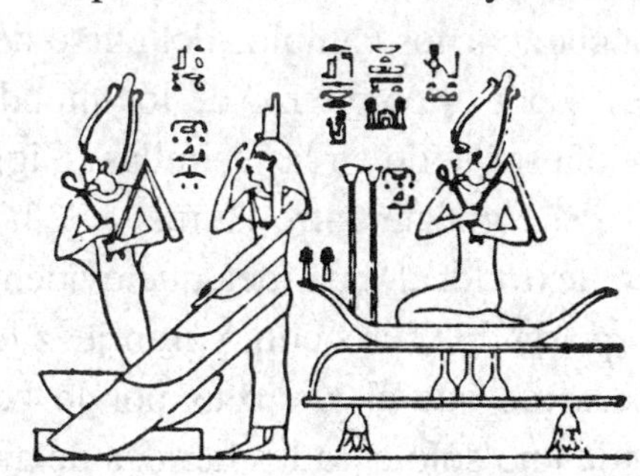

Fig. 120. Osiris en la cesta y la barca, e Isis

Fig. 121. Horus ejecuta a Sêth (en forma de asno) ante Osiris

padre»[100] [siendo exhortado por el espíritu de su padre], asciende el Nilo con una hueste [de herreros (véase pág. 104)] y «conquista su herencia». [Combate bajo la forma del disco alado de Edfu, o para la lucha él y Sêth se convierten en hombres o hipopótamos.[101]] En la gran batalla [que se prolonga tres días, e incluso más], Sêth hiere o arranca el ojo de Horus, pero pierde su virilidad y por último es vencido. De acuerdo a la mayoría de los textos posteriores, es [junto con sus seguidores bajo la forma de animales salvajes[102]] derrotado, siendo quemado o cortado en pedazos, o desollado [vivo].[103] Otros explican la repetición del combate debido al hecho de que, al ser simplemente herido y encadenado [o cogido en una red (págs. 109, [112])], logra huir. [Isis libera a Sêth; o al menos, de acuerdo a otra versión que será detallada más adelante, lo protege contra el soplo mortal; Horus decapita a su madre por hacer esto: una explicación de la representación de Isis como mujer sin cabeza (pág. 102). Más tarde, su cuerpo humano con cabeza de vaca de algunas pinturas, fue interpretado como el resultado de la curación de esa herida realizada por el dios Thout, quien también curó el ojo de Horus lesionado por Sêth (págs. 35, 92).] La confusión con el dragón 'Apop del océano o el mundo inferior (pág. 109) hace la reanudación del combate fácilmente inteligible; ésta podía ser comprendida, como ya hemos visto, por las tempestades y nubes, por el mar tormentoso y la noche, por los cambios del curso del sol o la luna, y (muy débilmente)[104] por el comienzo de los mundos; todo esto, de varias maneras, podía ser leído en las estrellas (pág. 113).

El combate entre Horus y Sêth aparece bastante temprano en un contexto legal, una idea que evidentemente tuvo su origen en la concepción de Osiris como gran juez [e Isis como Justicia, pág. 103)], a pesar de que el juicio es por lo general transferido al sabio Thout, quien no sólo cura las heridas de ambos contrincantes, sino que también los reconcilia después de resolver sobre sus reclamaciones. Tanto

Osiris como Horus son llamados «el de la justa voz», es decir, justificado, victorioso en la corte, una expresión que es de igual modo aplicada a los muertos humanos para designarlos como almas santificadas, vindicadas por Osiris, el juez. De acuerdo a teorías posteriores, la legitimidad del póstumo hijo Horus, contestada por Sêth, fue provocada, o su reclamación al trono de Osiris fue vindicada [o Thout o el dios de la tierra Qêb decidió que Egipto debería ser dividido entre Horus y Sêth, de modo que el primero heredara el norte y el último hiciera lo propio con el sur].

Dado que Osiris era el prototipo de honradez, de igual forma era digno para iniciar a la resurrección y la vida eterna, tanto directamente en el mundo inferior como indirectamente en su hijo, la joven deidad solar, una pregunta parece haber surgido algunas veces, especialmente en el Nuevo Imperio: ¿por qué tuvo que morir? ¿Por qué la muerte llega a toda la humanidad por su intermedio? Esta concepción pesimista de Osiris tuvo que ser explicada por medio de algunos hechos erróneos. El matrimonio con la propia hermana era una costumbre antigua y muy común; por tanto, no está claro qué delito realizó con su matrimonio, excepto en algunas variantes que convierten a Isis en su hija o madre[105] (o, quizás, inviolable por ser la «Justicia»). En estas variantes la falta era por lo general atribuida a su esposa [o hija, o madre], que provoca su muerte por amor, pero las numerosas formas divergentes de esta especulación pesimista son sólo débilmente preservadas en algunas fuentes más populares como cuentos de hadas y en textos mágicos[106] y son oscurecidas por la religión oficial, de modo que podemos comprenderlos solamente en comparación con los mitos asiáticos de la Reina de los Cielos, la señora del amor y la vida, que no obstante trae muerte y miseria a sus amantes y a toda la humanidad. Las huellas de estas ideas sobre la muerte de Osiris, sin embargo, se hunden en textos egipcios muy

Fig. 122. Horus mata a Sêth con forma de cocodrilo

primitivos y son, por tanto, en cualquier caso algo más que postreros prestamos de Asia.

A pesar de que todos los dioses vivían y reinaban sobre la tierra,[107] Osiris es con frecuencia considerado como el principal regente de Egipto y de allí como análogo a los faraones. La idea es que él, que trajo la muerte entre los dioses, y cuya tumba puede ser adorada en este mundo (págs. 101, 116-17), es el ancestro de la humanidad, a pesar de que varios dioses deben haber reinado también en la tierra después de él.[108] De acuerdo a esto, los últimos egipcios celebraban el jubileo del reino de Osiris, tratándolo así casi como a un rey humano.[109]

Desde 1500 a.C los egipcios mismos parecen ser completamente conscientes de la similitud entre los mitos de Osiris y de Adonis-Tammuz, e incluso conectan la historia con la romántica Asia, especialmente con la antigua ciudad sagrada de Biblos.[110] De igual forma es evidente que recíprocos préstamos conectan a Osiris y el agonizante dios asiático, Tammuz-Adonis (el babilónico Dumûzu-Dûzu), y hacen difícil decidir la prioridad de Asia o Egipto.[111] Es probable que el culto de Osiris e Isis permaneciera siendo local en el Delta por largo tiempo; es incluso cuestionable si fue oficialmente reconocido en el Alto Egipto antes de la Dinastía II, a pesar de que la fuerza con que pronto se expandió por todo Egipto, influyendo en toda su mitología, hace sospechar que jugó un papel importante en un período anterior, al menos en la religión popular. Hasta que conozcamos más completamente la forma babilónica de la leyenda de Tammuz,[112] es inseguro hacer derivar por completo el mito de Osiris de Asia. Es muy probable que sus ideas primitivas vinieran de Asia; pero si esto es así, éstas tuvieron un primitivo, rico y bastante importante desarrollo en Egipto, de donde parte de ellas volvieron otra vez a Asia. Es particularmente notable que fue sólo en Egipto donde Osiris se convierte por completo en el juez de los muertos. Isis, por otra parte, es un carácter bastante menos claro y colorido comparado con su original, la diosa asiática del amor.

Cuando la religión egipcia se expandió a través de todo el mundo clásico en el período romano, fue casi enteramente el círculo osiriano el que despertó interés y culto, y la rica y variada mitología que hemos esbozado probó ser una de las fuertes razones de este éxito. Este tema y el carácter bastante no egipcio que estos dioses egipcios finalmente asumen en Europa será discutido en el capítulo final de nuestro estudio. La adopción superficial de divinidades egipcias fue, en realidad, sólo un desesperado intento de sostener el paganismo clásico en sus días declinantes; pero los espíritus de Egipto, Grecia y Roma eran demasiado distintos para algún tipo de real combinación. Los «misterios isíacos» nunca pudieron poseer la profunda influencia sobre la mente clásica como la que ejercían las otras dos religiones importadas: la «Gran Madre» de Asia Menor y la Mitra de Irán.

Capítulo VI

ALGUNOS TEXTOS REFERIDOS A LOS MITOS OSIRIANOS

I. CANTO FÚNEBRE DE ISIS Y NEFTIS

«Himno cantado por las dos divinas hermanas en la casa de Osiris, la que se encuentra ante el oeste,[1] el gran dios, señor de Abidos, en el mes de Choiak,[2] el vigésimo quinto día.

«Isis dijo:
"¡Ven a tu casa, ven a tu casa,
pilar del dios (?),[3] ven a tu casa!
Tus enemigos ya no están (vivos);
¡tú buen rey, ven a tu casa,
para que puedas verme!
Soy tu hermana que te ama.
No puedes separarte de mí (otra vez),
¡O maravilloso joven!
¡Ve a tu casa de inmediato, de inmediato!
(Cuando) no te veo (más)
mi corazón te llora,
mis ojos te buscan;
ansío verte.

"¡Qué bueno es verte, verte!

¡O dios del pilar (?), qué bueno es verte!
¡Ven hacia tu amor, ven hacia tu amor!
¡O Un-nofer,[4] el glorificado!
¡Ven a tu hermana,
ven a tu esposa, ven hacia tu esposa,
tú, dios cuyo corazón permanece inmóvil, ven a la señora de tu casa!
¡Soy la hermana de tu madre,
no te has separado de mí!
Dioses y hombres, sus rostros son los tuyos,
Todos te lloran cuando (me) ven.
Me cubro por ti de lágrimas
hasta las alturas del cielo,
(pero) tú no oyes mi voz.
Soy tu hermana que te amó sobre la tierra.
¡Ninguna te amó más que yo,
la hermana, la hermana!"

»Neftis dijo:

"¡O buen rey, ven a tu casa!
Haz feliz a mi corazón; todos tus enemigos ya no están (vivos).
Tus dos hermanas están junto a ti
protegiendo tu lecho funeral,
llamándote entre lágrimas.
Estás postrado en tu lecho funeral.
¡Busca (nuestro) cariño;
háblanos, O rey, nuestro señor!
¡Vuelca todas tus penas en nuestros corazones!
Tus cortesanos entre dios y hombres,
cuando te ven (exclaman):
"Danos tu rostro
O rey, nuestro señor"
Es vida para nosotros contemplar tu rostro.
¡Pueda tu rostro no apartarse nunca de nosotros!
Nuestro corazones son felices cuando te vemos,
O buen rey, nuestros corazones [están felices] cuando te vemos."
Soy Neftis, tu hermana que te ama.
Tu enemigo ha sido derrotado,
ya no existe más.
Yo estoy contigo
protegiendo tus miembros para siempre jamás".»

El himno continúa con una interminable repetición, de la que hemos seleccionado lo siguiente:[5]

»Brilla[6] para nosotros el cielo, cada día,
no cesamos de adorar tus rayos;
tuya es tu protección;
él estableció tu alma en la barca de la noche,
en este tu nombre: "Divina Luna".»

De este modo Osiris es aquí llamado tanto sol (como Rê' y Atum) como luna, siendo la última simplemente otra manifestación del regente del día. De acuerdo con esto es denominado «señor del sexto día» (pág. 93), y de él se dice que «vienes a nosotros como un niño cada mes» (es decir, como la luna creciente), pero también que «tu imagen (?) es gloriosa en Orión (¿y?) las estrellas del cielo», es decir, todos los cuerpos celestiales son su manifestación. Representa todo lo bueno de la naturaleza y aparece principalmente en la vegetación y el Nilo (pág. 98).

«Tu gloriosa emanación procede de ti
manteniendo vivos dioses y hombre.
Reptiles y animales (de cuatro patas)
viven de ella.
Te aproximas a nosotros desde tu (oscura) cueva cada estación,
vertiendo el agua por la fuerza de tu alma[7]
para incrementar los sacrificios para tu doble (es decir, alma),
tú alimentas a dioses y hombres por igual.
¡Salve o (nuestro) señor!
No hay dios como tú,
la tierra tiene tu figura;
el submundo se ajusta con tus misterios.»[8]

II. EL CERDO EN EL OJO DEL SOL

El mito que nos cuenta cómo el cerdo negro penetró en el ojo de Horus, volviéndolo temporalmente ciego, es la primera huella de la identificación del cerdo con Sêth (Cap. V, nota 33). De otra forma es tan sólo una nueva versión del mito del perdido ojo solar (pág. 93), a pesar de que el escritor trata de distinguir entre las dos ideas. Tanto como podemos comprender el texto alterado de esta remarcable historia,[9] resulta que:

«Rê‘ dijo a Horus: “Déjame ver qué sucede con tu ojo [hoy]”. Observó el ojo. Rê‘ dijo a Horus: “Mira, cielos, hay un cerdo negro allí”. El lo observó; hete aquí, su ojo estaba dañado por una gran perturbación.

»Horus dijo a Rê‘: “Mirad, mi ojo (parece) igual que cuando Sêth lo dañó». He aquí, se sentía apesadumbrado. Rê‘ dijo a los dioses: “Ponedlo en su lecho; ¡se pondrá bien de nuevo! Es Sêth que ha cambiado su forma por la de un cerdo negro. Hete aquí, la herida de su ojo lo abrasa». Rê‘ dijo a los dioses: “El cerdo es una abominación a Horus”.»

El texto luego se torna confuso, pero parecería que el consejo dado para curar (?) a Horus es «un sacrificio de sus bueyes, su ganado, sus ovejas». El nombre de «Horus sobre su (planta)[10] verde surgen, de acuerdo a la línea 13 de este mismo capítulo, pues Horus expresó así su deseo: «Dejad que la tierra sea verde, y dejad que las perturbaciones celestiales (es decir, las tormentas de truenos) se aplaquen»; en otras palabras, la vieja interpretación de Sêth como nubes tormentosas oscureciendo al sol se puede aplicar aquí con claridad a un mito que, originalmente, con toda probabilidad, se refería a los eclipses.

III. LAS LÁGRIMAS DE ISIS

Ya se han efectuado referencias (pág. 92) a una fórmula mágica que describe los resultados de las lágrimas de Isis cuando caen en el Nilo. El texto mismo continúa como sigue:[11]

> «Isis golpeó con su ala,
> cerró la boca del río,
> hizo que los peces flotaran inmóviles en la superficie (?);[12]
> ni una ola agitó las aguas.
> (Así) las aguas estuvieron quietas, (pero) se elevaron
> cuando las lágrimas cayeron[13] sobre ellas.

Observad, Horus violó a su madre...
sus lágrimas cayeron en las aguas,
un codo entre los peces *uz*
(¿y?) en la boca del mandril;
un codo de arbustos observados (?)[14] en la boca de Qêb (?).[15]
Es Isis quien lo ordenó.
Ningún cocodrilo hace (¿nada?).
¡Llega la protección mágica, la protección!»

El significado parece indicar que aquella agua y vegetación se elevaron de forma paralela a las lágrimas de Isis, exactamente como Osiris es visible en ambas fuerzas de la naturaleza (pág. 98). El *uz* o pez *woz*, que soporta una maldición, de acuerdo al mito de Osiris alude al pecado que causa la muerte de Horus-Osiris (pág. 121-22), y el mandril Thout parece una referencia al vuelo de Isis (como el perdido ojo solar) a Nubia (pág. 92), de donde el sabio dios la trae de vuelta, otra explicación de las crecidas del Nilo después de la estación de las aguas bajas. Las últimas tres líneas parecen fusionar estos mitos sagrados en un conjuro mágico para salvaguarda de los viajeros del río.

IV. ISIS EN EL COMBATE DE HORUS Y SETH[16]

«El decimotercer día del mes de Thout,[17] un día realmente malo. Uno no debería hacer (7) nada este día. Es el día del combate que Horus sostuvo con Sêth.

Mirad, se golpean uno al otro, de pie sobre sus plantas,
(8) convirtiendo sus formas en dos hipopótamos,
(¿en?) el templo (?) de los señores de Khar-'ahaut.[18]
Entonces pasaron tres días y tres noches así.
Luego Isis dejó que cayera (9) su[19] metal sobre ellos.
El metal cayó hacia (?) Horus.
Este gritó, "Soy tu hijo Horus".
Isis llamó al metal así,
"¡Apártate! ¡Apártate (III.1) de mi hijo Horus!"
Ella dejó que otro cayera hacia (?) su hermano Sêth.
Sêth gritó, "¡Tened piedad (?)!"

(2) Ella llamó al metal así, ["¡Detente!"].[20]
Él le dijo a ella muchas veces,
"¿Acaso [no] [21] he amado y honrado al hijo de mi madre?"
Su corazón se llenó de compasión por su hermano mayor.
Ella llamó al metal así, "¡Apártate, apártate,
que él es mi hermano mayor!".

El metal se soltó de él;
Ambos permanecieron allí como dos personas que no se hablan[22] una a la otra.
La Majestad de Horus creció con su madre Isis como una pantera del sur;
Ella huyó (?) de él.
Este es el orden (?) de un combate de (?) tormentas.[23]

Él golpeó la cabeza de Isis;
Luego Thout dio a ésta forma por la magia,
fijándola a una vaca.[24]
Dejad que un sacrificio sea hecho en su nombre y que este sea el día de Thout.»

Podemos notar aquí que Plutarco[25] también conocía la historia de cómo Horus seccionó la cabeza de su madre, debido a que ésta liberó a Sêth (pág. 120), una leyenda muy desagradable para el escritor griego.

V. LA DESTRUCCIÓN DEL DRAGÓN 'APOP[26]

«El gran dios[27] de la magia dijo:
"Mi alma (*ka*) es mágica.
Los enviaré[28] a aniquilar a mis enemigos con las mejores (palabras) de sus labios.
Enviaré a aquellos que surgieron de[29] mis miembros
a conquistar al malvado enemigo.»

Después de este pobre intento por conectar el texto con el mito de la creación que ha sido traducido en las págs. 70-71, el himno comienza:

«Él ha caído por (?) las llamas;
hay un cuchillo en su cabeza;
sus orejas están cortadas (?);
su nombre ya no está (más) sobre esta tierra.
Ordené que fuera golpeado hasta la muerte;
aniquilé (?) sus huesos;
destruyo su alma cada día;
corto las vértebras de su cuello en trozos,
abriendo con (mi) cuchillo
(y) separando sus carnes,
cortando (?)[30] su piel.
Él fue entregado a las llamas
que lo derrotaron en el nombre de ella, "la Poderosa";[31]
Ella había yacido con él en su nombre «la Iluminadora».
(¿Yo?) he quemado al enemigo;
he[32] aniquilado (?) su alma,
he incinerado sus huesos;
sus miembros han sido arrojados al fuego.

Luego he colocado a Horus, el de gran fuerza,
en la proa de la barca de Rê‘;
él lo engrilló,
él lo engrilló con metal;
hizo sus miembros
de modo que no pudieran luchar esta vez con su malicia.
Lo forzó a vomitar lo que tenía en el estómago.[33]
Lo vigiló, engrilló, ató;
Aker arrojó lejos toda su fuerza.[34]

Yo separé sus miembros de los huesos;
corté (?) sus pies;
corte sus manos;
cerré su boca y sus labios;
despunté (?)[35] sus dientes;
corté su lengua desde su garganta;
(así) ahuyenté su palabra.
Cegué sus ojos;
Cogí su oído de él;
corté su corazón de su lugar.

Hice que él pensará que nunca había sido.
Su nombre ya no está más (vivo);
sus hijos ya no están;

ya no existe más,
ni sus allegados.[36]
No existe más, ni su recuerdo;[37]
no existe más, ni su heredero.
Sus huevos ya no pueden crecer,
ni su semilla (?) elevarse;
su alma o cuerpo ya no están más (vivos),
ni su espíritu, ni su sombra, ni su (poder) mágico.»

El himno debía ser repetido durante el rito de quemar una figura de cera, o un papiro de 'Apop,[38] después de pisotearla y escupir sobre ella, en interminables y estériles repeticiones. El himno data evidentemente de un período muy posterior al del mito de la creación (págs. 70-71), ya que la leyenda es muy carente de vida. Las ideas más contradictorias sobre el destino del dragón están mencionadas una junta a la otra, un fenómeno que no es tardío ni inusual (véase págs. 71, 72-74, etc.).

Un interesante fragmento referido a Osiris y Sêth ha sido traducido en la página 74.

Capítulo VII

LOS OTROS DIOSES PRINCIPALES

Además de las divinidades egipcias que hemos considerado en los capítulos precedentes, hay muchas otras, cuyos nombres y características daremos en orden alfabético.[1]

Ahi: véase Ehi.

Ahu (?), **Ahuti** (?): véase nota 40 sobre Khasti.

Amón (primera pronunciación Amomu, Amanu; en el Imperio Medio raramente Amoni[2]) era el dios supremo de Tebas. Cuando es representado en forma humana, tiene piel azul y dos plumas muy altas sobre la cabeza. Es también llamado «Señor de la Banda en la Cabeza», debido a la cinta que sostiene a las plumas rectas y luego cae sobre su espalda. Numerosas pinturas nos muestran que sus primeras estatuas, exactamente imitadas de las de Mîn, eran de azul oscuro e itifálicas, con un brazo levantado y con la misma capilla y árbol (o árboles) detrás, etc.; su mismo nombre muestra que era una disimilación de este último y antiguo dios.[3] Al principio su animal sagrado era una oca, pero después de 1600 a.C. se convirtió en un cordero, ya que Amón mismo es con frecuencia representado

Fig. 123. Amón

con la forma de ese animal o con su cabeza.[4] Estaba también asociado con Mut y Khônsu; y su primera consorte, Amonet, se convirtió en una personalidad muy oscura. Amón es un ejemplo especialmente claro de solarización; y como dios del sol se convirtió en la divinidad más elevada del panteón egipcio del Nuevo Imperio (pág. 20-21), de modo que los griegos lo llamaron Zeus, lo que provocó que fuera confundido con el dios del aire.[5] Su temporal persecución será considerada en nuestro último capítulo (págs. 226-28).

Fig. 124. Amonet

Amonet (Amenet), la primera consorte de Amón, estaba, como ya hemos visto, casi olvidada en los días de la grandeza de su esposo. Su nombre parece significar simplemente «la de Amón, la Esposa de Amón». Pero es curioso que siempre utilice la corona del Bajo Egipto.[6] Es también llamada Nebt-taui o «Señora de Ambos Países».[7]

'Anezti, un antiguo dios que utiliza dos plumas de avestruz sobre la cabeza y lleva un *flagellum* real y un báculo torcido en las manos, era llamado «el que está ante los distritos orientales» y (¿debido a su insignia?) fue identificado con Osiris en fecha muy primitiva.[8]

An-hôret: véase Onuris.

Anit (Enit), la esposa de Montu, era representada en forma humana, con frecuencia utilizando un símbolo parecido a la «antena» de Meskhenet (pág. 54).

Antaeus (Antaios), es conocido sólo por este nombre clásico, aunque es difícil que haya tenido algún parecido con el luchador gigante del mito griego de Heracles. Era adorado en Antaiópolis en el Egipto Medio, donde estaba asociado con Neftis y algunas veces comparado con Horus.[9] Nuestra única imagen de él data del período romano, cuando era representado como un guerrero o cazador de gacelas (recordándonos al dios sirio Reshpu, a quien veremos en pág. 158), con altas plumas sobre la cabeza y revestido con una armadura muy moderna. Para una pintura destacada de él, véase el concepto clásico en la Fig. 218.[10]

Fig. 125. Antaeus

'**Anti** fue identificado con Osiris en el templo que se encontraba junto a la moderna Gurna.

Anupet, una vez denominada «la lebrel hembra», era la consorte o forma femenina de Anubis en Kynópolis (véase, por ejemplo, el paralelo Amón-Amonet).

'**Anuqet**, una diosa de la región de la Catarata, y así asociada con Khnûm(u) (véase Fig. 1), se caracterizaba por usar una corona de plumas de forma inusual y en raras ocasiones aparece como un buitre.[11] La razón de porqué los griegos la comparaban con Hestia, su divinidad de la tierra, es oscura.

Ari-hems-nofer: véase Eri-hems-nofer.

Asbet («la Flamígera»), era una diosa, quizá de forma serpentina,[12] y posiblemente la misma que Sebit.

Ash era un dios de forma humana adorado en el oeste del Delta (?).[13]

Babi (Babai, Bebi, Bibi [?]) debió haber sido adorado exclusivamente en el Alto Egipto en tiempos primitivos, ya que su nombre es algunas veces escrito con la corona blanca y el látigo real, símbolos de dominio sobre toda la región del sur. De acuerdo a esto, su nombre parece haber sido utilizado extensamente como nombre propio en el Imperio Medio. Los Textos Piramidales[14] lo mencionan como «amo de la oscuridad» y lo comparan con un toro, como si hubiera sido alguna vez rival de Osiris o comprendido como otro nombre de Osiris o Bati. De este modo el *Libro de los Muertos* lo menciona como «el primer nacido hijo de Osiris»,[15] aunque por lo general se lo describe como un terrible perseguidor y carnicero de almas que guarda la entrada al mundo inferior.[16] Un pasaje posterior del mismo libro ya lo convierte en un personaje de algún modo paralelo a Sêth; y en el período clásico Bebon (o Babys) se convierte en sinónimo de Sêth. Con referencia a la confusión entre Babi y Bati, véase el parágrafo sobre este último.

Bast(et): véase Ubastet, que es su correcta lectura.

Bati era otra deidad del período primitivo, más tarde adorada sólo en la oscura ciudad de Saka, donde recibía los honores junto a Anubis (Cap. V, nota 60) y Ubastet. El autor del *Cuento de dos hermanos*, por tanto, considera a Bati (no debe ser leído Bata o Batau) como una divinidad celestial y solar sinónima a Osiris. Manetón parece referirse a él como a un mítico rey Bytes.[17] Parece haber sido confundido con bastante frecuencia con Babi.[18]

Behdet, es decir «la diosa de Edfu», la consorte de Horus de esa ciudad págs. 23-24, 104), era necesariamente —de acuerdo a la última teología— igual a Hathôr (págs. 41, 105).

B-n-dêd(u): véase Mendés (pág. 165).

Fig. 126. Buto

Breith: véase nota 55 sobre Merui.

Buto (egipcio Uazit, Uzoit), era la diosa con forma de serpiente de Pe(r)-uzoit, la Buto de los griegos y primera capital del Bajo Egipto. De acuerdo a esto, tanto representada con forma de serpiente o humana, utiliza generalmente la corona y sostiene el cetro de esa región. Ella y la diosa buitre Nekhbet, como dos serpientes (véase págs. 28, 31), simbolizan con frecuencia al Bajo y el Alto Egipto.[19]

Dêdet, «la de Busiris», era adorada en Busiris y en Mendés (¿también en Sebennytos?) y fue más tarde considerada como una diosa celestial similar a Isis–Hat-hôr, aunque originalmente era probablemente distinta a Isis.[20]

Depet: véase nota 19.

Dua(u) («el Devoto», o «El que se Eleva» [?]) era una deidad cuyo nombre estaba escrito con un símbolo que parece cercanamente familiar al de Khôns, que ha sido discutido en la pág. 36, excepto que en los antiguos pasajes el trozo de carne que parece representarlo cuelga detrás del estandarte. Si este dios fue adorado en Heracleópolis, tenemos una inexplicable comparación griega con Heracles, como en el caso de Khôns.[21]

Fig. 127. Ehi

Dua[-uêr] («el [Gran] Devoto» [?]) era llamado así debido a su jeroglífico, una barbilla con barba,[22] «el barbero de los dioses» o «el lavador de sus rostros».[23] Cuando era llamado el «esposo de la estrella Sothis»,[24] parecía confundido, debido a la similitud de nombres, con la estrella matutina («el Divino Devoto») y con Orión-Horus. (El símbolo acompañante de un rostro completo con una larga barba[25] parece referirse a una deidad diferente.)

Ehi (Ahi) estaba asociado con la Hat-hôr de Denderah como su hijo pequeño (pág. 22), por tanto era representado como Horus; con frecuencia utiliza instrumentos musicales.

Ekhutet («la Resplandeciente» [?]), una antigua diosa, era una deidad de la que poco sabemos.[26]

Emesti: véase pág. 114.

Enit: véase Anit.

Eri-hems-nofer (Ari-hens-nofer, griego Arens noufiV; «la Compañera del Dios con que Mora») era la deidad local de una pequeña isla de la catarata cercana a File y comparada especialmente con la Shu de forma de león.[27]

Esdes: véase Cap. III, nota 3.

Ha (?): véase nota 40 sobre Khasti.

Hat-mehit [28] era la diosa del nomo de Mendés y, por tanto, utilizaba su jeroglífico, un pez, sobre la cabeza. Asociada con el cordero de Mendés (Osiris), se convirtió en una divinidad similar a Isis y fue llamada la madre de Harpókrates («el joven Horus»). Más tarde fue también asociada con Horus como su esposa.

Fig. 128.
Hat-Mehit

Heka (nombre posterior: Heke) era identificado con Shu, como en la Fig. 39. Otra cuestión sería saber si es otra deidad que la divinidad Heka («Magia»; Fig. 10).

Heken era un dios halcón (¿idéntico a Har-heken [Cap. V, nota 28]?).[29]

Heknet («el Loable», una primitiva forma de Heknutet[30]), una diosa poco conocida, era representada de varias formas, principalmente con cabeza de buitre.

Hemen, un dios halcón[31] de Tuphion (?) en el Alto Egipto, era ampliamente conocido sólo en la Dinastía XII.

Hem(?)-hor («Servidor de Horus») era un dios de cabeza de león.[32]

Heqet,[33] una diosa con forma o cabeza de rana, era adorada en la ciudad de Her-uret, cercana a Edfu y posteriormente también en Abidos (pág. 52). En épocas muy primitivas estaba asociada con su vecino Khnûm como creador, hasta que se convirtió en una protectora del nacimiento (pág. 53). Su culto era políticamente importante en el Período de las Pirámides.

Her-shef («el de Rostro de Cordero», griego Αρσαφης, es decir, evidentemente una etimología errónea, basada en una pronunciación que lo comparaba con Horus) era adorado en Herakleópolis.

Hesat fue primitivamente explicada como una divinidad celestial similar a Hat-hôr o Isis, siendo una diosa vaca.[34] Su culto local parece haberse situado en la moderna Atfiyeh.[35]

Hetmet (o Hetmit, «el Destructor» [?]) es a veces representado como Epet, pero con cabeza de león.[36]

Hu («Gusto, Sentimiento, Sabiduría») era un dios con forma de hombre o de esfinge. Con frecuencia acompaña a la deidad solar en su barca (véase, Fig. 87). Hu, la divinidad de la abundancia, no puede ser separada de él (págs. 68).

Iu-s-'a-s («La Que Viene es Grande») era una diosa del norte de Heliópolis[37] y la esposa de Har-akhti. Era, por tanto, tratada como una diosa celestial similar a Hat-hôr, etcétera.

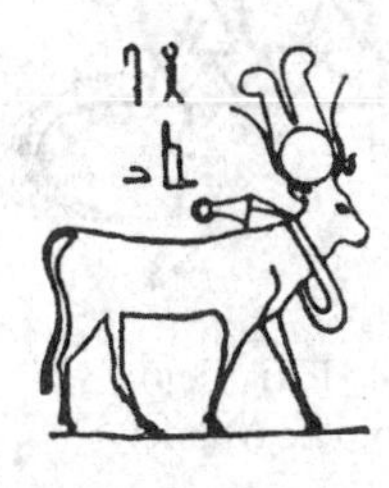

Fig. 129. Hesat

Kenemtef(i) («el Que Usa Su Piel de Leopardo») es por lo general reconocido entre los cuatro hijos de Horus (pág. 115), aunque algunas veces se lo identifica con Horus mismo.[38] La imagen dada aquí lo representa como un sacerdote de la clase llamada «Portadores de Piel de Leopardo». No se ha aclarado si es idéntico a divinidad perdida Kenemt(i), quien llena los tres primeros decanatos de las estaciones.[39]

Kenemt(i): véase Kenemtef(i).

Khasti (?),[40] «el señor de occidente», era adorado en la ciudad de Sheta (¿en el Delta?). Debido a su símbolo (tres montañas, el signo de las tierras exteriores) era también denominado «señor de todas las tierras exteriores», por lo que su representación era la de guerrero. En épocas primitivas fue identificado con Horus.

Khenset (Khensit), la esposa de Sopd, siendo tratada como diosa celestial, era representada con la forma humana de Hat-hôr–Isis, o usando un pluma sobre la cabeza como «Justicia» (pág. 103), o como vaca.

Fig. 130. Kenemtefi

Khnemtet era por lo general comprendida como «la Nodriza», cuando su nombre era aplicado a las diosas nodrizas Isis y Neftis.[41] Más tarde también fue explicada como una divinidad del pan y los pasteles (pág. 69).[42]

Khnûm(u) (griego Χνουβις)[43] era la deidad de Elefantina, la región de la Catarata («Señor de las Frías Aguas»), y algunos otros lugares del Alto Egipto, como Esneh, Shas-hetep, Herakleópolis, etc. Es representado como un cordero o con cabeza de cordero, y más tarde en alguna ocasión recibió cuatro cabezas de cordero, probablemente como símbolo de las cuatro fuentes del Nilo. Véase págs. 30, 52-53, 92.

Ma'et, la diosa de la justicia, era caracterizada por una pluma de avestruz (pág. 103).

Mafdet («Lince») era una diosa guerrera, ampliamente conocida en el primer período dinástico.[44]

Fig. 131. El viejo símbolo de Mafdet

Ma-hos: véase Mi-hos.

Mandulis: véase nota 55 sobre Merui.

Matet, «la portadora del cielo», era una diosa más tarde casi olvidada, pero que estaba conectada con un árbol o arbusto.[45]

Matit («la Parecida a una Leona» [?]), una diosa adorada bajo la forma de leona en el duodécimo nomo (¿y el quinto?) del Alto Egipto, más tarde comparada con Hat-hôr.

Ma(t)-si-s («La Que Ve a Su Hijo»), adorada en los nomos quinto y undécimo del Alto Egipto, fue más tarde llamada, como muchas otras diosas, una forma o epíteto de Hat-hôr.

Mehen (?) (Mehenet, Mehenit [?]); véase también bajo Menehtet, *infra*) era un nombre para la mitológica serpiente que hirió al dios sol o éste llevaba sobre su cabeza (pág. 27). En los últimos tiempos los «dioses uraeus» (es decir, las deidades que usaban el *uraeus* sobre sus cabezas), tanto masculinos como femeninos, eran llamados «seguidores de Mehen».[46]

Mehet era una leona cuyo culto estaba en la vieja ciudad de This.[47]

Mehi (¿Mehui?[48]), una deidad cuyo título era conocido e identificado con Thout.

Meht-uêret («Gran Diluvio») era un nombre de la vaca celestial y quizás estaba localizada en el decimoquinto nomo del Alto Egipto.

Menehtet (Menhet, Menhit), una diosa leontocéfala, algunas veces, como Sekhmet y otras divinidades solarizadas, usaba el disco solar. Era adorada en o cerca de Heliópolis (?) y también identificada con Neith y confundida con la serpiente solar Mehen, mencionada antes.

Men'et, la «Nodriza» de cabeza de león, es mencionada en Edfu y comparada con Hat-hôr como esposa de Horus (pág. 104).

Menhu(i), un dios de forma humana, es mencionado como un especial dador de alimentos.[49] En Esneh era confundido con Menehtet en una forma con cabeza de serpiente.

Menkhet («la Amable») era adorada en Memfis e identificada con Isis (algunas veces también con Neftis [Cap. V, nota 59]). La «diosa de lino» Menkhet es probablemente otra divinidad.

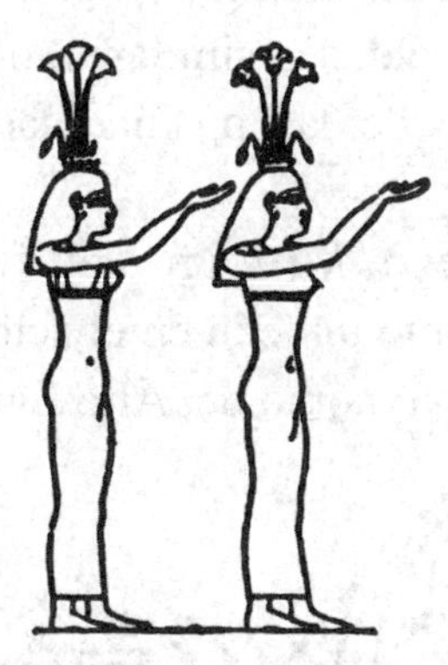

Fig. 132. Meret en doble forma

Menqet, una diosa mencionada como productora de vegetación y ortográficamente conectada con un árbol, es posteriormente representada como un mujer sosteniendo dos potes y con frecuencia descrita como hacedora de cerveza y otras bebidas.[50] Es incierto hasta donde era comparada con Hat-hôr, quien da alimento y bebida del árbol celestial (págs. 38, 41).

Meret usaba una mata de plantas acuáticas sobre la cabeza, como el Nilo, y era, por tanto, explicada como una diosa acuática.[51] Su nombre por lo general aparece de forma dual junto con Merti («las dos Merets»), o están divididas en «Meret del Sur» y «Meret del Norte», donde el par es comparado a los dos Nilos (pág. 48) o las dos divinas representantes de los dos reinos de Buto y Nekhbet. Una de ellas algunas veces tiene una cabeza de león,[52] y ambas son descritas como músicos.[53] La intriga surge por saber hasta donde son «las dos hijas del Nilo que parten en dos (?) al dragón» (es decir, dividen las aguas del abismo y el Nilo en un curso superior y otro inferior).[54] Tal conflicto con la vieja teología osiriana, sin embargo, no era inusual (págs. 98, 108).

Fig. 133. Mi-hos, identificado con Nefer-Têm

Merhi, una divinidad con forma o la cabeza de un toro, era adorada en el Bajo Egipto.

Mert-seger («la Que Ama el Silencio») era la patrona de una porción de la necrópolis tebana y por lo general se la representaba con forma de serpiente, a pesar de que en raras instancias era pintada también con forma humana, como la gran diosa Hat-hôr.

Merui (?), una deidad de forma humana, aunque es probable que originalmente tuviera forma de león, era llamada «hijo de Horus» y adorada en Kalabsheh, en Nubia, cerca de la Primera Catarata.[55]

Meskhenet era la diosa del destino y el nacimiento (pág. 54) y algunas veces se la identificaba con Isis y deidades similares, especialmente con Tefênet (¿cómo proveniente de las profundidades? Véase pág. 92).

Mi-hos (lectura inferior Ma-hos; griego Μιυσις; «el León Ceñudo») era por lo general representado como un león en el acto de devorar a un cautivo. Era adorado en el décimo nomo del Alto Egipto y considerado como hijo de la deidad solar Rê‘ y la gata o leona Ubastet, identificado con el dios león Shu (pág. 46) o con Nefertêm, como en la Fig. 133.

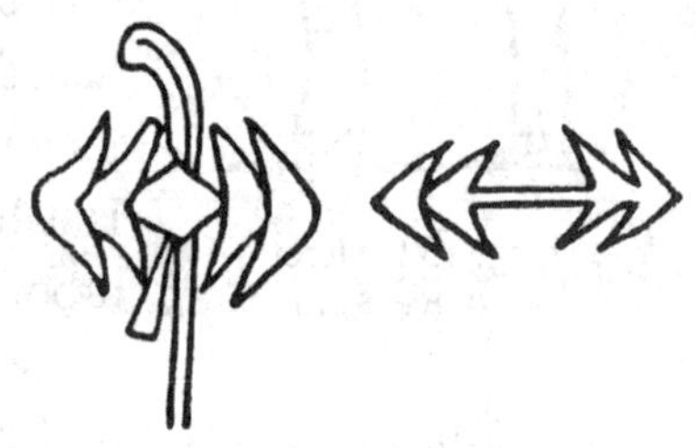

Fig. 134. Símbolos jeroglíficos de Mîn en objetos prehistóricos

Min(u),[56] uno de los dioses egipcios más antiguos, era adorado en muchos lugares del Alto Egipto, donde sus símbolos jeroglíficos, que parecen algo así como un rayo o un doble arpón, estaban muy esparcidos en tiempos prehistóricos; pero los lugares especiales de su culto estaban en Chemmis (es decir, Khem-mîn, o «Santuario de Mîn», la moderna Akhmîn) y en Koptos, por donde pasaba una rama de la ruta más importante al Mar Rojo a través del desierto. Por eso es llamado el patrón de los salvajes habitantes del desierto oriental, las tribus Antiu (los trogloditas, o trogoditas, de los griegos), o incluso en regiones más al sur, como la costa del incienso de Punt. Estos bárbaros aparecían en sus festividades para una extraña ceremonia: una competencia que consistía en trepar a unos postes.[57] Las más antiguas estatuas prehistóricas de Mîn lo muestran de pie y erecto, cogiendo su inmenso falo con la mano izquierda, y sosteniendo con la derecha un *flagellum*, mientras la parte de atrás de su cuerpo está decorada con animales del mar y el desierto.[58] Posteriores pinturas hacen que este itifálico dios, cuyo color era originalmente negro,[59] levante su látigo en la mano derecha; su cabeza estaba ornamentada con altas plumas, sostenidas con una cin-ta que colgaba bastante por detrás, exactamente como en el Amón de Tebas, quien parece ser tan sólo una vieja localizada y ligeramente diferenciada forma de Mîn (págs. 22, 132). Detrás de él está pintada su capilla de varias formas peculiares, o un bosquecillo indicado por un grupo de altos árboles (generalmente tres) dentro de un claro, o el bosquecillo y la capilla combinados. Es subsecuentemente identificado con Osiris, que es de igual forma fálico,[60] y así es llamado dios de la cosecha,[61] de donde «Mîn, el de rostro hermoso» es asociado más tarde con la diosa asiática del amor (véase pág. 158). La tradición también lo considera como hijo del sol (o de Osiris e Isis, o de Shu) y así lo identifica con el joven sol o con la luna. La identificación griega con el dios pastor helénico, Pan, parece depender de su especie de pilar en las estatuas arcaicas. Su animal sagrado era un toro (¿blanco?).

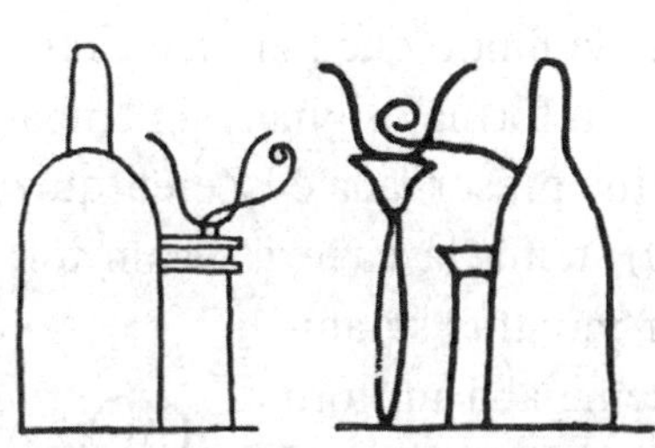

Fig. 135. Bárbaros del desierto trepando postes ante Mîn

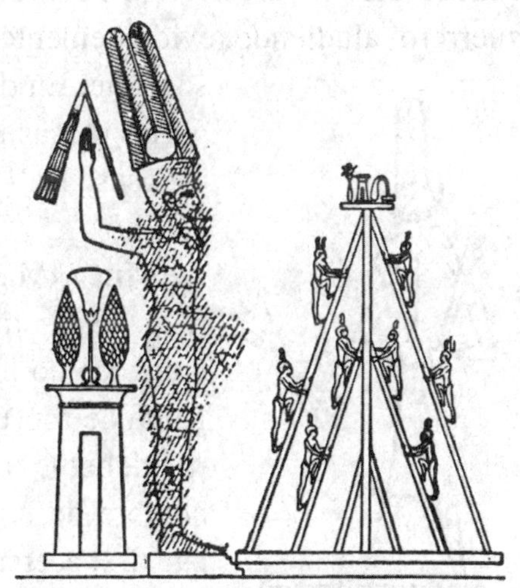

Fig. 136. Los primeros santuarios de Mîn, decorados con los utensilios habituales

Mont(u) (griego Μωνθ), la deidad de Hermonthis (egipcio An-montu, la moderna Erment) y otros lugares al

Fig. 137. Mîn ante su bosquecillo

sur de Tebas, era también adorada en Tebas en los primeros tiempos y recuperó su culto en los últimos períodos, cuando la ciudad y su dios, Amón, habían perdido importancia. Es por lo general representado como un halcón o como un hombre con cabeza de halcón, usando dos altas plumas (¿cómo Mîn y Amón?); está con frecuencia adornado con el disco solar, ya que era identificado con el dios sol desde época muy temprana, de modo que también es llamado Montu-Rê'. Su forma original, sin embargo, que más tarde fue preservada en Zeret (quizá la moderna Taud), tenía la cabeza de un toro; e incluso en Her-monthis su animal sagrado semejaba un toro negro, llamado el Buchis en el período romano (véase pág. 165). Su cabeza de halcón fue tomada prestada de la deidad solar, Rê'-Horus, y más tarde el toro de Montu fue en realidad llamado «el alma de Rê'» (o de Osiris).[62] Todos los textos concuerdan en describir a Montu como terrible y guerrero, aludiendo, evidentemente, a las armas que sostiene. En diferentes lugares varias diosas fueron asociadas con él como sus esposas: Ra'-t-taui (Cap. II, nota 20), Enit y Hat-hôr.

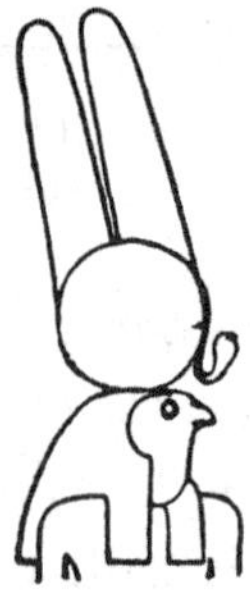

Fig. 138. Montu

Fig. 139. Antiguo tipo de Montu

Mut («Madre»), la última esposa de Amón (pág. 132), era representada tanto con forma de buitre como humana. Debe también ser distinguida de Mu(u)t, «el Flujo de Agua» (pág. 48).

Nebet (¿Nebit?), es decir, «la Aurea», era el nombre de una forma local de Hat-hôr (véase pág. 32, acerca del oro como solar).

Neb-taui (modernizado como P-neb-taui), es decir, «el Señor de Ambos Países», una deidad local de Ombos, era considerado como hijo de Horus y Sonet-nofret (o T-sonet-nofret), y representado como el joven Horus (con una cabeza humana) o como Khôns (véase Fig. 18).

Nebt-hotep («Señora de la Paz» o «Señora del Lago de Paz») fue más tarde explicada como una forma de la diosa Hat-hôr.

Nebt-taui: véase Amonet.

Nebt-uu («la Señora del Territorio») era considerada como otra forma de Hat-hôr y recibía adoración en Esneh.

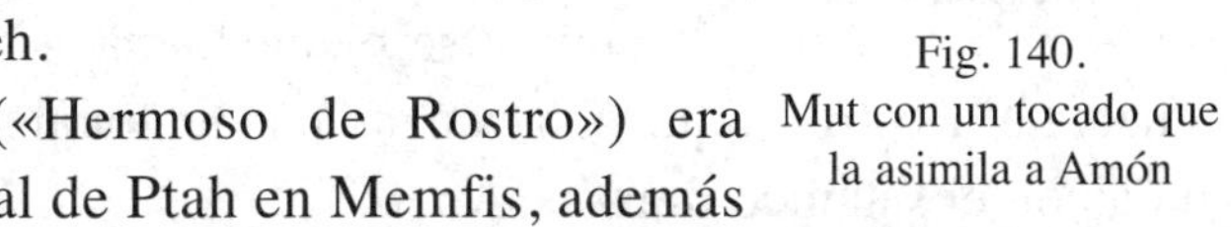

Fig. 140.
Mut con un tocado que la asimila a Amón

Nefer-ho(r) («Hermoso de Rostro») era una forma especial de Ptah en Memfis, además de ser el epíteto de otras divinidades, especialmente de Osiris.

Fig. 141.
Nefer-têm

Nefer-hotep («Paz Sublime», es decir «el Pacífico») era una forma local de la deidad tebana Khôns(u), a pesar de que una divinidad independiente de este nombre también concurría en el séptimo nomo del Alto Egipto.

Nefer-têm, adorado en Memfis, estaba agrupado con Ptah y Sekhmet como su hijo, mientras como el primogénito de Ubastet, la variante con cabeza de gato de Sekhmet, estaba también conectado con Heliópolis. Su emblema es muy inusual, una flor de loto abierta de la que se proyectan dos altas plumas y otros ornamentos. El dios, tanto en forma de hombre como de león (véase bajo Mi-hos, nombre con el que es identificado), sostiene con la mano este símbolo sobre un báculo o lo utiliza sobre la cabeza. No sabemos nada so-bre sus funciones, excepto que algunas alusiones otorgan un papel cósmico a su fragante y hermosa flor «ante la nariz de Rê‘» (posiblemente implicando la flor cósmica, es decir, el océano; págs. 52), es, de acuerdo con esto, identificado con Horus.[63]

Fig. 142. Emblema de Nefer-têm

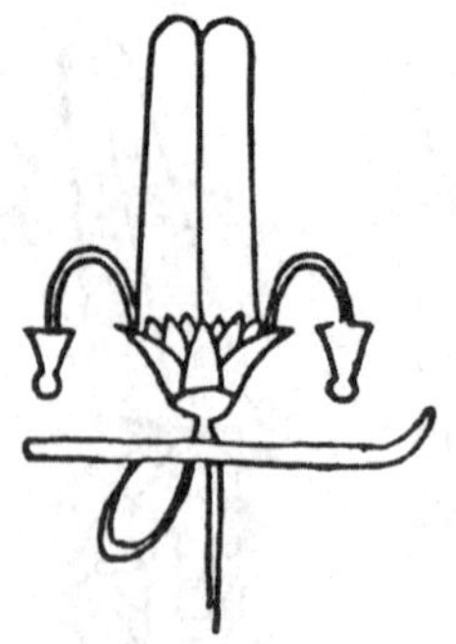

Fig. 143. Nehem(t)-'auit

Neha-ho(r): véase el siguiente parágrafo.

Neheb-kau («el Trastocador de Dobles») era originalmente un espíritu maligno con forma de serpiente («con numerosas alas»)[64] que atacaba y devoraba las almas de los fallecidos en el submundo o en el camino hacia allí, al sur de las Cataratas (véase bajo Selqet, *infra*). Más tarde, sin embargo, fue honrado por ser uno de los cuarenta y dos asesores de la corte de Osiris, exactamente igual a una similar serpiente llamada Neha-ho(r) («la Que Vuelve el Rostro»), que subsecuentemente era algunas veces confundida con el satánico dragón 'Apop.[65]

Nehem(t)-'auit («La que Evita la Violencia, Libra [de la] Violencia» [?]; griego, NemanouV[?], una diosa asociada con Thout, la divinidad de la sabiduría, especialmente en Hermópolis (¿y en Ba'h, en el Bajo Egipto?), es representada en forma humana, utilizando un sistro o pilar u otros emblemas de Hat-hôr sobre la cabeza. Debe haber sido identificada con esta diosa en épocas tempranas, pues también es llamada «la aficionada a la música» (véase pág. 42),[66] «hija del sol», y expresiones similares.

Fig. 144. Neith

Nehes («Despertar, Despertando»): véase pág. 69 sobre esta abstracción como compañero del dios sol. Un epíteto similar más tarde aplicado a Sêth parece caracterizarlo como el dragón «vigilante», acechando en el bajo mundo (pág. 110).

Neith (pronunciación griega;[67] ortografía egipcia, N[i]t, una vez Nrt) era una diosa muy antigua conocida en todo Egipto, incluso en el período prehistórico, cuando extendió su influencia de Sais, su centro de culto, a toda la frontera occidental del

Delta y hacia arriba de Fayûm. De acuerdo con esto, la deidad local de la última región, Sobk, era llamado su hijo (ya que ella es representada dando el pecho a los cocodrilos; y llega incluso a ser patrona de todos los libaneses. Es representada como una mujer con la ordinaria piel amarilla (¿algunas veces verde claro?) que caracteriza su sexo en el arte egipcio y lleva la corona roja del Bajo Egipto; sin embargo, a veces aparece como una vaca, es decir, como una divinidad celestial (págs. 39-40). Debido a su jeroglífico, dos flechas cruzadas, con frecuencia utiliza arco y flechas;[68] pero más tarde este signo fue mal interpretado como una lanzadera de tejer,[69] lo que la conectó con el arte de tejer[70] y de hacer nudos mágicos como «una gran hechicera» similar a Isis.

Nekhbet era la diosa buitre de la primera capital del Alto Egipto, la Eileithyiáspolis de los griegos y la moderna el-Kab, y era, consecuentemente, la más antigua patrona de esa porción de territorio, la contraparte de Buto (pág. 135). De acuerdo con esto, es regularmente representada volando sobre el rey y sosteniendo un anillo u otros emblemas reales. De igual forma aparece como mujer (algunas veces con una cabeza de buitre), y como usa la corona blanca del Alto Egipto, es denominada «la blanca»,[71] y sus ciudades Nekhbet y Nekhen son llamadas «las ciudades blancas». En los últimos días, como «hija y ojo del dios sol», era comparada con las divinidades celestiales. Los griegos y los romanos la identificaron con Eileithyia-Lucina, la diosa lunar que protegía el nacimiento, posiblemente porque más tarde cuidó de Osiris y de su resurrección; pero, a partir de fuentes egipcias, no puede probarse una conexión distintiva de esta deidad con la luna. Su papel de esposa del dios Nilo (pág. 48) está evidentemente de acuerdo con una tradición muy antigua que hace que el curso egipcio del río comience en la capital, situada muy cerca de la frontera sur, ya que los nomos de más al sur debieron en

Fig. 145. Nekhbet protegiendo al rey

Fig. 146. La última tipología de Onuris

esos tiempos haber sido poblados por tribus nubias. Esto parece otra vez explicar su conexión con el nacimiento de Osiris como el Nilo. Hasta donde la trascripción griega se refiere al nombre Nekhbet, es una cuestión abierta (véase bajo Semtet).

Nemanus: véase Nehemt-'auit.

Nesret («la Flamígera, Feroz [serpiente]») era una deidad cuya localización es dudosa, pero que más tarde fue identificada con la diosa serpiente Buto.

Onuris (egipcio An-hôret, «Guía del Camino») estaba localizado en This, Sebennytos, y en otras partes, era usualmente representado como un hombre en posición erguida, sosteniendo una lanza en su mano levantada (o en ambas manos) y usando cuatro altas plumas sobre la cabeza. Considerado como un guerrero (los griegos lo identificaban con Ares) que ayudaba al dios sol en sus combates, su última imagen protegía la casa contra animales nocivos y otras alimañas. Así era considerado al mismo tiempo como Horus y de igual forma representado ocasionalmente con cabeza de halcón. La identificación prevaleciente, sin embargo, era con Shu, el dios del aire (pág. 46), debido al similar tocado de cuatro plumas, de modo que es posible que, como aquellas plumas, «el camino» tuviera una interpretación celestial.

Ophoïs (egipcio Up-ua(u)t, «Abridor del Sendero»), el dios lobo de Lykópolis (Assiut), This y Sais, era con frecuencia confundido con Anubis (págs. 113-14). Los egipcios del período griego explicaban su animal como un lobo, quizá porque era representado de pie, ya que el chacal (?) de Anubis estaba reclinado. Los aspectos guerreros de Ophoïs pueden ser derivados de su culto

Fig. 147. Ophoïs

Fig. 148. Opet

en la capital This, o de las armas que decoran las bases de sus imágenes, o de las interpretaciones celestiales de su nombre. El Ophoïs de Sais «sigue al Rey del Bajo Egipto»,[72] como la antigua forma es el «chacal del Sur».

Opet (?) (griego 'Ωφις) era la diosa de un distrito del este de Tebas, cuyo jeroglífico utiliza en la imagen incluida, junto con los símbolos celestiales.

Pekhet (Pakhet, ¿erróneamente Pekhet?) era una leona adorada en el Egipto Medio, en un valle desierto cercano a Speos Artemidos, un nombre que muestra que los griegos la identificaron con Artemisa, probablemente porque era cazadora y vagabundeaba por el desierto.[73]

Peyet: véase nota 19.

Ptah (griego Φθ), el dios de Memfis (egipcio Hat-ka-Ptah, «Lugar del Alma de Ptah», era representado como un hombre con una barba de inusual color (amarillo)[74] claro y revestido de blanco, vestiduras ajustadas, con una borla en el cuello que sostiene su collar en posición. Tiene la cabeza por lo general descubierta, aunque posteriormente se elaboraron varias coronas reales para él, y un cetro por lo general sostenido con ambas manos. Los pies, ordinariamente unidos como si la deidad estuviera momificada, revelan la muy primitiva antigüedad de la tradición artística (véase Figs. 136-37 para estatuas de Mîn igualmente primitivas, parecidas a pilares, y los divinos tipos arcaicos, pág. 16). Su culto es declarado como el más antiguo de Egipto, y llamado «el Antiguo»,[75] mientras «la era de Ptah» y «los años de Ptah» son frases proverbiales. La divinidad está sobre un peculiar pedestal que fue más tarde explicado como el jeroglífico de la justicia,[76] y este pedestal es por lo general representado dentro de una pequeña capilla. Llegado a la prominencia cuando los constructores de pirámides instalaron sus residencias cerca a su templo, fue llamado «el primero de los dioses», «el creador de los dioses y del mundo».

Fig. 149. Ptah

Era el divino artista «que realizaba trabajos de arte» y el habilidoso con todo material, especialmente el metal, de modo que los los griegos lo compararon con Hefaístos, y su sumo sacerdote tenía el título de «maestro de artesanos».[77] Por tanto, en una rueda de alfarero Ptah hacía girar los huevos solares y lunares (o, de acuerdo a otros, el huevo cósmico, a pesar de que esto es dudoso). En su especial capacidad de creador utilizaba el nombre de Ptah-Tatunen, siendo identificado con la deidad local Tatunen, quien aparece de forma humana, utilizando plumas y un cuerno de carnero (véase págs. 49, 152); y por último fue igualado con el abismo (Ptah-Nuu) o el Nilo,[78] pero también con el sol (Ptah-Aten, «Ptah el Disco Solar»); o con el aire (Ptah-Shu), de modo que se convirtió en dios de toda la naturaleza. Cuando se decía que las plantas crecían sobre su espalda, esto podía muy bien partir de su identificación con Sokari, y de la subsecuente fusión de Ptah-Sokari con Osiris pág. 101), como de su comparación con Qêb (pág. 45). Sokhmet y Nefer-têm estaban asociados con él como esposa e hijo.[79]

Qebhet (Qebhut) era una diosa serpiente, y como «la hija de Anubis» estaba localizada cerca de esa divinidad en el décimo nomo. Su nombre («la Fría») da surgimiento a una época primitiva en que se la conectaba con el cielo o el agua.[80]

Qed era una deidad con cabeza de buey[81] (véase Qed(u?), la constelación de los decanatos que, sin embargo, no tenía representación humana en ninguna parte.

Qerhet, una diosa serpiente, protectora del octavo nomo del Bajo Egipto, la última tierra de Goshen.

Rê‘: véase Cap. II, nota 20.

Renenutet (Remenutet, Remutet): véase págs. 68, 119.

Repit (griego Τριφις; «la Joven», «la Doncella») era una diosa muy popular del último período. Es representada con frecuencia usando sobre la cabeza el signo jeroglífico de una rama de palma, simbolizando la fresca vegetación y la juventud (pág. 91), lo que hace difícil separarla de la personificación del tiempo y el año (¿Ronpet?), que tenía similar símbolo.[82]

Ronpet: véase el parágrafo precedente. Para la estrella Sothis, llamada «la diosa del año» como reguladora del tiempo, véase pág. 59.

Ruruti: véase Cap. III, nota 31.

Satet [83] (griego Σατις) era adorada en la Primera Catarata y estaba asociada con Khnûm. Es representada con forma humana y usa una corona cónica muy alta con cuernos de vaca (véase la imagen de la pág. 21); más tarde fue ocasionalmente comparada con divinidades celestiales tales como Isis y Hat-hôr. Su nombre denota «la Tiradora, la Lanzadora», y de allí que lleve arco y flechas, aunque el significado original se refería, más bien, a las aguas que caen de la Catarata.

Seb (?) era una deidad poco conocida adorada bajo la forma de un halcón volador.

Sebit (Sebait) era una diosa de la que poco se conoce[84] (¿idéntica a Asbet?).

Sekha(i)t-hor («la que Piensa en Horus») era considerada como una vaca reclinada y adorada en el tercer nomo del Bajo Egipto.[85] Por causa de su nombre, era con frecuencia identificada con Isis.

Fig. 150. Sekhmet

Sekhmet [86] («la Poderosa»), una diosa leontocéfala, era adorada en Memfis (véase *supra* sobre Ptah y Nefertêm como sus asociados) y en algunos otros lugares, principalmente en el Delta, así como en el decimotercer nomo del Alto Egipto. Generalmente utiliza el disco solar sobre la cabeza, y los textos hablan de ella como una manifestación guerrera del sol, un ojo solar (pág. 30-31), «el feroz, emitiendo llamas contra los enemigos» de los dioses (véase pág. 77). Con frecuencia es comparada con la gata vecina, Ubastet, que se consideraba su amistosa manifestación.

Selqet (griego Σελχις) era simbolizada por un escorpión, a pesar de que en los últimos tiempos era por lo general representada con forma humana (véase pág. 63 y Fig. 60). Su nombre es la abreviación de Selqet Ehut («Quien Enfría Gargantas»),[87] una de las cuatro diosas que asisten a Nuu, la deidad de los abismos, y protectora o representando las cuatro fuentes que éste envía al mundo superior. Esto confirma la tradición de que en Pselchis, en el norte de Nubia, cerca de las fuentes mitológicas del Nilo, estaba su hogar original.[88] Con su aguijón, más tarde protegió al muerto Osiris y a la nodriza Isis (con quien es ocasionalmente identificada), de modo que algunas de las entrañas del embalsamado, etc., son colocadas bajo su cuidado.

Como patrona del poder mágico también es llamada «señora de la casa de los libros», de modo que parece haber sido considerada como análoga a la diosa del destino (pág. 54), al morar, como ella, en el extremo sur, es decir, en el submundo. De acuerdo con esto, está asociada con la serpiente subterránea Neheb-kau.[89] Más tarde es algunas veces denominada la esposa de Horus, un hecho que se corresponde con su ocasional insignia celestial y solar.[90]

Sema-uêr («Gran Buey Salvaje») era un viejo nombre del toro celestial (Cap. III, nota 10).

Semtet es una diosa que nos recuerda a Smithis, pero su nombre no puede ser leído con certeza.[91]

Sepa: véase Sop.

Seqbet: véase nota 100.

Ser («Príncipe») era por lo general explicado, en los últimos tiempos, como Osiris[92] y estaba localizado en Heliópolis.

Shemtet, una diosa mencionada sólo en raras ocasiones, tenía cabeza de leona.[93]

Shenet, cuyo nombre aparece sólo muy raramente, era representada en forma humana, con largos rizos como una niña.[94] Era probablemente idéntica a la siguiente divinidad.

Shentet (formas posteriores: Shentit, Shentait) era una diosa cuya primera representación parece haber sido una joven de largos cabellos (¿sosteniendo un niño?). Más tarde fue tratada como una variante de diosas celestiales como Isis, y también aparece en forma de vaca.[95] Su asiento de culto era Heliópolis o Abidos (?). Véase el parágrafo precedente.

Shu (Shuet; «la de Shu») es un raro nombre de la leona Tefênet.[96] Véase nombres como Amonet, Anupet, etcétera.

Smentet era una poco conocida diosa, a la que se considerada paralela a Isis.[97]

Smithis: véase Nekhbet y Semtet.

Sobk (griego Σουχις),[98] un dios cocodrilo, parece haber originalmente regido sobre el lago y la tierra de Fayûm, en la parte oeste del Egipto Medio, cuya capital era Shedet(i)-Krokodilópolis. Era también el señor de otros lugares a lo largo de la frontera occidental del Delta (véase pág. 144 para su asociación con Neith) y de igual modo gozó de culto en un período muy temprano en el Alto Egipto, en Ombos (donde

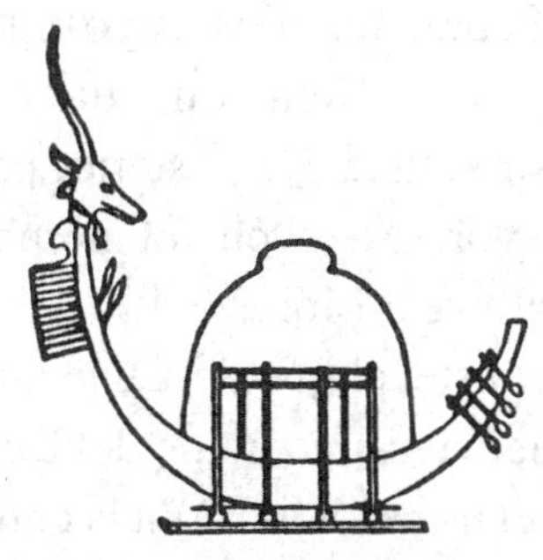

Fig. 151. Sokari oculto en su barca o trineo

era asociado con Hat-hôr), Ptolemaïs, Her-monthis, etc. Más tarde se convirtió, especialmente en Ombos, en una forma de la deidad solar Sobk-Rê',[99] y en otros lugares hubo intentos aún más extraños de identificarlo con Osiris, quizá porque los cocodrilos habitan en las oscuras profundidades de las aguas.[100]

Sobket: véase nota 100.

Sokar(i) (griego Σοχαρις), una deidad de un lugar cercano a Memfis (donde el moderno nombre Saqqrah puede quizá ser derivado), «en la curva (*pezut*) del lago»,[101] era al principio considerado como una manifestación de Horus, el sol, y así fue representado como halcón o falcón en una extraña barca sobre un trineo (*henu*) que era arrastrado alrededor de su templo en las festividades como si fuera la barca solar.[102] Cuando este lugar se convirtió en la necrópolis de la gran ciudad de Memfis, «Sokari en su cripta (*shetait*) fue convertido en dios de los muertos e identificado con Ptah y Osiris, de modo que su templo Rosetau («Portal de Corredores») fue explicado como una entrada en los pasajes que conducen al submundo. Así como el revivido Osiris,[103] Sokar, el señor de los suelos» (!), se convirtió también en dios de la tierra (véase pág. 101 y nota sobre la deidad Ptah).

Fig. 152. Sopd como guerrero asiatico

Sonet-nofret (forma modernizada de T-sonet-nofret; «la Buena Hermana»), una deidad de Ombos, era identificada con Tefênet, por lo que algunas veces era representada con cabeza de leona, aunque usualmente aparecía como humana, parecida a Hat-hôr. Su esposo era el Horus de Ombos, y su hijo (P)-neb-taui (pág. 143).

Fig. 153. Tipo arcaico de Sopd

Sop (antiguamente Sepa), un dios cuyo culto estaba localizado en y cerca de Heliópolis, fue más tarde identificado con Osiris. Esta y la posterior pronunciación es exhibida por Osarsyph, el nombre egipcio que Manetón atribuye a Moisés.[104]

Sopd(u), «el señor del este, el que destruye a los asiáticos», era la deidad del vigésimo nomo del Delta (más tarde denominado «el nomo árabe») en la entrada oeste del valle de Goshen, con la capital Pe(r)-sopd(u) («Casa de Sopd», también llamada «Casa del Sicomoro»), la moderna Saft el-Hene. Esta divinidad guerrera es por lo general representada como un hombre utilizando dos altas plumas sobre la cabeza, y algunas veces, como amo de los asiáticos, aparece con tipo asiático y barba. En el tipo arcaico es también representado como un falcón (véase Cap. V, nota 27), un hecho que resulta de la comparación de él con Horus. Más tarde fue también pintado como un Bês alado (pág. 63).[105] Su esposa es Khenset.

Fig. 154. Tait llevando cestas de lino

Tait («Señora de Lino») era la diosa del tejido, quizás en Busiris, a pesar que esto puede ser una conexión artificial con Osiris, la divinidad devanaba lino, de donde es llamada Isis-Tait.[106]

Tatunen (Tetenen, etc., quizá también Tanen, Tenen) era usualmente identificado con Ptah, y luego también con Nuu (pág. 50, 147). Tenía forma humana y utiliza dos plumas de avestruz y dos cuernos de cordero sobre la cabeza.

Tebi era el nombre de un dios solarizado.[107]

Tekhi, una diosa de forma humana, usaba un par de altas plumas (como Amón) y era la patrona del primer mes en lugar de Thout, con el cual se intercambia en todos lados.[108] Esta identificación parece estar basada principalmente en la vaga similitud del nombre y no parece muy antigua.

Temhit («la Libanesa») era una diosa cuyo culto estaba en Heliópolis (?).

Fig. 155. Ubastet

Tenenet (más tarde Tanenet) recibía adoración en Her-monthis, donde era identificada con Isis y Anit. Como ésta última, usaba dos coronas reales o antenas dobladas (pág. 133) sobre la cabeza.

Triphis: véase Repit.

Ubastet [109] («la de la Ciudad de Ubaset») [pág. 22]) era la diosa gata de Bubastos, la Pi-beseth de Ezequiel XXX, 17, pero también tenía un antiguo santuario en Tebas sobre el lago Asheru, cerca de Karnak, del que más tarde se apropió Mut. Es con frecuencia identificada con Sekhmet (véase, por ejemplo, bajo Nefer-têm), donde su cabeza es con frecuencia la de una leona, como en el dibujo que presentamos, donde el áspid la caracteriza como «hija del dios sol» (pág. 31). Como alabada cazadora, los griegos la llamaron Artemisa, como la leona Pekhet (pág. 147).

Fig. 156. Unut

Ung (Ungi; «Retoño» [?], un «hijo de la deidad solar» o su mensajero,[110] tratado como Shu, fue más tarde identificado con Osiris.

Unut (Unet) era una diosa que se dice fue adorada en Unut (?), Hermópolis («Ciudad de la Liebre»), Menhet y Denderah; no debe ser confundida con «la diosa de las horas» Unut (pág. 68). Una pintura muestra a «la Unet del Sur» con forma humana y yaciendo sobre un lecho como muerta, y a «la Unet del Norte» como Isis dando de mamar a Horus.[111] Los egipcios posteriores dedujeron de su nombre que era una liebre, pero sospechamos que originalmente el nombre significaba tan sólo «la Helipolitana» (véase pág. 32 sobre On-Heliópólis y nota 37.

Upset era identificada con Tefênet, Isis y similares diosas celestiales en File, etcétera.

Ur-heka («Grande en Magia») era un dios de forma humana (¿o de serpiente?).

Urt-hekau, una diosa leontocéfala, era denominada «esposa del dios sol», posiblemente porque era comparada con Isis como hechicera. Es también representada con cabeza de serpiente, y desde luego no es fácil distinguirla de una divinidad masculina del mismo nombre. Urt-hekau es de igual modo un epíteto de Isis, Neith, Neftis, Epet, etc., de modo que esta diosa es con frecuencia confundida con ellas.

Usret («la Poderosa») era un epíteto aplicado a muchas diosas, pero especialmente el nombre de una divinidad muy popular del período primitivo que, quizá, tenía forma de serpiente. Es descrita como «residiendo en las alturas occidentales»,[112] en el quinto nomo del Delta. Más tarde fue poco conocida, a pesar de que algunas veces[113] es llamada, curiosamente, «la madre del Mîn».

Utet era una deidad que posiblemente tenía la forma de una garza.[114]

Uzoit: véase Buto.

Zedet (Zedut): véase nota 20.

Zend(u) (Zendr(u); «el Poderoso», «el Violento») era una deidad muy antigua que, como Sokari, se sentaba en un sagrado barco-trineo y, como él, era comparado con Osiris en fecha muy arcaica.[115]

La ambigüedad de los jeroglíficos hace la lectura de algunos nombres especialmente dudosa, como en los siguientes ejemplos:

Igay (Egay) era el dios supremo del nomo tebano en épocas arcaicas.[116]

Iahes (Eahes), «el patrón del Sur», debió haber sido adorado cerca de la frontera sur.[117]

Iamet (Eamet) era una diosa descrita como entregada al cuidado de las jóvenes divinidades.[118]

Ukhukh (?), un dios adorado cerca de la ubicación de la moderna Meïr, era simbolizado por un cetro decorado con dos plumas y dos serpientes.[119]

Capítulo VIII

DIOSES EXTRANJEROS

Los egipcios del período primitivo no sentían la necesidad de traer dioses extranjeros a su país; cuando fueron a Siria y Nubia, temporalmente adoraron las divinidades locales de esas tierras, sin abandonar sus propias deidades.[1] Lo cierto es que esos conceptos de mitología asiática pasaron de forma constante y libre a la religión egipcia,[2] y, en particular, los cuentos de hadas del Nuevo Imperio no sólo emplearon los motivos asiáticos muy literalmente, sino que con frecuencia colocaron sus escenarios en Asia, confesando así con franqueza su dependencia de aquel material. De acuerdo a esto, la *Historia de los dos hermanos* (Cap. V, nota 106) está situada en la «montaña de los cedros» de la costa siria; y la *Historia del príncipe encantado* hace que su héroe vagabundee como cazador hasta el remoto oriente, el país de Naharina (que corresponde aproximadamente a la Mesopotamia), para conseguir allí su princesa. Este príncipe es condenado a ser muerto por su perro (una explicación no egipcia de Sirio) o por una serpiente (Hidra), representando la idea norteña del cazador Orión; y su esposa, que gana en un torneo de saltos, es claramente Astarté-Venus-Virgo, quien lo rescata de la apresante Hidra.[3] Del folclore y la magia, más pronto o más tarde, tales ideas finalmente pasaron a la teología oficial; y los futuros eruditos por último reconocerán que una parte muy considerable de la religión egipcia fue derivada o influida de la mitología asiática. Trazando la huella de tales

Fig. 157. Estatuilla del Museo de Turín que muestra una Hat-hôr de Biblos

motivos desde el Período de las Pirámides, ciertamente no parecen ser autóctonos. El centro primitivo de la religión egipcia, la antigua ciudad de On-Heliópolis (pág. 32), estaba situada en la entrada de la gran ruta de caravanas que venían de Oriente, y debemos suponer un constante intercambio de ideas incluso en los períodos más remotos. En el presente estado de nuestro conocimiento, sin embargo, no podemos hacer un juicio muy positivo sobre muchos préstamos prehistóricos de esta naturaleza,[4] y estas apropiaciones, no obstante, consistían sólo en motivos religiosos. Los verdaderos dioses de Asia, o al menos sus nombres, pudieron muy bien no ser apropiados por una nación que tenía tan fuertes y antiguas tradiciones locales, como los egipcios, en las más primitivas etapas de su historia.

La única y temprana excepción fue la diosa de la ciudad sagrada de Fenicia, la famosa Ba'alath de Gebal-Biblos, que se hizo conocida y venerada poco después del 2000 a.C., cuando fue identificada con Hat-hôr, la divinidad egipcia más similar al tipo asiático de diosa celestial (pág. 42), o era adorada simplemente como «la Señora de Biblos», un destacado reconocimiento a la fama de su ciudad. Así una estatuilla del Nuevo Imperio en el museo de Turín representa a un egipcio sosteniendo un pilar de «Hat-hôr, la señora de la paz, la señora de Kup [ordinariamente Kupni, es decir, Biblos] y de Wawa [una parte de Nubia]». Más allá de la admisión de la conexión de esa ciudad con el culto de Osiris (pág. 122 y Cap. V, nota 110), no puede establecerse tan claramente una fecha, pero ésta puede ser mucho más antigua; el período de los imperios Antiguo y Medio fue aún más reacio en confesar deudas con Asia.

En el Nuevo Imperio, sin embargo, después del 1600 a.C., cuando Egipto sufrió grandes cambios y deseó aparecer como un estado militar y un imperio conquistador sobre modelos asiáticos, y cuando las costumbres y el lenguaje de Canaán se expandieron a través de las tierras del Nilo, el culto de las deidades asiáticas se convirtió en una moda, siendo propagado por muchos inmigrantes, mercenarios, mercaderes, etc., desde Siria. El carácter guerrero de los dioses de Asia y la rica mitología vinculada a ellos los hizo especialmente atractivos para la mentalidad egipcia.[5]

Fig. 158. Reshpu

Ba'al (semítico «Señor») es descrito como el dios del trueno, que moraba en las montañas o en el cielo, y era terrible en la batalla, de modo que los egipcios con frecuencia lo identificaban con su dios guerrero Sêth (véase la siguiente divinidad).

Resheph, o Reshpu (semítico «Relámpago») era representado como un hombre utilizando un alto y cónico gorro (algunas veces parecido a la corona del Alto Egipcio),[6] con frecuencia atado con una larga cinta que le cae sobre la espalda[7] y ornamentado sobre la frente con la cabeza de una gacela, probablemente para indicar que era un cazador. Llevaba escudo, lanza y maza, y a veces un carcaj sobre la espalda. Algunas veces era llamado Reshpu Sharama, es decir identificado con otro dios sirio, Shalman o Shalmon.[8] Como veremos, estaba asociado con Astarté-Qedesh. Una forma, marcada por una larga borla que le colgaba de la punta del gorro, que aquí reproducimos a partir de un monumento del museo de Berlín, fue identificada con Sêth, «el de gran fuerza». De este modo, se consideraba que Sêth, como patrón general de los asiáticos y de los guerreros (pág. 106), se manifestaba a sí mismo en todas las deidades masculinas de Asia.

Fig. 159. Resheph-Sêth

Algunas deidades femeninas de Asia fueron más populares.

Astarté ('Astart) tenía su templo principal en Memfis,[9] aunque era también adorada en la ciudad de Ramsés y en todos lados. Esta «señora de los cielos» era raramente conocida como diosa del amor en Egipto, donde era, más bien, la dei-

Fig. 160. «Astarté, señora de los caballos y carros de guerra»

dad de la guerra, «la señora de los caballos y los carros de combate».[10] Por lo general usaba la corona cónica de todas las divinidades asiáticas, con dos plumas al estilo egipcio. Las dos deidades siguientes constituyen evidentemente simples manifestaciones de Astarté. En el arte de influencia asiática, parece estar representada también por la esfinge femenina no egipcia, cuya cabeza esta marcada por largos rizos y un peculiar pañuelo, como el que utilizan las mujeres sirias.

Qedesh (semítico «la Sagrada, Impresionante») es representada como la diosa desnuda del arte babilónico, de pie sobre un león y sosteniendo flores y una serpiente que a veces degenera en otra flor;[11] haciendo honor a su título de «señora de los cielos», usa el sol y la luna sobre la cabeza. Sus dos amores, el joven Tammuz-Adonis y su guerrero rival, aparecen junto a ella, éste último como Resheph-Reshpu, el primero como el dios egipcio Mîn, que así se muestra otra vez como similar a Osiris (pág. 141).

Fig. 161. Astarté

'Asit siempre aparece a lomos de caballo. El nombre puede no ser otra cosa que la forma popular de Astarté cuando se pronuncia 'As[t]eyt, pero en cualquier caso 'Asit era tratada como una divinidad separada.

'Anat tenía atuendo y equipamiento similar, pero sin el caballo. Como Astarté era guerrera y sensual, aunque eternamente virgen.

Ba'alt («Señora»; véase pág. 156 sobre el nombre idéntico: Ba'alath).Diosas de este tipo pero más raras eran Atum(a), quien parece haber sido la forma femenina del dios cananeo Edom; Nukara, o Nugara, es decir la babilónica Ningal, la deidad del submundo; Amait, quien era adorada en Memfis; etc. Véase pág. 208 para los numerosos nombres de las

Fig. 162. Astarté como esfinge

deidades tomadas prestadas de Asia por los hechiceros. Para nosotros, sin embargo, es incierto hasta donde estas divinidades realmente encontraron culto en círculos populares.

Fig. 163. Qedesh

Los vecinos africanos del oeste de Egipto apenas influyeron el panteón del período histórico; después del 1000 a.C. sólo una diosa, Shahdidi, parece haber llegado de Libia. Es, sin embargo, un hecho que no ha sido aún observado por los egiptólogos, que los egipcios de los primeros tiempos adoraron a algunos dioses nubios. Esto era debido menos a las conquistas egipcias de Nubia en días prehistóricos, como en las dinastías IV, VI, XII y XVIII, que a las fuertes conexiones culturales (y quizás etnológicas) entre los egipcios prehistóricos y las tribus que se hallaban al sur de ellos, como han recientemente demostrado excavaciones en Nubia. De igual modo es probable que, como mercenarios, los nubios jugaran la misma parte importante en la historia del Egipto predinástico que la que tuvieron más tarde, cuando varias dinastías del Período de las Pirámides parecen haber sido de descendencia nubia. Así la diosa Selqet (pág. 150) tenía su lugar de culto al sur de la región de la Catarata y sin embargo era una muy importante divinidad egipcia, conectada con el mito de Osiris. De igual modo Dedun, un dios de forma humana, originalmente representado como un pájaro sobre una varilla con forma de media luna, era adorado en el remoto Semneh, en Nubia, cerca de la Segunda Catarata, como «el joven del sur que vino de Nubia», e incluso parece que los reyes de la Dinastía VI aún se llamaban de este modo a sí mismos debido a este dios extranjero.[12] Los jeroglíficos de Dedun y Selqet aparecen combinados sobre destaca-

Fig. 164. 'Asit

Fig. 165. 'Anat

Fig. 166. Jeroglíficos de Dedun y Selqet

dos recipientes del primer período dinástico.[13] Así vemos que la frontera de Egipto pudo una vez prolongarse bastante más al norte de la Primera Catarata, o hasta esta Catarata (como era usualmente el caso en tiempos históricos), o pudo extenderse más al sur de ella, incluso hasta la Segunda Catarata, de acuerdo a varias condiciones políticas y las opiniones personales de los antiguos eruditos.[14]

Después de Alejandro Magno, los dioses griegos de las clases dominantes reemplazaron a las divinidades egipcias en algunos lugares helenizados, pero tuvieron poco impacto sobre el panteón egipcio, que fue aún mantenido (véase págs. 241-42, y para Serapis, véase pág. 101).

Capítulo IX

CULTO DE ANIMALES Y HOMBRES

Desde tiempos muy antiguos ningún aspecto de la religión egipcia ha atraído tanta atención como el extendido culto a los animales.[1] Algunos de los escritores clásicos veían esto con mística reverencia, pero la mayoría de ellos expresaban disgusto o sarcasmo aún incluso antes de que los cristianos comenzaran a probar la naturaleza diabólica del paganismo a través de esta pésima locura de los egipcios (págs. 11-12). Hasta muy recientes eruditos modernos han encontrado explicable este curioso elemento. Algunos de ellos, celosos admiradores de Egipto, han intentado excusarlo, diciendo que el culto animal era la degeneración posterior de un simbolismo que la considerada «religión pura» de los primeros egipcios podría haber comprendido en un sentido menos materialista. Lo cierto es, en realidad, lo contrario, pues el culto animal constituye una de las partes más prominentes de las creencias de los primitivos egipcios. Si partimos de la teoría que afirma que el animismo fue la base de los comienzos de la religión egipcia, no tendremos dificultad en comprender el papel que los animales jugaron en ella. Cuando la mayoría de los espíritus adorados por los toscos y primitivos egipcios fueron revestidos de forma animal, esta tendencia concuerda con la concepción de la burda creación sostenida por el hombre primitivo en general. No fue la fuerza superior o la destreza de algunas criaturas lo que provocó que fueran consideradas con reverencia religiosa, y menos aún la gratitud por su utilidad como animales domésticos; fue el miedo de que las aparentemente torpes bestias poseyeran razón y lenguaje propios que el hombre no podía comprender y, consecuentemente, poder conectar por medio de ellas con el mundo misterioso y sobrenatural. Es verdad que el león, el halcón y la serpiente venenosa predominan en el panteón egipcio, pero la forma de cocodrilo se limitaba sólo a uno o dos dioses; y los más terribles y salvajes animales, el leopardo y, quizás, el hipopótamo,[2] estaban, posiblemente por accidente, ausentes, mientras que, por otra parte, aparece la pequeña musaraña. Ya hemos explicado la frecuencia con que el toro negro aparece, con toda probabilidad en la etapa avanzada de los dioses cósmicos (Cap. III, nota 10), y la forma de halcón, de igual modo, indica la misma época en la que el dios sol con esta forma fue dominante. No obstante, debemos ser prudentes en no usar estas formas para explicar el sentido primitivo de este fenómeno. Si el culto de un animal sobrevivió hasta los últimos tiempos, hay una repetida afirmación de pocas palabras que lo explica: el espíritu de algunos dioses habían tomado posesión de él (véase pág. 165, por ejemplo, sobre la designación del «cordero» de Mendés como «alma» de una deidad). Los últimos egipcios pensaban que el hecho de que tales divinidades residieran en los cielos no presentaba dificultades para ellos, pues los dioses no se limitaban a una sola alma; una deidad tenía varias almas (o, más bien, «fuerzas»)[3] y podía, por tanto, vivir contemporáneamente tanto en el cielo como en la tierra, o podía incluso aparecer en un buen número de encarnaciones terrenales de forma simultánea. La inconsistencia de estas teorías de la encarnación de seres celestiales muestra, sin embargo, que eran, después de todo, desarrollos secundarios. Podemos ver esto con especial claridad en ejemplos donde el dios, a pesar de que se afirme su encarnación en un animal, nunca es representado realmente de esa forma, como es el caso de Ptah, Osiris, Rê', Mîn, etc.; o cuando, como veremos, los últimos egipcios ya no comprendían la conexión entre el dios solarizado Montu y su original forma de toro, el Buchis, pero trataban, por analogía con el Apis, etc., explicar a este último como una corporalización de otras y más obvias divinidades celestiales.

Los primeros egipcios, que apenas consideraban a sus dioses como exteriores a la tierra, debieron adorar a uno de estos animales suponiendo que poseían un espíritu extraordinario, divino en sí mismo. Fue sólo la tendencia de una época más avanzada el investir a los dioses con un poder más alto (o cósmico) y apartarlos de la esfera terrenal que era competencia de los teólogos para recurrir a estas teorías de la encarnación de divinidades celestiales. Un intento similar de apartarse de las más burdas concepciones del culto animal se traiciona a sí mismo y de igual modo en las numerosas representaciones mixtas de antiguos animales y dioses, es decir de un cuerpo humano y la cabeza de un animal. Es evidente que la idea subyacente era que estas deidades no eran en realidad animales, sino que sólo aparecían (o había uno de ellos aparecido) en la tierra de tal guisa, pero que de hecho vivían en los cielos con la forma de la mayoría de los dioses, es decir con una forma humana idealizada. Esta modificación de la vieja religión animista puede ser buscada en fecha bastante anterior al Período de las Pirámides.[4] Los egipcios prehistóricos, como hemos dicho antes, deben haber tenido una concepción opuesta, es decir, que la forma más degradada de los dioses era la animal.

No tenemos información de cómo los períodos más primitivos trataron la sucesión de los animales divinos que eran adorados en los templos. La última teoría, que afirmaba que las reencarnaciones venían de los cielos en orden regular, como veremos cuando consideremos al toro Apis, no parece plausible para los cultos locales originales de tiempos prehistóricos, ya que sus medios eran tan extremadamente limitados que debió haber sido para ellos muy dificultoso encontrar otro animal con las características físicas requeridas. Es posible que algunos animales sagrados no tuvieran éxito. Algunos, como el cocodrilo Sobk, parece haber sido alimentado en los templos. Es posible que en tiempos tardíos determinados animales sagrados puedan haber sido principalmente mantenidos en los santuarios tan sólo como símbolos que recordaban a los hombres el dios que ahora moraba en los cielos después de haberse una vez mostrado en la tierra como un animal en los días de los piadosos ancestros, cuando las divinidades aún caminaban por el mundo. La mente popular, sin embargo, ansiosa de tener un signo palpable de la existencia del dios, no pudo establecer una línea de separación entre lo sacralizado y la divinidad real, y pronto consideró al animal simbólico como un ser sobrenatural en sí mismo, volviendo así a la concepción original de animales sagrados.

La gran dificultad del problema en consideración es que sabemos muy poco sobre la mayoría de los animales sagrados; sólo los cultos más prominentes, que eran observados en todo Egipto, han dejado una información relativamente completa. Aquí dependemos en gran parte de los escritores grecorromanos, a quienes este aspecto de la religión egipcia parece muy destacable; desafortunadamente, la fuente de información de estos observadores más o menos superficiales no siempre es fiable. Las inscripciones jeroglíficas no tienen mucho que decir en lo concerniente al culto de los animales, lo que en sí mismo es una prueba de que los sacerdotes cultos tenían poco que ver con este legado de los ancestros. Es un misterio de las generaciones que debió haberse desarrollado en la etapa animista. Esta misma oscuridad, sin embargo, parece haber sido particularmente venerable como para trascender la comprensión y el intelecto humanos.

El animal sagrado más popular era el Apis (egipcio Hp, pronunciado Hap, Hop; «el corredor») de Memfis, un toro negro con ciertas marcas blancas especiales, «que parecían las alas de un águila», sobre su frente y lomo, un bulto que «parecía un escarabajo» bajo (?) la lengua, y otros signos. De acuerdo a las últimas creencias, fue concebido por un rayo de luz descendiendo sobre una vaca, es decir, era una encarnación del sol. Su descubrimiento, su solemne escolta a Memfis y su pomposa instalación como «el santo dios, el Apis viviente», en el templo llamado el «Apiæum» eran celebrados en todo Egipto. Era mantenido con gran lujo y daba oráculos por medio del camino que elegía, la comida que aceptaba o rehusaba, etc. Era por lo general considerado como la corporación de Ptah, el sumo dios local, y llamado «Ptah regenerándose a sí mismo» o «hijo de Ptah», pero más tarde fue considerado más como una encarnación de Osiris-Sokari, especialmente después de su muerte.[5] Es representado usando el disco solar entre los cuernos y de este modo conectado no sólo con el sol (Rê‘ o Atum) sino también con la luna, cuando es obvio que, como hemos anotado antes, era originalmente un dios mismo sin ninguna conexión con la naturaleza. El hecho

Fig. 167. Estatuilla del Apis mostrando sus marcas sagradas

de que se le permitiera beber solo de un pozo, no del Nilo, muestra que era comparado de igual forma —aunque secundariamente— con Ha'pi, el Nilo (¿o con Osiris en la misma función?). El aniversario de su nacimiento era celebrado durante siete (?) días cada año; cuando moría,[6] se observaba un gran luto en todo el país y era suntuosamente enterrado en Sakkarah, donde las tumbas de los toros Apis y de sus madres, quienes se habían convertido en sagradas por medio del divino alumbramiento, fueron encontradas por A.Mariette en 1851. Muy pronto, unos setenta días[7] después del luto por la pérdida del dios, un nuevo becerro Apis era descubierto por los sacerdotes con sospechosa rapidez.[8]

Fig. 168. El Buchis

A continuación estaba el Mnevis (egipcio Nem-uêr, «Gran Errabundo»), el animal sagrado de Heliópolis, quien era explicado como «Rê', el dios sol viviente» o «la (viva) reproducción de Rê'» y también de Osiris. Su nombre revela la primera comparación con fenómenos celestiales. Era un toro blanco y negro, de algún modo similar al Apis. En los últimos tiempos el toro negro sagrado de Montu, que era llamado Bekh o Bokh (el Βαχις , Βακχις , o, mejor, Βουχις , de los griegos) y en Hermonthis,[9] era de igual modo llamado «el alma viviente de Rê'» o de Osiris (donde también tomaba el nombre de Osor-buchis); es representado de forma bastante igual a Apis. Considerando al toro (¿blanco?) de Mîn (pág. 141), la vaca de Momemfis, el toro (quizá de Osiris-Horus) de Pharbaethos,[10] etc., tenemos que reconocer que sabemos muy poco.[11]

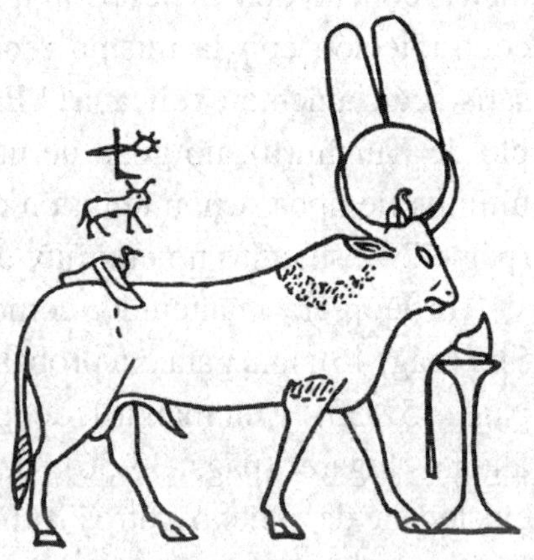
Fig. 169. El cordero de Mendés y su planta símbolo

Un problema muy curioso es el presentado por el cordero (?) sagrado de la ciudad de Mendés en el Delta, llamado Bi-neb-dêd(u) (mutilado en griego como Μενδης), es decir, «el alma del Señor de

Fig. 170. Amón como cordero

Busiris». Así era comprendido como la corporalización del alma del dios Osiris de la vecina ciudad de Busiris;[12] ocasionalmente era también llamado «el alma de Rê‘».[13] La divina encarnación de éste, de igual forma, era manifestada por marcas corporales, «como se describe en los libros sagrados», que los sacerdotes «reconocían de acuerdo a las sagradas escrituras». Parece haber sido adorado como dios de la fecundidad como Osiris; y de acuerdo con esto su emblema era una espiga de trigo. Los relatos clásicos sobre las relaciones sexuales de estos animales sagrados con mujeres son probablemente debidos a una mala comprensión de la interpretación de Mendés como símbolo de fertilidad o a errores concernientes a ceremonias relativas a este simbolismo. Es bastante extraño que todas las fuentes grecorromanas concuerden en describir a Mendés como un macho cabrío. Esta contradicción con la misma representación egipcia no ha sido aún satisfactoriamente explicada.[14] El cordero de otros dioses, por ejemplo de Khnûm(u), no gozó de prominencia; y a pesar de que en los últimos tiempos Amón tenía un cordero en lugar de su primitiva oca (pág. 132), su culto no era muy destacado.

Un león era mantenido, como hemos dicho, en Leontópolis para Shu (pág. 46); una gata era probablemente honrada en Bubastos (véase págs. 152-53); y un mandril, de igual imagen, representaba a Thout en algunos lugares (págs. 35-36). De acuerdo a esto podemos presumir la existencia de muchos otros animales sagrados, indicando la representación de dioses con forma animal o con cabezas de animales. Ninguna de estas criaturas, no obstante, obtuvo prominencia comparable con la importancia de los dioses animales que ya hemos mencionado. En Denderah encontramos, no sólo una simple vaca de Hathôr, sino todo una manada de vacas, el Tentet.

Fig. 171. Atum de Heliópolis

Entre los raros mamíferos de pequeño tamaño el más interesante es la mangosta egipcia, que una vez corporalizó al dios Atum de Heliópolis. Esta deidad, que muy rápidamente asumió funciones solares y una forma humana (pág. 29), no obstante aparece con forma animal en algunas pinturas, en las que advertimos que los últimos artistas dudaban del tipo de animal que era; por ejemplo, una estatua, llevando armas, tiene una cabeza parecida a una comadreja, o es mostrada como un animal enigmático en la interesante pintura del sol poniente, reproducida en la Fig. 11. «Atum, el espíritu (*ka*) de Heliópolis», es claramente una mangosta.[15] Las mismas afirmaciones pueden aplicarse al dios Shed (más probablemente pronunciado como Shedeti, «el de la Ciudad de Shedet» en Fayum); es decir que, análogamente, más tarde encontramos pinturas incorrectas de él como la Fig. 174 junto a las de tipo mangosta (Fig. 173), que era probablemente original. Después del 2000 a.C., lo que es bastante curioso, la deidad utiliza un nombre semítico, Khaturi, Khatuli («la que Parece Comadreja [?]»).[16] Se han encontrado momias de mangosta en varios lugares del Delta, y en los últimos tiempos toda la especie parece haber sido sagrada. Hemos dicho que la musaraña había sido dedicada al Horus de Chemmis.

Fig. 172. «Atum, el espíritu de Heliópolis»

Fig. 173. Shedeti

Entre los pájaros sagrados, el más importante aparentemente fue el fénix (*benu*, léase *bin*, *boin*)[17] de Heliópolis, una especie de garza con larga cresta de plumas. Simbolizaba al dios sol bajo los nombres de Rê‘ y Osiris (pág. 98) y en los últimos tiempos estaba también corporalizado en el planeta Venus (pág. 56). En la mañana, de acuerdo a la creencia egipcia, la garza, «creándose a sí misma», se elevaba en ardiente llama (pág. 38) sobre el sicomoro celestial (o su representación local, el *Persea* de Heliópolis), o como «el alma de Osiris» descansa (¿de noche?) en este árbol sobre el sarcófago de Osiris, como en la imagen representada aquí. Esto conforma la transición a los fantasiosos relatos grie-

Fig. 174. Khatuli-Shedeti

Fig. 175. El fénix

gos[18] de que el fénix vino de Arabia (es decir, de la región del amanecer) al templo de Heliópolis, embalsamó a su padre (es decir, Osiris) en un huevo (¿el sol?) y luego se quemó a sí mismo. La no comprensión griega de su aparición en Egipto sólo al fin de un largo período calendario —varios hablan de 500, 540, 654, 1000 ó 1461 años— parece demostrar que ninguna garza era mantenida en Heliópolis en los tiempos clásicos; pero no prueba nada de los períodos anteriores, en los que predominaban probablemente conceptos más materialistas.[19]

El cocodrilo domesticado de Sobk-Suchos, honrado en Arsinoe, se ha hecho especialmente famoso debido a la descripción gráfica que Estrabón[20] hace de su alimentación por piadosos visitantes. De acuerdo a este autor, «es llamado Suchos», de modo que puede ser considerado, al menos por los laicos de tiempos romanos, como una auténtica encarnación de la deidad local Sobk.

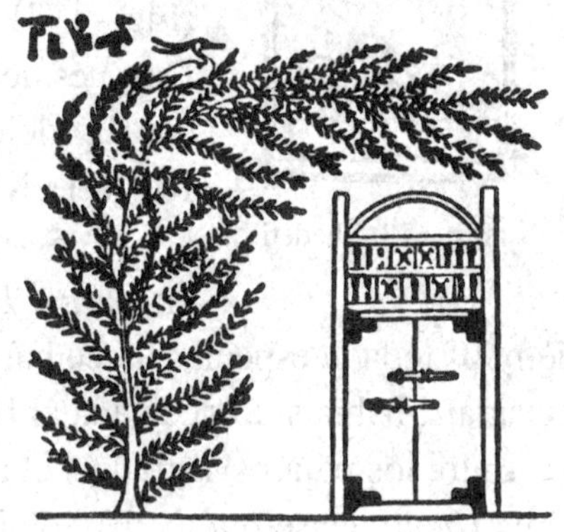
Fig. 176. «El alma de Osiris» en un árbol sagrado que da sombra a su sarcófago, parecido a un santuario

Las serpientes, consideradas criaturas demoníacas en tantos países, eran objeto de especial devoción en Egipto. Numerosas diosas eran adoradas con forma de serpientes, o podían al menos asumir esta forma, y la serpiente era incluso usada como jeroglífico general para «diosa». Era probablemente por esta razón que esas pinturas de «serpientes erectas», libres o en capillas, protegían la entrada a los templos, y las listas geográficas dan los nombres de la principal «serpiente erecta» mantenida viva, quizás en una caja, en cada sepulcro importante del nomo, evidentemente porque se pensaba que un espíritu tutelar de esta forma era necesario para cada lugar sagrado, exactamente como cada uno tenía su árbol sagrado. El templo de Denderah incluso tenía ocho serpientes sagradas con nombres cuidadosamente específicos, a pesar de que no es claro si eran reptiles vivos o simples imágenes.[21] Las ranas, peces y escarabajos momificados pueden deberse más bien a la sacralización de una especie entera, de lo cual hablaremos a continuación.

Con la convicción de que los egipcios del período histórico tenían poca comprensión de los fragmentos de la religión primitiva preservados en los restos del culto animal, no podemos menos que asumir que su explicación de este fenómeno por la encarnación de dioses contiene una idea que es parcialmente correcta, despojada de teorías cósmicas. Con el material poco satisfactorio a nuestra disposición, no obstante, es difícil determinar por qué no podemos probar el culto de una encarnación viviente de cualquier deidad que esté representada en los monumentos de forma total o parcialmente animal. Debemos preguntarnos por qué, por ejemplo, el halcón o halcones de Horus en Edfu (que nunca tuvo forma humana) es escasamente mencionado. Podemos tratar de explicar esto por medio del papel cósmico que este importante dios asumía en épocas muy primitivas, de acuerdo con la cual se apartó de la tierra; y también podemos suponer que el perro de Anubis y el lobo de Ophoïs perdieron algo de su dignidad cuando estas deidades fueron unidas a las ideas cósmicas del círculo osiriano. Por otra parte, Nekhbet y Heqet, por ejemplo, nunca se convirtieron en deidades cósmicas hasta el grado que nos permita explicar por qué no hemos oído nada positivo concerniente al culto de sus encarnaciones como buitre y rana respectivamente. Así es difícil decir por qué numerosos cultos animales locales sólo han dejado huellas casi borradas, mientras otros sobrevivieron en formas bastantes primitivas. Sería erróneo distinguir entre tales cultos modernizados o casi olvidados, y los pocos animales sagrados, aunque de gran importancia en su ciudad, que alcanzaron gran prominencia y más tarde gozaron de culto en todo Egipto; esto sería una repetición del error de Estrabón,[22] quien consideraba a los animales humildes como simplemente sagrados, no divinos. Como ya hemos visto (págs. 162-64), esa distinción entre animales sagrados y simbólicos, y aquellos que afirmaban ser auténticas encarnaciones de una divinidad era demasiado sutil para la mente egipcia. Ni tampoco las interpretaciones cósmicas de animales prominentes constituye una diferencia general. Estas explicacio-

Fig. 177. Estatua de una serpiente guardiana de una capilla

nes, como hemos visto antes, son sospechosamente uniformes y traicionan la influencia de un período más avanzado.[23] Esta época, buscando los dioses en la naturaleza y los cielos, debió haber permitido que muchos lugares perdieran sus cultos animales, aunque las viejas pinturas y nombres aún revelan el origen bárbaro de los dioses locales. Fue sólo aquí y allí, como veremos, que la tradición local prueba ser lo suficientemente fuerte para mantener el culto ancestral sin demasiada modernización.

Un problema diferente se presenta cuando consideramos la sacralización de toda una especie animal en contraste con la santidad individual de la cual ya hemos hablado. Puede ser tanto local como universal. Los escritores clásicos describen con sarcasmo cómo una especie animal —el cocodrilo, por ejemplo— era venerado en un nomo, mientras en el nomo vecino era incluso odiado y perseguido. En muchas instancias de este carácter podemos ver que la sacralización original de un animal individual se había extendido a la especie; los parientes de un dios también parecían merecedores de culto. Esto explica el caso de algunas criaturas, tanto salvajes como domésticas, que eran tratadas con más o menos veneración en todo el país. Así, por ejemplo, los griegos declaran que el ibis (de Thout), el halcón (de Horus) y el gato (de Bubastis) eran en todos lados tan intocables que incluso la muerte no intencional de uno de ellos era castigada con la muerte (por lo general linchando al ofensor), pena ejecutada por la población o por oficiales de vigilancia, y después de la muerte de un animal éste era embalsamado y enterrado en tumbas colectivas,[24] algunos de ellos en tumbas centrales en la capital del nomo, mientras las momias de otros eran enviadas desde todo el país a los lugares más importantes de culto. Los gatos, por ejemplo, eran por lo general enterrados en un vasto cementerio dedicado especialmente a ellos en Bubastos. Es cierto que estos animales eran considerados como simplemente sagrados, y no divinos, de modo que no podían recibir oraciones y ofrendas, pero la mente popular no alcanzaba a distinguir esta sutil distinción y en realidad consideraba como «dioses» a tales criaturas sagradas. Este culto a toda una especie alcanzó este grado de importancia sólo en los últimos períodos y parece haberse desarrollado gradualmente a partir de una veneración local de menor importancia; por otra parte, otra vez marca una reversión a algunas ideas primitivas. De igual manera, cuando las serpientes habitaban una casa y eran alimentadas por los propietarios, el deseo de obtener protección por medio de estos seres demoníacos descansa sobre una concepción animista más primitiva. Cuando vemos, sin embargo, que varios tipos de peces no podían ser comidos, no siempre está claro si esta prohibición está basada en su sacralización o en un anatema.[25] Las especies momificadas de peces aprobaron su sacralización sólo en los últimos tiempos.

Los seres fabulosos que se creía poblaban el desierto pertenecían, por supuesto, al dominio de lo sobrenatural y constituían la transición al interminable número de formas extrañamente mixtas que de forma más obvia eran parte del mundo divino, habitando los cielos o las regiones inferiores. Podemos suponer, no obstante, que las criaturas terrenales que fantasiosos cazadores imaginaban haber visto en el desierto o en las montañas,[26] eran el grifo, la quimera (un leopardo alado con cabeza humana proyectada desde el lomo) y el león o leopardo con cuello de serpiente, que fueron tan populares en el período prehistórico (pág. 67), eran indistintas recolecciones de representaciones alguna vez adoradas, así como el toro de dos caras (Fig. 2 (d)) y el león doble (pág. 45). En verdad, encontramos a todos estos seres fabulosos pintados por los magos junto con dioses reales, ya porque los hechiceros mantenían las viejas tradiciones, ya porque respondían a divinidades olvidadas. La esfinge, originalmente una pintura de Hu, el dios de la sabiduría (pág. 69), sobrevivió como un emblema de realeza y en su estricta forma egipcia fue siempre representada como masculina (para la esfinge extranjera femenina, véase pág. 159 y Fig. 162).

Fig. 178.
Quimera egipcia

Esto nos lleva a la cuestión de hasta dónde fueron adorados los hombres. Los ejemplos más destacados de la adoración de seres humanos eran los reyes.[27] Cada faraón afirmaba ser una encarnación divina; de acuerdo a la teoría oficial prevaleciente, él era una «forma», o «doble», o «alma», o «representación viviente», etc., del dios sol, y las muchas almas de esta deidad (págs. 30, 162) facilitaban esta creencia. Como imagen viviente del sol, el rey podía también afirmar que tenía

Fig. 179. El nacimiento de un rey protegido por los dioses

muchas almas o «dobles» (*ka*), seres cuyo número podía llegar a catorce.[28] De acuerdo con esto, encontramos nombres reales como «Firme es la Forma del Dios Sol» (Men-kheper-rê', es decir Thutmosis III), o «Las Más Bellas Formas del Dios Sol» (Nefr-khepru-rê', es decir Amen-hotep IV antes de su herejía), etc. El pomposo título del monarca como «el dios sol», no era una mera licencia poética, sino que su significado debe ser tomado literalmente. Se erigían «templos de Nacimiento» para conmemorar el nacimiento de cada nuevo rey y describir y glorificar en inscripciones y pinturas la concepción y advenimiento de la nueva divinidad enviada desde los cielos para ser la representación terrenal de los dioses y gobernar ese país que reproducía al cielo sobre la tierra.[29] La total divinidad del faraón era manifestada, sin embargo, sólo en su coronación, de acuerdo con la que era conmemorada de forma similar en templos recordativos. También encontramos reyes efectuando sacrificios y orando al divino espíritu residente en ellos mismos, o a su propio *ka* («doble» o «alma»), distinguidos de sus personalidades terrenales y que se creía que los seguía como una especie de espíritu guardián. Después de la muerte del faraón, daba cabida a una nueva manifestación de Osiris, y en algunos casos el culto del mandatario muerto solía exceder a los honores que se le habían prestado en vida. Este fue el caso, por ejemplo, de la corta vida de Amen-hotep I, que se convirtió en divino regente de una parte de la necrópolis tebana, pues su entierro probablemente abrió un nuevo trecho de tierra. De igual forma los grandes constructores podían recibir honores divinos cerca de sus monumentos, como sucedió con «Pramarres» (Amen-em-hêt III, de la Dinastía XII) en Fayum, que éste parece haber ganado al lago.[30] Incluso ciudadanos privados de extraordinaria habilidad podían recibir culto como santos y subsecuentemente erigirse al rango de dioses. El principesco sabio I-m-hotep de la Dinastía IV se hizo tan famoso por sus enseñanzas que en los últimos períodos fue el patrón de todos los sabios, especialmente los médicos, de donde los griegos explicaron a «Imuthes» como el Asclepio egipcio. Es representado como un sacerdote sentado con la cabeza afeitada, sosteniendo un libro sobre las rodillas. Su sangre real puede haber contribuido a esto, pero también encontramos a Amen-hotep, el hijo de Hap(u), el primer ministro de Amen-hotep III, adorado como un famoso sabio en su santuario recordatorio de Dêr-el-Medineh;[31] y había algunos santos menores similares, como los dos Dandur en Nubia, quienes eran llamados «los genios» (*shay*; véase pág. 54 para esta expresión) de la localidad y «Osiris, que muy exaltado en el submundo».[32]

Fig. 180.
El ka de un rey usando su nombre y un báculo, símbolo de la vida

Generalmente hablando, todos los muertos podían ser adorados en teoría como espíritus bendecidos que vivían con los dioses en un estado de iluminación y santificación. Sus capillas eran, sin embargo, lugares para orar por ellos más que para adorarlos; no obstante, los sacrificios que se les ofrecían no estaban destinados a obtener su intercesión, sino simplemente a mantener sus almas hambrientas (pág. 179). Contrariamente a la creencia general, sin embargo, el culto a los ancestros, como veremos en el capítulo siguiente, no estaba tan clara y fuertemente desarrollado en el antiguo Egipto como entre otros pueblos.

Capítulo X

LA VIDA DESPUÉS DE LA MUERTE

La doctrina de la vida después de la muerte[1] fue tan ricamente desarrollada en el antiguo Egipto, que aquí sólo podremos esbozar algunos de sus aspectos más destacados. Requeriría un volumen entero hacer justicia a este capítulo, pues las personas nunca mostraron tanta preocupación para los muertos como los egipcios, o tanta imaginación sobre la vida en el más allá.

Incluso en los primeros tiempos prehistóricos, se creía que el alma era inmortal, como muestran los regalos de comida, bebida y adornos encontrados en todas las tumbas de ese período. Sólo hay grandes bandejas u ollas colocadas sobre los cuerpos, que son enterrados en posición encogida, o unas pocas piedras o ladrillos de barro que muestran los esfuerzos graduales por salvaguardar a los muertos contra los animales del desierto; pero las grandes tumbas de los reyes en el comienzo del Período Dinástico comienzan a traicionar precisamente el mismo cuidado por la existencia de los fallecidos que luego se hizo manifiesto en los últimos tiempos. En el Período de las Pirámides el embalsamamiento comenzó con los reyes, incrementando el cuidado dado a las tumbas de los ciudadanos civiles, y las ricas inscripciones nos revelan la mayoría de las creencias sobre la vida después de la muerte que más tarde los egipcios mantendrían tan celosamente. Estas inscripciones nos demuestran que tanto en los primeros períodos como en los últimos reinaban las más contradictorias ideas sobre la vida después de la muerte, en armonía con el carácter general de la religión egipcia, que deseaba preservar todas las opiniones ancestrales como igualmente sagradas sin examinarlas demasiado ni sistematizarlas.

Fig. 181. El pájaro del alma

Podemos inferir que en el período más primitivo se pensaba que los espíritus de los muertos vagabundeaban por el vasto desierto donde estaban situadas las tumbas, llenando de noche las rocosas montañas de esta inhóspita región. A causa de sus miserables moradas y dura existencia tales espíritus no eran segura compañía para vagar por el desierto. El mejor deseo para el alma de un familiar era que se convirtiera en el más peligroso de todos los demonios, temido y respetado por los demás. La costumbre de colocar todo tipo de armas junto al muerto, para protegerlo en esta vida de peligros, en la cual cazaría a los terribles demonios del desierto o del submundo, también parece una persistencia de tales ideas primitivas, que sobrevivieron hasta el Nuevo Imperio.[2]

Fig. 182. El alma retornando al cuerpo

El alma del hombre era por lo general representada como un pájaro con cabeza humana que salía aleteando de su boca en la muerte. Un primer término para «alma», *ka* (¿o *Kai*?),[3] el símbolo jeroglífico con dos brazos levantados, como en la Fig. 180, parece indicar que el alma continúa viviendo en la forma de un doble sombrío del cuerpo. En el Nuevo Imperio el alma del difunto es especial y distintivamente identificada con la sombra, que se simbolizaba por la silueta del cuerpo o el jeroglífico de un parasol (véase Fig. 189). Algunos teólogos muy tardíos pensaron distinguir los tres sinónimos, «doble», «alma» y «sombra», como diferentes partes del alma y ocasionalmente incluso agregaron como cuarto elemento el «alma iluminada», o *ikh(u)*. Nunca se alcanzó a determinar hasta donde el alma continuaba viva en el cadáver, retornando, algunos creían, del dominio de los muertos después de su purificación (es decir, momificación), tanto para siempre como de tiempo en tiempo; o si permanecía en o cerca de la tumba, o vagaba en el desierto, o se alejaba hacia la morada de Osiris. Los textos funerarios y las preparaciones para el entierro de las clases más acaudaladas trataban de

Fig. 183. El alma retornando a la tumba

tener en cuenta todas estas diferentes concepciones, a pesar de dar preferencia a la última teoría, por ser la más avanzada. Para la primera posibilidad se tomaba todo tipo de cuidados para proteger y preservar el cadáver;[4] si, no obstante, el cuerpo decaía, el alma podía establecerse en una o más estatuas que retrataban al difunto, situadas cerca de la tumba. Se preparaba comida, tanto real (algunas comidas eran algunas veces embalsamadas) como de imitación en piedra, cerámica, o madera, o pinturas, y se escribían fórmulas mágicas, y estas ofrendas materiales eran renovadas en los días festivos. Las oraciones también expresaban el deseo de que los muertos pudieran ser capaces de dejar su tumba y aparecer no sólo de noche, cuando todos los espíritus son libres para cazar en la tierra, sino también de día, asumiendo cualquier forma que pudieran escoger. Se prefería la forma de varios pájaros, aunque a veces también se consideraban el cocodrilo, la serpiente, el saltamontes y la flor.[5] Si el espíritu deseaba visitar su hogar —una creencia que no siempre era placentera para los supersticiosos residentes[6]— o vagar por el desierto, la tumba se abría por sí misma para que éste pudiera volver. Una escalerilla permitía al muerto ascender al cielo, o un pequeño modelo de barca le permitía navegar en o sobre éste, o las oraciones y la magia ayudaban a su alma a volar a las estrellas. El camino al remoto dominio de Osiris está en verdad bloqueado por muchas dificultades. Los espíritus malignos tratan de devorar el alma; docenas de portales están vigilados por monstruosos guardianes armados con cuchillas (las «cuchillas de barbero») o con dientes y uñas afilados; deben atravesarse anchos ríos y escarpadas montañas, etc. Fórmulas mágicas y pinturas para superar estos obstáculos eran colocadas en las paredes de la tumba o sobre el sarcófago, estas últimas incluidas en libros que se colocaban cerca de la momia o dentro de ésta (por ejemplo, en la axila), y finalmente eran incluso escritos en las vendas que

Fig. 184. El muerto visita su hogar

la envolvían. De este modo la rica literatura de libros de guía, semi-mágicos e ilustrados, ideada para los muertos, formaron la gran colección que denominamos el *Libro de los Muertos*.[7]

Estos textos y otras ayudas mágicas ayudaban al muerto a superar todos los obstáculos, a ser transportado por extraños medios a través del río Estigio o el océano, a volar al cielo en forma de pájaro o de insecto, o a ser llevado tanto en las alas de los dioses o de sus mensajeros, a escalar las alturas celestiales por el árbol celestial o por una escala, o a caminar hacia ellas sobre las montañas occidentales, a abrir las puertas del cielo o a descender a los largos caminos subterráneos que conducen al submundo. La última y más seria dificultad espera al fallecido cuando finalmente se aproxima a la sala del juicio o corte de Osiris para el examen de su vida sobre la tierra. Allí esperaba a ser conducido ante el trono de este dios y su asamblea de cuarenta y dos asesores,[8] muchos de los cuales son monstruos de horrible aspecto y terribles nombres, como «Bebedor de Sangre», «Quebrantador de Huesos» o «Devorador de Sombra».[9] Su corazón era pesado por Thout y su mandril cinocéfalo (págs. 35-36)[10], por Anubis (pág. 114); y el muerto lee la «Confesión Negativa» de su libro-guía, enumerando los cuarenta y dos pecados de los que se declara a sí mismo inocente, exclamando por fin triunfante: «Soy puro, soy puro». Era entonces admitido al dominio de Osiris, el cual es descrito como situado en el cielo o en un agujero profundo (*tephet*) bajo la tierra, o entre el cielo y la tierra; de acuerdo a la teoría primitiva, asciende y desciende entre las estrellas (pág. 100) que conforman los «campos divinos». En los textos más antiguos el transporte a esta tierra es por lo general descrito como una navegación por las oscuras aguas que provienen del dominio de Khnûm (el mundo inferior), es decir el Nilo subterráneo y los abismos (pág. 91); este último, sin embargo, conduce al gran océano terrenal y su continuación en el cielo, que de igual forma recibe la descripción de ser el camino a Osiris (pág. 98). En cuanto al extraño barquero «que mira hacia atrás, cuyo rostro está hacia atrás», véase pág. 60.

Fig. 185. El muerto vaga sobre una montaña hacia el asiento de Osiris

En compañía con los dioses, el fallecido lleva una vida de lujuria, envuelto en telas de fino lino y comiendo especialmente uvas e higos «del jardín divino»,[11] pan del granero de las deidades, o incluso comida aún más milagrosa, proveniente del árbol de la vida o maravillosas plantas similares que crecen en los distintos «prados» o «campos»;[12] algunas veces se espera incluso que beban leche de los pechos de las diosas o agua de la fuente de la vida (Fig. 89), que era identificada con la fuente del Nilo (pág. 98). Tales alimentos otorgan vida eterna y naturaleza divina. Más modesta es la expectación de una vida de granjero en campos prolíferos que los muertos aran, siembran y cosechan bajo la dirección de Osiris. Como ésta era aún una existencia laboriosa, subsecuentemente carente de madera o loza, se esperaba que los *ushebtiu* («contestadores»)[13] respondieran por el fallecido cuando Osiris pronuncia su nombre, ofreciéndole trabajo y dándole a empuñar el azadón de madera en los campos celestiales. Mientras los campesinos están contentos de trabajar para Osiris como lo hacían en la existencia terrena, los nobles desean una nueva vida de gran lujo. Se consideraban varios pasatiempos en el otro mundo, como cuando los muertos deseaban jugar a las damas (algunas veces, de acuerdo a los últimos textos, con su propia alma).[14] En las creencias del período que va desde el 3000 al 1800 a.C., figuras de panaderos, carniceros y otros servidores eran colocadas en las tumbas provistos de comida y comodidades para los muertos, preservándolos de todo esfuerzo; y los sacrificios humanos descritos más adelante pueden haber tenido el mismo propósito de suministrar servidores al fallecido.

Esto nos conduce al hecho de que, después de todo, el hombre no dependía por entero del alimento celestial. ¿Acaso los dioses mismos, a pesar de estar rodeados de todo tipo de comidas y bebidas milagrosas, no necesitaban sacrificios humanos? De tales creencias surgen las muchas preparaciones que ya hemos descrito para alimentar el alma en o cerca de la tumba, o para proveer comida incluso para la vida en el más remoto otro mundo. Se tomaban precauciones para toda contingencia, ya que no había destino más triste para el alma que el ser obligada, con feroz hambre y sed, a vivir apartada de todo e incluso a comer sus propios excrementos. De acuerdo con esto había en todo egipcio un ansioso deseo de tener hijos que suministraran sacrificios para su alma; y la primera obligación de cada hombre, de acuerdo a las máximas morales de Ani, era: «Haz libaciones de agua para tu padre y tu madre, que descansan en el valle... Tu hijo hará lo mismo por ti». ¡Desgraciada el alma del que carece de hijos, que no tiene nadie que se acuerde de ella!

Este cuidado por la alimentación del fallecido nos parece, por supuesto, una flagrante contradicción de la condición que los muertos debían gozar de acuerdo a las concepciones más elevadas. No estaban simplemente con los dioses, sino que compartían por completo sus vidas de lujuria. Sentados en tronos en la región circumpolar del cielo, donde moraban las más altas deidades (pág. 57); o posados como pájaros en las ramas del árbol celestial, es decir, convertidos en estrellas (pág. 37), incluso algunos muy prominentes cuerpos estelares eran con frecuencia identificados con las más grandes deidades. Como remeros o soldados tenían su lugar en la nave en que el dios sol navegaba sobre el océano celestial,[15] o estaban sentados en la cabina como honrados invitados y eran paseados por el dios, como en la Fig. 7. En verdad se convertían en algo parecido a Osiris, la personificación de la resurrección, a tal extensión que eran reyes y jueces de los fallecidos, por lo que, a los que pasaban a otra vida, fueran hombres o mujeres, se les daba el trato de «Osiris N.N.». A las mujeres muertas se les dio también más tarde el tratamiento de «Hathôr N.N.». Con Osiris el muerto podía asumir un carácter solar, lunar o estelar, y podía aparecer como esta misma deidad en otras manifestaciones de la naturaleza. El *Libro de los Muertos*, sin embargo, ruega también por que el muerto puede convertirse en general en un dios y pueda ser identificado con Ptah, etcétera.[16]

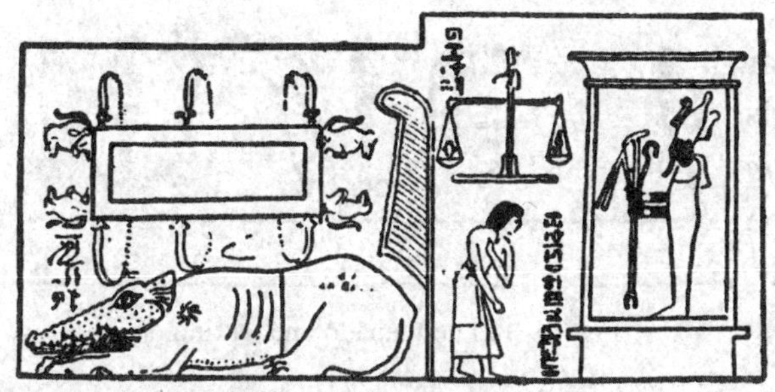

Fig. 186. El muerto ante Osiris, la Balanza de la Justicia, el Lago de Fuego y «el Devorador»

Muchas de estas espectativas estaban originalmente sólo al servicio de los reyes, quienes, siendo divinos en el curso de su vida, reclamaban una posición exaltada después de muertos; sin embargo, así como las costosas costumbres funerarias fueron extendiéndose gradualmente de los faraones a los nobles y de éstos al pueblo en general, estas elevadas esperanzas de vida futura fueron pronto apropiadas por la nobleza y finalmente por el populacho ordinario. Así los «seguidores de Horus» (o de Rê‘ u Osiris)[17] rápidamente se convirtieron tan sólo en «los benditos muertos», aunque primariamente esto parece haber estado restringido a los reyes, quienes eran los únicos en tener derecho a ser admitidos en la barca solar. Por otra parte, junto con estos deseos extravagantes, hemos dicho que las esperanzas de algunos de los acaudalados serían satisfechas si sus almas podían morar en sus espaciosas y confortables tumbas, sentados sobre verdes árboles y bebiendo del lago artificial que allí colocaban; no eran las muy modestas espectativas de los campesinos, olvidando que sus mayores deseos eran cultivar los campos de Osiris (pág. 178). El *Libro de los Muertos* describe todas estas esperanzas y deseos que podían ser realizados.

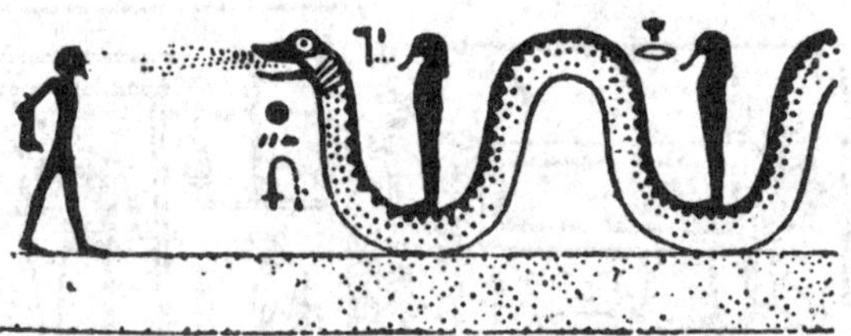

Fig. 187. El condenado ante el dragón

Estas placenteras promesas eran sólo para los dignos. Las almas de los malvados eran pronto aniquiladas por la multitud de demonios que habitaban el submundo o por los severos guardianes que vigilaban los caminos y portales del reino de Osiris. Si alcanzaban su tribunal, eran condenadas a una segunda muerte. Los terribles cuarenta y dos jueces mismos podían hacerlos trizas de inmediato; o el monstruoso perro guardián de Osiris,, «el devorador»,[18] o «el devorador de occidente» —una mezcla de cocodrilo, león e hipopótamo— podía devorarlos; o podían ser abandonados ante el dragón de aliento de fuego, que parece no haber sido otro que el dragón ‘Apop; o Anubis o el mandril de Thout los conduciría, algunas veces con la forma degradada de un cerdo (por lo general hembra), al sitio de castigo, «el lugar del verdugo». La condena de estos pecadores es un infierno lleno de llamas y serpientes mordedoras, o las profundidades del abismo en el cual serán ahogados,[19] o lagos de llamas (o llamas en forma de feroces serpientes) o agua hirviente, u hornos en los cuales vemos quemar las cabezas (como asiento de la vida) o las sombras (como en la Fig. 189; véase pág. 175); o enjambres de malvados espíritus, armados con cuchillas pág. 176), decapitando o disecando las almas, ejecutarán a los malvados. En el sitio de tortura Thout, como dios de la justicia, tiene a sus cuatro mandriles,[20] quienes vigilan el lago de fuego o atrapan las almas de los condenados en una red para conducirlos al tormento (para la red, véase pág. 112). Estos castigos significaban la aniquilación instantánea o una larga agonía, así como también la vida con la cabeza de uno colgando hacia abajo, ya que la tortura eterna no está tan claramente especificada como la bendición eterna.[21]

Fig. 188. Sombras nadando en los abismos

La idea de que sólo la virtud y la piedad hacia los dioses libran al hombre del destino fatal y le aseguran la bendición puede ser trazada desde sus comienzos hasta el Período de las Pirámides, y oficialmente predomina en general después del Imperio Medio. Incluso los reyes estaban sujetos a esto y esperaban recitar la «Confesión Negativa» ante el tribunal de Osiris, a pesar de que en nuestro capítulo sobre magia encontraremos algunos extraños pasajes que colocan al faraón más allá de toda justicia y por encima de los dioses mismos, formando así un marcado contraste con la enseñanza general. Esta teoría ética, sin embargo, nunca estaba enteramente desplazada de la más primitiva concepción de que la bendición para los muertos podía ser mecánicamente asegurada después de la muerte por medio de sacrificios, oraciones y ceremonias religiosas que podí-

Fig. 189. Una guardiana con fiero aliento vigila las almas, simbolizadas por sombras y cabezas, en los hornos del infierno

Fig. 190. Los mandriles de Thout pescando almas

an ser considerados mágicos desde el punto de vista de una religión más avanzada. El bagaje del muerto con interminables amuletos y con escritos y pinturas de carácter semimágico, como los que hemos descrito en pág. 176, es de igual modo esencial para cada uno. En los últimos tiempos el embalsamamiento estaba también considerado entre estos medios mecánicos (pág. 114), pues se había olvidado que el único objeto de la momificación del cuerpo y la preservación de las más importantes vísceras en vasos canópicos (pág. 114) era mantener un refugio para el alma. Se creyó que Osiris fue el primero en ser momificado, y que el embalsamamiento por los dedos de Anubis le habían asegurado la vida eterna. Esto parece de igual modo haber sido el propósito de una extraña y diametralmente opuesta costumbre que era aplicada de forma irregular a los muertos desde tiempos prehistóricos hasta el Período de las Pirámides y de acuerdo con la cual el cadáver era cortado en un número grande o pequeño de trozos. La idea parece haber sido que si Osiris sufrió ese destino, y si los fragmentos de su cuerpo fueron después unidos para una vida bendecida págs. 116-17), era sabio imitar este aspecto de la tradición osiriana y lograr así la perfecta identidad con el rey de los muertos.[22] Ante el funeral, el sacerdote y el escriba sagrado pueden haber aparecido en la mente popular principalmente como brujos cuyos servicios pagados eran más importantes para el futuro del fallecido que sus virtudes pasadas. De este modo, cuando con un extraño gancho el sacerdote tocaba la boca del muerto «para abrirla», era difícil dudar de que diera a la momia poder para hablar en el otro mundo, etc. Es muy posible que todos estos medios mecánicos fueran incluso considerados capaces de burlar a los divinos jueces de los muertos, a pesar de que su omnisciencia era afirmada con suficiente claridad. Tales conflictos de ideas pueden, sin embargo, ser encontrados en muchas otras religiones.

Los detalles del culto de los muertos no pueden ser descritos aquí. Las ceremonias en el entierro eran interminables y muy complicadas de carácter, con frecuencia representando el pensamiento y las costumbres de muy diferentes épocas. Así los funerales de los acaudalados en el siglo XVI a.C., compañías de plañideras, que se golpeaban los pechos y llenaban el aire con sus gritos, acompañaban la procesión funeral, junto con bailarines, saltimbanquis y bufones, algunos de ellos con ropas muy extrañas. Igualmente interminables eran las preparaciones para la comodidad de los muertos en sus tumbas o en el otro mundo. Como ya hemos dicho (pág. 173), sin embargo, la idea central de todo el culto de los muertos era simplemente el alimento y la comodidad de las almas, no el culto de los ancestros como divinos. Esto también contaba para el cruel rechazo de los muertos que no pertenecían a la familia. Los familiares de los muertos no escatimaban esfuerzos para sus miembros, por ejemplo entierros suntuosos y la erección de costosas tumbas decoradas por los mejores esfuerzos de pintores y escultores, y llenas de muebles, adornos, etc, para el uso del fallecido;[23] en ciertos festivales los altares de las capillas recordatorias parecen haber sido llenados de comida, y para el mantenimiento de estos cultos se establecían con frecuencia grandes fundaciones de campos, dinero y esclavos. Sin embargo, cuando morían todos los que tenían interés personal por algún fallecido en particular, ninguno se avergonzaba en apropiarse de una

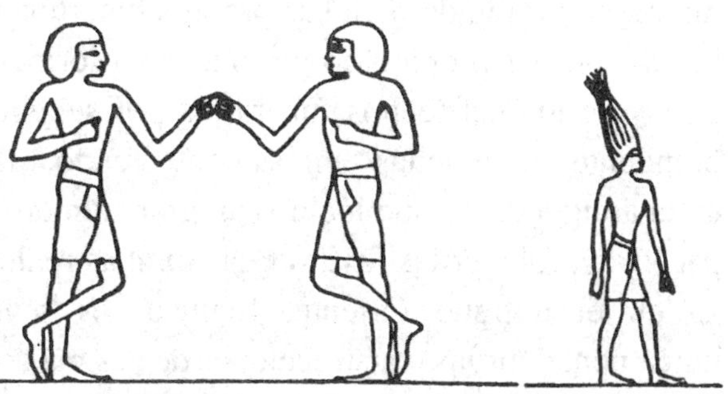

Fig. 191. Bailarines y un bufón en un funeral

Fig. 192. Grandes sacrificios ante una capilla sepulcral del Período de las Pirámides

tumba no protegida para sus propios muertos, reemplazando el nombre del primer propietario por nuevas inscripciones, y en usar ciertas partes de los pertrechos funerarios por segunda vez. Es menos sorprendente que muchas tumbas conteniendo valores fueran saqueadas en la antigüedad y que incluso un gran número de guardias eran incapaces de proteger las joyas de las tumbas reales; había mucha pobreza en el antiguo Oriente. Incluso los reyes mostraban piedad únicamente por las construcciones de sus más cercanos ancestros y no se avergonzaron de borrar los nombres de los primeros monarcas de sus antiguos monumentos para reemplazarlos por sus propios títulos, o de derribar viejas edificaciones y utilizar las piedras, abandonando así a las víctimas de su temeridad al olvido, un destino terrible que comprendía el abandono y el hambre de sus almas (pág. 178). Tarde o temprano el secuestro fue el destino de las fundaciones para los sacrificios a las almas, incluso de los faraones de la pasadas dinastías. Esto prueba que no había un serio temor por los muertos y que la deificación del fallecido que ya hemos repetidamente aludido no debe ser sobrestimada. En esto también podemos otra vez reconocer el burdo animismo del cual se desarrolló la religión.

Capítulo XI

ÉTICA Y CULTO

Este capítulo puede ser conectado con el precedente por un himno que, de acuerdo con el *Libro de los Muertos*,[1] se supone que el fallecido dirige a Osiris y su tribunal cuando es conducido ante ellos.

«¡Salud a ti, O gran dios, señor de los jueces!
He venido a ti, mi señor;
he sido traído ante tu belleza.
Te conozco a ti y a los nombres de los cuarenta y dos dioses
que están contigo en la corte de los jueces,
que viven haciendo trizas al pecador,[2]
que se llenan con su sangre
en el día de tener en cuenta las palabras ante Unen-nofer (pág. 100)
cerca de sus [variante: tus] dos hijas, (sus) dos ojos.[3]
Señor de la Justicia es tu nombre.
He venido a ti,
he traído justicia a ti,
he alejado la maldad de ti,
no he hecho mal a los hombres,
no he oprimido [variante: matado] a parientes,
no he cometido engaños en el lugar de la justicia,
no sé de transgresiones [variante: cosas despreciables].»

El texto luego divaga en una enumeración de pecados especiales que el fallecido declara no haber cometido, en la así llamada «Confesión Negativa» (pág. 177 y más adelante).

Es muy difícil juzgar la moralidad de una nación a partir de una distancia de varios miles de años y de un escaso material derivado principalmente de los cementerios. Tales inscripciones crearon una exagerada impresión de piedad que no debemos permitirnos confundir con la elaborada preparación para la vida después de la muerte. Este último aspecto no hizo de los egipcios una nación de severos filósofos, como muchos contemporáneos con frecuencia creen. Por el contrario, sus costumbres eran licenciosas hasta el punto de la frivolidad, y sus muchas supersticiones no eran sino una débil barrera a su escasa sinceridad. La canción más popular en los banquetes[4] era una exhortación a gozar de los placeres cotidianos y a disfrutar de la vida «hasta el día que debamos partir hacia la tierra de donde nadie retorna». Es mejor dedicar todos los medios a la lujuria que a la tumba; incluso las tumbas de los más grandes y sabios, como el deificado I-m-hotep (pág. 173), están ahora desiertas y olvidadas. Esta contradicción del punto de vista dominante sobre el valor de la preocupación por los muertos no es más flagrante que el conflicto entre las reglas de conducta de la vida, como está expuesto en los libros de instrucción,[5] y la verdadera observancia de estas reglas. Todos los sabios, por ejemplo, arengan contra la embriaguez desde un punto de vista práctico, pero la embriaguez parece haber sido el vicio más común en el antiguo Egipto;[6] y similares condiciones pueden probar que han existido muchas cosas prohibidas tanto por la moral como por los libros religiosos.

Por otra parte, el código de moralidad de estas fuentes es teóricamente del más alto tipo. Así la «Confesión Negativa» del *Libro de los Muertos*[7] incluye entre los pecados capitales la falsedad, la calumnia, el chismorreo (¿excesivo?), la aflicción, la blasfemia, la jactancia, la crueldad con los animales (incluso con los salvajes inofensivos), extinguir el fuego (¿cuando otros lo necesitan?), obstruir el agua (de uso privado), contaminar el río, etc. Otros textos nos informan que (¿algunos?) consideraban pecaminoso destruir la vida, incluso la de un huevo. Las restricciones sobre las cosas puras e impuras han sido numerosas, aunque sabemos poco sobre ellas. Cuando, por ejemplo, leemos en el Génesis XLIII, 32, que «los egipcios no pueden comer con los hebreos, por ser esto para ellos cosa abominable», es probable que signifique que todo extranjero era ceremonialmente impuro. Es extraño que la prohibición del cerdo no parece haber surgido hasta más tarde, probablemente después del 1600 a.C. (para estas razones, véase Cap. V, nota 33); pero subsecuentemente el cerdo era el animal más sucio imaginable, que manchaba todo lo que tocaba. Los escritores griegos declaran que no se mataban las vacas, evidentemente debido a la vaca celestial (págs. 39-40) y la diosa identificada con ella. Muchos tipos de peces estaban prohibidos (pág. 171) —todos en algunas localidades—, no porque fueran impuros, sino porque, como el asiento de la vida, pertenecían a los dioses, de modo que sus cabezas eran regularmente ofrecidas en sacrificio. La sangre era, quizá, sólo localmente sucia para los egipcios. En el presente es difícil decidir hasta dónde estas reglas de limpieza y suciedad eran realmente locales en origen, y cuáes surgieron a partir de tabúes de santidad más que de abominaciones (véase Cap. I, nota 3). Las leyes sobre lo puro y lo impuro existían para los animales de sacrificio. Algunas reglas, por ejemplo la impureza de las mujeres en determinada época, son generales. La circuncisión existió en Egipto desde tiempo inmemorial, pero no tenía carácter religioso y era simplemente una preparación para el matrimonio; se aplicaba por igual a jóvenes de ambos sexos. Parecen haber existido muy pocas restricciones matrimoniales debido al parentesco. El matrimonio con una hermana era una costumbre muy común (pág. 121), y Ramsés II parece haber tomado como esposa a su propia hija, Bent-'anat. La poligamia era en teoría ilimitada, pero no muy extendida en la práctica.

Si podemos creer en los epitafios, caridad al necesitado —dar pan al hambriento, agua al sediento, ropa al desnudo, una nave al náufrago—, protección al débil, honestidad, etc., éstos eran observados de una manera que satisfacería a las más altas exigencias morales.[8] Desafortunadamente, sin embargo, también leemos de muchos crímenes, especialmente de malvados y opresivos oficiales; y entre las naciones la reputación de los egipcios nunca fue brillante. Prácticamente parecen, como ya hemos declarado (pág. 186), haber sido de una moralidad bastante relajada en muchos aspectos.

Una de las razones para esto puede ser encontrada en el seco formalismo de la religión. Al estar demasiado sujetos a las creencias imperfectas de burdos ancestros por las cadenas del tradicionalismo, la religión no pudo obtener suficiente desarrollo espiritual, y de este modo fracasó al enfatizar el lado ético de una forma tan seria como otras creencias paganas. Es verdad, como ya hemos visto (pág. 181), que la creencia en la salvación del alma dependiendo principalmente de una vida moral es antigua, y que después del 2000 a.C. fue formulada con incrementada claridad. No obstante, el primero de los antecedentes a la «Confesión Negativa», un pasaje de los Textos Piramidales que proclama que el alma del hombre puede ascender al cielo debido a su moralidad, aun descansa sobre una corrección puramente formal.

> «Él no ha maldecido al Rey;
> él no se ha burlado (?) de la diosa Ubastet;
> él no ha bailado en la tumba de Osiris (?).»[9]

Cuando, por tanto, aprendemos que el barquero de los dioses trasportará al cielo sólo a los «muertos justos», no debemos pensar en justicia en el sentido del Nuevo Testamento (para el formalismo funerario en conflicto con la idea de la justicia ética, véase pág. 181). Algunos desarrollos hacia ideales éticos más altos y una piedad más personal, sin embargo, pueden ser rastreados después del 1500 a.C., como veremos en nuestro capítulo final.

Fig. 193. Templos del período primitivo

Los templos de tiempos prehistóricos eran simples chozas de forma primitiva y material liviano (esteras, mimbre trenzado o paja) que encerraban un ídolo. Un portón y, quizás, un pequeño atrio, protegían la entrada, que una de nuestras pinturas representa adornada con cuernos por encima y con postes a los costados. Más tarde, el maravilloso desarrollo de la arquitectura convirtió a los templos en grandes edificios de piedra; sólo los patios exteriores tenían por lo general paredes de ladrillos de barro. El camino que conducía al templo era comúnmente espacioso, bien conservado para las procesiones y alineado con estatuas (de modo principal esfinges y otros animales sagrados) para guardar la entrada contra los poderes diabólicos (véase págs. 168, sobre las serpientes guardianas). El frontispicio estaba formado por dos tipos de torres muy altas, llamadas pilones, que, decoradas con mástiles y banderas, y pinturas de grandes dimensiones, flanqueaban la entrada. Ante ellas usualmente se erigían dos obeliscos de granito, cuya parte más importante era el punto piramidal, el *benben*, o piramión, que algunas veces era de metal (por la significación cósmica del obelisco, que era probablemente repetido en el pilón, véase pág. 32). Detrás de los pilones generalmente venía un gran patio donde los laicos podían reunirse y efectuar sacrificios, junto a éste había una antecámara con columnas pobremente iluminadas en la que los sacerdotes se congregaban, y, finalmente, el lugar más sagrado de todos, una cámara oscura (el *aditum*), accesible sólo a lo más elevado del sacerdocio. Aquí moraba el principal ídolo o animal sagrado, con frecuencia dentro de una capilla parecida a un santuario, o *naos*, que, si era posible, estaba cortada de una sola piedra. Rodeando el *aditum* había pequeños receptáculos donde se guardaban algunos de los divinos pertrechos y utensilios y libros ceremoniales. En templos más grandes el número de habitaciones podía ser mayor, pero donde lo ya mencionado eran las partes más esenciales. Cuando varios dioses eran adorados en un templo, cada divinidad podía tener un *aditum* especial, de modo que prácticamente se combinaban varios santuarios paralelos, aunque no siempre bajo el mismo techo; los ídolos de una tríada (pág. 21), al menos, estaban generalmente unidos en un solo *aditum*. Los templos más grandes tenían cocinas para las ofrendas y comidas festivas, laboratorios para la preparación de los perfumes y pasteles sagrados, puestos para la manufactura de amuletos que se vendían a los peregrinos, etc.; y alrededor de todo esto estaban las casas de los sacerdotes y los graneros para su alimentación, que incluso llegaban a formar grandes ciudades sagradas.

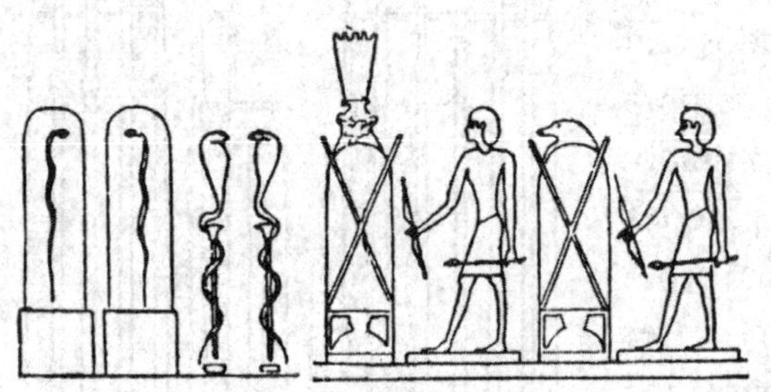

Fig. 194. Estatuas y serpientes guardianas de un templo

En lugar de las estatuas divinas, a cuya simplicidad ya hemos aludido (pág. 16), encontramos algunas veces pilares con la cabeza de la divinidad, como los bustos griegos,[10] o con emblemas divinos. Tales «cetros» o «columnas», ocasionalmente tan altos como obeliscos, eran mencionados como objetos de culto, y (Fig. 196) en ellos encontramos a los reyes realizando ofrendas como si fuera ante «dioses».[11] Su sentido más original es desconocido, de modo que no podemos decir hasta donde eran análogos a los pilares sagrados de los semitas.

La decoración de los templos era muy uniforme: los cielorrasos estaban siempre pintados de azul para representar el cielo (usualmente con indicación de las estrellas y algunas veces con pinturas muy elaboradas de las constelaciones), mientras el suelo es verde o azul como los prados o el Nilo, de modo que cada templo es una reproducción del mundo, un microcosmos. Las paredes exteriores representan las proezas del constructor real, con frecuencia sus guerras, para los laicos; las paredes internas exponen el culto de los dioses por los sacerdotes.

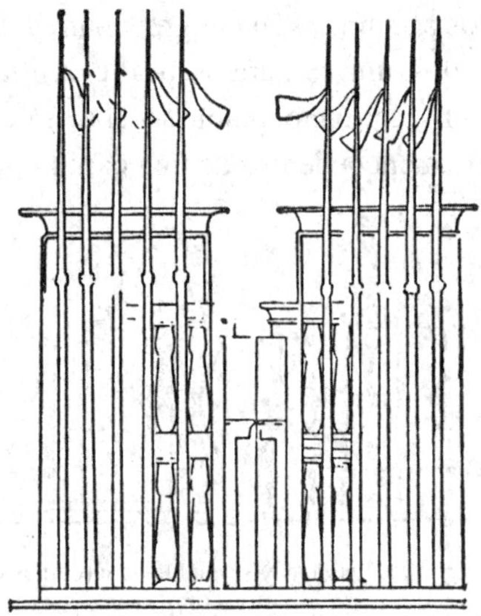

Fig. 195. Frente de un templo de acuerdo a una pintura egipcia

Esta descripción del templo normal no se aplica a todos los edificios religiosos. Los santuarios funerarios para el culto de las almas de los reyes muertos presentan similitudes,[12] como aquellos que conmemoran exclusivamente el nacimiento o entronamiento de un rey (pág. 172) o las construcciones más amplias que eran erigidas cuando el faraón celebraba el llamado «jubileo de los treinta años», etc.[13] Algunos grandes santuarios edificados por los reyes de la Dinastía V eran únicos: sobre una gran base, rodeada de patios con altares, se erige un obelisco, cuyas proporciones son demasiado enormes para ser un monolito. Fueron erigidos en honor del dios sol, cuya nave, construida de ladrillos, estaba en la

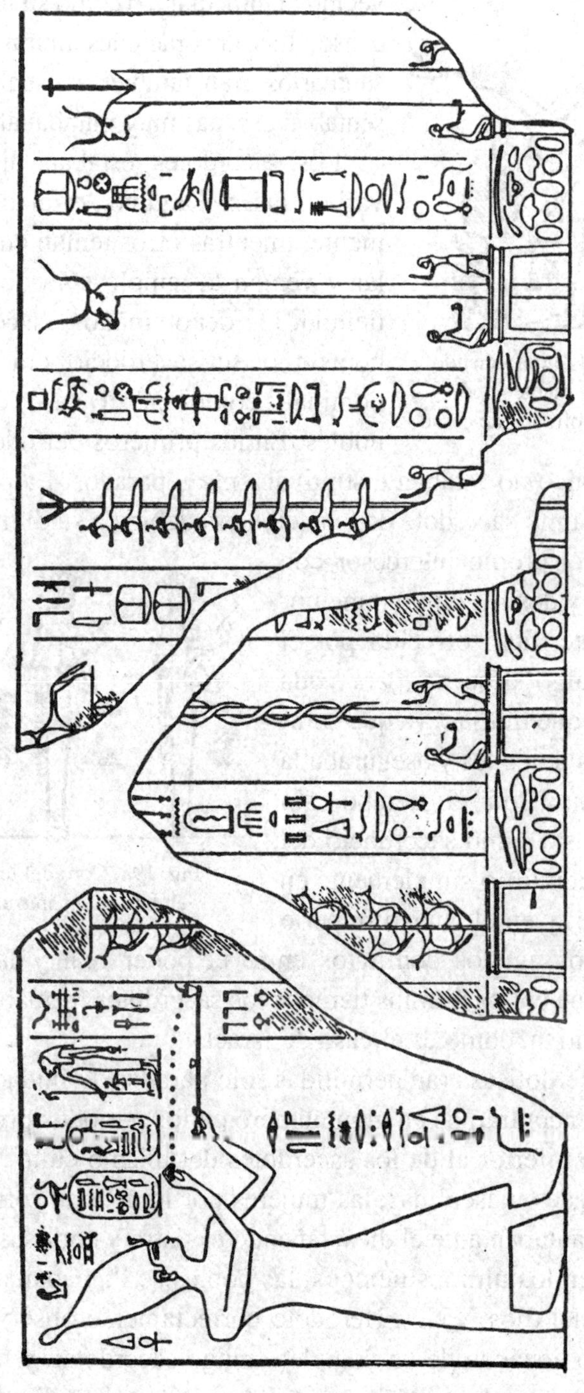

Fig. 196. Sacrificio real ante los pilares sagrados de Bubastos

Fig. 197. El rey ofreciendo incienso y manteniendo caliente una ofrenda de carne

vecindad inmediata, o como su lugar de descanso. Las decoraciones murales de estos santuarios eran también inusuales y representaban escenas muy mundanales.

Los sacerdotes estaban divididos en varias clases:[14] algunos oficiaban regularmente, mientras otros tenían empleo secular y venían al templo sólo de tiempo en tiempo, los denominados «sacerdotes por horas»; o su sacerdocio era puramente nominal, como en el caso de muchos nobles. En los primeros períodos el sacerdote y el laico no estaban distintivamente separados. La posición del rey como sumo sacerdote de la nación era debida a su divinidad (pág. 172). Era el propio intercesor con los dioses, y desde tiempo inmemorial un «sacrificio ofrecido por el rey» era algo deseado para cada uno de los que morían, ya que complacía a las deidades y aseguraba la vida eterna. Con el tiempo, sin embargo, este sumo sacerdocio del faraón se convirtió simplemente en una ficción, y en el Nuevo Imperio encontramos agudos conflictos entre el poder real y la jerarquía, mientras que en los últimos tiempos los sacerdotes formaban casi una clase distintiva, como es el caso de Israel.

Fig. 198. Coro del templo en vestiduras inusuales

Las sacerdotisas eran permitidas sólo para las divinidades femeninas, y las encontramos en gran número en los períodos primitivos; su rango eran inferior al de los sacerdotes del mismo culto. En el culto de divinidades masculinas, las mujeres por lo general formaban sólo el coro y cantaban ante el dios, tañendo el sistro y curiosas cadenas, y bailaban; en los últimos tiempos, las nobles se llamaban a sí mismas «músicas del dios N.N.». Herodoto correctamente observa[15] que las mujeres no gozaban de un completo rango sacerdotal, y no debemos confundirnos por la posterior costumbre griega de aplicar el nombre de «sacerdotisas» a aquellas que realizaban los servicios que ya hemos destacado.[16] Una posición semisacerdotal era también la sostenida por las «dos gemelas» en los templos de Osiris, donde probablemente representaban a las gemelas Isis y Neftis. La posición exacta de las otras mujeres, llamadas «el harén del dios, las mujeres atadas» (es decir, al templo), no es clara. ¿Eran esclavas del templo? Cuando los reyes de los últimos días dedicaban a una de sus hijas a Amón bajo el título de «esposa» o «adoradora del dios», esto parece no haber sido otra cosa que una forma piadosa de apropiarse de una parte de la excesiva cantidad de tierra que poseía el templo tebano de Amón; y así la princesa tenía una placentera sinecura para ocasionalmente «tocar el sistro» ante los dioses como su «esposa». La posición sostenida en los primeros períodos en el templo de Amón por el solitario personaje femenino llamado «la adoradora del dios» es bastante incierta.

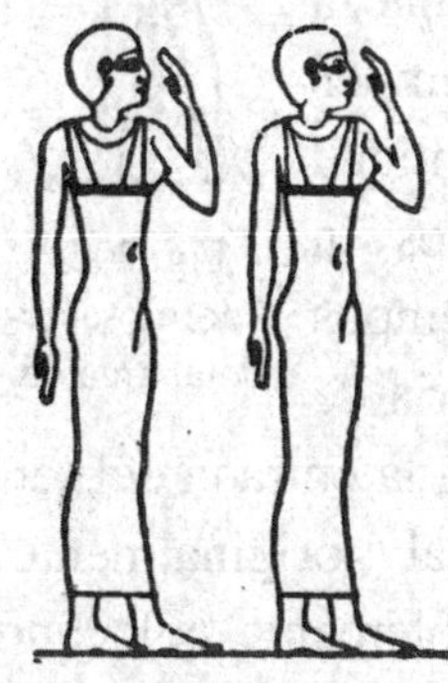

Fig. 199. Dos mujeres representando a Isis y Neftis como plañideras en una procesión

Los más importantes oficios sacerdotales recibían nombres simbólicos muy peculiares, como cuando el sumo sacerdote de Heliópolis era llamado «el gran vidente» (es decir, probablemente, el astrónomo, véase pág. 56), o el sumo sacerdote de Ptah era el «el maestro de artesanos» (pág. 147). Incluso las órdenes más bajas del sacerdocio algunas veces recibían una profusión de tales nombres, inteligibles sólo para los eruditos locales; y cuyas vestiduras e insignias de igual modo tenía interminables variaciones locales. Los ingresos de los santuarios variaban desde los muy principescos, derivados de los cientos de pueblos de siervos con sus campos, a magros estipendios de uno o dos sacerdotes que constituían todo el personal del pequeño templo.

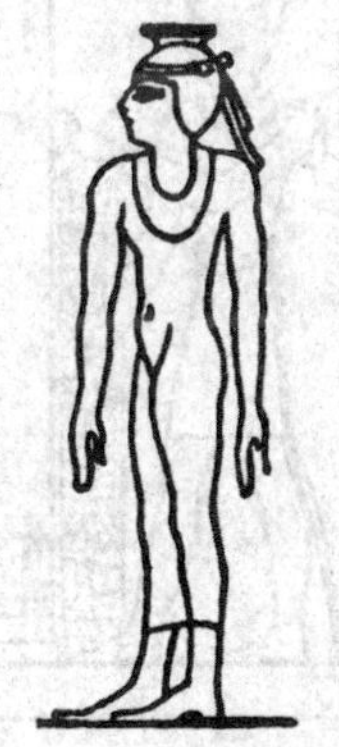

Fig. 200. «La adoradora del dios»

Todos los sacerdotes estaban obligados a ser escrupulosamente limpios, de forma especial para el sacrificio. Sus cabezas afeitadas y barbas, sus blancos ropajes de lino, sus especiales purificaciones y su abstención por ciertas comidas, etc., intentaban

Fig. 201. Sacerdote con el libro de ritual

evitar cualquier tipo de corrupción de los lugares y ceremonias sagrados. Junto a las telas lavables, la piel de leopardo jugaba una parte importante del ritual, siendo la vestidura regular de algunas clases sacerdotales, los «que usaban piel de leopardo» (pág.137), evidentemente como recuerdo de los tiempos primitivos, cuando los animales salvajes abundaban en Egipto. Otros detalles de la vestidura sacerdotal también datan de períodos muy antiguos, como los extraños rizos laterales de algunas órdenes que los egipcios de los tiempos históricos retuvieron sólo en los niños, y más tarde en los hijos reales. Por otra parte, la cabeza afeitada y la barba parecen, en general, no estar presentes en los sacerdotes de la Era de las Pirámides. La limpieza ceremonial, no obstante, aparece en todos los tiempos por haber sido casi más importante que la santidad moral. Incluso el lego no podía entrar en los templos sin purificarse cuidadosamente; pero en los últimos tiempos esta limpieza se convirtió en la ceremonia rutinaria de asperjarse con el agua consagrada de los vasos en la entrada del templo, o haciendo girar una rueda de bronce de la cual (¿originalmente?) corría agua, o simplemente colocando un anillo de bronce en el portal.[17]

Fig. 202. Adorno sacerdotal arcaico

Fig. 203. Un rey colocando el anillo en la puerta del templo

Los sacerdotes realizaban en los templos interminables ritos cada mañana, cuando rompían los sellos de arcilla que habían protegido las habitaciones sagradas durante la noche, hasta bien entrada ésta; algunas veces la noche también era celebrada encendiendo lámparas, como en la víspera de los grandes festivales. La adoración de las deidades por medio de reverencias, postraciones, recitación de himnos, quema de incienso, libaciones, etc., era prácticamente continua, y un grupo de sacerdotes realizaban estos servicios por turno. Algunas veces los ídolos tenían que ser lavados, untados y perfumados con aceite e incienso; sus ojos eran pintados,[18] y se les cambiaba los ropajes y adornos de oro. Algunas veces eran llevados en procesión rodeando el templo (pág. 33) o atravesando la ciudad, o incluso visitando una divinidad vecina. En tales excursiones el dios generalmente era llevado sobre los hombros de los sacerdotes; y el santuario portátil solía tener la forma de una barca, no porque el viaje debiera ser hecho por el Nilo sino porque todos los dioses debían navegar en el océano celestial (pág. 36). El lago sagrado cercano al templo (pág. 33) con frecuencia simbolizaba este océano, la fuente de la vida, etc.; el dios navegaba o se bañaba en él. Así hay interminables reproducciones de escenas mitológicas, como las tranquilas ceremonias en el *aditum* del santuario, o largas y espectaculares representaciones (especialmente del mito osiriano) para el público, con frecuencia embellecidas con música, bailarines y acróbatas. Algunas veces el público general podía tomar parte en estas «obras milagrosas» y reproducir, por ejemplo, batallas mitológicas por medio de un combate entre dos bandos. Numerosas festividades, que ocasionalmente duraban varios días, daban al populacho una oportunidad de comer y beber con exceso en honor a los dioses. Algunas veces el santuario distribuía pan a la multitud con este propósito, pero los banquetes principales a la gloria de la divinidad eran amortizados en el templo por los sacerdotes y algunos invitados, nunca a partir de ingresos del culto o de donaciones especiales.

Fig. 204. Un dios llevado en procesión

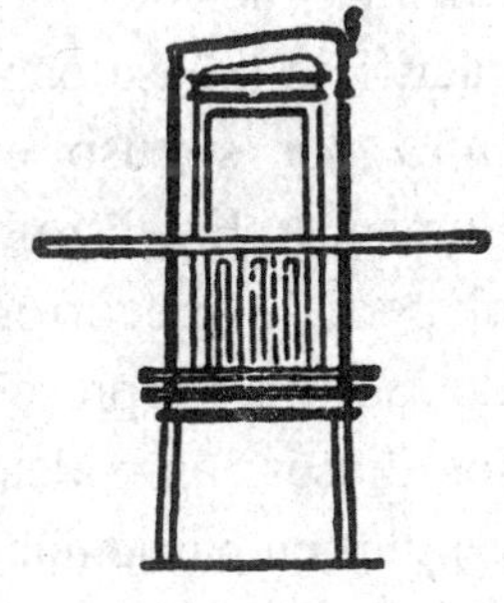

Fig. 205. Un pequeño santuario portátil

Los días de las festividades variaban, por supuesto, de acuerdo a los cultos locales.

Fig. 206. Escenas mitológicas de una procesión 19

Parecería, sin embargo, que las grandes festividades calendarias eran observadas en todos, o casi todos, los santuarios, como los cinco días epagomenales (pág. 115), el Año Nuevo, los días primero, sexto y medio (decimoquinto) del mes (pág. 93), etc., incluso cuando el culto a la deidad del templo no estaba asociada con el sol, la luna o el cielo.

Los muchos y ricamente variados sacrificios de alimentos que exhibían los monumentos eran evidentemente utilizados para el mantenimiento de los sacerdotes después de haber sido esparcidos ante los dioses. El envío de alimentos al cielo por el procedimiento de quemarlos era algo conocido, pero no popular como en Asia, ya que se pensaba que las deidades estaban casi invariablemente presentes.[20] La teoría original de los sacrificios parece haber sido un simple dar alimentos a las divinidades; por ejemplo, no parece haberse pensado ningún tipo de oráculos para ellos. Ni se les atribuyó demasiado simbolismo. De modo que, no sabemos por qué un sacrificio de alto tipo consistía en cuatro bueyes de diferentes colores (manchado, rojo, blanco y negro), o de cuatro diferentes tipos de juego; y somos igualmente ignorantes de por qué en ciertas festividades se ofrecía un cerdo, cuando ya se ha dicho que este animal era considerado impuro, etc. Algunas veces, como en los sacrificios de una construcción, las imágenes de cerámica, etc., eran sustituidas por caros animales de sacrificio (véase pág. 176 por esta costumbre de sustitución y véase *infra* por su uso en lugar de víctimas humanas). En el simbolismo dominante en el período grecorromano,[21] los animales de sacrificio representan los enemigos de los dioses; animales rojos o marrones o reptiles en particular simbolizan a Sêth. El objeto de matar y quemar a los animales era simplemente complacer a los dioses; el

Fig. 207. Un acróbata siguiendo a un animal de sacrificio

uso de la carne como alimento es escasamente mencionada. Evidentemente, este es un posterior desarrollo de las ofrendas holocáusticas, dependiendo principalmente de la transformación de Sêth en Satán (pág. 112); y puede también transferir a la víctima animal una subsecuente teoría de los sacrificios humanos. Concerniente a este último tipo de ofrendas, no poseemos casi información. Tampoco podemos inferir si fue empleado en los primeros tiempos, ya que los últimos períodos se ofrecieron a los dioses pasteles en forma de hombres y animales como un sustituto vicario para los sacrificios humanos. Sabemos, sin embargo, que las víctimas humanas eran incluso quemadas y en Eileithyiáspolis en tiempos de Plutarco.[22] La principal importancia de las ofrendas de hombres es también manifiesta en ciertas pinturas, que muestran que algunas veces fueron muertos y enterrados cerca de su amo difunto o quemados en la entrada de su tumba, no simplemente en el funeral de un rey, sino incluso en el entierro de ciudadanos acaudalados, como en la Fig. 210.[23] Es posible que haya una huella de tales sacrificios ocasionales en algunos cuerpos encontrados en las tumbas reales de la Dinastía XVIII, y esto permite inferir usos paralelos en los cultos divinos.

Fig. 208. Pequeño sacrificio holocáustico sobre un horno

La forma en que los oráculos eran dados es de igual modo oscura. Durante largo tiempo parecen haber jugado un papel muy menor, al menos políticamente. Uno de los primeros ejemplos es un texto en el cual Ramsés II describe cómo nombraba a los sumos sacerdotes de Amón por medio de la consulta del mismo dios.[24] El rey enumeró ante Amón los nombres de todos los funcionarios capaces de llenar el cargo y pidió el visto bueno de la deidad; pero «el dios no estuvo satisfecho con ninguno de ellos, excepto cuando yo le di el nombre (del nominado)». En el siglo XII a.C., sin embargo, cuando el sumo

Fig. 209. Sacrificio humano en una tumba real de la Dinastía I

sacerdote tuvo más poder que nunca, los sacerdotes llevaban ante la deidad, tanto oral como por escrito, todas las cuestiones políticas y muchos casos legales, algunas veces de muy poca importancia. Éste decidía los problemas, como ya hemos indicado, diciendo «sí» o «no»; pero no se nos describe como lo hacía. Más tarde casi no oímos hablar de tales consultas. Algunas escrituras proféticas y oraculares han sido preservadas; su lenguaje es, naturalmente, muy oscuro.[25] Los dioses también comunicaban su voluntad a los hombres por medio de los sueños. Para el conocimiento de los días faustos e infaustos y otras sabias prácticas de los teólogos, véase el capítulo siguiente.

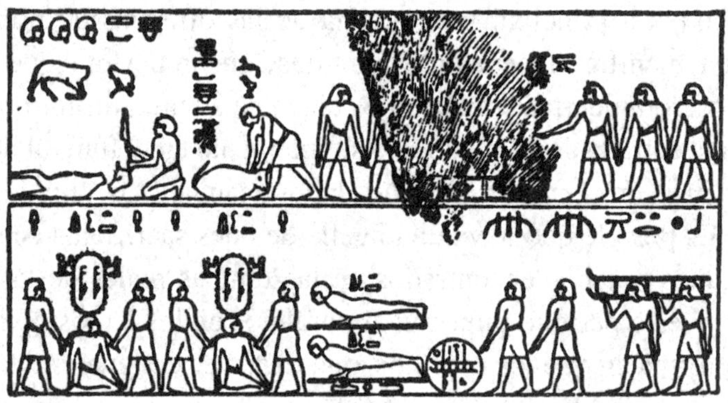

Fig. 210. Esclavos nubios estrangulados y quemados en un funeral

Capítulo XII

MAGIA

La magia jugó un papel importante en el antiguo Egipto, donde fue quizás incluso un factor vital más importante que en Babilonia.[1] Es, sin embargo, muy difícil determinar donde acaba la religión y comienza la magia; y ante la mente mágica egipcia la magia era simplemente religión aplicada. El hombre que mejor conocía a los dioses y sabía cómo complacerlos podía obtener de ellos lo que deseara. Los grandes teólogos siempre creyeron ser también hechiceros; por ejemplo, el famoso sabio Amen-hotep, hijo de Hapu,[2] se dice que no sólo era un profeta, sino también el autor de un libro de magia lleno de galimatías especialmente ininteligibles; y los grandes magos de los relatos populares son siempre «sacerdotes rituales». Esta teoría de la identidad de brujería, erudición y teología no es especificamente egipcia, sino que tiene sus paralelos en otros sistemas religiosos.

Fig. 211. Un sacerdote ritual

La auténtica ingenuidad del espíritu egipcio, que le hacía tan difícil distinguir entre lo material y sobrenatural, y el excesivo formalismo del culto nos da la impresión de que toda la religión de las tierras del Nilo tenía un carácter fuertemente mágico. Es verdad que la mayoría de las religiones están basadas en el animismo (pág. 14), sin embargo podemos fácilmente ir demasiado lejos cuando, por ejemplo, algunos eruditos etiquetan como magia todas las costumbres que intenten asegurar vida eterna para los muertos o mejorar su estado (pág. 181). Es cierto que la afirmación contenida en un texto funerario de que los muertos van al cielo[3] puede ser interpretada como una plegaria; pero una plegaria que se asegura su eficacia, y un deseo de poner en realidad una imaginación vívida, incluso en los límites de la magia, una afirmación igualmente cierta para las numerosas ceremonias y amuletos que mecánicamente benefician el alma de los muertos. El *Libro de los Muertos*, con sus indicaciones de cómo encontrar el camino a Osiris, qué decir ante él, qué palabras recitar y qué nombres dar a los guardianes de su dominio, presenta una aproximación bastante cercana a la magia; empero, después de todo, no hay conocimiento secreto, ya que está abierto a todos los que puedan leer, y, por tanto, no cae bajo la moderna definición de brujería; ni siquiera los mismos egipcios considerarían esto como mágico.

De forma similar el arte de curar está inseparablemente conectado con la magia y la religión. Ninguna medicina tendrá verdadero efecto sin ciertas ceremonias y un encantamiento, que usualmente es repetido cuatro veces.[4] El encantamiento puede también ser escrito, disuelto en la medicina y bebido (pág. 86), como aún se realiza comúnmente en el moderno Oriente. Las ceremonias y encantamientos que acompañan la curación por lo general tienen un carácter religioso, y el hombre que los aplica suele ser un sabio, el sacerdote. Él supone que los dioses se hacen presentes y curan el mal, o habla en sus nombres, amenazando o coaccionado a los espíritus diabólicos que siempre se creyó causaban la enfermedad, como sucede en toda fuerte religión animística. Con frecuencia, el sacerdote hace un relato en el que un problema análogo es curado por las deidades, y mucho de nuestro material mitológico deriva de estos textos. Algunas veces las divinidades en persona (es decir, sus imágenes) son llevadas para exorcizar a los demonios, e incluso oímos de ídolos que son enviados o transportados desde tierras extranjeras para curar la enfermedad de un príncipe.[5] Con frecuencia, sin embargo, los encantamientos médicos pueden asumir un carácter que nos parece absolutamente mágico, y con frecuencia esto degenera en simple monserga; de igual modo, muchos de los amuletos, como las cuerdas con nudos mágicos,[6] usados para auyentar o prevenir el mal, no tienen ningún sentido religioso. No obstante, todo elemento utilizado para controlar el mundo sobrenatural (es decir, los demonios en la presente referencia) se hacen religioso en manos del individuo apropiado, el teólogo, y es considerado de forma acorde.

Los calendarios de días faustos e infaustos[7] con frecuencia pertenecen a la categoría de conocimiento religioso útil más que a la brujería. Establecen que días son propicios y los que son tan infaustos que es aconsejable no abandonar casa por nada, o de ciertas ocupaciones que deberán ser evitadas, por ejemplo encender un nuevo fuego, que siempre es considerado una acción especialmente importante.[8] Con frecuencia se dan razones mitológicas. Los niños nacidos en ciertos días infaustos morirán de muerte violenta; el nacimiento en un día específico, por ejemplo, condena al individuo en cuestión a ser muerto por un cocodrilo. Los días afortunados de nacimiento otorgan larga vida y prosperidad, siendo la embriaguez la más envidiable de las muertes predichas. Los oráculos astrológicos y los horóscopos, por otra parte, son conocidos sólo en los últimos períodos y siguen los modelos babilónicos.[9]

Considerando la utilidad de la magia en tantos asuntos y teniendo en cuenta su carácter religioso, no nos podemos asombrar de que los dioses también gobiernen el mundo por medio de la magia, es decir, por su sabiduría oculta (véase pág. 46, 153 para algunas de estas deidades que son llamadas «magos» o «grandes en magia»). El maestro de brujería entre las divinidades masculinas es Thout. Entre las diosas, su contraparte no es la severa «diosa del libro» Sekha(u)it (págs. 55), como esperaríamos, sino más bien Isis, quien siempre, de acuerdo a un mito que ha sido traducido en las págs. 81-86, traiciona el nombre secreto, y así la omnisciencia (lo que prácticamente significa poder supremo) del viejo y tembloroso dios sol, por medio de un cruel ardid que demuestra que la honestidad no era una característica esencial de las divinidades.

Si las deidades mismas no eran particularmente escrupulosas en la adquisición y uso de tal poder, no debemos asombrarnos de que los teólogos egipcios no se contentaran con conocer la voluntad de los dioses o implorar su ayuda, sino que con frecuencia intentaban forzar a las divinidades a transmitir su poder al mago. Los sacerdotes oscilaban de las promesas de sacrificios hasta amenazas de que las ofrendas serían retiradas, de modo que los dioses pasaran hambre.[10] Si el mago hablaba en el nombre de una determinada deidad o afirmaba su identidad con ésta, entonces los otros dioses no podían rehusar sus pedidos sin alterar el completo y divino orden de las cosas. De este modo el encantamiento les advertía que todo el curso de la naturaleza podía detenerse. El sol y la luna se tornarían oscuros y el Nilo se secaría; el cielo volvería al Hades; y las divinidades perderían todo su poder y existencia. Cuando el mago podía hablar en el nombre de un alto dios, el panteón inferior debía obedecer, y por tanto el brujo constantemente deseaba aprender los nombres ocultos y reales de los dioses muy elevados. Este secreto es tan profundo que nadie lo había oído nunca; sólo el poseedor del nombre lo conocía, e incluso su propia madre debía ignorarlo. Cuando la deidad era revelada por este maravilloso nombre, esto significaba que su poder se extendía sobre todo el universo para aquel que pronunciaba la maravillosa palabra. Así en el relato de Isis y el viejo regente del universo, el dios sol (págs. 81-86), vemos como la revelación del nombre desviste a la antes misteriosa deidad de su poder y la sujeta al hechicero. Generalmente hablando, el nombre es la esencia de todas las cosas. Muchos materiales u objetos de la vida ordinaria tienen una fuerza oculta que permite controlarlos para quien pueda pronunciar sus verdaderos nombres, desconocidos para el hombre ordinario. De acuerdo con esto, el mayor empeño de los eruditos era conocer el verdadero nombre de todas las cosas del universo entero, primero de cada ser sobrenatural y luego de todas las fuerzas de la naturaleza. El empeño en realizar esto lleva al sabio a tocar cada uno de los departamentos de la ciencia. Así la palabra y el pensamiento del hombre pueden gobernar el universo y realizar más de lo que algunos dioses pueden, posiblemente trasgrediendo incluso el poder de las divinidades más importantes.

Tal deseo de sobrepasar a las deidades mismas no es impío, y el erudito que logra este sorprendente poder no siente escrúpulos en aplicarlo. Los mismos dioses gobiernan el mundo por su poder más que por su santidad, como ya hemos visto; y el énfasis es con frecuencia colocado en la concepción opuesta de la divinidad como representante de la absoluta moralidad.

Una sección de los Textos Piramidales[11] describe la apoteosis del rey y su avance hacia el más alto poder entre los dioses, con un extravagante himno que es muy instructivo para echar luz sobre la concepción del egipcio común ante los dioses y la religión (véase también pág. 18).

«El cielo está oscurecido por nubes,
las estrellas por lluvia (?);[12]
las constelaciones se han desordenado,
los huesos del dios de la tierra[13] tiemblan.
Los portadores (?) cierran sus bocas
cuando ven al rey N.N.,
cuando (su)[14] alma se eleva como un dios,
viviendo sobre sus padres,
gozando sobre sus madres.

N.N. es un señor de sabiduría
cuya madre (incluso) no conoce su nombre;
su gloria está en el cielo,
su poder está en el horizonte,
como Atumu, el padre que lo engendró.
Después de que éste engendró a N.N.,
N.N. era más fuerte que él.

N.N. es el toro del cielo,
de corazón feroz,
viviendo en la esencia de cada dios
y comiendo sus intestinos,
cuando éstos salen, habiendo llenado sus vientres
con la magia de la isla de las llamas.[15]

Él juzga la palabra junto con la de aquel cuyo nombre está oculto
en el día de la matanza de los mayores.
N.N. es un maestro de sacrificios
cuyas ofrendas son preparadas (?) por él mismo.
N.N. es aquel que come hombres y vive de los dioses,
un amo de tributos
que coge con ansia (?) los presentes enviados por mensajeros.

El "Avido de las Llaves"[16] en Kehau,
los enlaza para N.N.

La serpiente “Cabeza de Amplio (Alcance)” es
quien los vigila y los conduce de vuelta (en redil) para él.
“El de los Sauces” (?)[17] los ata para N.N.
“El que Caza a Todos los (Espíritus) Portadores de Cuchillo”[18] los
estrangula (?) para N.N.;
Él extrae sus entrañas
Él es el mensajero que N.N. envía como castigo (?).
Shesmu[19] los corta para N.N.,
cocina una parte de ellos
en sus marmitas para la cena [o en sus marmitas para cena].

N.N. come sus cualidades mágicas
y devora sus almas iluminadas.
Los grandes son para (sus) porciones matinales,
Los medianos para su comida de la tarde,
los pequeños para su comida nocturna,
los viejos, hombres y mujeres, para su quema.
En el polo norte del cielo los grandes[20]
encienden el fuego de sus marmitas para ellos
con las piernas de sus más viejos.[21]
Aquellos que están en el cielo corren alrededor (?)[22] para N.N.;
con las piernas de sus mujeres se llenan para él las marmitas.

N.N. ha enlazado los dos cielos,
ha dado vuelta a las dos regiones (es decir, a Egipto).
N.N. es grande, el todopoderoso
que es fuerte incluso entre los fuertes [o sobrepasa a los poderosos];
N.N. es el grande, el fuerte.

Cualquiera que se encuentra en su camino
es devorado de inmediato (?).
Su lugar seguro es ante todos los nobles (muertos)
que están en el horizonte.

N. N. es un dios, el más antiguo de los antiguos.
Miles (de sacrificios) llegan a N.N.;
cientos le son ofrecidos (en sacrificio).

Una posición como "el grande, el poderoso"
le es dada por Orión, el padre de los dioses.
N.N. se eleva otra vez en el cielo,
brilla como una estrella (?) como señor del horizonte.

Él ha contado las articulaciones (?) de...,
él ha arrojado los corazones de los dioses;
él ha comido la roja (sangre);
él ha tragado el fresco (¿jugo?);
él ha devorado en los pulmones (?);
el sacrificio de N.N. a su satisfacción
queriendo vivir sobre los corazones y su mágico poder.
Su magia está en su vientre.
Su sabiduría[23] no le es quitada.
Él ha tragado el conocimiento de cada dios.

La vida de N.N. es eterna,
su fin es un tiempo interminable en ésta su dignidad
de alguien que hace lo que desea
y no hace lo que no desea,
que vive en los límites del horizonte
por siempre jamás.

La fuerza (de su alma está) en su vientre,
sus almas están con él;
más abundantes es su porción que la de los dioses.
Su energía está en sus huesos;
La fuerza (de su alma) está con N.N.,
sus sombras están con sus compañeros.»

Este extraño himno traiciona su gran antigüedad por las dificultades que aparentemente presentó a los eruditos de la Dinastía V y por sus muchas y acrecentadas repeticiones. Esto nos hace volver de nuevo, una y otra vez, a la burda extravagancia de una nueva divinidad, que mostrará su poder sobre el viejo panteón de una forma bárbara, incluso privando a los dioses de sus potencias mágicas. Parece, en verdad, algo así como la supervivencia de una era muy primitiva, de una religión puramente animista en la que las deidades eran más espíritus acechantes que dioses (pág. 17), y que sostenía una concepción muy pesimista relativa a las almas de los muertos.[24] Por otra parte, es destacable que este viejo texto aún impresionaba a la mente egipcia después del 3000 a.C., un hecho que muestra la falta de una base moral en las divinidades de los egipcios y su significativa inclinación hacia una concepción mágica de la religión, como hemos dicho en la pág. 198. Otros pasajes de estos antiguos textos funerarios de las Pirámides (pág. 181) son de algún modo paralelos, como el del que desea que el rey tenga poder ilimitado en el cielo «para que el deseo de su corazón pueda apartar a cualquier mujer de su marido». El poder real del faraón sobre la tierra debe haber sido especialmente despótico, pero las inscripciones apenas esbozan esta particular capacidad; cuando sus deseos se expresaban por escrito, éstos quedaban preferiblemente ocultos en la oscura cámara funeraria y podían ser considerados como aproximadamente mágicos.

Aquí entramos en el dominio del verdadero arte negro, es decir de la magia prohibida. Debemos recordar que la brujería en sí misma no era considerada como mala. Incluso del más vulgar de los legos egipcios se esperaba que utilizara una gran cantidad de amuletos para conservar la salud y la suerte, para proteger a su hogar contra animales y espíritus peligrosos por otros encantos, y hacer muchas más cosas que no eran permitidas en las ceremonias religiosas, ya que, como hemos dicho en la pág. 200, los egipcios sentían que esto debía ser así. Conjuros de este carácter sólo estaban prohibidos cuando eran utilizados para dañar a otros. El malvado llevaba el mal y la muerte a sus enemigos, torturándolos y matándolos en efigie, una costumbre cuyas huellas se extienden por todo el mundo. Así leemos de un terrible criminal que deseaba matar a su benigno soberano, el faraón, haciendo figuras de cera que representaban al rey, y que luego pinchaba; para incrementar la abominación de esta ofensa, había robado de la biblioteca real un libro mágico. Este libro, evidentemente, contenía horribles fórmulas para lograr el fin que se proponía, pero en las divinas manos del rey su utilización no era mala. Los efectos malignos podían ser obtenidos meramente maldiciendo a un adversario, cuando tales maldiciones eran consideras impías, especialmente si eran dirigidas contra los dioses o el rey. El «mal de ojo» eran muy temido, y «El Que Ahuyenta (*seta*) al Mal de Ojo» era un nombre personal muy popular.

A pesar de los crueles castigos para todos los abusos de la magia, podemos estar seguros de que éstos eran extremadamente comunes. Sobre todo los encantamientos amorosos y los filtros de amor no eran tratados con tanta severidad por la opinión pública como por la teología estricta.[25] Los papiros mágicos sobrevivientes prueban que los hechiceros reunían conocimientos útiles de todo tipo sin trazar una línea entre la medicina y la magia, entre lo prohibido y lo beneficioso. El más largo de todos estos papiros,[26] por ejemplo, contiene las prescripciones médicas más inofensivas, como el tratamiento de las verrugas, la gota, mordeduras de perro, etc, y notas sobre plantas y minerales medicinales, mezcladas con temas de carácter prohibido, por ejemplo numerosos encantamientos y prescripciones eróticas (con sus antídotos), consejos para separar a un hombre de su mujer, e incluso asuntos más peligrosos, como provocar la locura de un enemigo, así como muchos métodos de adivinación para consultar a dioses o a espíritus, para descubrir un ladrón, etc. Otra vez vemos como en los tiempos antiguos todas las ciencias formaban una unidad y estaban centradas en la religión (pág. 202).

Se creía, por supuesto, que la magia podía realizar prácticamente todo. De este modo, algunos sabios famosos, de acuerdo a un relato muy popular, una vez hicieron un cocodrilo viviente de cera para atrapar a un agente maligno, lo mantuvieron vivo durante siete días bajo el agua, lo liberaron y se volvió de cera otra vez; un lago fue enrollado como un mantel; una cabeza fue cortada y luego reemplazada, etc.[27] Tales sabios poseían libros escritos por los mismos dioses. De acuerdo a otro cuento egipcio, uno de estos volúmenes fue descubierto en el Nilo, encerrado en seis cajas de metal y defendido por monstruos. El que lo leía «encantaba el cielo, la tierra, el submundo, las montañas, los mares; comprendía a todos los pájaros del cielo, los peces del mar y el lenguaje de los animales salvajes; veía al sol manifestándose a sí mismo en el cielo con su ciclo de dioses, la luna apareciendo y las estrellas en sus formas», etc.[28] Los papiros mágicos sobrevivientes no están dotados, por supuesto, con tal milagroso conocimiento. Sus fragmentos más serios revelan los comienzos del hipnotismo, cuando los oráculos eran obtenidos por medio de la mirada del brujo, tanto de forma directa como por intermedio de un médium (por lo general un niño inocente), en un recipiente lleno de algún líquido (especialmente aceite) o en la llama de una lámpara, como aún se hace en Oriente.[29] Las huellas del comienzo de las ciencias naturales pueden ser hallados en libros como los mencionados antes.

El lenguaje de las fórmulas mágicas es, como naturalmente debíamos esperar, el de la ampulosa oscuridad. De igual forma se apropia de lenguas y nombres extranjeros, especialmente de fuentes asiáticas. Juega con tales palabras y nombres sagrados, repitiendo, invirtiendo, variando y mutilándolos interminablemente (nota 32), y con frecuencia derivando en galimatías; sin embargo, la mayor parte de las veces aún en medio de una aparente falta de sentido, son reconocibles invocaciones a las deidades. No hay dioses especiales para los hechiceros; es sólo en el último período, cuando Sêth se convierte en una especie de Satán (pág. 112), que su nombre conduce por sí mismo a la magia prohibida. Como ya hemos advertido antes, las deidades asiáticas eran muy populares en este arte negro, como por ejemplo las diosas babilónicas del bajo mundo, Ningal y Ereskigal, mientras en el último período el rango más alto como divinidad de esta naturaleza era tomado por el extraño y misterioso Dios de los Judíos, que celosamente no permitía a ningún otro dios junto a Él. Las deidades etíopes no parecen haber sido populares, aunque las tierras del sur ejercían una gran atracción mística (pág. 93). El principal asistente divino del mago eran las divinidades olvidadas y rechazadas, que eran unas cuantas. Un dios tal, cuyos templos habían desaparecido y no recibía sacrificios desde hacía miles de años, debía mostrarse tan agradecido por una copa de leche y un pastel como una divinidad popular por un holocausto de cientos de bueyes; la deidad olvidada era, después de todo, un dios, y capaz de ser utilizada. Era, por tanto, considerado inteligente,

Fig. 213. Fragmento de una varilla mágica

especialmente después del 700 a.C., recopilar todos los divinos nombres y pinturas posibles de los primeros monumentos y unificar sus reproducciones; éstas podían, como unidad, ser una poderosa ayuda para el hombre que tuviera tal galería de dioses, o uno sólo de sus nombres podía demostrar ser especialmente potente y agradecido por haber reproducido una pintura olvidada. Vemos una muestra en la famosa Estela Metternich, de la que reproducimos aquí una pequeña fracción; esta piedra, cubierta con cientos de diminutas figuras divinas y encantamientos mágicos, debe haber protegido a alguna rica casa contra todas las malas influencias (Fig. 212). Así la magia retorna otra vez a la base puramente religiosa de la que una vez partió.

Fig. 212. Una sección de la Estela Metternich

Pero aún muchos grandes aspectos de este complicado y difícil tema requieren un posterior examen. No sabemos, por ejemplo, cómo se utilizaba la varilla mágica de hueso, que data de un período próximo al 2000 a.C. y está cubierta con muchas imágenes de dioses, algunas veces inusuales y con frecuencia de origen astral.[30] Sin embargo, también muestran, una vez más, cómo toda la magia tiene un fundamento religioso al cual siempre revierte.

Para ilustrar el carácter de la magia egipcia, ofrecemos aquí unos pocos fragmentos de textos de esta naturaleza, comenzando con un fundamento religioso al cual siempre revierte.

CONJURO PARA EXTRAER UN HUESO DE LA GARGANTA[31]

«Soy aquel cuya cabeza alcanza el cielo,
y cuyos pies alcanzan el abismo,
quien ha despertado al cocodrilo de cera (?) en el Pe-zême de Tebas;
pues soy So, Sime, Tamaho,[32]
éste es mi correcto nombre.
¡Anuk, anuk![33]

pues un huevo de halcón está en mi boca,
y un huevo de ibis en mi vientre.[34]
Por tanto, hueso de dios,
hueso de hombre,
hueso de pájaro,
hueso de pez,
hueso de animal,
hueso de todo,
de nada estoy exceptuado;
Por tanto, ¡deja que lo que está en tu vientre
venga a mi pecho!
¡Que lo que está en tu pecho
venga a mi boca!
¡Que lo que está en tu boca
venga a mi mano ahora!
Pues yo soy quien está en los siete cielos,
quien se yergue en los siete santuarios,
pues soy el hijo del dios viviente.»

Este conjuro debe ser dicho siete veces sobre una copa de agua; y cuando el paciente la beba, el hueso será expulsado.

Aún más disparatado parece un

CONJURO QUE DEBE SER PRONUNCIADO PARA EL MORDISCO DE PERRO [35]

«El conjuro de Amón y Trifis es:
Soy este fuerte mensajero (?),[36]
Shlamala, Malet,
el misterioso que ha alcanzado al más misterioso,[37]
Greshei, Greshei,
el señor de Rent, Tahne, Bahne,[38]
este perro, este perro negro,
el perro, el misterioso perro,
este perro (¿perra?) de cuatro cachorros,[39]
el perro salvaje, hijo de Ophoïs,
hijo de Anubis,
¡relaja[40] tus dientes,
detiene[41] tu salivazo!

Tú actúas como el rostro de Sêth contra Osiris,
Tú actúas como el rostro de 'Apop contra Rê'.
Horus, el hijo de Osiris, nacido de Isis,
con él debes llenarte la boca;[42]
N.N., hijo de N.N.,
con él debes llenarte la boca.
Escucha este discurso,
Horus, que curas las quemaduras,[43]
que fuiste a los abismos,
que pusiste los cimientos de la tierra;
escucha, O Yaho-Sabaho,
¡Abiaho[44] es tu nombre!"

El lector reconocerá en las últimas líneas una invocación especialmente clara al «Jehovah de las Multitudes» (hebreo YHVH *S^e bhaoth*), el Dios de los Judíos (véase nota 32).

Como ejemplo de un largo relato mitológico narrado por el mago para dar forma a una analogía del mágico efecto que él desea dar, ofrecemos

LA LEYENDA DE ISIS Y EL ESCORPIÓN [45]

«Yo, Isis, dejo la mansión que mi hermano Sêth me ha puesto.
Tú, el grande, dador de justicia en el cielo y la tierra,
hábla me así:
"Ven, Oh Isis, oh diosa, a quien es bueno escuchar,
y uno vive cuando otro actúa como guía.
¡Ocúltate con tu hijito!
Él vendrá con nosotros cuando sus miembros crezcan,
y toda su fuerza (¿haya desarrollado?).
¡Haz que él tome su lugar en el trono de su padre,
derrama sobre él la dignidad del regidor de ambos países!"

Yo fui a la hora del atardecer.
Siete escorpiones eran mis seguidores y me ayudaban;
Tefen y Ben estaban detrás de mí;
Mestet y Mest-¿yo?tef estaban cerca de mí;
Petet, Tetet y Matet me prepararon el camino.

Les di órdenes en voz alta, mi voz llegó a sus oídos así:
"Sé que la obediencia en el culto...
distingue al hijo de cualquiera en este tema.[46]
Deja que tu rostro esté sobre el camino
mientras los compañeros y guías me buscan a mí."

Alcanzamos la ciudad de Psoïs[47] y la Ciudad de las Dos Hermanas
en el comienzo de los marjales (del Delta), alejándonos (?) hasta la ciudad
[de Deb.
Me acerqué a las casas de las mujeres más respetables.[48]
La más noble me vio en mi camino;
cerró la puerta para mí,
sospechó de mis compañeros.
Éstos, por tanto, se consultaron,
colocaron todos sus venenos en la cola de Tefen.
Una pobre mujer me abrió la puerta,
yo entré en su casa.
Tefen entró secretamente (?) bajo las hojas de la puerta
y picó al hijo de la rica mujer.
[El fuego tomó posesión de la casa de la rica mujer;
no había agua para apagarlo,
ni lluvia contra la casa de la rica mujer;
no era la estación para ésta.][49]
Esta fue la causa por la que ella no me abrió.

Su corazón estaba acongojado,
no sabía (cómo) salvar su vida;
vagaba por (?) su ciudad lamentándose;
no había quien oyera su voz.

Así mi corazón estaba apenado por amor al niño;
(deseando) restaurar la vida del inocente,
la llamé: "¡Venga! ¡Venga hasta mí! ¡Venga hasta mí!
Mire, mi boca contiene la vida;
soy una hija bien conocida en la ciudad,
por medio de esta palabra el mordisco (?) se calmará.
(La palabra) que mi padre me enseñó,

ésa debería ser conocida;
yo soy su verdadera hija.”

Isis puso sus manos sobre el niño
para revivir aquello que ya no tenía aliento (?):

“¡Oh veneno, oh Tefen, ven!
¡Ven a la tierra! ¡No te vayas!
¡El veneno no penetrará!

¡Oh Befnet, ven!
¡Ven a la tierra!
Soy Isis la diosa,
la señora de la magia que hace magia,
la que mejor dice (?) las palabras.

¡Escuchadme, vosotros, reptiles de todo tipo que mordéis!
¡Sed derribados, vosotros que envenasteis a Mestet!
¡El veneno de Mest-(yo)tef no correrá más lejos,
el veneno de Petet y Tetet no se elevará!
¡No entrarás, Matet!
¡Cae, no muerdas!»

Después de esto «Isis la diosa, la más grande en magia entre los dioses» (véase págs. 85-201), comienza otro conjuro contra los escorpiones. Los términos de éste son muy oscuros,[50] pero las líneas que hemos citado son suficientes para mostrar que el mago simplemente narra la historia para mantener a todos los escorpiones lejos de la casa o para hacer inofensiva su picadura.[51]

Capítulo XIII

DESARROLLO Y PROPAGACIÓN DE LA RELIGIÓN EGIPCIA

A primera vista parecería que la religión del antiguo Egipto ha sido exitosamente estereotipada en los tiempos prehistóricos, y los sacerdotes habían dirigido sus miras por completo al seguimiento de las mismas ideas, el culto de los mismos dioses, y utilizando las mismas formas de adoración de los venerables ancestros de esa época increíblemente remota de la cual debía datar el grueso de sus creencias religiosas. Quizá sea verdad que los egipcios presenten el caso más extremo de conservadurismo religioso que conocemos; sin embargo, si lo examinamos más de cerca, observamos que tampoco pudieron resistir las distintas influencias que, en el curso del tiempo, son comunes a la religión. Podemos así observar muchos cambios graduales en el pensamiento religioso y podemos observar el crecimiento o caída de creencias y formas de culto tanto en pequeños como en amplios círculos de los antiguos egipcios. Aquí, sin embargo, podremos esbozar sólo los aspectos más destacados de tales desarrollos.

Las representaciones de los dioses en el arte sagrado son, en verdad, el ejemplo más destacado de conservadurismo. La mayoría de los tipos artísticos databan del período prehistórico y sufrieron muy pocas alteraciones; es sólo en los días romanos cuando encontramos ligeras adaptaciones a los tipos grecorromanos de las divinidades (véase Fig. 218).[1] Comenzando con el Nuevo Imperio, algunos (o incluso muchos) dioses recibieron alas (Cap. V, nota 58), o al menos tuvieron indicaciones de ellas, envueltas como chales alrededor del cuerpo; o algunas partes de sus atuendos tenían motivos de plumas como indicación de su naturaleza celestial (véase el tipo de Onuris-An-hôret como se representa en la Fig. 146). Más arcaica y primitiva una estatua era, más venerable parecía (véase pág. 140, sobre Mîn, y págs. 147-48, sobre Ptah). En muchos momentos, por supuesto, los últimos artistas ya no comprendieron los viejos modelos, sino que los malinterpretaron hasta un grado bastante considerable.[2]

La mayor parte del desarrollo religioso de los egipcios ocurre mucho antes de los tiempos históricos, como se muestra en las concepciones conflictivas que encontramos en los Textos Piramidales de las Dinastías V y VI. Estos textos han sido tomados de libros que, en parte, evidentemente eran comprendidos sólo de modo imperfecto por los egipcios del 2800 a.C., y son, en consecuencia, los más antiguos textos religiosos de todo el mundo. Al mismo tiempo debe hacerse una advertencia contra la tendencia, ahora prevaleciente, de sobrestimar en demasía su antigüedad general. Algunos fragmentos pueden, es verdad, datar incluso de épocas predinásticas, pero el grueso de los textos, de acuerdo a la teología osiriana que es dominante en ellos (págs. 122-23), fue escrito en los principios de Era de las Pirámides, alrededor del 3000 a.C. Las enseñanzas contradictorias de estos textos, especialmente en consideración a las fuerzas cósmicas y la vida después de la muerte, como ya hemos dicho, implican previos milenios de pensamiento religioso; pero igualmente sería muy complicado datar tales concepciones a partir de estos documentos, de acuerdo a algunas impresiones de ideas burdas o avanzadas que podamos recibir de ellos. De lo que estamos seguros, por ejemplo, es que uno de los más primitivos especímenes de extravagancia religiosa, ése que dice que el alma del rey vive canibalizando otras almas, incluso la de los dioses (pág. 203), nos hace retroceder en el tiempo hasta el 5000 a.C., cuando los moradores del valle del Nilo puede muy bien haber sido verdaderamente caníbales. ¿Pudo una extravagancia mágica tan sorprendente llegar incluso a la era civilizadora más elevada? Por otra parte, no es seguro suponer que algunos avances de pensamiento, aislados y destacados, de estos textos —por ejemplo, algunos patrones morales que eran exigidos incluso al rey, si éste quería ser admitido en el dominio de los dioses (pág. 181)—, no puedan ser más antiguos que el gran desarrollo de la civilización egipcia que comienza alrededor del 3000 a.C. Los egipcios mismos no podían clasificar las tradiciones. En todos lados encontramos a los teólogos luchando con el problema de reconciliar las peores contradicciones de las tradiciones religiosas de los antiguos, su pensamiento, encadenados por el miedo a perder cualquier cosa que derivara de la antigüedad, pudiendo moverse sólo en extraños círculos, incrementando el número de inconsistencias debido a los torpes esfuerzos por armonizarlas e, invariablemente, acabando en lo que parece ser una total confusión (véase, por ejemplo, el mito del ojo perdido del sol, págs. 30-92, o las concepciones conflictivas sobre el océano, págs. 48-49,108-09). Esta actitud impotente hacia las tradiciones permanece siendo una característica de la teología egipcia de todos los períodos.

Es claro que el período puramente animista, que hemos presupuesto como el primerísimo estrato de pensamiento religioso (pág. 17), está demasiado lejos del período histórico. Incluso en los remotos días, cuando se hicieron los primeros intentos de reducir la poesía religiosa a la escritura (es decir, probablemente, antes del 4000 a.C.), los egipcios debieron haber superado este primitivo período de puro animismo. No obstante, ese sistema de pensamiento dejó fuertes huellas en la religión de todos los milenios que siguieron, y su expresión en tan pequeños cultos locales aislados es aún el aspecto más característico de la religión egipcia a través de toda su historia (pág. 19). Podemos suponer que el siguiente paso, probablemente algún tiempo antes del período histórico, estuvo marcado por una tendencia hacia la eliminación de todos los viejos espíritus y fetiches locales de esta tierra y su instalación en el cielo.[3] Parecería, por tanto, que la tendencia a construir dioses cósmicos (es decir, a distribuir las fuerzas de la naturaleza entre ellos) debe ser de una fecha algo posterior aún, ya que implica los pasos iniciales hacia una concepción filosófica del universo.

Antes de que cualquier sistema religioso pudiera desarrollarse a partir de los intentos filosóficos primitivos, éstos fueron mutilados por la exagerada posición dada al sol en el panteón cósmico (pág. 26). Ninguna función cósmica parecía deseable para cualquier deidad local excepto la de sol, el señor de los cielos. La solarización del panteón puede ser investigada al menos tan temprano como la Dinastía I (véase pág. 27, para la fusión de diferentes ideas concernientes al dios sol que encontramos en ese período). Rê' parece haberse hecho solar en un período muy anterior a Horus, cuya explicación cósmica vacila entre interpretaciones celestiales y solares (pág. 30). El creciente énfasis otorgado al papel oficial de estas dos deidades solares fusionadas como protector, tipo, ancestro e, incluso, alma del rey (pág. 171), no detuvo la libre transferencia de este tipo de concepción cósmica, y más tarde se procedió con más rapidez (véase, por ejemplo, pág. 151, sobre la solarización de Sokari en los Textos Piramidales). En los imperios Medio y Nuevo, pocas deidades escaparon a algún grado de asimilación semejante. En particular, Amón de Tebas, que avanzó de la posición de señor del panteón y se convirtió en una imitación de Horus-Rê', que fue llamada Amén-Rê' (pág. 226); y muchas de las diosas fueron solarizadas como «hijas» u «ojos» o «diademas» del sol (pág. 30). La lunarización de las divinidades, por otra parte, continuó siendo un proceso raro (pág. 36). Las otras funciones cósmicas fueron distribuidas sólo de forma muy incompleta y poco efectiva, como se ha demostrado en el Cap. III. Las repeticiones de tales funciones, por tanto, nunca provocaron serias dificultades a los teólogos egipcios.

No es fácil estimar el enorme número de divinidades del panteón egipcio en el comienzo de la historia. Afortunadamente muchas deidades, cuya popularidad decreció en comparación con los «grandes dioses», cayeron en el olvido; y esta disminución, que continuó en el período histórico, debió haber constituido un considerable progreso mucho antes de los días de los constructores de pirámides. Los sacerdotes nunca apresuraron este proceso de reducción de forma violenta; todo lo que podían hacer, para situar la enredada madeja de nombres divinos en algún tipo de sistema, era esforzarse en formar al menos un grupo aproximado de deidades y colocarlas en relación mutua con el modelo de una genealogía humana. Las numerosas tríadas (pág. 21) pueden representar el comienzo de esta clasificación y pueden haber satisfecho a los pequeños centros locales por algún tiempo. En el lugar que fue más importante para la historia teológica de Egipto, Heliópolis (págs. 32-33), se estableció un grupo de amplio alcance de las nueve divinidades más importantes de todo Egipto, posiblemente antes del comienzo del Período de las Pirámides. Esta «eneada» (quizás una triple tríada en origen) consistía de la siguiente genealogía:[4]

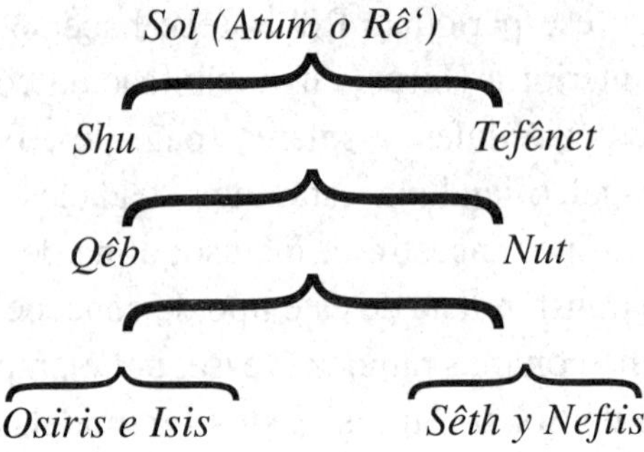

Imperfecto como era este sistema, fue considerado como un gran paso hacia adelante. Paralelo con esta «gran eneada», por tanto, se formó más tarde una «pequeña eneada» con los otros dioses del ciclo osiriano y Thout encontró su lugar, junto con varias divinidades menores. Algunas veces la doble eneada de dieciocho dioses era expandida a una triple de veintisiete. La eneada de Heliópolis y su duplicación se hizo conocida y mencionada en todos lados, pero los sacerdotes no podían seguirla estrictamente si no incluían la divinidad local, o si no tenían éxito en otorgar a esta deidad su propia eminencia. De acuerdo con esto, las imitaciones locales se expandieron, como cuando, por ejemplo, en Memfis una comenzó con Ptah como dios primero y principal. En todos lados los sacerdotes tendieron a adscribir nueve seguidores a su principal deidad o hacer de ésta el jefe de ocho otros dioses. Así el término «eneada» finalmente perdió su significado numérico y se hizo sinónimo de «círculo de dioses asociados». El carácter asistemático de la mente egipcia se revela claramente en sí mismo en estos intentos de lograr algún tipo de arreglo metódico.[5]

En cuanto al carácter caleidoscópico de la mitología, nunca hubo un deseo racionalizado de cambiarlo. Como hijos de una época hiperracionalista nos es demasiado fácil olvidar que la mayor parte de las mitologías tuvieron una vez un carácter distintivo y que esto, para la mente antigua, no era desventaja sino belleza. De igual manera, los egipcios, orgullosos de la salud de pintorescas variantes que distinguían su mitología de aquéllas de los países vecinos, procuraron cuidadosamente no corregir esta mística confusión, que nosotros encontramos tan sorprendente. Incluso en el recuento sistemático de Plutarco sobre el mito osiriano, podemos ver que éste sólo raramente sentía la necesidad de armonizar las variantes contradictorias.

El siguiente modo de adaptar los cultos incoherentes de los ancestros a la mente de una época más avanzada era siempre la comparación e identificación (sincretismo) de dioses similares. La asimilación de deidades debió haber ido en progreso incluso antes de que las ideas cósmicas fueran hechas subyacer a los viejos nombres. Era imposible no comparar e identificar divinidades con la misma forma animal o con símbolos o vestimentas similares. Así las leonas Sekhmet, Tefênet y Pekhet, por ejemplo, eran tratadas como manifestaciones de una sola y misma personalidad desde épocas muy tempranas, y pronto la gata Ubastet se les unió. A continuación, funciones idénticas condujeron a la identificación. Cuando casi todas las divinidades femeninas asumieron el carácter de personificaciones del cielo (Cap. VIII, nota 2), fue natural preguntarse hasta dónde éstas no eran simplemente formas o nombres diferentes de una gran diosa. El panteón masculino no condujo en sí mismo a esta identificación muy fácilmente, pues había más individualidades en él; no obstante, pudo ser reducido a un número muy limitado de tipos. Cuando la solarización que ya hemos descrito fue aplicada a casi todos los tipos, se hizo posible fusionarlos a todos en algún dios del universo. Los primeros pasos, a todas la instancias, ocurrieron tan tempranamente como en los Textos Piramidales, cuando se afirmó que muchas divinidades que no eran demasiado similares en carácter sólo diferían en nombre.[6] Esta contradicción de la teoría de que el nombre es la cosa más esencial en una deidad estaba reconciliada con la doctrina que afirma que todos los nombres y personificaciones no son similares; algunos son grandes, y uno es el más grande, más verídico, original y esencial (pág. 202). Esto permitió la completa preservación de los nombres y cultos locales; los sacerdotes de cada divinidad local o adoradores de un patrón especial pudieron afirmar que su deidad era el más antiguo y mejor de todos los «nombres» o manifestaciones de ese dios que el rey reconocía oficialmente como líder o padre del panteón. Junto a estas particularidades religiosas, sin embargo, el proceso de asimilación e identificación continuó hasta después del 1600 a.C., y acabó en el más radical sincretismo, en una aproximación panteísta al monoteísmo que describiremos más adelante.

No debe olvidarse, sin embargo, que todas estas especulaciones eran propiedad de unos pocos sacerdotes de alto nivel de educación, que dominaron todo el reino de la teología tradicional con tanto éxito que esto les permitió un alcance mayor. Las personas comunes decían sus oraciones y depositaban sus ofrendas en los templos locales sin especular sobre la naturaleza de la deidad a la que rendían culto. Su adoración había sido continua desde tiempos inmemoriales, y ésta era razón suficiente para seguir el sendero hollado, dejando las interpretaciones de las tradiciones venerables a los teólogos. Sin embargo, contrariamente a la opinión más frecuente de escritores modernos, la enseñanza de estos sabios sacerdotes no eran misterios contradictorios con el concepto laico. No había secretos en la enseñanza; ésta estaba por lo general inscrita en las paredes del templo, donde todo al que le interesara podía leerla; y era repetida en lugares incluso más accesibles. El número limitado de aquellos que podían leer textos difíciles y el conservadurismo de las masas eran suficientes para evitar la expansión de ideas que algunas veces eran peligrosas para el tradicionalismo. Eran sólo algunos textos funerarios de carácter semimágico, los que pretendían ser «un gran libro de secretos», como cuando leemos en un capítulo del *Libro de los Muertos*:[7] «No permitas que ningún ojo humanos lo vea, es algo prohibido, debes saberlo; ocúltalo». Sin embargo, en los últimos tiem-pos cualquiera podía adquirir esta literatura misteriosa para sus muertos (véase pág. 200).

Estas especulaciones de los sacerdotes cultos, además, se movían ordinariamente a lo largo de líneas extrañas, como hemos afirmado en la pág. 218. Sólo en raras instancias éstas eran filosóficas, ya que la mayor parte de las veces se ajustaban al tradicionalismo tanto para los sacerdotes como para el pueblo. La mejor ilustración es el extraño comentario y supercomentario contenido en el capítulo XVII del *Libro de los Muertos*, que parece haber sido considerado una obra maestra del pensamiento teológico. Algunas veces parece suficientemente razonable, como cuando el muerto dice:[8] «Yo soy el gran dios que se hizo a sí mismo», donde el comentario remarca: «¿Qué significa esto? Es el agua [de acuerdo a otros manuscritos, «el abismo, el padre de los dioses»]; otra interpretación: es el dios sol» (véase págs. 45, 50, sobre la cuestión de quién era el dios más antiguo). Podemos al menos seguir el pensamiento cuando las palabras, «Conozco el ayer y el mañana», son glosadas, «¿Qué significa esto? El ayer es Osiris, el mañana es Rê‘», distinguiendo así el dios sol muerto de aquel que renace cada día. Luego, sin embargo, encontramos un texto que declara: «Yo soy Mîn en su aparición, me han sido dadas dos plumas sobre la cabeza». A estas simples palabras los comentaristas intentan hacer una glosa más profunda: «Mîn es Horus, que vengó a su padre [véase pág. 120]; su aparición es su nacimiento; sus dos plumas sobre la cabeza son Isis y Neftis, que fueron a colocarse por sí mismas sobre su cabeza cuando eran dos pájaros [véase pág. 117], en una época que ésta le dolía. Otra interpretación: las dos serpientes uraeus [pág. 31] estaban ante su padre. Otra interpretación: sus dos ojos eran las plumas sobre la cabeza». Percibimos cuán difícil era para aquellas mentes elevarse sobre un simbolismo muy vacío, y no nos sorprende que una sabiduría de este tipo se moviera en círculos durante miles de años. No obstante, aquí vemos la constante tendencia hacia una comparación e identificación sincréticas de las divinidades. Así que cuando leemos en un comentario similar:[9] «El alma de Shu es Khnûm, el alma del interminable espacio [Heh, pág. 46] es Shu (?), el alma de la oscuridad (primigenia) es la noche, el alma de Nuu es Rê‘, la de Osiris es el Mendés, las almas de los Sobks son los cocodrilos, las almas de cada uno de los dioses son las serpientes [véase pág. 168], la de ‘Apop está en (la tierra de) Bekh,[10] la de Rê‘ sobre toda la tierra». He aquí una vez más la mezcolanza, que ganó terreno en el Nuevo Imperio, para identificar al abismo (Nuu) con el sol (Rê‘) y de esta forma explicar al último como «autoengendrado» (pág. 52) y como la esencia de todo el mundo, en oposición a las primeras doctrinas. De igual modo observamos que «alma» o «fuerza» se aproxima al sentido de «manifestación» y «antitipo».

Más detalles de sus especulaciones sincréticas se encuentran en un documento que se asegura ha sido encontrado comido por la carcoma y parcialmente ilegible de alrededores del 720 a.C., embutido en un bloque de piedra como un espécimen muy especial del pensamiento ancestral.[11] Reconcilia audazmente la doctrina memfítica con la heliopolitana. Ptah, la deidad local de Memfis, era el primero de todos los dioses. Existía en ocho formas, la más antigua de las cuales era Ptah-Nuu como padre y Ptah-Nekhbet como la madre (!) de Atum.[12] Cuando este dios sol

Atum propagó el resto de la eneada, como se describe en la pág. 218, estas divinidades eran no sólo descendientes de Ptah, sino que de hecho simples manifestaciones de él. En otras palabras, como nuestro texto explica, Ptah, «el Grande», es el corazón y la lengua de la eneada, y pensamiento y palabra (cuyas mutuas relaciones añaden algunas especulaciones) representan la actividad de cada dios. Consecuentemente Ptah es el poder universal. Luego se considera a la «pequeña eneada» de Heliópolis. Horus y Thout —este último el organizador del presente panteón—, de igual forma, «provienen de Ptah», tanto directa como indirectamente, y así todo el universo ha emanado de él y es regido por él.[13]

Tales tendencias panteísticas son de igual forma agregadas a Rê', a sus paralelos, Amén-Rê' y Osiris, «el señor de todas las cosas» (pág. 99),[14] etc., pero, especialmente, desde la Dinastía XIX en adelante, a la deidad memfítica Ptah-Tatunen (que ya hemos mencionado) y a su variante, Sokari-Osiris. Cuando Ptah es llamado «el que se yergue sobre la tierra y toca el cielo con la cabeza, aquel cuya mitad superior es el cielo y cuya mitad inferior es el submundo», etc.,[15] o cuando Osiris-Sokari (=Ptah) es descrito no simplemente como el dios de la tierra que da vida a las plantas, etc., o como regente del bajo mundo, y al mismo tiempo productor del aire, sino incluso como poseedor de facultades solares,[16] tenemos el desarrollo de una concepción de la deidad como universo cósmico que no puede acabar en una creencia panteísta de un dios, a pesar que se manifiesta así mismo en cientos de formas y nombres. Una clara expresión de esta doctrina se encuentra en un himno de época tardía[17] en el cual el dios supremo Amén-Rê' es tratado como el sol y de esta forma identificado con tal manifestación solar como Mîn, Atum, Khepri, Montu y Har-shaf, quizás incluso con combinaciones andróginas como Shu-Tefênet y Mut-Khônsu (línea 37), y repetidamente con el universalizado Ptah-Tatunen-Sokari. Consecuentemente

«Tus formas son el Nilo y la Tierra,
Tú eres el más antiguo, el más grande de los dioses.
Tú eres el abismo cuando se extiende sobre el suelo;
Tú has retornado en tus ondas (?).
Tú eres el cielo, tú eres la tierra, tú eres el submundo,
tú eres el agua, tú eres el aire entre ellos.»

Sería un error ver influencia iraní en este texto, simplemente porque resulta haber sido preservado en un templo que data del reino de Darío I; fue evidentemente escrito varios siglos antes y sus pensamientos pueden ser rastreados hasta tiempos aún más remotos. Tan tempranamente como en la Dinastía XIX, la Letanía del Sol[18] declara que la deidad solar Rê'-Hor se manifiesta a sí misma prácticamente en todos los dioses. No sólo son todas divinidades las que admiten una solarización idéntica con él como su «poder», sino que él es uno con Nuu (el abismo), Qêb (la tierra), Shay («Destino», véase pág. 54), la nueva «deidad horneada» (Ketuiti) que representa el infierno y el mundo inferior (Cap. X, nota 21), e incluso fuerzas femeninas como Isis y Neftis.

Todo esto nos permite comprender un himno a un misterioso dios cósmico con el que los magos deseaban expresar su idea de un dios desconocido más grande de lo que nadie era capaz de imaginar.[19]

«¡O tú, enano del cielo (?),[20]
tú, enano de gran rostro
con altas espaldas,
con débiles piernas,
el gran pilar que (alcanza) desde el cielo (al) mundo inferior!
¡Oh señor de los cadáveres que descansan en Heliópolis,
Oh gran señor de la vida que descansa en Dêdet![21]
¡N.N., hijo de N.N., lo guarda todos los días,
vigila por él en la noche;
lo protege como tú has protegido a Osiris contra [Sêth][22]
en el día de (su) entierro en Heliópolis![23]

Soy el león en la nave (?)[24] del Fénix.
Tu forma es la de un mono[25]
con la cara de un viejo.
Había (?) una afirmación cuando me enviaste (un mensaje),
(¿cuando?) un lugar de descanso fue cogido en la pared (¿es decir, [de Memfis?).
Así: ¡pueda una capilla de un codo ser hecha para mí!
"¿No eres un gigante de siete codos?"

Yo te dije, "Tú no puedes entrar en esta capilla de un codo;
"¿No eres un gigante de siete codos?"
(Pero) entraste y descansaste.

[¡Caed (?), Oh llamas que no conocen (!) el abismo![26]
¡Tu capilla, abierta, abierta por ti!
Tú que estás allí con tu cara de mono,
¡Woe! ¡Woe! ¡Fuego! ¡Fuego!
¡Tú, el hijo de la doncella (?),[27]
Tú, el mandril!]»

La última estrofa no parece tener conexión con las que la preceden, y tiene la apariencia de un incongruente agregado mágico como el traducido en la pág. 86. Sin embargo, en la primera parte del himno encontramos la idea de un dios que, como Osiris-Rê' (es decir, el dios heliopolitano), representa a todo el universo y tiene una forma exterior parcialmente similar al enano o gigante Bês, y en mayor grado que su variante memfítica, Ptah, Nuu-Sokari, como un enano (pág. 65). Es obvio que el mago reconoce a este último como el dios de toda la naturaleza, tanto niño como anciano, el comienzo y el fin, el pequeño y el más grande principio de la naturaleza, etc. Osiris, en todos lados la deidad de la naturaleza universal, está aquí simplemente subordinado a este dios total y es, parece, sólo una de sus manifestaciones.

Así podemos también comprender el origen y significado de las representaciones mágicas, datadas del último de los períodos, sobre una deidad misteriosa e innominada. Sus pinturas unen las representaciones del halcón Horus, y algunas veces las del cocodrilo Sobk, la divinidad fálica Mîn, y la imagen similar del «auto-olvidado» Amén-Rê', etc; pero la principal fuente es Bês, quien, como antes, es lo mismo que Sokari, quien a su turno iguala a Nuu-Ptah. La representación con innumerables ojos que cubren su cuerpo, en cierto modo igual al griego Argos,[28] tiene su continuadora en una deidad descrita[29] con setenta y siete ojos y muchas orejas. El calzado es el del ogdoad primigenio (pág. 50); los pies están sobre el abismo (en forma de serpiente; págs. 107-08) y sus ayudantes; las llamas rodean a este misterioso ser desde el mundo profano.[30] Es una amalgama de los poderes de los grandes dioses, siendo en todos idénticos, en un nuevo dios del universo.

Fig. 214. El último e innominado dios del Universo

El himno que hemos traducido antes, con su pugna ante una divinidad misteriosa, innominada, todoabarcante del universo entero, se encontró en un papiro de la Dinastía XX (siglo XII a.C.), pero el texto había sido copiado de viejas fuentes. Como hemos afirmado repetidamente, la clara formulación doctrinal del panteísmo, como en los textos que hemos citado, parece surgir a comienzos del Nuevo Imperio, en la Dinastía XVIII.

Si el crecimiento de ideas panteístas en esta época, posterior al 1600 a.C., traiciona una lucha contra el tradicionalismo, una búsqueda a ciegas de una concepción nueva y mayor de la naturaleza divina, y una tendencia hacia una explicación solar del origen de toda la naturaleza, podemos comprender cómo, no mucho más tarde, pudo hacerse un esfuerzo violento para reformar la religión de Egipto: la famosa revolución del faraón Amen-hotep (Amenofis) IV, alrededor del 1400 a.C. La pugna panteísta de los sabios tuvo al menos que preparar el camino de la revolución. En todos los acontecimientos de este movimiento tan interesante —la única reforma religiosa violenta que conocemos, no sólo en Egipto, sino en todo el oriente precristiano fuera de Israel—, no puede ser explicado como debido a influencias asiáticas. Ni tampoco puede ser comprendido como proveniente de la vieja teología heliopolitana, como han supuesto algunos eruditos; contrariamente al tradicionalismo egipcio, no buscaba sostenerse por sí misma por la más venerable escuela de tradición, sino que deseaba ser enteramente una nueva doctrina.

Igual que muchas otras revoluciones religiosas, ésta también parece haber tenido una base política. El rey, siendo el hijo de una mujer que no tenía sangre real (Teye, la hija de un vulgar sacerdote), probablemente encontró oposición de la jerarquía tebana en cuanto a su legitimidad, y castigó a los sacerdotes deponiendo a Amón de su posición como sumo dios oficial. Deseando suprimir enteramente el culto de Amón, el faraón trató de hacer olvidar a la divinidad borrando su nombre y el de su consorte Mut de todos los antiguos monumentos, incluso aquéllos de naturaleza privada, como algunas tumbas. Él mismo se trasladó de la ciudad de Amón de Tebas a un lugar en el Egipto Medio cercano al sitio de la moderna Tell Amarna, donde construyó una nueva capital. De esta forma quebró con todas las tradiciones y, encontrando disponible el concepto de que el dios sol era el amo o, en realidad, la única deidad de todo el universo, el rey se mostró reacio a emplear cualquiera de los viejos nombres y representaciones para esta suprema divinidad, de modo que racionalmente la llamó simplemente Aten («el Disco») y la retrató de una forma enteramente nueva, como un disco plano con rayos que terminaban en manos (¿un simbolismo indicativo de actividad?). A este nuevo dios erigió un magnífico templo en la nueva capital, que llamó «Horizonte del Disco» en honor de Aten (véase Fig. 195 para una pintura del frente de este santuario), e incluso cambió su propio nombre de Amenhotep («Amón está Satisfecho») a Akh-en-aten («Esplendor del Disco»).[31] De forma paralela a estas innovaciones, se dieron libertades hacia un cierto modernismo realista del arte, etc. Estas reformas violentas encontraron mucha oposición, y después de la muerte del rey hubo una reacción tan fuerte que sus sucesores se vieron constreñidos a retornar rápidamente a la vieja fe y a restablecer el culto de la tríada tebana. El recuerdo del hereje y de su dios fue perseguido tan inmisericordiosamente como él había hecho con la religión de Amón, y en particular fue destruido hasta los cimientos del templo cismático al sol. Por esto sabemos muy poco de la nueva «doctrina» de Amen-hotep, al que sus inscripciones aluden con orgullo; pocos textos concernientes a él sobrevivieron, y estos documentos son tan sólo himnos que vagamente alaban al sol como benefactor de toda la naturaleza animada.

Fig. 215. Amen-hotep IV y su esposa efectuando sacrificios al disco solar

La revolución no parece haber sido tan radical como un monoteísmo solar, como algunos escritores modernos con frecuencia declaran. No tenemos evidencias de que algún culto fuera de la divina tríada de Tebas fuera perseguido. Algunos viejos nombres y formas de las deidades solares eran todavía retenidas en el nuevo culto real (especialmente Horus y Har-akhti), o al menos eran tolerados (Atum). Así este sistema puede haber sido henoteísta o monolástrico más que monoteísta. Ni tampoco fue iconoclasta en la extensión de una estricta prohibición de los tipos animales o humanos de las deidades retenidas o toleradas. No obstante, fue un intento marcadamente racionalista, y revela una independencia de pensamiento al rehusar el soporte de las amalgamas panteístas de los viejos nombres y formas que hemos descrito antes.[32]

Es verdad que el único motivo de Amen-hotep para anular este panteísmo parece haber sido, no el pensamiento filosófico, sino simplemente el miedo a verse obligado a retener todos los nombres y cultos tradicionales, y así a admitir que Amón era también una manifestación del dios universal de los librepensadores. Sin embargo debemos darle el crédito de romper con las burdas creencias que, después de haber llevado teóricamente la deidades al cielo, las habían en realidad mantenido sobre la tierra en contacto con el hombre y en las formas humanas y animales de la tradición primitiva. A pesar de que el pensamiento estaba lejos de ser nuevo, era sin embargo un paso radical y verdadero para llevar a la divinidad principal al cielo y rendirle culto sólo en la forma en que el sol aparece diariamente ante los ojos. Esta quiebra con el tradicionalismo, sin embargo, tuvo dificultades fatales. La mente conservadora de las masas fue incapaz de abandonar los nombres y cultos tanto tiempo sagrados de sus antepasados. Podemos admirar la gran valentía del paso del rey, podemos observarlo con simpatía, e incluso lamentarnos de su fracaso, sin embargo Amen-hotep IV no debe ser sobrevalorado y comparado con los grandes pensadores y reformadores de la historia mundial.

Fig. 216. Perfil de Amen-hotep IV

Como ilustración de su doctrina y de la literatura desarrollada en su corte, he aquí reproducido su famoso himno al sol.[33]

«Alabanza al dios sol [por el rey N.N.]:
¡Tú apareces maravilloso en el horizonte del cielo,
O Disco viviente, comienzo de la vida!
Cuando te elevas en el horizonte oriental
llenas todas las tierras con tu belleza.
Tú eres maravilloso, grande,
resplandeciente y exaltado sobre todas las tierras.
Tus rayos envuelven las tierras
hasta extenderse a todas las cosas que tú has hecho;
(pues) tú eres Rê', tú eres el más brillante de todos,

tú los sujetas a tu bienamado hijo (es decir, al faraón).
(A pesar de que) tú estás lejos, tus rayos están sobre la tierra;
tú tienes sobre sus rostros [¿y así ellos sienten] tus pasos.

(Cuando) tú descansas en el horizonte occidental,
la tierra está en sombras, en condición de muerte.
(Los hombres) yacen en sus cámaras con las cabezas envueltas;
un ojo no ve al otro.
Sus pertenencias son robadas (incluso cuando) están bajo sus cabezas,
y no lo advierten.
Cada león viene de su cubil,
todas las serpientes muerden,
la oscuridad [¿es su protección?],
la tierra (permanece) en silencio
(mientras) el que los hizo está en su horizonte.

La tierra brilla cuando te elevas en el horizonte,
resplandeciente cada día como el disco solar.
Tú retiras las sombras
(cuando) envías tus rayos.
Ambas tierras (es decir, Egipto) son un gozo festivo,
despertando y poniéndose de pie;
tú los has hecho levantarse.
Sus miembros son lavados, cogen (sus) ropas;
sus brazos están (levantados) en adoración a tu salida;
(por tanto) todo el país realiza su tareas.

Todo el ganado se regocija con su hierba;
los árboles y hierbas están verdes;[34]
los pájaros vuelan de sus nidos (*seshu*),
sus alas están (elevadas) en adoración a tu ser;
Todos los animales (salvajes) brincan sobre sus patas;
los pájaros y todas las cosas se menean,
(sienten) la vida cuando tú te elevas para ellos.
Las barcas navegan (sobre) la corriente arriba y abajo;
cada camino está abierto cuando tú surges.
Los peces en los ríos brincan (?) ante ti;
tus rayos están (siempre) en lo más profundo del gran océano.

Creador de progenie en las mujeres,
hacedor de semilla en los hombres,
que preserva vivo al hijo en el seno de su madre
y lo mantiene tranquilo para que no llore,
una nodriza (para él incluso) en el seno (materno).
Quien da aliento para mantener vivo todo lo que él hace;
(cuando) desciende de la matriz, [¿tú te cuidas de esto?] en el día del nacimiento;
tú abres su boca, dándole la voz;
tú haces lo que se necesita hacer.

El joven pájaro gorjea en su nido
(porque) tú le has dado el aliento que preserva su vida.
Cuando le has dado su fuerza[35] para abrir[36] el huevo,
sale del huevo
para piar con toda su fuerza.
Corre sobre sus patas
cuando sale del huevo.

¡Qué diversas son (las cosas) que tú has hecho!
Todo son misterios [¿para nosotros?]
¡Tú único dios,
cuyo lugar nadie puede ocupar!
Tú has creado la tierra de acuerdo a tu corazón...
Tú único ser...
Hombres, muchedumbres y todos los animales,
cualquier cosa sobre la tierra,
andando sobre sus pies,
cualquiera se eleva en el aire, volando con sus alas,
los países extranjeros, Siria y Etiopía,
(y) las tierras de Egipto.

Tú has asignado a cada hombre su lugar,
tú haces lo que ellos necesitan.
Cada uno tiene su alimento,
y su vida es contada.[37]
Las lenguas son distinguidas en la palabra;
Sus formas y también sus pieles[38] son diferenciadas;
(así) tú has distinguido a las naciones extranjeras.

Tú has hecho el Nilo en el mundo inferior,
tú le das a él de acuerdo a tus apetencias.
Para proveer de vida a la humanidad,
como tú has hecho para ti mismo,
tú, su señor, (señor) de todos ellos,
descansando entre ellos,[39]
tú, señor de toda tierra
que ha surgido para ellos,
¡oh dios solar del día, grande en poder!

Todas las tierras extranjeras, las remotas,
tú has hecho la vida para ellos;
(porque) tú has colocado al Nilo en el cielo,
hecho descender para ellos,
hecho olas sobre las montañas como el gran océano,
irrigando[40] sus campos en sus ciudades.

¡Qué excelentes son tus planes, o señor de la eternidad!
Tú [has establecido][41] el Nilo en el cielo para las tierras extranjeras
y para las bestias salvajes de cada país montañoso que vagan sobre[42] sus patas;
(pero) el Nilo viene del submundo para Egipto.

Tus rayos alimentan[43] a cada hoja de hierba;
(cuando) te elevas, ellas viven
y crecen para ti.
Tú has hecho las estaciones
para producir todo lo que tú haces;
el invierno era demasiado frío para ellos,
la (estación del) calor es (cuando) ellos (realmente) están a gusto.
Tú has hecho el cielo demasiado lejano para elevarse a él
y para contemplar todo lo que tu haces.

Tú estás solo, elevándote en tus formas como un disco viviente,
apareciendo, brillando, apartándote y (otra vez) extrayendo la noche.
Tú haces millones de formas para ti solamente,
ciudades, pueblos y tribus,
montes y ríos;

cada ojo te contempla ante ellos
(cuando) tú eres el disco del tiempo diario sobre (ellos).»

El texto, aparentemente alterado después de esta estrofa, tiene algunas sentencias muy oscuras cuyo significado aproximado parece ser: «Tú no te has ido (?) desde que (?) tu ojo brillante ha existido, (¿que?) has creado para (?) que ellos no vean la alegría (?)»; y luego continúa en una oración más personal.

«Tú estás en mi corazón (es decir, entendimiento);
ningún otro te conoce
excepto tu hijo, Akh-en-aten;
tú lo has hecho sabio en tus planes y tu poder.[44]

(Toda) la tierra está a tus órdenes
como tú los has hecho a ellos.
Cuando te elevas ellos se (sienten) vivos;
cuando te ocultas, ellos se (sienten) muertos.
(Así) en ti mismo[45] tú eres la vida;
las gentes viven de ti;
(todos) los ojos (están fijos) en tu belleza hasta que te pones;
todo trabajo se detiene (cuando) tú te pones en el oeste.

Elevándote, tú haces que [¿todo lo bueno?] crezca para el rey
[¿quién ha sido un siervo siguiéndote?],[46]
pues tú has puesto los fundamentos de la tierra
y los has elevado[47] para tu hijo,
aquel que proviene de tus miembros,
el rey del Alto y el Bajo Egipto,
viviendo en[48] verdad, señor de ambas tierras,
Nefer-khepru-rê‘ [«la Mejor de las Formas del Sol»; veáse pág. 172],
    Ua‘-n-rê‘ [«el Único del Sol»],
hijo del sol, viviendo en[48] verdad,
el señor de las diademas, Akn-en-aten.
Larga (sea) su vida,
y de la suma esposa real, amada de su corazón,
la señora de ambas tierras,
Nefer-nefru-aten, Nefert-iti,
que vivió y floreció por siempre jamás.»

Hay algunos himnos y oraciones más cortos de este mismo período, por lo general compendios de este largo himno que hemos reproducido.[49] Todos ellos tienen el mismo carácter; siguen un estilo moderno y lírico de descripciones poéticas, describiendo la naturaleza con minuciosa exactitud en los pequeños detalles, pero presentan apenas algún pensamiento religioso que no encontremos ya en la literatura anterior. Podrían casi haber sido escritos para las deidades solares de las generaciones precedentes.

La reacción producida después de la muerte de Amen-hotep IV restableció las viejas forma y nombres de las deidades en todos lados e incluso las enfatizó más que antes. Fue fácil destruir las herejías del cismático faraón, ya que su reforma de corta vida no pudo llegar a las masas. Si la reforma dejó alguna huella, podemos encontrarla en el hecho de que el estilo de la literatura religiosa no volvió al seco formalismo que había reinado antes del Nuevo Imperio; el tono cálido y piadoso se mantuvo, y esto pudo ser hecho con impunidad debido a que el movimiento herético no inauguró, estrictamente hablando, este estilo, que había ya aparecido antes de los tiempos de Amen-hotep IV. Este tono lírico y personal[50] parece haberse profundizado bastante en las Dinastías XIX y XX, de modo que el culto de las antiguas deidades no fue, después de todo, el mismo que en los días de los antepasados, y esto completamente aparte del sincretismo panteísta de los sabios. Los textos revelan una creciente tendencia a apartarse del formalismo en el culto y a inculcar una devoción personal a la deidad. Se enfatizó que la divinidad amaba al hombre, no simplemente a la raza humana, sino a cada individuo en particular, incluso al más humilde; los mismos animales son objetos de su paternal cuidado. Los primitivos poetas alababan exclusivamente el poder divino y lo consideran sólo con reverencia, ahora describen las bondad de los

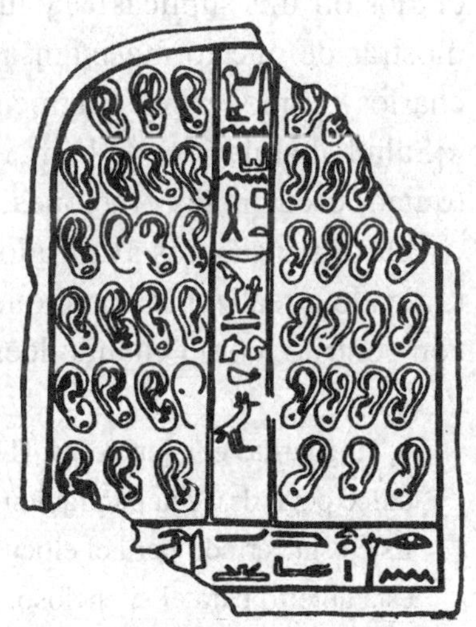

Fig. 217. Estela de oración con símbolos de escucha

dioses hacia el pobre y sus necesidades. El enfermo, el huérfano y la viuda, y el injustamente acusado, ya no rogarán en vano para librarse de sus miserias (véase pág. 239). Tal amor fraternal debía ser recíproco y demostrarse por una manifestación del amor del hombre hacia la deidad y una devoción por ésta y su culto. En todos lados encontramos, declarado en simples palabras, que no sólo los sacrificios y el ritual son la salvación; sin embargo, el sabio Ani,[51] que parece haber vivido a finales de la Dinastía XVIII, al menos denunciaba la creencia de que las oraciones en voz alta, formales y extensas podían impulsar a la deidad a cumplir el mandato del fiel.

«En el santuario del dios,[52] gritar es abominación,
¡ora para ti con un corazón amable!
Todas sus (?) palabras[53] son en secreto;
él las realiza por tu causa;
él oye tus palabras;
él recibe tu sacrificio.»

Con esta orgullosa concepción de la oración podemos contrastar la estela contemporánea erigida por los peregrinos, y en la cual reprodujeron un par de orejas para expresar la invocación, «¡Pueda el dios oír mis súplicas!», y luego multiplicaron estos símbolos para mostrar de qué forma intensa deseaban obligar a la deidad a escucharlos, como en el fragmento que reproducimos, donde se lee: «¡Salud al alma (*ka*) de Ptah, el señor de la justicia, grande en poder, (quien) escucha las oraciones!»

Otros pensadores avanzados se apartaron incluso de la formalidad urgiendo a realizar las oraciones en silencio, en la humildad del corazón contrito, como cuando leemos:[54]

«¡Tú guardas el silencio, O Thout,
dulce pozo de agua para quien tiene sed en el desierto!
Éste está cerrado para el elocuente;[55]
está abierto para el silencioso.
Cuando llega el silencio, él se encuentra bien;
cuando alguien arde de calor, él no te refresca.»

Esto no significa que el deber de un hombre sea no honrar a los dioses con loas, sino que debe exaltarlos constantemente ante los hombres.

«Haré loas en su nombre,
lo alabaré en las alturas del cielo;
tan amplio como es el suelo (de la tierra)
yo describo su poder para los que van del sur al norte.»[56]

El sabio Ani, por cierto, no destruiría todo formalismo, pues en sus *Máximas* leemos:[57]

«¡Celebra las festividades de tu dios!
¡Observa[58] sus estaciones (sagradas)!
El dios siente ira cuando experimenta una ofensa.»

En págs. 178-79 vemos también esta admonición para efectuar sacrificios a los muertos de la forma tradicional.

Las deidades no sólo esperan amoroso culto, sino también obediencia a sus exigencias morales; si éstas se quiebran, el dolor las seguirá como un veloz castigo.

«¡Cuídate de él!
¡Díselo a (tu) hijo y a (tu) hija,
al grande y al pequeño!
Informa a la (presente) generación
y a la generación que aún no ha arribado!
¡Infórmalo al pez en las profundidades,
a los pájaros en el cielo!
¡Repítelo a quien aún no lo sepa,
y al que lo sepa!
¡Cuídate de él!»[59]

Como castigo, un hombre que parece haber realizado un falso juramento, confiesa su pecado por medio de una estela erigida al dios de la luna:[60]

«Soy un hombre que equivocadamente dijo,
(como) consideraba a la luna con respecto (?) a la barrera (?).[61]
Luego ante todo el país él me hizo ver cuán grande era su poder.
Yo informaré de su poder al pez en el río
y a los pájaros en el cielo.
Ellos (es decir, la humanidad) dirán a los hijos de sus hijos,
"Cuidaos de la luna, que puede llevar esto (lejos) hasta que él se calme."»

Un caso similar es descrito más patéticamente.[62] Un hombre crece ciego, atribuyendo su aflicción a un perjurio cometido, e implora al dios que lo perdone con estas palabras:

«Soy quien juró falsamente por Ptah, el Señor de la Justicia;
él me hizo ver oscuro el día.
Contaré su poder tanto a quien no lo conozca,[63] como a quien lo conozca,
al pequeño y al grande.
¡Cuídate de Ptah, el Señor de la Justicia!
¡Atención, él no pasa por alto un deseo (erróneo) de un hombre.
Abstente de pronunciar erróneamente el nombre de Ptah!
Ay de quien lo pronuncie erróneamente,
Atención, él conduce a la destrucción.

Él me convirtió en un perro de las calles;
yo estaba en sus manos.
Él me convirtió en un espectáculo para hombres y dioses
pues he sido un hombre que ha labrado abominación contra su amo.

Ptah, el Señor de la Justicia, es justo conmigo;
él me ha afligido con su castigo.
¡Sé misericordioso conmigo!
Sé que tú eres misericordioso.

Otro hombre se excusa a sí mismo ante la deidad de una manera más general:[64] «Soy un ignorante, cruel (es decir, estúpido, imbécil), un hombre que no sabe la diferencia entre lo bueno y lo malo». Otros consideran en humanidad como un conjunto débil e indefenso ante los dioses. Incluso cuando no haya pecados específicos en la conciencia, es bueno confesar esta humana debilidad ante las divinidades y asumir que éstas fácilmente podrían descubrir faltas si no fueran tan amables e indulgentes. Este es el tono del himno siguiente:[65]

«¡Tú (eres) el único, Oh Har-akhti!
No hay nada que sea como él,
(capaz de) proteger a millones
y de escudar a cientos de miles,
tú, protector del que ha sido llamado para él!

¡O Señor de Heliópolis, no me reproches mis muchos pecados!
Soy alguien que no conoce nada,[66]
cuyo pecho[67] es ignorante;
soy un hombre sin corazón;[68]
paso todo el tiempo caminando tras mi propia boca
como un buey (marcha) tras la hierba.
Si he olvidado (?) mi tiempo,...
camino...»[69]

Este tono piadoso penetra incluso en las inscripciones oficiales. Encontramos faraones que humildemente ruegan a los dioses para obtener guía e iluminación donde, de acuerdo a la tradicional teoría de la realeza egipcia (pág. 172), podrían haber hablado altaneramente de sí como divinidades encarnadas y maestros de toda sabiduría. Así una súplica real dice:[70] «¡No me castigues por hacer lo quc tú odias; sálvame de lo que es dañino!» No obstante tales humildes confesiones de falibilidad y debilidad reales no son tan numerosas como las afirmaciones paralelas de viejo cuño, de acuerdo a las cuales el faraón está demasiado lejos sobre el nivel de la ignorante y débil humanidad como para cometer pecado. Después del 1000 a.C. el viejo formalismo, generalmente hablando, sofoca cada vez más el tono piadoso, especialmente después del 750, cuando la copia mecánica de las formas primitivas era la tendencia prevaleciente, y cuando el conservadurismo egipcio es celebrado como el mayor de los triunfos. En creciente medida, la más elevada ambición de los teólogos fue convirtiéndose en la búsqueda de ruinas de templos y tumbas en busca de inscripciones y papiros, y recoger de ellos viejos textos imperfectamente conocidos, así como nombres y pinturas de dioses que los ancestros habían adorado, iluminando muchas divinidades olvidadas. Esta tendencia arcaizante comienza con los reyes etíopes del siglo VIII a.C. y culmina en el siglo IV con el reinado de Nectanebo, un piadoso monarca famoso en la última tradición también como sabio y mago, que ha dejado un sorprendente número de monumentos ilustrativos del panteón y de las doctrinas del remoto pasado (véase pág. 208).

Para demostrar el gran contraste entre el estilo piadoso en la poesía religiosa del Nuevo Imperio y la vieja vena poética, citaremos como ejemplo un largo himno a Amén-Rê‘ que ha sido preservado en un papiro del museo de El Cairo.[71] Este himno fue compuesto en fragmentos poéticos de varias épocas y así exhibe el viejo formalismo junto con el más moderno estilo lírico. En él, de acuerdo con esto, encontramos ejemplos del más pomposo y arcaico tono:

«¡Despierta en salud, Mîn-Amón,[72]
señor de la eternidad,
que has hecho el tiempo eterno!
Señor de adoración,
El que está ante...[73]

¡Firme de cuernos,
bello de cara,
señor de la corona,
con altas plumas!
Hermoso con la cinta sobre su cabeza,[74]
(usando) la blanca corona.
¡La diadema serpentina y la dos serpientes de Buto[75] pertenecen a su rostro,
los ornamentos (?) de uno en el palacio,[76]
la doble corona, el gorro real y la armadura!
¡Bello de rostro cuando hubo recibido la corona cuádruple!
¡Aquel que ama tanto a la corona del Sur como a la del Norte!
¡Amo de la doble corona que ha recibido el cetro!
¡Amo de la maza, sostenedor del látigo,
el dios gobierna a quien comparece con la blanca corona!»

Más adelante el himno simplemente describe la increíblemente antigua estatua del dios Mîn de Koptos (pág. 140), de cuyo carácter mitológico el poeta pudo decir poco, ya que era obviamente reacio a seguir la posterior identificación de la deidad con Osiris (págs.141, 158). En este punto el estilo se hace ligeramente más vívido y moderno, y se convierte en un himno al sol.

«¡Señor de los rayos, hacedor de luz,
a ti que los dioses rinden pleitesía,
que fortaleciste sus brazos como él deseaba!
Sus enemigos caen por sus llamas,
es su ojo el que espanta lo malo.
Envió su lanza a ser tragada por el abismo,
forzó al impío dragón a escupir lo que había tragado.[77]

¡Salud a ti, O Rê', señor de la verdad,
cuyo santuario es misterioso, amo de los dioses!
¡Khepri en su nave,
quien dio la orden, y los dioses fueron hechos!
¡Atumu, el creador de los hombres,
quienes distinguió sus formas e hizo su vida,
distinguiendo la forma[78] de uno de la del otro!»

Ahora sigue una sección en la más moderna vena lírica:

«Quien escucha las súplicas de quien está en prisión,
amable de corazón cuando alguien le llora!
¡Quien libera al tímido del que es violento de corazón,
quien juzga al oprimido, al opresor y al necesitado!

¡Señor del conocimiento, cuyos labios son sabiduría,[79]
y cuyos placeres vienen del Nilo!
¡Señor de lo placentero, grande de amor,
quien da[80] la vida a los hombres,
quien abre cada ojo!
¡O tú (que eres) quien hizo en el abismo.

quien creó el placer y la luz!
Los dioses se regocijan ante los signos de su bondad,[81]
sus corazones reviven cuando te contemplan.»

La siguiente sección del himno vuelve al estilo pomposo que celebra a la deidad, como el culto en Tebas y Heliópolis, «para quien el sexto día y el día medio del mes son honrados» (véase pág. 93). Con interminables repeticiones describe sus coronas y emblemas. Después de un tiempo, sin embargo, el relato de su actividad como creador y sustentador reasume un tono moderno y piadoso.

«¡El único que hizo lo que es,
creador de todos los hombres, quien hizo todo lo que existe!
Los hombres proceden de sus ojos,
los dioses brotan de sus labios.
El que hizo la hierba para el ganado,
los árboles dadores de vida para los hombres;
quien permite que el pez viva en el río,
los pájaros toquen (?) el cielo.
Él dio aliento a lo que anida en el huevo;
él sustenta al saltamontes
y mantiene vivo (incluso) al mosquito,[82]
a los seres que reptan y vuelan por igual;
quien hace la comida para los ratones en sus cuevas
y alimenta a las (criaturas) voladores en cada árbol.

¡Salud a ti por todas estas cosas!
El único de las muchas manos,[83]
quien se encuentra despierto cuando todos duermen,
buscando lo mejor para sus animales!»

Está claro que la concepción egipcia de los dioses en el Nuevo Imperio significó un gran avance más allá de las bajas y primitivas ideas que hemos descrito en las págs. 22-23, 203-05, etc. Las deidades de estos últimos himnos religiosos no sólo han obtenido ilimitado poder sobre toda la naturaleza, sino que aparecen como grandes fuerzas morales, como el principio del amor, el pensamiento y la justicia... al menos en la figura de la divinidad suprema que los pensadores y poetas buscaban. Si pudiéramos limpiar estas descripciones egipcias de huellas politeístas y panteístas, su concepción de una deidad paternal y omnipotente se aproximaría a veces a la idea bíblica de Dios.

Por otra parte, debemos constantemente preguntarnos hasta dónde las masas pudieron seguir tan elevado avance. Ni siquiera los sacerdotes tuvieron esa facultad, pues era para ellos imposible librarse de la mitología de las viejas tradiciones objetables que describían a los dioses como seres débiles e imperfectos, tanto en moralidad como poder.[84] En la magia de todos los períodos las deidades parecen aún más falibles. Los últimos hechiceros habían incluso encontrado una forma de preservar y enfatizar las tradicionales debilidades de las divinidades, como en la retención de objetables mitos en los ritos mágicos (pág. 82). Algunas veces en verdad se esforzaban, amenazando a los dioses para sacarlos de sus moradas celestiales (pág. 201). No obstante, nunca pudieron volver por completo a la concepción de los espíritus locales que era corriente en las eras primitivas, y similares conflictos entre los altos y bajos ideales de los dioses parecen encontrar continuidad en otras religiones de las tierras del Nilo.

No se han podido encontrar influencias extranjeras en ninguno de los desarrollos que hemos hasta ahora considerado. Los motivos asiáticos tomados prestados por la mitología egipcia (pág. 155) nunca pudieron revolucionar el pensamiento egipcio, ni esto pudo ser realizado por unas pocas deidades asiáticas que gozaron de culto en Egipto en un determinado período (págs. 155-60). Estos cultos extranjeros coexistieron con los antiguos cultos egipcios, nunca se mezclaron con éstos ni los afectaron. En los últimos tiempos, la intrusión de muchos elementos inasimilables de este tipo sólo hizo a la religión egipcia algo más conservadora. Esto es igualmente cierto en el período griego, cuando incluso el culto oficial de Serapis (pág. 101) avanzó muy lentamente entre los egipcios nativos. La magia fue la única que estuvo siempre abierta a la influencia foránea (pág. 208). En el período romano, cuando la religión de Grecia y Roma se había extrañamente egiptializado, y cuando la expansión del cristianismo amenazaba a todo paganismo por igual, percibimos una especie de interrelación de

Fig. 218. Antaeus-Serapis

los sistemas egipcio y grecorromano en la mente popular. Esta influencia, sin embargo, fue menos fuerte en el culto de los templos, que aún se esforzaban, como mejor podían, en copiar los modelos más antiguos. El dios sol, una vez representado en File como un arquero, es una de las raras adaptaciones a la mitología griega;[85] y la misma afirmación puede hacerse del cambio del viejo tipo del dios Antaeus (pág. 133) al de Serapis con un halo no egipcio, vestimenta y armadura de soldado romano, etc. Anubis y Ophoïs, guardando una tumba cercana a Alejandría, son representados de igual forma; uno de ellos, con la parte inferior de su cuerpo en forma de serpiente, puede posiblemente ser explicado como una curiosa reminiscencia de la serpiente del submundo (pág. 108); es de cualquier forma una nueva libertad. La extraña degeneración de la serpiente sagrada *uraeus* en la misma tumba es igualmente no egipcia. Incluso pueden encontrarse intrépidas innovaciones entre las figuras de terracota que adornaban las casas privadas de este período (véase Lámina I, 1, 2, como muestra), pero sabemos poco sobre el significado de estas extrañas fantasías.

La influencia de la religión egipcia sobre los países vecinos fue muy fuerte en Nubia, donde las divinidades egipcias tal como fueron reconocidas en todo Egipto (es decir, en los círculos tebanos y osirianos) fueron decididamente populares por la conquista, colonización e imposición de los cultos oficiales sobre esas razas de piel oscura. Amón, especialmente, como la más alta divinidad del culto estatal, se convirtió en el dios oficial de Napata y Meroë, y de todo el gran Imperio Etíope, incluso cuando éste alcanzó su independencia. Los sacerdotes egipcios del período griego en realidad observaban al sur con envidia y describían a los etíopes como los mejores, más píos y, consecuentemente, más felices hombres de la tierra.[86] En particular, el empleo de oráculos para dirigir la política e incluso para elegir reyes continuó en Etiopía hasta el período persa, como había sido en Egipto en los días pasados (pág. 197). Como suprema divinidad oficial del conquistador imperio egipcio entre las dinastías XVIII y XX, el Amón con cabeza de carnero también se hizo conocido como el dios más elevado de Libia, al oeste de Egipto, como se demuestra por el nombre de «Oasis de Amón» y su famoso oráculo en el desierto libio. La influencia manifestada en Asia y la primitiva Europa fue menos directa, a pesar de que el arte egipcio importaba muchos motivos nilóticos. Como el arte fenicio estuvo siempre mucho más influido por el estilo egipcio que por el babilónico, podemos suponer que la religión fenicia de igual modo tomó prestado literalmente elementos de Egipto. Así Tammuz-Adonis fue adorado en Biblos como Osiris con formas de culto egiptializadas (Cap. V, nota 84), y los fenicios dieron el nombre Taaut al inventor de la escritura (Cap. III, nota 2), etc. De igual manera encontramos, por ejemplo, el instrumento musical sagrado de Egipto, el sistro, o cascabel (pág. 43), usado en las ceremonias religiosas de Creta en épocas tan primitivas como los tiempos minoicos, cuando es pintado en el famoso vaso de Efaístos. De este modo no es sorprendente que las huellas egipcias sean distintivamente numerosas en la mitología griega, y algunas parecen haber vagabundeado incluso hasta el norte de Europa.

Fig. 220. Símbolo guardián de la misma tumba

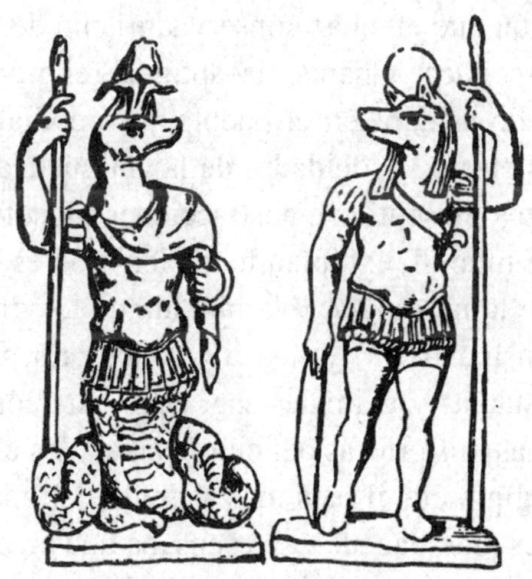
Fig. 219. Deidades guardianas en la tumba de Kôm-esh-Shugafa, cerca de Alejandría

A pesar de esto, los egipcios nunca propagaron su religión por medio de misioneros. Después del tiempo de Alejandro los griegos, que siempre habían sido atraídos por la misteriosa religión de las tierras del Nilo, comenzaron a imitar algunos de sus cultos en su integridad, incluso fuera de Egipto mismo; en el período romano estos cultos se extendieron a Italia, y por ende a todo el Imperio Romano hasta Britania. Como ya hemos visto (págs. 139-40), esta propagación de la religión egipcia fue siempre exclusivamente restringida a las deidades del ciclo de Osiris, la más popular de las divinidades egipcias, y al Serapis grecoegipcio. En la dispersión, los cultos buscaban imitar tanto como fuera posible —no siempre con éxito— las antiguas tradiciones de las tierras del Nilo. La arquitectura y los jeroglíficos de los templos, los obeliscos y esfinges ante los santuarios, las extrañas vestiduras de lino de los sacerdotes con cabezas y rostros afeitados, el interminable y oscuro ritual y las formas animales de algunos de los ídolos llenaron el mundo clásico con peculiar reverencia, y se creyó que había maravillosos misterios ocultos tras todos estos hechos incomprensibles. No importaba que algunos librepensadores siempre despotricaran contra el culto animal y otros aspectos extraños de este bárbaro culto; los prosélitos se aferraban a sus misterios con gran celo, y la religión «isíaca» probó ser un formidable competidor del surgiente cristianismo.[87]

La principal razón de este éxito debe haber sido la fuerte impresión que el tenaz conservadurismo de Egipto provocaba en esa época escéptica. Cuando la antigua religión grecorromana había perdido todo asidero en el pueblo y se podía burlar de ella con impunidad, mientras las deidades de la antigüedad se habían convertido en nombres sin sentido o abstracciones filosóficas sombrías, los egipcios, con fe infantil, exhibían todos los árboles, lagos y rocas milagrosos, etc., de la mitología, y la morada de los dioses en sus templos sobre esta misma tierra, y las divinidades mismas realmente corporizadas en estatuas y animales sagrados. Esta sólida fe, combinada con las formas misteriosas del culto, daba a los extranjeros la convicción de que Egipto era el país más sagrado del mundo y que «en verdad los dioses moraban allí». Se pensaba que un peregrinaje al Nilo siempre provocaba maravillosas revelaciones y bendiciones espirituales, y los peregrinos, retornando con renovado celo, esparcían en sus pueblos la convicción de la profundidad del conocimiento religioso que tenía su hogar en la oscuridad de aquellos gigantescos templos que, en su extensa e intacta condición, impresionaba al viajero romano aún más que lo que sus ruinas ahora afectan al turista occidental.

No obstante, el mundo clásico, aunque buscando un nuevo pensamiento religioso, fue incapaz de copiar el mismo conservadurismo que admiraba en los egipcios. Las divinidades más populares, incluso en Egipto, y de modo especial las del ciclo osiriano, habían sido investidas, como ya hemos notado, con algunas ideas no egipcias en las ciudades con nutrida población griega; y en la amalgama europea con nombres y mitologías griegos y asiáticos, y con especulaciones filosóficas, fueron reducidos a personalidades vagas y panteístas. Al final, Isis y Osiris-Serapis, como eran adorados en el exterior, en el culto místico de «sociedades isíacas» secretas, retuvieron de su origen egipcio poco menos que sus nombres y formas de culto. Fueron inventados nuevos mitos extraños. La pintura de Harpócrates, o «Horus el Niño» (pág. 119), colocando el dedo sobre sus labios como convencional signo de niñez (véase Figs. 45, 48 y Lámina I), fueron mal interpretados como una indicación al silencio con relación a los profundos misterios religiosos de Egipto, una interpretación que se impuso con fuerza entre los prosélitos a esa fe. La llamada «literatura hermética» se fusionó con la religión griega y egipcia con gran libertad.[88] Incluso las especulaciones que Plutarco, en su tratado *Sobre Isis y Osiris* (pág. 95), cree leer que los nombres de las divinidades de las tierras del Nilo sólo son egipcias en parte. Por otra parte, las masas, especialmente las mujeres del mundo romano, cogen, como hemos dicho, las formas exteriores de la religión egipcia como lo mejor para sus capacidades, como cuando, por ejemplo, la representación de la gran madre Isis siempre retuvo el tipo que podemos observar en el Período de las Pirámides.

En Egipto mismo, en los tres primeros siglos de la era cristiana, los templos mostraron la vieja creencia, los viejos cultos y los piadosos devotos sin ningún cambio revolucionario. Después de que el cristianismo se expandiera mucho más rápidamente, y cuando, cerca del final del siglo IV, el famoso edicto de Teodosio ordenó el cierre de los santuarios paganos, las masas habían abandonado la antigua fe tan completamente que el populacho incluso se volvió contra los sacerdotes idólatras y sus pocos seguidores. Los escasos remanentes de la religión egipcia y griega, muy desfigurada por las amalgamas durante este amargo período, como repetidamente hemos dicho, murió en medio de salvajes disturbios durante el siglo V. Sólo en la hermosa y pequeña isla de File (págs. 101-02), el culto de Isis y sus asociados continuó impertérrito e incorrupto. Las salvajes, morenas y nómadas tribus de los blemianos y nobadianos, al este y sur de Egipto, se negaron por un tiempo a aceptar el cristianismo, e incluso aferrados a la vieja fe, obligaron al gobierno romano, que temía los ataques de estos bárbaros e incluso les pagaba tributo para mantenerlos tranquilos, a tolerar unos pocos sacerdotes de Isis en el templo de File, en la frontera sur. A comienzos del siglo VI, el poderoso emperador Justiniano suprimió estos remanentes de paganismo, cerró el templo, aprisionó a los sacerdotes y propagó las enseñanzas de la religión cristiana entre los nubios. Con la muerte del último sacerdote que podía leer e interpretar las «escrituras de las palabras de los dioses», como eran llamados los jeroglíficos, la vieja fe se hundió en el olvido. Fue sólo en la magia popular que algunas prácticas supersticiosas cultivaron débiles y esporádicas huellas de lo que había sido, un par de siglos antes, una fe que había expresado el deseo de convertirse en religión universal; una estatua de Isis y Horus, que había escapado de la destrucción, fue interpretada como una representación de la Virgen y el Niño. Aún sobrevivió un vago sentimiento de admiración y de reverencia por la más extraña de las religiones paganas, pero de la información muy incompleta dada por los escritores clásicos, no hay una idea muy clara de que la desvanecida fe pudiera ser reconstruida, y cuando el huracán napoleónico despertó el conocimiento de Egipto, dándole nueva vida, su religión se convirtió en una ardua faena para los eruditos que intentaron descifrar sus inscripciones y papiros (págs. 12-14). Empero, a pesar de todas las dificultades que aún permanecen vigentes, nos aventuramos a esperar que nuestra investigación, carente de prejuicios y por completo imparcial, haya demostrado que el pensamiento de los egipcios —aunque no pueda suministrarnos un basamento o ser comparable con el pensamiento filosófico griego e indio, o incluso con el más sistemático de los babilonios— y el carácter extremadamente primitivo de su fe son una fuente de información muy valiosa e indispensable para todo aquel que desee estudiar el origen y crecimiento de la religión.

LÁMINAS

LÁMINA I

1. TERRACOTA GRIEGA DEL JOVEN HORUS FLOTANDO EN SU BARCA

El dios niño tiene el dedo puesto sobre los labios como un signo convencional de niñez, aunque después haya sido malinterpretado como una admonición a guardar silencio ante los divinos misterios. Véase págs. 97, 245.

2. B S CON ARMADURA DE SOLDADO ROMANO

La divinidad aparece aquí en una función apotropaica. Un dios primitivo, y bastante oscuro, alcanza finalmente tal popularidad que sus representadores incluso influyen las concepciones clásicas de Silenio y los Sátiros. Véase págs. 63-65.

3. ZEUS-SERAPIS

De ser una divinidad local en Dêd, en el Delta, Osiris se convirtió en un dios de la naturaleza cambiante en el sentido más amplio. Entre sus muchas identificaciones está la del toro Apis, llamado Hap en egipcio; de aquí surge Osor-hap, el Serapis de los griegos. Cuando el culto de Serapis se hizo popular en los días declinantes de la religión clásica, Serapis fue naturalmente igualado con el Zeus griego como dios total y de este modo representado en estilo clásico. Véase págs. 95-97, 101, 241-45.

1

2

3

LÁMINA II

1. AMÉN-HOTEP

La divinización de los hombres parece haber tenido restricciones en la mitología egipcia.

2. I-M-HOTEP

Este sabio fue tan famoso que al fin se pensó que tenía ancestros divinos y fue considerado como un hijo del dios Ptah.

3. LOS SIGNOS ZODIACALES

Esta pintura, que data del período romano, muestra la fusión de las concepciones egipcia y clásica. Véase págs. 58-59, 66-67.

1

2

3

NOTAS

INTRODUCCIÓN

1. Para una colección de expresiones monoteístas que, con frecuencia, sin embargo, son simplemente falaces, véase Pierret, *Mythologie,* VIII; Brugsch, *Religion,* pág. 96; Budge, *Gods,* págs. 120 y siguientes. Para una aproximación real al monoteísmo, véase Cáp. XIII.

2. «Der ägyptische Fetischdienst und Götterglaube», en *Zeitschrift für Ethnologie,* X, 153-82 (1878). Tiene un predecesor en la obra del famoso sabio francés C. de Brosses, *Du culte des dieux fétiches,* París, 1760.

3. Si estos factores son los asiáticos, quienes entraron en Egipto en considerable número, podríamos comprender que estos conquistadores o emigrantes hubieran dejado la religión de los nativos absolutamente intacta, como se muestra en los repetidos paralelos de la última historia de Egipto. Esta explicación de un rápido desarrollo de Egipto es en el presente, sin embargo, simplemente una hipótesis que carece de confirmación a partir de los monumentos.

4. En forma similar, los ropajes de los reyes ofrecen reminiscencias de los tiempos primitivos, por ejemplo en adornos tales como la larga cola atada a sus cintos, o las bárbaras coronas.

CAPÍTULO I

1. Véase G. Maspero, *The Dawn of Civilization,* Londres, 1894, pág. 121. Hablando en general, se suponía que todas las serpientes incorporaban espíri-

tus (pág. 168) o como se menciona en la presente relación, podía ser considerada como una manifestación de la diosa de la cosecha, Renenutet (pág. 68).

2. En muchas instancias, la frase «almas de una ciudad» es utilizada en lugar de «sus dioses», especialmente para alguna de las ciudades más antiguas, como las dos capitales más viejas, Buto y Hierakónpolis (Pe-Dep y Nekhen). Parece ser una expresión arcaica utilizada con especial reverencia, o posiblemente tenía un significado más general que «dioses». *Pyr*, 561 sustituye la palabra *ka* por «las almas de Pe», esto es una palabra que es de uso más distintivo para las almas difuntas. Por otra parte, la naturaleza divina de todas las almas difuntas no es tan clara en otras religiones animistas (véase págs. 17-19).

3. Cada nomo egipcio también tenía uno o dos tabúes propios. Así en un lugar la miel era la «abominación» local, mientras en otros un especial trozo de carne, como el riñón o incluso los cuartos traseros del ganado vacuno, eran tabú. En muchos lugares se consideraba prohibida la cabeza o la sangre; pero como ninguna de ambas parecen haber sido prohibidas en todo Egipto, esto puede simplemente indicar que la prohibición era más estrictamente observada en ciertos lugares, y lo mismo es probablemente cierto con respecto a algunos pecados sexuales mencionados en la lista de tabúes de los nomos. Muchas prohibiciones deben haber sido originadas de tabúes de santidad, como el de dañar una oveja, que era prohibido en algunos distritos; por cierto, la aversión por el halcón, recordado en una localidad, no denota su impureza, especialmente como pájaro sagrado en todas partes de Egipto. Otros ejemplos, como los relacionados con el hipopótamo, la gacela, etc., sin embargo, deben ser comprendidos como consecuencia de maldiciones. «Encender luz de día» parece haber sido también un pecado local. Todo el tema está envuelto en la mayor oscuridad.

4. La religión de Babilonia, de igual forma, muestra inconfundibles evidencias de unas bases originalmente animistas, a pesar de que muy pronto la adaptaron a teorías cósmicas y estuvo mejor sistematizada que la religión egipcia. Los eruditos han tratado con frecuencia de encontrar huellas de totemismo en los símbolos de los dioses, las ciudades y los distritos de Egipto. Una interpretación así es especialmente tentadora cuando estos emblemas, portados en estandartes como el escudo de armas de los nomos, representan un animal o planta. La única afirmación que podemos positivamente hacer es que los egipcios, en los tiempos históricos, no eran conscientes de una explicación totémica de estos símbolos. Su aplicación era divina o local, nunca tribal como los símbolos totémicos de los pueblos primitivos. La interpretación del totemismo en general está en el presente en un estado de discusión e inseguridad.

5. Algunas tríadas eran también la regla en Babilonia. Es muy erróneo llamar a la tríada egipcia o babilónica una tríada en el sentido cristiano.

6. Algunas veces la tríada tebana era Amón, Amonet y Mut. En otras instancias, el dios masculino menor Khôns(u), quien por lo general tomaba el lugar aquí ocupado por Amonet, era quitado para evitar exceder el tradicional número tres.

7. Este es siempre el significado de la ortografía del Antiguo Imperio; fue sólo en un período posterior cuando el nombre fue utilizado para significar «Señor de Occidente» (es decir, de la región de los muertos, *amentet*) o «el que está ante su (!) Occidente» (*Pyr,* 285). Sobre la asimilación de Khent(i)-amentiu a Osiris, véase pág. 100.

8. Es muy improbable que el temor a pronunciar el sacrosanto nombre provocara su desuso. No encontramos ese mismo miedo en el período histórico de Egipto, donde el divino nombre era usado (y abusado) en proporción directa a su santidad. Por otra parte, los nombres de ciertos dioses antiguos parecen haber desaparecido en una época muy temprana. Así el cocodrilo con una pluma de avestruz, que una vez fue adorado en Denderah, se mantuvo en el estandarte del nomo, pero su nombre se perdió por completo más tarde, cuando fue utilizado para simbolizar la derrota de Sêth (aquí corporalmente identificado con Sobk) por Horus (en este ejemplo simbolizado por la pluma; véase Mariette, *Denderah*, III, 78). Un nombre divino utilizado de tres formas contradictorias (*Pyr,* 1017, 1719, etc.), lo que nos hace llegar a la conclusión de que era poco familiar para los eruditos antes del 3000 a.C., puede tener muchos paralelos en nombres de dudosa aparición o lectura en las primeras inscripciones jeroglíficas.

9. Mariette, *Les Mastaba*, pág. 112; Lepsius, *Denkmäler*, III, 279 (¿cerca de Memfis?).

CAPÍTULO II

1. Sobre este último papel en el mito de Osiris como hijo, reincorporación y venganza de Osiris, véase págs. 104, 116, 118-121, donde la ahora popular teoría es criticada, ya que el disco alado de Edfu es la primera forma de Horus (pág. 104).

2. Esta interpretación está evidentemente basada en una conexión etimológica con la raíz *khoper*, «advenir, ser formado». Esta etimología conduce también a una explicación del nombre como «el Que se Forma a Sí Mismo, el Auto-Engendrado», como el dios sol fue más tarde llamado. Para la primera ortografía, Khepрer, véase *Pyr,* 1210-2079.

3. Una localización de Khepri en Heliópolis es poco original, pues Atum(u) fue el primer dios solarizado de este lugar.

4. Algunos textos parecen entender que los dos *sekhnui* del sol son portalones, o algo parecido. *Pyr,* 337, por ejemplo, dice: «Bajad los dos portalones (*sekhnui*) del cielo para que el dios sol pueda navegar hacia el horizonte (oriental)». Luego este número es doblado, y son localizados en los cuatro puntos cardinales (véase *Pyr,* 464): «Estos cuatro limpios portalones son hechos descender para Osiris cuando viene al cielo, navegando hacia el frío lugar». Más tarde su nombre es transferido a los cuatro pilares del cielo. El sentido original de la palabra parece haberse hecho pronto muy oscuro. En las pinturas primitivas (Petrie, *Royal Tombs*, II, Láminas X-XI) es claramente una estera que cuelga de la proa de la nave solar.

5. El arte muy posterior incluso trata de convertirlo en una cortina de abalorios o un adorno que simboliza los rayos del sol (por ejemplo, Bénédite, *Philae*, Lámina XLIII); o puede aparecer como una tableta negra adornada con estrellas (*Ani Papyrus*).

6. *Pyr,* 1209. El simbolismo numérico es muy interesante.

7. Más tarde esta expresión pierde su fuerza original y se espera que todos los muertos justos se unan al elegido que navega en la barca del sol.

8. Bonomi y Sharpe, *Oimenepthah,* Lámina XI.

9. Estas guerras pertenecen más apropiadamente a la posterior mitología; véase pág. 109.

10. La idea primitiva era que durante la noche la barca del sol era arrastrada por chacales «en la montaña del oculto lugar» (*Harris Magic Papyrus*, 5). Ésta y la idea de los «(lagos) del chacal» (*Pyr,* 1164, 1457), o «campo(s) del chacal», en los que el sol desciende, parece datar de los tiempos en que el perro o chacal Anubis (ya posiblemente identificado con Ophoîs) era el único regente del mundo inferior (véase págs. 100, 113-14. Véase los chacales como «el lago de la vida» (Bonomi and Sharpe, *Oimenepthah*, Lámina VIII). La cuerda alrededor del cuello de tales dioses chacales parece referirse a su remolcar de la nave solar.

11. Más tarde, por una mala interpretación, la «isla flamígera» o «isla de las llamas» es interpretada como el «lago de las llamas» o el «canal de las llamas». El primero se convierte en el lugar de tormento para el malvado, mientras el último se desarrolla en esa porción del camino de agua subterráneo donde el sol combate con su diabólico adversario 'Apop (págs. 107-08). Los teólogos también buscan distinguir otras partes del océano donde el sol se pone

o surge, por ejemplo los «lagos del crecimiento [¿o de Khepri?], de Heqet y de Sokari» (Virey, *Tombeau de Rekhmara*, Lámina XXIV). Cuatro lagos (*ib*., Lámina XXVII) nos refieren a las cuatro fuentes del Nilo como lugares natales del sol (págs. 47-48).

12. O Mese(n)ktet; véase P.Lacau, en *RT*, XXV, 152 (1903), sobre la dudosa pronunciación de este nombre.

13. Este es un aspecto extraño, ya que Heliópolis, el lugar de culto de esta última forma local del sol, estaba situada en la frontera oriental del Delta, de modo que deberíamos esperar que éste representara la aparición matinal. Es posible que Atum fuera la primera solarización de un dios local en el Bajo Egipto, de modo que pudo representar al viejo sol, tal como Rê‘ lo hizo en algunos de los últimos mitos (véase la nota siguiente). Sobre el animal sagrado original de Atum, véase pág. 167.

14. Véase los mitos que cuentan porqué los dioses se apartaron de la tierra (págs. 78-81). Es por esta razón que los mismos textos posteriores igualan a Rê‘ con el débil y destronado Cronos de la mitología clásica.

15. El nombre especial dado a esta forma con cabeza de carnero, Ef, Euf, no puede aún ser definitivamente explicada. Más tarde el sol, otra vez como Khnûm, es con frecuencia representado con cuatro cabezas de cordero, probablemente por analogía con las cuatro fuentes mitológicas o ramas subterráneas del Nilo.

16. Se puede seguir la pista de estos números hasta las divisiones del mes por siete y catorce, que concuerdan tanto con la cronología solar como con la lunar.

17. Véase E.Lefébure, *Le Mythe osirien*, I. *Les Yeux d'Horus*, París, 1874.

18. Para una pintura del dios sol sentado sobre esta escalera y con solo ojo en lugar de cabeza, véase Mariette, *Dendérah*, IV, 78.

19. Es difícil determinar la extensión por la cual el concepto asiático del planeta Venus como hija del sol (págs. 56, 104), y la feminidad del sol en ciertos lenguajes asiáticos y sistemas religiosos, puede haber afectado el desarrollo egipcio a este respecto.

20. Es posible que el «sol femenino», Rê‘et, o «Rê‘et de los dos países» (Ra‘t taui), se origine de estas individualizaciones del ojo solar; sin embargo pudo haber sido simplemente una tendencia a dividir los dioses, especialmente aquéllos de carácter cósmico, en una divinidad masculina y su consorte femenina, como encontramos en Amon(u)-Amonet, Anup(u)-Anupet, etc. A todos los efectos, la divinidad Rê‘et, que era adorada como deidad menor en

Heliópolis y otros lugares, tiene generalmente cabeza humana y es tratada de forma análoga a las diosas celestiales, como se demuestra por su tocado de cuernos y el disco solar; algunas veces es también análoga a la Tefênet de cabeza de león.

21. El significado original de este simbolismo fue algunas veces confundido debido a que Sêth proviene de la «ciudad áurea» de Ombos.

22. *Pyr*, 391; similarmente 1178. Los dos obeliscos en el cielo son también llamados «las dos marcas, o signos [es decir, límites], de poder (*sekhmui*, una frase que los últimos egipcios no comprendieron e interpretaron mecánicamente como «dos cetros» (W.Spiegelberg, en *RT*. XXVI,163 [1904]).

23. Sobre el divino descendiente y culto de todos los reyes, véase págs. 171-73.

24. W.von Bissing, en *RT*, XXIV, 167 (1902).

25. «La gran fuente (cósmica)» en Heliópolis (*Pyr,* 810).

26. Véase los tres halcones de Pe-Dep (Buto) y los tres chacales de Nekhen (Hierakónpolis); estos últimos animales de la «Ciudad del Halcón» tienen una extraña contradicción con sus nombres (Lepsius, *Denkmäler*, IV, 26, 77, 87, etc.).

27. Para el nombre de estos mandriles, Hetu (femenino Hetet); véase Hetet, *Pyr*, 505), véase H.Schäfer, en *AZ*, XXXI, 117 (1893), y Lanzone, *Dizionario*, pág. 505. Los monos sagrados *qefden* (o *benti*) parecen haber sido poco diferentes. Marmotas hembras rodean a la estrella solar (*Pyr,* 286). Recordar los cuatro mandriles de Thout, especialmente como los jueces y guardianes de las almas condenadas, véase pág. 181.

CAPÍTULO III

1. La luna como padre del dios celestial (*Pyr,* 1104) es un pensamiento aislado.

2. De este modo debe corresponder al planeta Mercurio en las mitologías de otras naciones (véase nota 63, sobre Sebgu). La mitología fenicia tomó prestado su nombre, bajo la forma de Taaut, como el inventor de la escritura.

3. Más tarde la forma de mandril de Thout fue llamada «Esden», como en Denderah; pero esta apelación parece ser meramente una corrupción del copista para Esdes, el nombre de un dios mencionado junto con Thout como sabio consejero y juez (para una colección de algunos de los primeros pasajes concernientes a Esdes, véase Erman, *Gespräch eines Lebensmüden mit seiner Seele*,

pág. 28), los dos seres subsecuentemente fusionados. Esdes es representado con cabeza de lobo o chacal (Mariette, *Dendérah*, IV, 21; véase también Champollion, *Notices*, I, 417, Lepsius, *Denkmäler*, I, 100, Dümichen *Patuamenap*, III, 28). Es posible que fuera un dios primitivo de alguna necrópolis que alguna vez osciló entre una identificación con Thout o con Anubis, siendo ambos jueces de los muertos. Si estamos seguros de que originalmente tenía forma de mandril, deberemos suponer que fue el dios quien la transfirió a Thout.

4. Incluso tan temprano como en este período, Khônsu es algunas veces identificado con el escriba Thout (Erman, *Gespräch*, pág. 27).

5. De este modo Khôns aparece en Ombos como hijo del solarizado Sobk y de Hat-hôr, el cielo.

6. El símbolo del doble toro tiene el valor *khens* (por ejemplo, *Pyr*, 416, como una constelación conectada con la caza, así como también con la «Paleta del Cazador») y de igual forma aparece entre las constelaciones en las varillas mágicas (pág. 209). Para otro simbolismo, véase Dua, Cap. VII, nota 21.

7. Para estos pilares femeninos, véase Mariette, *Dendérah*, II, 55; De Morgan, *Ombos*, I, 254. Para otras interpretaciones de los cuatro pilares del cielo, véase pág. 46 sobre Shu con los pilares, pág. 41 sobre los rizos de Hat-hôr en la misma función, Cap. II, nota 4, sobre el último nombre de los cuatro pilares, y págs. 46, 115 sobre los hijos o rizos de Horus. Hay varios otros conceptos del cielo que son menos populares. Así, de la frecuente idea de una escalera que conduce a las alturas del cielo (*Pyr,* 472, etc.) fue desarrollada la idea de que ese mismo cielo es una gran escalera (*ib*., 479), correspondiendo a la gran escalera del sol en otros textos. Muchas de estas ideas no son aún claramente comprendidas. El concepto de varios cielos superpuestos (como en la Fig. 47) es raro; pero en *Pyr,* 514, «él está unido a los cielos», y *Pyr,* 279, 541, «los dos cielos», puede referirse a los cielos opuestos del mundo superior e inferior.

8. *Pyr,* 1433, etc. Para los dos pilares como idea paralela a ésta, véase pág. 32 y Cap. II, nota 22.

9. *Pyr,* 1216.

10. Los textos más viejos hablan más frecuentemente del toro salvaje celestial, a pesar del género egipcio de la palabra *pêt*; y esto también parece explicar porque tantos dioses (especialmente deidades de carácter celestial) aparecen con la forma de un toro negro, ya que el negro y el azul eran concebidos como un mismo color. En *Pyr,* 470, por ejemplo, se hace mención del toro celestial de cuatro cuernos, uno por cada punto cardinal. De acuerdo a una tradición primitiva, Osiris tiene con frecuencia forma de toro. Así toda la concepción parece

haber sido tomada prestada de los países que se encuentran más al norte, donde los bajos del cielo, es decir el trueno, era más común que en Egipto.

11. La interpretación de este nombre, por los últimos teólogos egipcios, como «la casa (celestial) de Horus», es decir, la diosa que incluye al dios sol en sus vagabundeos, es filológicamente imposible. Originalmente, el término pudo no haber significado otra cosa que «templo con un rostro», es decir con el cráneo de una vaca clavado sobre su entrada para auyentar a los malos espíritus. La cabeza de una vaca o buey como símbolo religioso a través de todo el mundo antiguo puede rastrearse parcialmente en la personificación egipcia del cielo y parcialmente en los primitivos motivos asiáticos. Más tarde la primera significación ya no fue comprendida en muchos países fuera de Egipto, y la cabeza de la vaca o toro se convirtió en un simple adorno, a pesar de que el «bucranium» aún parece haber sido usado, preferentemente como decoración religiosa, en todo el mundo antiguo (véase E.Lefébure, «Le Bucrâne», en *Sphinx*, X, 67-129 [1906]).

12. El «rayo verde» sobre el horizonte ha sido usado como explicación por los eruditos modernos, pero la salida y muerte del sol diario en el océano verde podría ser una explicación más natural. Los egipcios, sin embargo, eran apenas conscientes de este origen de «lo verde». Encontramos otra vez la idea del lecho verde del sol en la historia de Isis y el joven sol en las selvas verdes del Delta (págs. 118-19), en «Horus en su verde» (*ib.*), y probablemente también en el «lago (s) de malaquita» en que los dioses dicen a veces morar (*Pyr*, 1784, etc.). El polvo de malaquita cae de las estrellas (*Pyr*, 567), justo como el lapislázuli es de origen celestial (*ib.*, 513). Si la diosa Hat-hôr, como patrona de las minas de malaquita de la península de Sinaí (y de la «Ciudad de Malaquita», Mefkat, en Egipto), es intencionadamente identificada con el color verde es algo incierto, porque Hat-hôr también gobierna sobre todos los países extranjeros. Por otra parte, el metal peculiar de la Reina Asiática de los Cielos (Astarté, etc.) es el cobre, y de allí deriva el color verde de los antiguos orientales; pero estamos lejos de saber si esta explicación era primaria o secundaria. Somos igualmente incapaces de explicar por qué las estrellas que cubren el cuerpo de la vaca celestial en Egipto tenían por lo general cuatro rayos, mientras todas las otras estrellas eran representadas con cinco. Cuatro es el número cósmico o celestial especial (véase, por ejemplo, nota 7, sobre los pilares del cielo).

13. Cuando la piel de leopardo forma parte de la vestidura de la diosa (Mariette, *Dendérah*, III, 40), se la asimilaba con la diosa del destino.

14. Véase, en esta conexión, el sueño del faraón sobre las siete vacas pro-

cedentes de las inundaciones y plantas del Nilo para indicar la naturaleza de la cosecha venidera (Génesis, XLI).

15. Véase Brugsch, *Religion*, pág. 318; Mariette, *Dendérah*, III, 59, 76; Lepsius, *Denkmäler*, IV, 26, etc.

16. La lectura Bat es establecida por *Pyr*, 1096, donde su símbolo es claramente una cabeza de vaca común, difiriendo del símbolo de Hat-hôr sólo por la fuerte curva interior de los cuernos. La declaración de que Bat tenía un «doble rostro» (*ib*.) es bastante aislada.

17. La pronunciación de este nombre es bastante incierta; podría también ser leído como Nuet, Neyet, o Nunet, o de alguna otra forma con dos *enes*. Si el nombre del océano era Nûn o Nûnu, deberíamos esperar Nûnet, prueba de que la conexión de la diosa con el océano no era simplemente un juego etimológico con algunas palabras, que es muy posible. Así retenemos un error convencional como pronunciación. Para la igualmente dudosa pronunciación de Nuu o Nûn, véase *infra*, nota 38.

18. Las primeras formas del nombre parecen haber sido Gêbet (K.Sethe, en *AZ*, XLIII, 147 [1906]). Para la lectura Gebk (basada sobre la transcripción griega KhbkiV), véase W. Spiegelberg, en *AZ*, XLVI, 141,42 (1910), pero también nota 63. La forma Qêb es aquí seguida en armonía con la transliteración griega KoibiV , Khb , etc. Seb, la lectura de los primeros egiptólogos, es errónea.

19. Cloquea de noche antes de poner su huevo (*Harris Magic Papyrus*, VII, 7). Las leyes ordinarias del sexo, por supuesto, no se aplican a los dioses. Véase también pág. 73 sobre el símbolo del huevo.

20. Así tan tempranamente como en *Pyr*, 1464, etc. Es también el amo de las serpientes en *Pyr*, 439, y maestro de magia, *ib*., 477.

21. Qêb y Aker son mencionados juntos tan anteriormente en *Pyr*, 796, 1014, 1713.

22. El Nergal babilónico, el dios del mundo inferior, es un único león, pero puede ser, hasta un cierto punto, paralelo. Más tarde encontramos con frecuencia a Aker con dos cabezas diferenciadas o como un único león, como cuando, por ejemplo en la ilustración incluida (Lepsius, *Denkmäler*, III, 266), Nut acompaña al sol con forma de un escarabajo y se inclina sobre él como con su usual esposo Qêb. Aquí vemos otra vez el dios de las fuentes,

Fig. 221. Nut, Aker y Khepri

Khnûm, de pie sobre el lomo de un león, que así representa las profundidades de la tierra (Mariette, *Dendérah*, IV, 80, etcétera).

Fig. 222. Shu con cuatro plumas

23. Champollion, *Notices*, II, 484, 507.

24. Véase págs. 107-09. La idea de que el submundo era una enorme serpiente, o que estaba rodeado por ésta (una idea que parece haber derivado de la similar representación del océano), parece ser aún más posterior y vaga.

25. La pronunciación no es muy segura; puede ser Shôu. La pronunciación griega SwV, SwsoV, SwsiV, parece presuponer también la pronunciación Shôshu, pero ésta puede estar basada en una etimología artificial de *ashesh*, «escupir», con lo que se hace una alusión, por ejemplo, al mito de la creación (*Pyr*, 1071, etc.; véase pág. 71). La forma leonada que expulsa el agua de lluvia en los templos quizá representa a Shu, a pesar de que los últimos egipcios ya no eran conscientes de este hecho, ya que la llamaban simplemente «escupe tormentas» (*shen*‘, Lepsius, *Denkmäler*, IV, 67, etcétera).

26. Cuando Shu es comparado al sol de mediodía, esto parece significar que el sol está más bajo su poder a esta hora, cuando el vasto espacio aéreo separa el sol de la tierra. Esta idea, quizá combinada con una etimología del verbo *showi*, «estar seco», condujo a algunos egiptólogos a comparar a Shu con el calor (¿seco?), el aire (¿secante?); pero en su función dominante como dios del aire y el viento es con frecuencia llamado el amo de las corrientes de viento refrescante (véase Fig. 71). Si otra etimología, de *shuó* (¿o *shuy*?), «estar vacío, vaciar», es la razón original de su identificación con Heh, «el espacio vacío», o si es una paronomasia etimológica secundaria, como muchas de las etimologías forzadas de la teología egipcia (véase nota 30 sobre Tefênet), es algo bastante dudoso. Su primera función cósmica parece haber sido solar (y es aún así, por ejemplo, en el *Orbiney Papyrus*, V, 7); al producir a los más recientes dioses sol, fue el primero en asumir el papel inferior de transporte de estas deidades.

27. La transición puede ser frecuentemente vista en pinturas que, como en Naville, *Deir el Bahari*, Lámina XLVI, representa a «Shu, el hijo del sol», con cuatro plumas. Las explicaciones cósmicas de este número son fácilmente sugestivas por sí mismas (véase notas 7, 10; Cap. II, nota 15; Cap. V, notas 27, 67.

28. Este nombre no debe ser pronunciado Tefnut, Tefnuet y, consecuentemente, no está conectado con Nut, la diosa del cielo.

29. Al principio, ella ayuda a Shu a sostener el cielo (*Pyr*, 228, 1443, 1691, etc.), una función que los egipcios posteriores ya no mencionan.

30. Una conexión etimológica con *tof*, «escupir», parece posible sólo en la mente paronomasíaca de los escribas egipcios (véase nota 26 sobre el nombre de Shu), ya que este juego de palabras aparece tan tempranamente como en *Pyr*, 1652. No obstante, ellos no interpretaron de esto su función cósmica, sino su creación por el dios sol. La conclusión de los primeros egiptólogos es que ella denota los húmedos restos de una errónea etimología sobre su nombre («escupitajo de Nut»), no se sostiene por los textos egipcios (véase nota 28 sobre la carencia de una conexión con el nombre Nut).

31. Esto, sin embargo, no parece ser una expresión muy antigua. El nombre es subsecuentemente confundido con un viejo dios, Ruruti (?), quien es mencionado junto con Atum (*Pyr*, 447 [¿como su esposa?], 696, 2081, 2086; véase también A.Erman, en *AZ*, XXXVIII, 25 [1900]).

32. Ha'pi no es andrógino, como con frecuencia declaran los egiptólogos; véase pág. 49 sobre sus dos esposas. Los pechos pendulares aparecen en muchas representaciones egipcias de hombres gordos; y la obesidad de Ha'pi (pronunciación griega 'Wfi o 'Wfi; véase el Krvfi y Mvfi de Herodoto, II, 28; la primera ortografía es simplemente Hp) simboliza la fertilidad aportada por el río dador de vida.

33. Estos son por lo general diferenciados en los jeroglíficos para «norte» y «sur» en conformidad con la concepción tradicional de Egipto como «los dos países», o reinos. Otra explicación del doble Nilo, de acuerdo a egipcios o nubios, por supuesto, puede también aplicarse a esta distinción.

34. Véase Génesis, II.

35. Véase, por ejemplo, Griffith, *Siut*, Lámina XVII, 42, y *passim*. Cuatro Nilos son mencionados en Mariette, *Dendérah*, IV, 81.

36. Véase Lanzone, *Dizionario*, Lámina XIV, y Borchardt, *Sa'hu-re'*, Láminas XXIV-XXX (de donde extrajimos nuestro dibujo de la Fig. 41).

37. *Pyr*, 1229.

38. La pronunciación es bastante incierta, y es difícil decir cómo la posterior (pero excelente) tradición Nûn puede ser reconciliada con la primera ortografía, que es parecida a Niu o Nuu. Más tarde, las conexiones con *n*(y[?])*ny*, «ser débil, inerte, calmo», podría parecer que armoniza con ambas tradiciones, pero aparentemente son simples juegos etimológicos de palabras, como ya hemos discutido en notas 26, 30.

39. *Pyr*, 1691, etcétera.

40. *Pyr*, 1040.

41. Véase las loas a la fertilidad de Nuu (Champollion, *Notices*, I, 731).

42. Champollion, *Notices*, II, 429. ¿Proviene de Asia esta idea?

43. Champollion, *Notices,* II, 423.

44. Los artistas que copiaron esta pintura de los modelos primitivos evidentemente no comprendieron a los dos «dioses misteriosos» que aparecen detrás de Nuu, uno representando al sol y el otro llevando un símbolo extraño. En el último ahora vemos la divinidad que figura entre las deidades del nacimiento y para su símbolo transporta una vasija de leche sobre la cabeza (Naville, *Deis el Bahari*, Lámina LIII; en Gayet, *Louxor*, Lámina LXVIII, es suficientemente significativo, una figura del Nilo toma su lugar). Podríamos pensar que éste no es un nuevo dios, sino meramente la deidad de la catarata, Khnûm, cuyo jeroglífico (un cántaro con asa) los últimos artistas parecen no haber reconocido. En los viejos templos del nacimiento había aparecido como el creador del rey (pág. 54). Es, sin embargo, posible que aquí tengamos un primitivo dios de la profundidad. Véase *Pyr*, 123, 559, 565, donde Ageb («el Frío»), un primitivo nombre para el abismo, parece ser «suministrador de agua (de los dioses)». Su nombre está aquí escrito con una jarra similar, si bien esta es una ortografía primitiva de Nuu, que más tarde fue imperfectamente comprendida (véase *Pyr*, 1565).

Fig. 223. Ageb, la profundidad acuosa

45. Véase Lepsius, «Uber die Götter der vier Elemente», en *ABAW*, 1856, págs. 181-234, quien sin embargo no comprende el verdadero sentido de estos dioses. Son muy populares en magia como las fuerzas más misteriosas que pueda imaginarse. No podemos aún decir hasta donde sus extraños calzados, que parecen cabezas de chacales, no los conectan con los chacales que arrastran la nave del sol (Cap. II, nota 10), etcétera.

46. Debido a la dificultad de la última idea, algunos monumentos sustituyen los vagos nombres de Emen y Emenet («los Ocultos», como en *Pyr,* 446), términos que no tienen conexión con Amón; ocasionalmente estos otros nombres reemplazan al tercer par del ogdoad. Un sarcófago en el Museo Metropolitano de Arte, Nueva York, tiene por consorte de Niu una variante, Hemset («la Fuerza Sentada, Reposada»), y esto debido a que Emen es la pri-

migenia forma de vaca del cielo, Ehet, Ahet (pág. 42). Heh(u), comprendida en algunos textos con el significado de «diluvio» (¿o agua de lluvia?). Las primeras tradiciones conocen sólo los dos primeros pares (por ejemplo, Lanzone, *Domicile des ésprits*, V). Sobre el sistema de dividir cada principio en una persona masculina y femenina, véase Cap. II, nota 20; parece simbolizar la actividad creadora de las fuerzas diferenciadas de la naturaleza.

47. Véase Mariette, *Dendérah*, IV, 76. El título acompañante, «padre de los dioses», puede ser una huella de la interpretación original como océano. Sin embargo, el dios de la tierra, Qêb, también ostenta algunas veces este título y es cierto que el último período trata de encontrarlo en esta inusual representación.

48. Esta concepción de creación espontánea era demasiado profunda para algunos sacerdotes, que le dieron interpretaciones groseras, diciendo que el dios «se enamoró de sí mismo» o de su sombra, o se inseminó a sí mismo, imaginerías que se encuentran tan temprano como en *Pyr*, 1248 (véase también el himno de la creación de pág. 71). Un texto filosófico más especulativo dice: «el alma (es decir, aparición, encarnación) de Nuu es el dios sol», es decir el sol es sólo una parte de la materia primitiva (*Destrucción de los hombres*, ed. E. Naville, L, 86). Véase págs. 220-21 para esta idea panteísta.

49. Véase *Hieroglyphic Texts ... in the British Museum,* II, 5, 6, etc., y Mariette, *Dendérah*, II, 37.

50. Por ejemplo, *Hieroglyphic Texts... en the British Museum*, II, 14 (Dinastía XII). Ambas deidades aparecen como amos de la necrópolis de Abidos, etcétera.

51. Esta creencia era contemplada incluso antes del Nuevo Imperio (véase *Westcar Papyrus*, X, 14, *Libro de los Muertos*, XXX). Para el «doble», o *ka*, véase pág. 175.

52. Véase *Pyr*, 1183-85 para el símbolo de los tentáculos, que parece establecer la etimología (a partir de Sekhen, «¿encontrar, tocar?». Véase Cap. II, nota 4). El nombre de la diosa está escrito con el signo de los dos ladrillos (por ejemplo, Mariette, *Dendérah*, IV, 27, 29, etc.) o con el lecho (Budge, *Libro de los Muertos*, Lámina III). Como una diosa del nacimiento, es algunas veces identificada con Epep-Tuêris (Mariette, *loc.cit.*).

53. La forma exacta es dudosa; sólo las consonantes *S-kh-t* son bastante seguras.

54. Borchardt, *Sa'hu-rê'*, II, 19.

55. Similarmente, el nombre de Nut es con frecuencia escrito con el signo jeroglífico invertido para «cielo», denotando así el cielo del submundo (pág. 44).

56. Pudo haber sido otra personificación de las siete Pléyades (véase pág. 42) o una estrella raramente vista sobre el horizonte. Sobre la cuestión de hasta donde la estrella de ocho rayos de la Reina Semítica del Cielo debe ser comparada, ya que el dardo que sostiene la estrella de Sekhait puede ser contada como un octavo rayo, véase las notas del presente escritor en *MVG*, IX, 170 (1904). Véase también la estrella de siete rayos como un jeroglífico (Quibell, *Hierakonpolis*, Láminas XXVIc, XXIX). Para otro simbolismo de los rayos estelares, véase nota 12.

57. En el período griego, Sekhait era, de igual forma, identificada con una de las Musas, a pesar de que un paralelo más adecuado hubiera sido la Sibila. Parece ser la Selene de Plutarco (*De Iside et Osiride*, XII), quien la describe como la señora del tiempo, a pesar de que la feminidad de la luna es bastante extraña a la teología egipcia (págs. 35-36). En esta capacidad, de acuerdo con él, cede al sabio dios de la luna una septuagésima parte del año (es decir, los cinco días epagomenales) para el nacimiento de los grandes dioses. Plutarco o su fuente parecen haber confundido los cuernos de Sekhait con los de la luna creciente.

58. Esta identificación se encuentra tan tempranamente como en P*yr*, 268, etc. Para la asimilación con Hat-hôr, véase nota 13.

59. Este no es su nombre original, como erróneamente se supone, sino simplemente un epíteto que lo reemplaza.

60. Por ejemplo, *Pyr*, 1207, donde es llamada «Horus de la Morada Estelar» (es decir, morada de los muertos, el submundo) y «dios del océano» (*Pyr*, 1719, etc.). No es muy seguro si «la estrella solitaria» significa la estrella vespertina como distinguida de la estrella matutina. En el período romano, el planeta Venus era representado con dos cabezas masculinas, siendo esto, quizás, una alusión a la doble naturaleza de la estrella (Brugsch, *Thesaurus*, pág. 68) o a la de Orión, su paralela entre las constelaciones.

61. Una tradición (*Pyr*, 1207) habla de la «estrella *duat* que ha dado luz a Orión», pero esto puede ser un error por *duat*, el «no mundo, el bajo firmamento». *Pyr*, 929, 1204, son alusiones oscuras al nacimiento de o por la estrella matutina. En algunas últimas pinturas cósmicas la figura femenina llevando una estrella sobre la cabeza y de pie ante el sol en la barca matutina, significa evidentemente Venus. Los últimos egipcios copiaron esto sin comprenderlo e interpretaron a la figura como la representante de la hora del amanecer, una mala interpretación que prueba que el original de estas pinturas se remonta a tiempos mucho más remotos. En otras pinturas, como la de las dos diosas concebidas de la sangre de Osiris (Fig. 118), es difícil decidir, pues Isis-Sothis podría no significar la femenina estrella matutina.

62. *Pyr*, 362, 488, 1455, etcétera.

63. El nombre de Sebg(u) es también escrito Sebga, Sebagu, el primitivo Sukê copto (F.Ll.Griffith, en *AZ*, XXXVIII, 77 [1900]). La explicación de esta asociación con Sêth parece retroceder a las primitivas atribuciones de carácter peligroso al planeta Mercurio. En Champollion, *Notices*, I, 452 = Lepsius, *Denkmäler*, III, 206, «Sebeg, quien mora en los pozos (?)» aparece como el temible guardián del submundo, mientras en el *Libro de los Muertos*, CXXXVI A, se dice que su escalera conduce al cielo. La explicación de este cambio de interpretación puede ser encontrada en ciertos textos muy viejos y oscuros (P.Lacau, en *RT*, XXVI, 225-28 [1904]), donde los muertos temen «la pluma y la tinta de Gebga». Es probable que este nombre, Gebga, sea una corrupción de Sebga, de modo que Mercurio realmente aparece aquí como el escriba asiático de los dioses, la deidad del juicio, correspondiente al egipcio Thout. Este Gebga es algunas veces llamado «el hijo de (el dios sol) Atumu», y en otra época estaba asociado con la diosa de la justicia, de modo que se nos dice que podía enviar el alma al lago de las llamas (es decir, el infierno) o a los campos de los bienaventurados (P.Lacau, en *RT*, XXVI, 227 [1904]). El dios de la tierra, Qêb, no tiene aquí el mismo significado; variantes de su nombre, como la variante griega (nota 18), pueden ser derivadas de los textos a los que acabamos de referirnos.

Fig. 224. «Sebeg en los pozos»

64. *Pyr*, 749, 1144; véase págs. 27-28. De igual modo los planetas son mensajeros divinos (*Pyr*, 491).

65. *Ib*., 1187.

66. Si este nombre la conecta con el dios Sopd(u), quien es generalmente llamado «el amo del este», podemos inferir que los egipcios no tenían conciencia de esta asociación (cuya alusión aparece sólo en *Pyr*, 1534), a pesar de que parece plausible debido al similar tocado, etc., de ambas divinidades.

67. Aparece así también en Mariette, *Dendérah*, IV, 80. Esta asociación puede estar basada tanto en una primitiva tradición o en una posterior, pero erróneamente, la etimología de la pronunciación griega Σωθις, r eadaptada al egipcio *sat*, «disparar». La posición asignada a las dos esposas en la pintura dada en el texto (De Morgan, *Ombos*, pág. 250; Rosellini, *Monumenti del culto*, pág. 78) nos tienta a considerarlas como contrapartes que intercambian lugares como distintas consortes en la mitología universal, especialmente constelaciones que descienden alternativamente al mundo inferior. Aun cuando puede ser posible, como Lepsius supone (*Denkmäler*, IV, 49), nosotros hemos hecho aquí

simplemente una superposición correctora de una pintura sobre otra, sin embargo el mismo detalle aparece en el antiguo grupo Sothis-Orión, descrito por G. Daressy, en *Annales du service des antiquités de l'Egipte*, I, 80 (1900); parece, por tanto, haber sido intencional.

68. *Pyr*, 965.

69. *Ib*., 959. El sur es aquí el bajo mundo, como en pág. 48, etcétera.

70. «Orión, el padre de los dioses» (*Pyr*, W, 516 = T, 328). Tan primitivamente como en *Pyr*, 67, Orión es identificado con Osiris y conectado con la viña fatal. La estrella más importante de Orión está sobre su hombro (*Pyr*, 882, 1480, etc.). Es remarcable que el peculiar turbante o rizo frontal de los tipos asiáticos de Orión (véase sobre Reshpu, pág. 157), que frecuentemente lo adornan o ciegan, aparecen en las más antiguas representaciones egipcias de él (G.Daressy, *Annales du service des antiquités de l'Egipte*, I, 80 [1900]). Véase la misteriosa referencia a la cinta para el cabello, por ejemplo «de la estrella solitaria» (*Pyr*, 1048) o «sobre la cabeza del sol» (*Pyr*, *N*, 37, etc.). Cuando el *Libro de los Muertos*, XXIII, habla de una diosa como «la Orión femenina» o «la compañera de Orión (*sahet*) en medio de los espíritus (Cap. I, nota 2) de Heliópolis», es una alusión inexplicable.

71. Después Lepsius, *Denkmäler*, III, 170.

72. Véase *Libro de lo que Está en el Mundo Inferior,* reproducido por Budge, *Egyptian Heaven and Hell*, I, 58. Esto explica las extrañas pinturas del *Libro de los Muertos*, XVII (manuscrito *Da*, etc.). Es posible que una representación destacable (Rosellini, *Monumenti del culto*, pág. 78, De Morgan, *Ombos,* I, 250) de dos figuras de Orión, dibujadas oblicuamente cada una, sea una alusión a la naturaleza cambiante o antagónica de los gemelos, a menos que, como Lepsius (*Denkmäler*, IV, 49) presume, tengamos simplemente una pintura modificada. Véase, no obstante, nota 67 para un ejemplo similar.

73. Esto es indiscutiblemente considerado en *Pyr*, 925 y quizá también en 2120. Véase nota 70 sobre su cinta para el cabello. En *Pyr*, 1201, es llamado «el guardián del portal de Osiris». Los nombres Nuru (1183), Heqrer (1222) y Hezhez (1737) dados al barquero, no pueden ser explicados. *Pyr*, 493, parece otorgarle dos rostros, uno que mira hacia adelante y el otro hacia atrás.

74. Véase *Libro de los Muertos*, XVII, 63 (?). Los pasajes CLIII, 8, 25; CLXX, 6, son oscuros.

75. Así *Pyr*, *W*, 511; *Pyr*, *T*, 332-34; Mariette, *Dendérah*, IV, 7, 16; *Libro de los Muertos*, XVII, 63; De Morgan, *Ombos*, pág. 68. En *Pyr*, *P*, 707, parece dar agua y vino; *Pyr*, *T*, 41, lo conecta con una «ciudad de las viñas», probable-

mente porque el jeroglífico para «prensa», así como su función de carnicero puede derivarse de una etimología forzada de *seshem* («cuchilla de carnicero»).

76. Véase G.Daressy, en *Annales du service des antiquités de l'Egipte*, I, 85 (1900), donde la palabra es escrita Sebshesen, etc. El nombre de la diosa fue descubierto por P.Lacau (*RT*, XXIV, 198 [1902]; véase también E.Naville, en *AZ*, XLVII, 56 [1910]), Era también poco familiar para los escribas de la Dinastía V, e incluso antes, que dudaron hasta donde no era simplemente la misma Sekhmet (de allí la inexplicable repetición en *Pyr*, 390 = *Libro de los Muertos*, CLXXIV, 8). Es posible que la cabeza de león venga simplemente de esta identificación con Sekhmet, empero no debemos olvidar que Shesmu también parece ser leontocéfalo. Parece ser una compañera de la deidad llamada «el Horus de Shesmet» (*Pyr*, 449, etc.), aunque puede ser una adaptación del antiguo Shesmu al culto de Horus, que prevaleció más tarde. Ante todos estos hechos es seguro de que cuando el círculo de los decanatos fue establecido en el período prehistórico, los nombres de Shesmu y Shesemtet deben haber sido comparados, aunque más tarde la conexión se hizo ininteligible, excepto en la lista de los decanatos griegos, donde ambos son llamados Sesmh.

77. La lista de los decanatos menciona una cantidad de otros dioses estelares olvidados cuyos nombres están increíblemente mutilados. Por tanto sabemos poco sobre el decimoctavo, Semdet(i), que tenía cabeza de algún animal (Lepsius, *Denkmäler*, III, 270, etc.) y quien aparece tanto en el cielo del norte como en el del sur (G. Daressy, en *RT*, XXI, 3 [1899], y *Annales du service des antiquités de l'Egypte*, I, 80 [1900]). Ninguno de estos dioses jugó una parte en la mitología, pues el sistema de los decanatos, originado en un período muy temprano, pronto se hizo ininteligible. Los «cuatro hijos de Horus» no aparecen regularmente entre los decanatos (véase págs. 114-15). Brugsch (*Thesaurus*, pág. 179) afirma haber descubierto un sistema de decanatos diferente, que podría haber sido puramente local.

78. Esta constelación es también llamada «las Estrellas del Bastón» (*Pyr*, 458, etc.). El número siete, por lo general desgraciado para la mente egipcia, aparece en las Pléyades, que son la constelación del destino (pág. 42). El grupo de «las muchas estrellas» no parece ser idéntico con la posterior constelación.

79. Es llamada Epi en *Pyr*, 381 (véase Epit en Lepsius, *Denkmäler*, IV, 34, etc.) y en griego alguna vez aparece como T-ufiV (Brugsch, *Thesaurus*, pág. 735). Localmente es también llamada Sheput (quizá deba leerse Eput), y algunas veces también Riret («cerda»), debido a una cerda que ocasionalmente le sirve de símbolo en lugar de un hipopótamo. Debido a que con frecuencia yace

sobre un curioso trozo de madera (que fue sustituido más tarde por el jeroglífico de «talismán», parece haber sido denominada «la gran estaca yacente» (*menet*) en *Pyr*, 794, donde de igual forma reaparece como la divina nodriza (¿quizá también en *Pyr*, 658?).

80. Es llamado Dua-'Anu tan tempranamente como en *Pyr*, 1098; es decir, se lo identifica con la estrella matutina (que equivale a Horus) y se lo conecta con los «cuatro hijos de Horus». De acuerdo a esto, su pintura es algunas veces llamada simplemente Dua («Estrella Matutina»).

81. Véase J.Krall, «Ueber den ägyptischen Gott Bes», en *Jahrbuch der kunsthistorischen Sammlungen des allerhöchsten Kaiserhauses*, IX, 72-95 (1899), y también A.Grenfell, en *PSBA*, XXIV, 21 (1902). La primera mención de este dios parece ser en *Pyr*, 1768, que habla de «la cola de Bês» (¿cómo estelar?).

82. Cuando Plutarco (*De Iside et Osiride*, XIX) llama Thuêris a la esposa de Tifón-Sêth, evidentemente confunde al malvado Sêth con el feo pero benevolente Bês.

83. El primer escarabajo según A.Grenfell, el segundo en posesión del autor.

84. Es incierto que la razón para esta forma de representación fuera que el efecto total de la mueca del rostro pudiera auyentar a los malos espíritus (véase J.E.Harrison, «Gorgon», en *Encyclopædia of Religion and Ethics*, VI, 330-32), o si bien ésta descansaba sobre una delineación muy arcaica.

85. Para Bu-gemet («Lugar de Encuentro») como lugar de nacimiento del sol, véase pág. 88 sobre el mito de la pérdida del ojo del sol; para Bu-gemet como lugar de nacimiento de Osiris, véase Champollion, *Notices*, I, 172, etc.

86. Los reyes egipcios, que desde tiempos muy antiguos enviaron repetidas expediciones a partes remotas del África para obtener un miembro de las tribus enanas, afirmaban que no eran impulsados sólo por la curiosidad, sino también por celo religioso, para tener un enano «para las danzas sagradas». Posiblemente una persona usando una máscara (?) como Bês, y considerada, parecería, como proveniente de Wawa (es decir, la Nubia central, cercana a la Segunda Catarata), aparece en las danzas y ceremonias sagradas (Naville, *Festival Hall*, Lámina XV). «El enano de las danzas sagradas que divierte al corazón divino» (*Pyr*, 1189) parece estar colocado en el cielo. Podemos suponer que los mitos de Bês eran reproducidos en estas representaciones religiosas y que estas leyendas estaban en realidad conectadas con el interior de África. Otra huella de esto se encuentra posiblemente en la idea (que parece haber encontrado camino también en otras mitologías) de que los enanos son los

mejores herreros, ya que el interior de África suministraba tanto enanos como oro. Diodoro (I, 18; véase R. Pietschmann, en *AZ*, XXXI, 73 [1893]) nos habla de sátiros peludos encontrándose con Baco (es decir, Osiris) en Etiopía, con música, y también hace mención de dioses similares a Bês (*haitiu*), quienes, junto con los mandriles del sol (pág. 34), danzan y ejecutan instrumentos musicales ante los dioses solares que vienen del este o el sur (véase H.Junker, «Der Auszug der Hathor-Tefnut aus Nubien», en *ABAW*, 1911, págs. 45, 86). No disponemos, no obstante, de conexiones evidentes de estas ideas míticas con los enanos terrenales de África.

87. Por ejemplo Lepsius, *Denkmäler*, Texto, I,100; véase también Borchardt, *Sa'hu-rê'*, Lámina XXII.

88. Por ejemplo Quibell, el *Ramesseum*, Lámina II. Para dioses parecidos a enanos de los primeros períodos véase, quizá, Fig. 2 (f). Este tipo aparece repetidamente (Quibell, *Hierakonpolis*, Láminas XI, XVIII).

89. Por ejemplo, véase Sopd, pág. 151.

90. Herodoto, III, 37. Para Ptah-Bês como el universo cósmico y para un himno mágico a un gran dios que es a la vez enano y gigante, véase pág. 223. En épocas muy remotas combinaciones destacables de los dos tipos de enanos, Bês y Khepri-Sokari, fueron encontradas con uno de ellos llevando al otro sobre los hombros, expresando probablemente su asociación.

91. Concerniente a éste, véase von Bergmann, *Buch von Durchwandeln*, pág. 44, donde aparecen pruebas de que fue originalmente un dios local, como muchas deidades que fueron colocadas entre las estrellas. La afirmación de Mariette, *Dendérah*, IV, 32, no. 1, está basada en una mala interpretación.

92. Véase G.Daressy, en *RT*, XXI, 3 (1899), sobre su carácter estelar, también *Pyr*, 452.

93. 1019, 1094, 1152, 1250.

94. Para los nombres egipcios de los signos zodiacales, véase W.Spiegelberg, en *AZ*, XLVIII, 146 (1911). Representaciones de ellos están siempre entremezcladas con algunas antiguas pinturas de las estrellas de los decanatos, etc., como también en Fig. 56.

95. Algunas pinturas de los vientos han sido recopiladas por Brugsch, *Thesaurus*, pág. 847.

96. Brugsch, *Thesaurus*, pág. 736.

97. *Ib*., 28-31.

98. Renenutet fue también considerada como una «Diosa Nodriza» que tenía a su cuidado a los dioses jóvenes y vigilaba el crecimiento de los hombres.

Posiblemente fue originalmente una distintiva personalidad en forma humana, más tarde confundida con la serpiente de la cosecha (pág. 18). En esta capacidad, ella y Meskhenet (pág. 54), vigilan el comienzo de la segunda vida en el dominio de Osiris (Budge, *Libro de los Muertos*, Lámina III; véase *supra*, pág. 64). Las cuatro diosas de la cosecha (Mariette, *Dendérah*, III, 75) parecen haber sido paralelas a los cuatro genios en el nacimiento de Osiris (págs. 54, 98). En *Pyr*, 302, Renenutet es identificada con el áspid en la cabeza del dios sol.

99. De Morgan, *Ombos*, no. 65.

100. Véase pág. 137 sobre Khnemtet.

101. Véase pág. 46 para la antigua e irregular identificación de Heka con Shu.

102. Borchardt, *Sa'hu-rê'*, Lámina XXX. Hay más personificaciones de este tipo, como la de los dioses de la «Eternidad» y del «Tiempo Sin Fin» (Neheh, Zet); véase von Bergmann, *Buch von Durchwandeln*, línea 26. La «Abundancia» puede de igual forma ser femenina como Ba'het (*Pyr*, 555). Las personificaciones de ciudades y distritos son por lo general femeninas.

CAPÍTULO IV

1. Véase E.A..W. Budge, «The Hieratic Papyrus of Nesi-Amsu», en *Archæologia*, LII, 393-608 (1890); el original puede ahora encontrarse en *Facsimiles of Hieratic Papyri in the British Museum*, pág. 14, Lámina XII, del mismo erudito.

2. Véase Cap. II, nota 2, para el juego sobre este nombre, «El Formador, Iniciador», que es aquí considerablemente elaborado.

3. Es decir, en mi palabra (o pensamiento) comienza la diferenciación de los seres vivos.

4. Difícilmente «ni los reptiles estaban en ese lugar», ya que las líneas siguientes muestran que ya existían. En una variante del texto de esta línea se lee: «Soy el que estaba formado como las formas de Khepri».

5. Variante: «Yo creé muchas otras formas de la primera forma» (Khepri; véase nota 2).

6. Véase Cap. III, notas 25, 30, para las paronomasias etimológicas de estos dos nombres.

7. Variante: «Usé mi boca para (pronunciar) mi propio nombre, que era mágico» (Budge, en *Archæologia*, LII, 558 [1890]).

8. Una de las muchas confusas repeticiones de la misma palabra parece estar omitida.

9. O «libidinem excitavi».

10. Véase Cap. III, nota 48, sobre esta extravagancia (o burda carencia de fantasía) que, sin embargo, es muy antigua y ampliamente conocida.

11. El manuscrito está alterado aquí, pero se puede considerar una oscura palabra con el significado de «mantenidos en reposo», «mantenidos alejados». Posiblemente esta palabra era *s-nyny*, con un juego sobre el nombre Nuu (véase Cap. III, nota 38).

12. El manuscrito está otra vez alterado.

13. O «después me convertí en dios».

14. El significado es, aparentemente, «después de que hube reemplazado mi ojo». Si esta hipótesis es correcta, la subsecuente historia del malestar del ojo por su retorno debería pertenecer a otro mito; de otro modo, significaría la restauración realizada por Shu y Tefênet de su padre, el dios sol. En la teología egipcia «miembros» denota las varias manifestaciones de la misma fuerza divina (véase pág. 30).

15. Este verso no puede ser traducido, o, más bien, reconstruido con seguridad.

16. «En ellas» significa «en las plantas» (un término de incierta significación). Véase *Libro de los Muertos*, LXXVIII, 15, sobre la creación de los primeros seres, «que Atumu mismo había creado, que había formado de las plantas (¿y?) su ojo».

17. El simbolismo de las plantas parece ser una analogía con las verdes plantas que rodean a los seres celestiales en su elevación; véase págs. 40, 118). Una variante del mismo papiro (Budge, en *Archæologia*, LII, 561 [1890] va más lejos al hacer que estas plantas y los reptiles primigenios provengan de las lágrimas vertidas del ojo divino (págs. 31-32).

18. Así la creación del hombre puede también ser conectada, una vez más, con el dios de las fuentes (más tarde alfarero) Khnûm, quien era subsecuentemente considerado como el creador especial de la raza humana (véase pág. 54). Para el mito de la pérdida del ojo del sol en el dominio de Khnûm, véase págs. 90-92. Podemos aquí notar con que frecuencia (por ejemplo, Mariette, *Dendérah*, III, 77; *Libro de los Muertos*, LII) encontramos una división teológica de la humanidad en tres o cuatro clases; pero hasta que no comprendamos los nombres de estas categorías con certeza, no podemos decir si éstas se refieren a la creación o al presente orden cósmico. *Pe'tiu*, el nombre de una de estas

clases, significa «nobles», pero la explicación de *rekh(i)tiu* como «los conocedores, los sabios», es muy incierta, y un nombre, *henmemtiu*, con frecuencia aplicado a los seres celestiales en los Textos Piramidales, es muy oscura. El cuarto nombre significaba originalmente «hombres».

19. Mariette, *Dendérah*, III, Lámina LXXVIII.

20. Esta expresión parece significar «en desarrollo», «en forma primitiva». Véase también nota 14.

21. La aparente indicación de una base en la cual la vaca celestial se sostiene, tuvo probablemente su origen en una indicación sobre el océano.

22. CLXXV, 16 y ss.; véase también E.Naville, en *PSBA*, XXVI, 81-83 (1904).

23. El manuscrito refiere esto a Sêth, como si estuviera en la barca, pero el original parece haber sido, «de aquellos que están en la barca», es decir, los guardianes del monstruo son elegidos como compañeros del dios sol (pág. 28).

24. Es decir, los seres celestiales; véase pág. 43.

25. O, quizás, «una orden de Atum es dada a Thout».

26. *Destrucción de los hombres*, primera copia por E.Naville, en *TSBA*, IV, 1-19 (1876) (véase también *ib*., VIII, 412-20 [1885]), y por último por von Bergmann, *Hieroglyphische Inschriften*, Láminas LXXV-LXXVII.

27. Las palabras entre corchetes llenan las lagunas del original.

28. Manuscrito, «mi dios» (?).

29. Este y el siguiente imperativo son en masculino singular, de modo que deberíamos sospechar que el destinatario original era Thout, el mensajero divino.

30. Es decir, no abandonarán su plan.

31. Los epítetos de Nuu y Rê‘ han sido aquí confundidos, pero tratamos de separarlos otra vez. Sobre la expresión *rekhtiu* para una clase de generación de hombres, véase nota 18.

32. O, «de éste» (es decir, del ojo). Deberíamos esperar, sin embargo, «ante ti». Era, parecería, no la brillante manifestación del sol diurno, sino su aparición nocturna, para perseguir a los hacedores del mal hasta sus guaridas.

33. O, quizá, «pueda ir como Hat-hôr».

34. O, «miedo» (?).

35. O «pasteles» (?). La palabra vuelve a aparecer en L, 18.

36. Esta sentencia, en parte oscura, tanto concluye la sección precedente por una etimología del divino nombre como, a la manera de un título, introduce la siguiente historia.

37. Una fruta etíope que podía ser traída sólo de la frontera sur.

38. Aparentemente una diosa. Tenemos aquí una alusión al nombre de la ciudad On (Heliópolis; pág. 32) con el significado de «gran piedra», es decir, ni «monumento» ni «piedra de molino».

39. ¿En la compañía de los dioses? Deberíamos esperar «su tiempo» (es decir, de la diosa destructora).

40. Si esto es correctamente comprendido, significa la parte más fría de la noche, antes del precedente amanecer, la mejor hora para trabajar.

41. Emu en la frontera occidental del Delta, famosa por el culto local de Hat-hôr.

42. *Timæus*, pág. 22, etc., véase H.Usener, *Die Sintflutsagen*, Bonn, 1899, pág. 39.

43. La declaración del *Sallier Papyrus*, IV, ii, 3, de que la noche del vigésimo quinto día del mes de Thout «Sekhmet fue a las montañas orientales para atacar a los compañeros de Sêth», parece aludir al mismo hecho, aunque en una asociación secundaria con el mito de Osiris. Sekhmet es frecuentemente mencionada como una destructora flamígera (pág. 89).

44. O «dolor» (=¿disgusto?). El texto es oscuro.

45. Esto es mejor que «no es... una falla» del texto.

46. Este pasaje es muy oscuro.

47. La orden a Shu de colocarse bajo la vaca celestial Nut y sostenerla con las manos parece haber sido quitada; pero véase la descripción como se repite más adelante.

48. Es decir, olvidados.

49. Véase pág. 50 para este nombre del espacio aéreo, que con frecuencia es identificado con Shu, el aire, como en pág. 46 y en fig. 71, así como en este pasaje, si bien bastante poco claramente. En *Destrucción de los hombres*, editado por E.Naville, L, 86, Heh es igualado con Shu y Knûm, así como en el caso *infra*, pág. 92.

50. E.Lefébure fue el primero en elucidar correctamente el significado de esta sección, en *AZ*, XXI, 32 (1883).

51. El texto está aquí corregido sobre la analogía con la siguiente línea.

52. Es decir, las fórmulas para reprimirlas y anularlas.

53. Originalmente *hn'-y*, «conmigo» (?).

54. O «agujero».

55. Esto parece significar también, «me elevaré sobre el cielo», implicando apartarse de todas ellas.

56. Heka; véase págs. 46, 136.

57. Esto también puede referirse a sus fuerzas mágicas.

58. A partir de un papiro del siglo XIII a.C., preservado en el museo de Turín. El texto está editado por Pleyte y Rossi, *Papyrus de Turin*, Láminas CXXXI y ss. (reimpreso por Möller, *Hieratische Lesestücke*, II, Láminas XXIX y ss.); la primera traducción y correcta interpretación mitología se deben a E.Lefébure, en *AZ*, XXI, 27 (1883). La división original en versos (indicados por puntos de tinta roja en el papiro) ha sido seguida aquí, excepto unas pocas instancias, a pesar de que no siempre concuerde con las reglas del paralelismo lógico. La mordedura del dios sol Atumu por algún monstruo (*Pyr*, 425) no parece ser análoga.

59. Deberíamos esperar «a quien una era significa un año».

60. Es decir, ni hombres ni dioses.

61. Esto no se ajusta con la precedente introducción; originalmente la conexión debió haber sido diferente.

62. O «el mundo de los hombres» (Lefébure).

63. Es decir [ella pensó:] «¿Podría ella no estar?» Hemos adoptado la corrección de Lefébure al manuscrito, que se leía «ella no era capaz (de estar)».

64. Manuscrito, «tierra (de la) diosa». Möller (*loc.cit.*) propone dividir, «señora de la tierra». La diosa piensa», etc.; pero esto tiene la dificultad de que, de acuerdo a la historia, Isis no era aún una diosa.

65. Manuscrito, «tripulación», como si estuviera en su nave (?).

66. Este es el significado aparente, aunque el manuscrito está mutilado en este punto.

67. O «oculta en la vía» (?) o, «bloqueando la vía» (?). La palabra está mutilada en el texto.

68. Es decir, Egipto, no todo el mundo. En L, 2 y Lámina CXXXIII, L,1, la tierra de Egipto también parece ser el significado, no la tierra.

69. Las palabras en cursiva parecen haber sido erróneamente traducidas en el manuscrito.

70. Corrige el manuscrito a *psh*.

71. El dios sol, respirando pesada y penosamente, emite sus llamas.

72. Posiblemente un epíteto del dios sol. Para el árbol cósmico como un cedro, véase págs. 38, 117. Después *emi*, «estar dentro», el manuscrito tiene un signo oscuro y superfluo.

73. Literalmente, «movió, empujó».

74. Literalmente, «encontró su boca».

75. Omitido en el manuscrito.

76. Literalmente, «estableció su corazón».

77. Manuscrito, «Khepri», una lectura sin sentido pero de interés teológico; véase págs. 27, 70.

78. Si la lectura del manuscrito es correcta, deberíamos traducir «mi corazón lo ha (ahora) advertido, (pero) mis ojos no lo han visto».

79. «El Horus de las Alabanzas», es decir el muy alabado (véase Cap. V, nota 28).

80. O «poder (de la) magia».

81. Esto también puede ser leído como una pregunta: «¿Es fuego? ¿Es agua?». Véase, sin embargo, la repetición que le sigue.

82. Las jóvenes generaciones de dioses que forman la transición a la humanidad (págs. 71, 122).

83. Deberíamos esperar, «mi corazón».

84. Manuscrito, *shed* = antiguo *ushed*, un arcaísmo destacable.

85. Manuscrito, «atado y unido».

86. Es decir, sobre la tierra. La mención de las montañas debe haber sido diferente en la forma original.

87. Esto puede también referirse al dios sol, «quien vino (fue formado) en el gran diluvio». Para este Gran Diluvio (*Meht-uêret),* como nombre de una diosa, y para el dios sol, como «toro de su madre», véase pág. 41.

88. El manuscrito (quizá correctamente) entiende esto como «el que creó la primera vida».

89. O, refiriendo el secreto sólo al horizonte, «hizo los cielos y los secretos del doble horizonte».

90. Literalmente, «la fuerza». Debe advertirse que todos los dioses son aquí tratados como manifestaciones de la misma fuerza (véase pág. 30 y nota 14).

91. Manuscrito, «palacios».

92. Es decir, al mediodía. Sobre las diferentes manifestaciones del sol, véase págs. 30-31.

93. Aludiendo a la creencia de que la personalidad del hombre y la memoria de su vida son tan extensos como su nombre esté en uso.

94. Manuscrito, «Salud a ti».

95. ¿Es el dios Bebon (véase pág. 134), o la palabra *baba* tiene un significado ordinario de «agujero, cueva, cueva de un manantial, manantial»?

96. El texto está alterado; quizá podríamos leer *sa'[r]t*, «sabiduría».

97. El texto está nuevamente alterado, pero parece continuar con una alusión a la revuelta contra el dios sol como se la describe en el mito No. III.

98. O «delegado».

99. Texto alterado.

100. Una palabra más tarde utilizada para los extranjeros que venían del norte, como los griegos. El porqué la luna tiene esta función especial es muy oscuro. No es probable que sea una alusión a las oscuras nubes de lluvia que venían del norte en invierno.

101. Véase H.Junker, «Der Auszug der Hathor-Tefnut aus Nubien», en *ABAW*, 1911, y W. Spiegelberg, en *SBAW*, 1915, pág. 876.

102. Véase Cap. III, nota 84, sobre este lugar donde los jóvenes dioses solares y estelares «fueron encontrados».

103. Shu puede aquí ser comparado con el igualmente guerrero An-hôret (Onuris), como es frecuentemente el caso; véase págs. 46, 146.

104. Junker, pág. 54.

105. Véase Cap. V, nota 28, para una forma similar de Horus. La combinación de dioses en este pasaje no es clara.

106. El *Sallier Papyrus*, IV, XXIV, 2, hace una oscura referencia a esto: «El ojo del sol (literalmente, «el Intacto»; véase págs. 38, 107-08), la señora que está en el cielo como... buscando (¿qué?) ante, que estaba entre los malvados, para (?) su... en el Delta». No podemos hacer mucho con esta versión, que puede posiblemente estar conectada con la historia de la caída de la humanidad.

107. *Pyr*, 698.

108. *Pyr*, 1091, 660, etcétera.

109. *Ib*., 195, etc. Véase *Pyr*, 1040: «No fue el miedo lo que surgió del (¿*hr*?) ojo de Horus» (antes de que el mundo fuera creado). *Pyr*, 1147, sin embargo, habla del «ojo de Horus, más fuerte que los hombres y los dioses».

110. *Ib*., 2090.

111. *Pyr*, P, 455.

112. *Pyr*, 1832. De allí la barca al submundo es llamada «el ojo (es decir, la mejor actividad) de Khnûm» (*Pyr*, 1227-28). Véase de igual modo la restauración del «ojo del Khnûm» (*Pyr*, 1769) por el barquero «que mira hacia atrás» (pág. 60). Para Khnûm, véase págs. 53, 138.

113. *Libro de los Muertos*, ed. Lepsius, Cap. CXLIX; Mariette, *Dendérah*, IV, 80, etcétera.

114. Se han hecho intentos, no obstante, para localizar este lugar en Heliópolis (*Pyr*, 2050), en el pozo sagrado de esa ciudad (pág. 33).

115. H.Junker y G.Möller, en *AZ*, XLVIII, 100-06 (1911). Los textos son muy oscuros, y los escribas parecen desgraciadamente confundir los mitos

solar y lunar. Deberíamos esperar el séptimo día (véase también las catorce almas —es decir, manifestaciones— del dios sol), a pesar de que este número puede intencionadamente haber sido evitado como desgraciado (como aparece también en los sistemas asiáticos) por la sustitución del astronómicamente incomprensible número seis. El sexto día y el día medio del mes son mencionados como festividades tan temprano como en *Pyr*, 716, etcétera.

116. Esta explicación de las crecidas del Nilo en verano y de la vegetación corre destacadamente paralela al bien conocido mito babilónico del descenso de la diosa Ishtar al mundo inferior y de su retorno a la tierra superior cuando se la necesitaba. Desafortunadamente, la interpretación de las aguas del Nilo que ha sido mencionada antes, pág. 92, parece ser de algún modo una explicación secundaria del mito del ojo solar. Véase también el cerdo en el ojo del sol como se lo describe en la pág. 126-27, y el *Vatican Magic Papyrus*, III, 8: «Cuando el sol fue cegado (y no) vio, la diosa Nut abrió el camino a las divinidades». Véase Cap. V, nota 28, sobre el «Horus ciego (?)».

CAPÍTULO V

1. Debemos recordar que los estrictamente localizados y no cósmicos dioses del período primitivo podían desarrollar muy poca mitología (pág. 22).

2. La pronunciación egipcia exacta del nombre es incierta. Si era, como se cree generalmente, Usir(i) (quizá por un original Wesir[i]), la conexión con el nombre de su esposa Isis, que es de otro modo plausible, se hace muy forzado (véase pág. 101). Las paronomasias que asocian su nombre con el del dios sol Rê' son tan antiguas como la Dinastía XIX. El nombre parece bastante no egipcio y puede ser una antigua mala lectura de los símbolos jeroglíficos que se habían hecho ininteligibles.

3. No es seguro si el pilar como jeroglífico de la ciudad no puede haber sido la primera concepción, o si la deidad no pudo simplemente haber sido llamada «el de Dêd(u)» (véase págs. 22-24 para los nombres de divinidades). Los últimos tiempos pueden haber revertido esta relación de ciudad y dios. El significado del pilar es absolutamente oscuro; ni es un Nilómetro, ni la columna vertebral de Osiris. Puede haber sido simplemente un viejo experimento arquitectónico sin ningún significado religioso original. Su frecuente repetición simplemente significa «Dêdi, el (dios) de Dêd». En *Pyr*, 288, un antiguo sabio registra los nombres Zedu, Zedet, Zedut para la ciudad.

4. Véase Cap. III, nota 10. Las identificaciones con los toros sagrados de Memfis (el Apis), Heliópolis (el Mnevis) y Hermonthis (el Buchis) son, sin embargo, más tardías; y el antiguo cordero (¿o macho cabrío?) de Mendés, llamado «el alma de Dêd(u)», prueba que no existe consistencia alguna en las encarnaciones de Osiris.

5. Véase Brugsch, *Religion*, pág. 615, y *Libro de los Muertos*, CXLII, 5 (donde Osiris es al mismo tiempo igualado con Orión).

6. La fecha exacta del concepto de Osiris flotando en un cofre (véase Fig. 76 y Lámina II) es incierta. Para otras ideas asociadas con la nave Argos, véase págs. 59-60.

7. Una rara identificación con Qêb parece ocurrir en Lanzone, *Dizionario*, Lámina CLVII.

8. Plutarco (*De Iside et Osiride*, XXXVII) menciona una flor especial que le era sagrada y parece haber formado su corona (véase también Petrie, *Athribis*, Lámina XLI). Diodoro (I, 17) le atribuye la hiedra; para la conexión con la vid como Dionisio egipcio, véase págs. 38-39, 116.

9. *Pyr*, 589, etcétera.

10. Por ejemplo en el último monumento que nos da Mariette, *Les Mastaba*, pág. 448. Una plegaria frecuente para los muertos en la Dinastía XVIII es: «¡Pueda él beber el agua de la fuente del río!» Esta agua viene directamente de Osiris o es parte de él; consecuentemente unifica al hombre con el dios.

11. *Greek Leyden Papyrus*, LXXV; véase Brugsch, *Thesaurus*, pág. 735.

12. Los cuatro genios del nacimiento de Osiris-Horus, quienes están unidos aquí como en todos lados, son explicados como Tefênet, Nut, Isis y Neftis (Mariette, *Dendérah*, IV, 43), o, mejor, como Nebt-meret (es decir, Muit-Nekhbet, ¿o Meret?), Neith, Heqet y Neftis (Lepsius, *Denkmäler*, IV, 82); en todas partes como Isis, Neftis, Meskhenet y Heqet (véase el paralelo en *Westcar Papyrus*, IX, 23), e Isis, Neftis, Neith y Selqet (*Pyr*, 606).

13. Véase al dios enrollado, Figs. 46, 47, que los últimos egipcios probablemente no comprendieron. Para Osiris enrollado véase Champollion, *Notices*, II, 511, 601-02; se pueden encontrar variantes de la pintura ofrecida en nuestro texto en *Ib*., II, 541, 614.

14. Algunas veces Osiris es representado en verde, lo que a menudo no es otra cosa que un descolorido azul; y el azul, de acuerdo con las ideas orientales, es simplemente otro matiz del negro (véase Cap. III, nota 10); véase, sin embargo, Petrie, *Athribis*, pág. 12, Budge, *Libro de los Muertos*, Lámina IV,

20, etc, para incuestionables coloraciones verdes, que pueden aludir a su vida en los retoños de plantas.

15. Véase pág. 37 sobre la idea subyacente tras este detalle.

16. El primer término para este dominio, *Duat* (o *Daet*; pronunciación tradicional posterior en letras griegas, Thi), significa realmente «Elevándose Sobre las Estrellas», y su locación, por tanto, varía. La palabra es mejor traducida como «submundo», ya que no tenemos ninguna frase que le corresponda y porque, como asunto de hecho, la última concepción egipcia corresponde exactamente con esta acepción, como indicando el lugar donde las estrellas van a descansar.

17. Los viejos patrones del nomo, una cesta sobre un mástil adornado con plumas, no representan esta reliquia, como los sacerdotes afirmaron más tarde; véase, por ejemplo, Petrie, *Royal Tombs*, II, 19, para la forma original. El nombre de este viejo fetiche era *teni*, «el (símbolo) elevado», de donde proviene el nombre de la ciudad, *Tîn*, la griega This (*Pyr*, 627).

18. Esta identificación se encuentra tan tempranamente como en *Pyr*, 1256.

19. Los escritores griegos afirmaban que el nombre y la pintura de Serapis venía de la ciudad griega de Sinope, en el Ponto Euxino, y de hecho este dios era adorado en Egipto principalmente bajo la representación griega de Zeus (véase Lámina I, 3, y págs. 241-244). No obstante, el origen griego de Serapis es un elemento de disputa, y la etimología egipcia de su nombre que damos aparece como oficial en tiempos primitivos bajo los Ptolomeos.

20. Esto es sugerido por la ortografía jeroglífica de ambos nombres y por paronomasias paralelas de nombres de consortes mitológicos en otros países. De acuerdo con las pronunciaciones tradicionales de estos nombres egipcios, Usir (¿Wesiri?, véase nota 2) y Eset (raramente escrito Aset; H.Grapow, en *AZ*, XLVI, 108 [1910]), esta conexión podría ser un juego artificial de palabras y traicionar claramente una pobre imitación de una idea mitológica extranjera.

21. Véase Lanzone, *Dizionario*, Lámina CLI, donde Nut es mostrada con el nudo jeroglífico de Isis, y véase también pág. 101.

22. La confusión sobre los dos sentidos diferentes del jeroglífico de la pluma, o al menos la clara interpretación del personaje con plumas como «Justicia», no aparece en los primeros textos. Parece comenzar con *Pyr*, 744, que dice que la «Justicia ante el dios sol en el día del año nuevo» deleita al mundo. Para este desarrollo, véase *Libro de los Muertos,* LXV, 12, donde leemos que la deidad solar «vive (es decir, se alimenta) de la Justicia». La fuente

de confusión puede ser encontrada en eufemismos como los de *Pyr*, 1208, 1230, donde la región de la muerte, tanto sobre la tierra como en las profundidades de la tierra o el cielo, es denominada «la maravillosa, la hija del gran dios». En *Pyr*, 282, «sus hermosos rizos» la asocian claramente con el cielo, Hat-hôr (pág. 41). El amplio culto de Ma'et («Justicia») en la corte del Antiguo Imperio no tiene nada que ver con esta mala interpretación de «Occidente». La «Justicia» aparece como el principio que gobierna el estado y la dinastía.

23. Debemos recordar nuevamente al lector que este interesante desarrollo es bastante secundario. Las últimas eras están aún en lo correcto en su interpretación de los brazos extendidos desde las montañas occidentales, o del símbolo del oeste, para recibir a los muertos, aunque no comprendan de forma invariable el significado paralelo de los brazos extendidos desde el cielo al sol. Algunas veces, explican correctamente los misteriosos brazos como «la abrazadora del sol, la señora del oeste», pero algunas veces son considerados como una deidad especial, «el Abrazador» (Hapet). No podemos explicar con certeza porqué esta alegada nueva divinidad recibió una cabeza de reptil y fue asociada con una gran serpiente (¿en la parte superior de un conjunto estelar; véase págs. 44, 107, sobre el dios de la tierra?) que separa a Osiris de este mundo; posiblemente puede estar conectada con el dragón 'Apop. Diosas similares son fácilmente asociadas con una serpiente, tanto en mal sentido (como en pág. 82) como en uno bueno, como cuando la «doble justicia» sostiene serpientes (Fig. 95).

24. Para Neftis como doble de Isis y Señora de Occidente, véase pág. 113.

25. Para tales pinturas, véase *Libro de los Muertos*, XVII.

26. En el período grecorromano, el papel de Venus-Astarté como señora del mar y protectora de la navegación era, por tanto, dado a Isis (véase Cap. III, nota 61).

27. Véase Lepsius, *Denkmäler*, III, 36b. El Horus de Hierakónpolis es contrastado con Sêth en *Pyr*, 2011, etc. Debemos notar que en Hierakónpolis la principal representación del dios era una antigua efigie tan burda que sus pies ni siquiera estaban indicados. Como todo lo que data de los períodos prehistóricos, esta estatua era considerada la más sagrada de todas, y sus imperfecciones fueron cuidadosamente conservadas en las copias. En todo Egipto encontramos estas burdas figuras de halcón que nos recuerdan un pájaro momificado envuelto en vendas (véase Fig. 153, representando a Sopd); es posible que todas deriven del dios halcón de Hierakónpolis. El nombre especial, *'akhom*, dado a esta peculiar forma de halcón no es aún inteligible. Los viejos textos hablan de cua-

tro Horus (véase Breasted, *Development*, pág. 155, etc.), y la misma idea reaparece en un dios de cuatro caras (*Pyr*, 1207), aparentemente simbolizando en principio a los cuatro puntos del cielo, pero más tarde aplicada a los cuatro planetas o cuatro fuentes del Nilo, etc. Los cuatro Horus aparecen localizados en distintas partes de Egipto, también llamados «hijos de Horus» e identificados con los cuatro hijos de Osiris-Horus, como en pág. 114-15.

Fig. 225. «Horus de los Dos Horizontes»

28. Algunas formas locales de Horus divergen de la forma de halcón, como la de cabeza de león del «Horus de Mesen (?)» o «el bello Horus» (De Morgan, *Ombos*, no. 48) o Har-tehen («Horus brillante»), quien a veces tiene una cabeza de serpiente (Lepsius, *Denkmäler*, III, 35), y cuyo nombre es erróneamente explicado (véase Naville, *Festival Hall*, Lámina VII) como Har-tehenu («Horus de los Libaneses»). Muchos de estos dioses son evidentemente de origen muy independiente, pero se los identificó con Horus cuando éste se convirtió en la deidad principal. Una especulación bastante tardía produjo una extraña variante del «Horus en Trescientos» (el número simboliza probablemente el año), quien algunas veces es representado con partes de león, mangosta, cocodrilo e hipopótamo. Algunas de las formas locales de Horus son las siguientes: Har-akhti («Horus del Horizonte»), cuyo culto estaba en Heliópolis y era la forma más popular después del Horus de Edfu. Su nombre está algunas veces interpretado como «Horus de los Dos Horizontes» (este y oeste), de modo que era representado ocasionalmente como un dios de dos cabezas. Esta es también la explicación del «resplandeciente» dios de dos cabezas de Champollion, *Notices*, I, 452, etc. Para este nombre para el planeta Marte, véase pág. 57. Por último, un dios similar, cuyo nombre en griego era ‘ArmaciV (es decir, Har-em-akhet, ¿o «Horus en el Horizonte?», era adorado en la Gran Esfinge. Har-merti («Horus con Dos Ojos», ¿es decir, el sol y la luna?) era adorado en Athribis. Har-shuti («Horus con Dos Plumas»). Har-hekenu («Horus de las Alabanzas», es decir, loablemente), aparece indistintamente con cuerpo de león o como un astro. Har-sam-taui («Horus, el Unificador de Ambos Países») es mencionado especialmente en *Denderah* (?). Har-khent(i)-khet (?) era adorado en Athribis o Xoïs; sobre esta deidad, que una vez fue representada con cabeza de cocodrilo, véase A.Wiedemann, en *PSBA*, XXIII, 272 (1901). Har-khent(i)-merti (?) («Horus ante los Dos Ojos», recibía los honores en Panópolis (*Pyr*, 1670, 2015). Más

tarde, bastante curiosamente, el nombre (¿con su comienzo en *Pyr*, 771?) fue alterado a «Horus en Frente (de uno) Sin Ojos», como si fuera una reminiscencia del ciego y eclipsado dios sol (pág. 30, 88 y ss.). Cuando es representado como mangosta (Champollion, *Notices*, II, 513), podemos trazar un pensamiento similar, pensamiento que conduce a la identificación con Atum como el sol poniente (véase pág. 167 y Fig. 11 sobre esta forma animal). El desarrollo del nombre no es claro. Sobre Horus en conexión con los planetas —por ejemplo, «Horus el Desvelador de Secretos» (o «el Resplandeciente» [*upesh*]) = Júpiter; «el Horus Rojo» = Marte; y «Horus el Toro» = Saturno—, véase págs. 56; para un desarrollo como amo del mundo inferior, no sólo como Osiris, sino más bien como regente del infierno, véase Cap. X, nota 21.

29. De modo igual «Qêb dijo a Horus: "¡Vete a donde tu padre nadaba! (es decir, coge su lugar; A.Erman, en *SBAW*, 1911, pág. 926). Por tanto, encontramos «Horus en el océano» (*Pyr*, 1508). Así tanto Horus como Osiris nacieron de las aguas de las profundidades (págs. 98, 118). Para la confusión ocasional de Horus y Osiris, representados ambos en la constelación de Orión, véase pág. 104, etcétera.

30. *Pyr*, 204, 370, etc. Esta «ciudad áurea» no debe ser confundida con la ciudad más al sur que los griegos también llamaban Ombos.

31. La última pronunciación egipcia debe haber sido algo así como Sêt(e)kh. El nombre se escribía Sut(e)kh (pronúnciese Sôtekh) alrededor del 1400 a.C.; la primera ortografía también permite S(o)tesh. La letra final aspirada de la transliteración griega es un intento por representar la egipcia *kh*. La transcripción Shiq, encontrada a veces en griego, podría implicar una pronunciación dialectal Sêeth. Es dudoso saber si la rara ortografía Suti tuvo su origen en una mala lectura o en una mutilación intencionada debido a razones supersticiosas.

32. Todas las deidades masculinas y femeninas portan un cetro que lleva su cabeza, como se expone en pág. 16 (véase Petrie, *Royal Tombs*, II, 23, etc., y también nuestra Fig. 30, etc.), a pesar de que este detalle no parece haber sido reconocido por los últimos artistas egipcios. Consecuentemente, en algún período prehistórico debe haber sido el dios principal de todo el panteón, y por tanto adorado en varios lugares, por ejemplo el dios del nomo en el undécimo nomo del Alto Egipto y también en el Delta.

33. Después del 1600 a.C. los egipcios lo comparaban con frecuencia a un asno rojo (es decir, salvaje); más tarde fue también considerado, en raras ocasio-

nes, como un antílope de cuernos rectos. Es posible que fuera igualmente comparado a un jabalí, y que todos los prejuicios religiosos de Asia y África contra el cerdo se remonte a esta identificación (véase pág. 126 sobre el comienzo de esta idea en el mito que nos cuenta cómo un cerdo negro penetró en el ojo de Horus, quizás en un eclipse). Los egiptólogos y naturalistas creen haber encontrado en el animal Sêth al lebrel, jerbo, okapi, orix, jirafa u oso hormiguero, pero ninguna de estas identificaciones concuerda con las viejas pinturas. Los egipcios lo llamaban el «animal *sha*» y en época tan tardía como el 2000 a.C., creían que aún se lo podían encontrar en el desierto, el cual, sin embargo, poblaban con tantos seres fabulosos que esto no prueba demasiado para los zoólogos. Más tarde la cola es con frecuencia tratada como una flecha (L. Borchardt, en *AZ*, XLVI, 90 [1910], donde el cuerpo aparece desollado de la cabeza a la cola). En Naville, *Festival Hall*, Lámina II, es erróneamente considerado con tres colas; y en Borchardt, *Sa'hu-rê*, Lámina XLVIII, su piel es amarilla.

34. Esto lo demuestra incluso en su nacimiento cuando, de acuerdo a Plutarco (*De Iside et Osiride*, XII), se abre camino a través del costado de su madre, Nut. Esta extravagancia mitológica le atribuye así varias debilidades morales e inclinaciones perversas, que lo conducen a perseguir al joven Horus y a castigarlo hasta que, de acuerdo a un mito cuyas huellas pueden seguirse hasta casi el 2000 a.C., pierde su hombría (Griffith, *Petrie Papyri*, Lámina IV).

35. De acuerdo con esto, el hierro era considerado como el metal sagrado de Sêth... «Hueso de Tifón» (*Pyr*, 393, 530 parece significar rocas más que metales). De que Sêth se convirtiera en un dios de los asiáticos no hay demasiadas dudas debido a su carácter militar o su pelo rojo (ambos rasgos contribuyeron a su patronaje), así como a la edificación de la fortaleza y capital de Auaris en el Delta oriental por los reyes hicsos, los conquistadores asiáticos de Egipto, quienes lo encontraron allí como viejo dios local y en consecuencia le otorgaron honores especiales. Esta conexión accidental con los asiáticos provocó que fuera comparado a Ba'al, el dios sirio del cielo, y dio lugar a la amplia inclinación que hizo a los judíos (y más tarde a los cristianos) adorar a un asno, una idea posterior que recibió apoyo adicional de Egipto por la similitud de la palabra egipcia para «asno», *iô'*, con la pronunciación hebrea común del nombre de Jehovah, Yahu, Yaho (véase pág. 211). Más tarde el cocodrilo, el hipopótamo, la tortuga y el grifón se convirtieron también en animales «tifónicos», animales de Sêth.

36. El papiro de Petrogrado de «El marino náufrago», II, 32, 57, etc. La idea aparece tan tempranamente como en *Pyr*, 298, 326, donde la lluvia está

asociada con Sêth; *ib*, 289, «la vaca celestial (Meht-uêret) está entre los dos combatientes». En *Pyr*, 418, Sêth está identificado con el toro celestial (contrariamente a Cap. II, nota 10), probablemente debido a su poca altura.

37. De acuerdo con esto, es posible que originalmente los testículos de Sêth, que le fueron seccionados, fueran encontrados entre los belemnitas.

38. O «Aapop, alguna vez 'Aapopi (Bonomi y Sharpe, *Oimenpthah*, pág. 3). El nombre se deriva de '*op*, «volar», la forma reduplicada que significa «moverse como al volar» (es decir, ligeramente). Los viejos textos frecuentemente afirman que 'Apop tenía patas que le fueron cortadas en la batalla (véase el himno de págs. 129-31). Como resultado de esto, hay muchos cuentos concernientes a serpientes con dos o muchas patas.

39. El dios Aker (pág. 45) actúa como su carcelero, sujetándolo con rapidez y confinándolo en su prisión (*Harris Magic Papyrus*, V, 9); en otro texto «Qêb lo sujeta (?) (de pie) sobre su espalda» (A.Erman, en *AZ*, XXXVIII, 20 [1900]; véase Fig. 36).

40. El texto egipcio que acompaña esta representación tiene un error aún más grande sobre su significado, pues sitúa el lugar de la escena en el cielo. Todas estas pinturas son del sarcófago de Sethos I (ed. J.Bonomi y S.Sharpe, *The Alabaster Sarcophagus of Oimenepthah I, King of Egipt*, Londres, 1864).

41. Véase Dümichen, *Patuamenap*, Lámina XV.

42. Algunas veces, por error, estas cabezas son cinco, estableciendo así un paralelo con los cinco hijos de Osiris, los cuales, apropiadamente hablando, son sólo cuatro. Para los orígenes de este cambio, véase Figs. 101-02.

43. Más tarde encontramos, por ejemplo, interesantes conexiones de Osiris con una gran serpiente de una sola cabeza (algunas veces humana). En el mundo inferior o en el cielo el dios rodea o custodia o transporta este monstruo (Lanzone, *Dizionario*, Láminas CLIX, CLXII [?], CXCIX, CCVII-CCXI; en la Lámina CCLVII, la serpiente es atada por Horus). Estas ideas tratan otra vez de armonizar las ideas antigua (osiriana) y moderna (satánica) de los abismos (véase nota 23). La colocación de 'Apop cerca de la fuente del Nilo era la más sencilla porque, tan tempranamente como en *Pyr*, 489, se creía que la serpiente Neheb-kau bloqueaba el camino junto a la diosa Selqet, o una serpiente Qerery (*Pyr*, 1229) con el monstruoso «Devorador» (pág. 180), que vigilaba esta entrada al mundo inferior. En estos viejos pasajes, sin embargo, la idea del submundo era aún parecida a la del mito de 'Apop.

44. *Libro de los Muertos*, XXXIX, etcétera.

45. Bonomi y Sharpe, *Oimenpthah*, Lámina IX.

46. Cap. XL.

47. ¿O «arpón»? Véase nota 101 concerniente a esta arma, o a las varias tradiciones existentes. Es probable que los últimos versos confundan a Sêth con Horus.

48. A.Erman, en *AZ*, XXXVIII, 20 (1900).

49. A.Erman, *ib*., en XXXI, 121 (1893).

50. Las Figs. 107-08 son de Bonomi y Sharpe, *Oimenepthah*, Lámina XII, y de Champollion, *Notices*, II, 521.

51. El *Libro de los Portales*, del que se ha tomado esta pintura, continúa con la idea del monstruo infernal, describiéndolo con un cuerpo y ocho cabezas, bajo cada una de las cuales hay un par de piernas humanas para justificar el nombre Shemti, es decir «el que Camina» (como variante del nombre 'Apop, «moverse con rapidez»; véase nota 38; o aparece como un monstruo aún más complicado. En cada ejemplo los dioses del mundo inferior (a veces Khnûm y «Horus en el submundo») lo mantienen abajo.

52. La red es arrastrada por Horus y Khnûm (en alusión a la región de la Catarata en donde tenía lugar, por lo general, la pugna; véase págs. 106-07); o algunas veces por la «Diosa del Libro» (Destino, véase págs. 55-56). Los genios de pinturas similares a la Fig. 109 usan redes distintas (por ejemplo, Champollion, *Notices*, II, 520, etc.).

53. La etimología es incierta, pero posiblemente el nombre deba ser explicado como Neki («el Dañino»).

54. Para la confusión de Sêth con la serpiente Neha-hor, véase pág. 144. En el Nuevo Imperio, cuando Sêth era aún honrado como un dios real, su nombre comenzó de forma ocasional a ser evitado por medio de eufemismos. Así Setkhuy (Sethos) I («El que Pertenece a Sêth») cambió su nombre a «el Osiriano» o «el que Pertenece a Isis» en sus inscripciones funerarias o en lugares donde Osiris no fuera ofendido. El último rey en llevar el nombre de Sêth pertenece la Dinastía XX, alrededor del 1200 a.C. La interesante conversión de este dios en Satán es debida a la influencia del mito babilónico de Tiamat.

55. El nombre griego de Sêth, Tufwn, ha sido derivado por algunos eruditos de la palabra semítica para «norte» (véase la hebrea *safôn*), supuestamente para designar la Osa Mayor como «constelación del norte». De acuerdo a una antigua concepción, esta constelación, llamada aquí «el Gran Bastón», combate contra Sêth (Budge, en *Archæologia*, LII, 548 [1890]).

56. El nombre de Nebt-hôt es raramente derivado de Hôt (mejor Hôit), «la (Ciudad) del Templo», la capital del séptimo nomo del Alto Egipto, pues la diosa

adorada allí parece haber sido Hat-hôr y no haber sido comparada con Neftis hasta más tarde, sobre la base de la similitud del nombre de la ciudad de Hôt (véase sobre Hat-hôr, Cap. III, nota 11). En Antaiópolis, en el décimo nomo (véase pág. 133 y nota 101), Neftis era una vecina de Sêth, y su unión se hace inteligible a partir de esta proximidad, si no nos vemos obligados a asumir al norteño Ombos como el asiento original del culto a Sêth.

57. Algunas veces (Mariette, *Dendérah*, IV, 81) aparece, bastante curiosamente, con la cabeza de una grulla o ibis, como su hermana Isis.

58. Véase también págs. 103-04 sobre Isis y Neftis, que comenzaron a utilizar las plumas de la «doble justicia», ya que originalmente eran dos divinidades del oeste, la región de los muertos. Al llamar a Neftis Teleuth («Final»), Plutarco (*De Iside et Osiride*, XII, LIX) la convierte de igual modo en el lado severo del Destino. Por otra parte, identifica a Neftis con Afrodita (¿ = Isis-Hathôr?) y con Nike («Victoria», quizá debido a las alas de las últimas representaciones de ella, véase, por ejemplo, *Mythology of All Races*, Boston, 1916, I, Lámina LIX; más tarde, sin embargo, todas las diosas egipcias aparecen aladas) carece de sentido. Un papiro griego (véase pág. 98) identifica a Adonis (es decir, a Isis-Neftis) con la primavera, pero esto es obviamente una confusión con la concepción extranjera de Adonis como dios de la primavera con la idea egipcia de inundación. De acuerdo a *Pyr*, 489, Sêth tiene dos esposas, las Teti-(¿y?)êb, y a partir de este oscuro nombre parece derivarse la idea (*Pyr*, 1521) de que Neith también tenía su esposo. Todo esto es quizás explicable debido a una mala lectura del nombre Neftis.

59. Quizás esta es la razón de por qué es llamada Menkhet «la Afectuosa».

60. El dios de este decimoséptimo nomo y su capital, la ciudad de Saka, fue más tarde identificado con Anubis, y bajo este nombre aparece como hermano o rival de su vecino Bati en el *Cuento de los dos hermanos*, a pesar de que los primeros monumentos inscritos (Petrie, *Royal Tombs*, I, 30) parecen distinguir entre Anubis y el chacal (?) con una pluma (¿una confusión, como en *Pyr*, 896?). Probablemente el «Anubis de Saka» tenía en sus orígenes un nombre propio, así como lo tenía su propio símbolo jeroglífico (véase *Pyr*, 1995). Una forma local de Anubis es «el que está ante su capilla».

61. Posiblemente, sin embargo, este papel de guía (de donde el término griego para él de ‘ErmanoubiV, después de Hermes, el psicopompo, o guía de los muertos; véase *Mythology of All Races,* Boston, 1911, I, 194) es secundario y derivado de su identificación (que aparece tan tempranamente como en *Pyr*, 1287) con el lobo (erguido) Up-uaut («Abridor de los Caminos»; Οφοις

en transcripción griega) de Assiut y Saîs, a quien vemos en pág. 146. Los griegos (Diodoro, I, 18) hablan de un dios perro como compañero de Osiris, lo que sugiere alguna mala comprensión de Ophoïs (W.von Bissing, en *RT*, XXVII, 250 [1905]; pero el nombre helénico continúa siendo enigmático.

62. El presente escritor ha sugerido (*OL*, XIII, 433 [1910]) que este símbolo fue primero transferido a Osiris o a su mito (posiblemente asociando la piel con el vino de Osiris, págs. 38-39). Así, por ejemplo, el mito asiático de Marsias (véase *Mythology of All Races*, Boston, 1916, I, 181), que está estrechamente conectado con el de Osiris, deriva el río (originalmente el Nilo) de la sangre de la suspendida piel divina. En todos los acontecimientos esta piel simbólica es constantemente representada ante Osiris (véase Petrie, *Royal Tombs*, II, 2, donde la piel simbólica puede ser intercambiada con Anubis, aunque parece estar distinguida en Petrie, *Abydos*, II, 2). El título Emi-uet («el [de la ciudad de (?) Uet») dado a este símbolo, fue interpretado, algo más tarde, con el significado de «el Embalsamador», y así transferido a Anubis. ¿Acaso el símbolo designaba originalmente «el (oculto) en la piel, el envuelto en ella»?

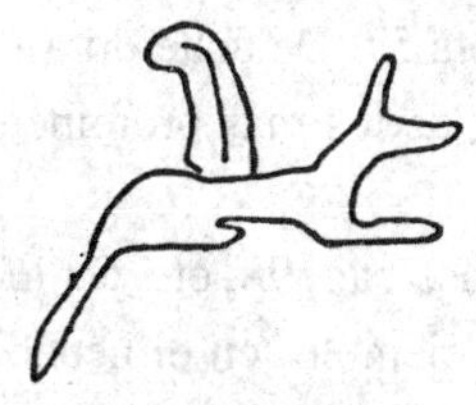

Fig. 226. El Chacal (?) con una pluma

63. En este último caso, los genios son llamados los nietos de Osiris (*Pyr*, 1983). Para el intercambio de Osiris y Horus, véase pág. 105, etc.; sobre los cuatro Horus, véase nota 67.

64. *Pyr*, 1228, 1483, 2078, 1141. De acuerdo con esto, están más cerca del barquero del mundo inferior (*Pyr*, 1222), quien puede ser encontrado en la constelación de Argos y puede ser explicado como Osiris (pág. 60).

65. *Libro de los Muertos*, CXIII.

66. De Dümichen, *Patuamenap*, Lámina XV.

67. *Pyr*, 436, 418 (?). De este modo se corresponden con los cuatro pilares del cielo (pág. 37). Sus rizos indican juventud (págs. 36, 194), o en sí mismos son otra interpretación de los celestiales rizos azul-oscuros de Hat-hôr (pág. 41). Otra vez reconocemos a estos cuatro dioses celestiales en muchas alusiones, por ejemplo como los cuatro jóvenes de largos cabellos en el este, vigilando el nacimiento del dios sol y preparando su nave para su curso diario (*Pyr*, 1205), o sentados en la sombra de la capilla (?) de Qati (*Pyr*, 1105). O, morando en el sur, «sobre las aguas del mundo inferior» (*Kenset*; *Pyr*, 1141), donde guardan al bendito contra las tormentas (*Pyr*, 1207). Así son al mismo tiempo celestiales y protectores de las almas contra la serpiente subterránea Neh-ebkau (*Pyr*, 340). Son

también llamados los «cuatro espíritus de Horus» (*Pyr*, 1092). Por medio de otra mezcla de la localización celestial y abismal (*Pyr*, 2078), moran en el sur, la región del bajo mundo, y allí sostienen la escalera celestial. Cuando están localizados en la ciudad de Pe, un distrito de Buto, la antigua capital del Delta, son confundidos con las «cabezas de halcón» de las «almas de Pe» (Cap. II, nota 26). El dios de cuatro cabezas del mundo inferior (*Pyr*, 1207; véase nota 27 sobre el Horus de cuatro cabezas) parece haber sido comparado con ellos debido a que su rostro, de igual modo, «dispersa tormentas»; originalmente, como ellos, puede también haber representado los cuatro ríos subterráneos (véase Figs. 101, 103, 115). Parece que, de igual manera, los cuatro dioses masculinos con cabezas de cocodrilo (véase Sobk, pág. 150) que asisten a los nacimientos reales (Naville, *Deir el Bahari*, Lámina LI) son simplemente otra representación de los hijos de Horus llevando a Osiris (el Nilo) a la vida.

68. A.M.Blackman, en *AZ*, XLVII, 117 (1910).

69. Lepsius, *Denkmäler*, III, 137.

70. Sobre estos días, véase pág. 59 y Cap. III, nota 57. De acuerdo a *Pyr*, 1961, eran «los onomásticos de los dioses», es decir, de los más prominentes de entre ellos.

71. Sobre el nacimiento de Osiris del océano, véase pág. 98, etc. Su identificación con Horus recibe pruebas adicionales, por ejemplo, en el hecho de que Osiris también tuvo «dos nodrizas» (*Pyr*, 313). Neftis es llamada la hermana de Horus en el *Harris Magic Papyrus*, etc., y Sêth es con frecuencia considerado como su hermano (pág. 105), etcétera.

72. La conexión con la música es frecuente en los mitos externos de Egipto, pero no puede ser probado en los jeroglíficos.

73. La idea de Plutarco (*De Iside et Osiride*, XIII) de que Osiris predicó conceptos humanitarios en todo el mundo es absolutamente no egipcia y probablemente muestra alguna influencia indirecta del cristianismo.

74. *Pyr*, 972, etcétera.

75. Setenta y dos es un número cósmico que generalmente expresa el círculo del cielo, el número de las medias décadas (pág. 58) que constituyen un año. El significado original era, por tanto, de que durante todo un año Osiris desaparecía regularmente hasta que reaparecía en algún fenómeno natural, siendo éste, de acuerdo con la versión que Plutarco fielmente sigue, la crecida del Nilo (págs. 97-98).

76. Este motivo, que es desconocido en todas partes, parece apuntar a Etiopía como la región o tipo del mundo inferior. Comparando la forma griega

del mito de Adonis (véase *Mythology of All Races*, Boston, 1916, I, 198), deberíamos considerar a Neftis como la rival de Isis y quizás así era considerada en una posterior variante bajo la influencia asiática; véase, sin embargo, pág. 89, sobre las dos diosas rivales, una de las cuales provenía de los abismos. El nombre Aso queda así absolutamente inexplicado.

77. Véase pág. 66 sobre las divinidades enanas conectadas con el joven sol y pág. 34 sobre el paralelo de los compañeros animales, que son aquí confundidos por Plutarco.

78. El número tiene su paralelo en los días del medio mes o las catorce almas del sol, y en los catorce fragmentos del ojo solar (págs. 30, 92). Originalmente, las estrellas eran probablemente consideradas como fragmentos esparcidos y reunidos del sol.

79. Sobre las deidades aladas de los últimos tiempos, véase nota 58. Es posible, sin embargo, encontrar aquí la forma de pájaro de la afligida Isis.

80. De acuerdo a algunas versiones, sólo se perdió el órgano viril, comido por un pez [o por tres clases de peces, si creemos a Plutarco] que era, por tanto, considerado como algo sucio. Esta es una variante del motivo de la muerte debido a un amor infausto (véase págs. 121-22).

81. La mente egipcia no tenía dificultad en duplicar reliquias, como cuando, por ejemplo, la cabeza de Osiris, el asiento de su vida, era adorada tanto en Abidos como en Memfis. La localización del culto de otras reliquias muestra muchas contradicciones similares. La apariencia de las piernas en las fronteras del Delta traiciona la concepción de Osiris como el Nilo, particularmente porque la palabra egipcia para «pierna» también significa «ramal de un río».

82. Véase pág. 37 y Fig. 84 sobre Osiris en el árbol celestial, y K.Sethe, en *AZ*, XLVII, 72 (1910), donde se mencionan también la vid, el sicomoro, la acacia y otros árboles (véase pág. 38).

83. Es decir, es posible que ella no confiriera inmortalidad por su leche, un detalle que contradice la historia del fuego.

84. Este detalle del fuego alrededor de Isis, que no ha sido aún encontrado en Egipto, parece ser el motivo asiático de la Reina de los Cielos rodeada de llamas, pero los más misteriosos aún dioses de los últimos magos egipcios son de igual forma descritos como rodeados de fuego, y los antiguos dioses extraían su sabiduría mágica de «la isla de (¿es decir, rodeada por?) las llamas» (*Pyr*, 506; véase pág. 203 y Cap. II, nota 11). Por lo demás, el príncipe a quien Isis amamantó en Siria parece ser su propio hijo (es decir, Osiris-Horus), que era

adorado por los fenicios en Biblos bajo el nombre de Tammuz-Adonis. Evidentemente, algunos sacerdotes egipcios posteriores estaban ansiosos por otorgar completo reconocimiento a los paralelos asiáticos. Para el análogo griego de Deméter y Demofón, véase *Mythology of All Races*, Boston 1916, I, 228.

85. Deberá notarse que la cuestión constantemente considera (más o menos borrado de la tradición) porqué Osiris y (a través de él) la humanidad perdieron la inmortalidad. Plutarco (*De Iside et Osiride*, XVII), interpola una confusa y desesperanzada historia de un supuesto príncipe Maneros, que fue muerto por la enojada mirada de Isis; él deriva de esto el convivencial canto egipcio a Maneros sobre la brevedad de la existencia terrenal, revirtiendo así de forma instintiva al problema de por qué la vida humana es tan corta. La razón para esto es aquí atribuida a Isis y su doble asiático, Astarté (pág. 157); véase también pág. 121.

86. Para el pilar de Osiris, que los fenicios parecen haber imitado, véase pág. 96.

87. Una alusión calendaria (véase nota 78 sobre el número catorce); véase también pág. 97 sobre el carácter predominantemente lunar de las festividades de Osiris.

88. «La (diosa del) cielo concebida por el vino» (*Pyr*, 1082), etc. (véase págs. 38-39).

89. Para los verdes lugares del nacimiento o muerte del dios solar, véase págs. 38, 40.

90. Sobre Epet-Tuêris y Bês como ayudantes en la primitiva mitología, véase págs. 62-63.

91. Véase págs. 59-60 sobre la estrella Canopus, el timonel de Argos, y el posible intercambio de Orión y Argos.

92. Véase nota 75 para una explicación paralela del intervalo anual.

93. La forma más original de la leyenda debe ser de que, como en el paralelo asiático, Pamiles no conoce la naturaleza divina del niño. De esta anunciación tuvo su origen el alegre y desenfrenado festival de Pamilia. No obstante, aún no hay evidencias egipcias de Pamiles ni de Pamilia. Las versiones asiáticas de que fue un pastor o un granjero quien encontró al niño son menos claras en Egipto (véase, sin embargo, nota 111). En Asia el aguador es Acuario, quien corresponde en Egipto al dios Nilo, ya que Osiris mismo está conectado con la crecida del Nilo (págs. 97-98), y porque la nueva inundación trae a Osiris. Sobre otros dioses primigenios que son similarmente representados flotando en forma embrionaria en un arca en el abismo, véase pág. 73; y el joven Horus es

también mostrado sentado en un arca (por ejemplo, Rosellini, *Monumenti del culto*, pág. 18, etc.).

94. De allí que la hija del faraón, quien encontró a Moisés en el Nilo y lo salvó, sea llamada por Josefo QermouqiV (*Antiquities*, II, IX, 5-7). En el período griego se daba el nombre de Menuthias («Isla de la Nodriza») a la mítica isla en el sur que era la morada de la nodriza divina, y más tarde ésta fue identificada con Madagascar como la isla más remota del sur, es decir, del mundo inferior. Renenutet puede ser comprendida como la nodriza de Horus en su doble capacidad de diosa de la cosecha y de educadora (pág. 68).

95. Véase págs. 211-13 para un texto mágico que contiene una historia similar. Es quizás una variante del mito que cuenta como el dios sol fue mordido por una serpiente (págs. 81-86). El papel de Isis parece simplemente estar invertido.

96. Esto puede ser un reconocimiento de que «el gran Horus» era una antigua forma de esta deidad que permanecía independiente del mito osiriano. Como un dios antiguo, era algunas veces llamado «padre de Osiris» cuando estaba asociado con este último o considerado como su igual.

97. Véase pág. 113 y también, como una variante, Fig. 118, donde ambas hermanas reciben la sangre fertilizante de Osiris para concebir una póstuma descendencia.

98. Quizás implicando que estaba privado de su madre, particularmente como el mito de la diosa agonizante (págs. 103-04) establecería más tarde una base para la teoría.

99. *Pyr*, 1214.

100. La palabra aquí traducida, «vengador», es también interpretada como «él que sacude», «él que despierta» o «él que se preocupa».

101. La palabra *deb*, «hipopótamo», puede también significar «oso», y en Fenicia el enemigo del joven dios de la naturaleza es un oso o jabalí. A pesar de que los egipcios comprendían que *deb* denotaba «hipopótamo», también lo sustituyeron por varios otros animales (véase nota 35). En los últimos tiempos Horus, algunas veces, aparece luchando en un carro tirado por grifos o dragones, y en el período romano incluso combate a lomos de caballo. Para el disco alado de Edfu, véase pág. 104. Horus combate con un arpón que tiene una extraña, con frecuencia prácticamente imposible, cabeza (H.Schäfer,

Fig. 227. El arpón de Horus

en *AZ*, XLI, 69 [1904]). Originalmente debió haber tenido tres puntas (Lepsius, *Denkmäler*, IV, 35), siendo esta hipótesis confirmada por paronomasias en los textos, por ejemplo «el arma (que marca) treinta» (*Pyr*, 424, 1212, etc.), es decir posee tres anzuelos, ya que anzuelo es el signo de «diez» (¿y representa un mes?). Desafortunadamente, la palabra puede ser confundida con la que significa «hacha de batalla» (véase nota 47). Incluso en la mitología preosiriana, el dios sol lleva un arpón con anzuelos en ambas puntas (⟷) ;*Pyr*, P, 1212). Así podemos ver que el arte egipcio originalmente tenía en mente la extraña arma portada por el dios babilónico de la luz, la corta lanza de tres puntas de ambos lados con la que los griegos interpretaban tanto el rayo de Zeus como el tridente de Poseidón. Cuando una serpiente envuelve la cabeza de la lanza, simboliza los fieros rayos del sol (pág. 28, etc.). Sobre la red como arma en esta lucha, véase pág. 112. No es aún claro por qué Diodoro (I, 21) coloca la contienda cerca de Antaiópolis; la batalla tenía muchas localizaciones.

102. Para estos animales «tifónicos», véase nota 35 y Fig. 214. En los últimos tiempos Sêth mismo aparecía con frecuencia como un cocodrilo (véase Fig. 122).

103. Esta puede ser una inversión del mito mencionado en nota 62, considerando a la piel de la divinidad celestial que se encuentra en el símbolo erguido ante Osiris; sobre la confusión de esta leyenda con el mito de 'Apop, véase págs. 129-30.

104. Véase págs. 106-09. La conversión de esto, es decir, la interpretación escatológica, aunque aún no se ha demostrado en la mitología egipcia, es que estamos lejos de tener evidencias de especulaciones escatológicas, aunque probablemente existían algunas teorías sobre este tema.

105. Sothis es la hermana de Orión (*Pyr*, 363 [1707] y la «hija bienamada» de Osiris (*Pyr*, 965; hay una oscurecedora insinuación en *Ib*., 632); cuando Osiris es identificado con Horus, ella se convierte en su madre.

106. Por ejemplo el *Cuento de los dos hermanos*, el *Príncipe Encantado* y el mito por el cual Isis salva al dios sol por medio de su magia (véase págs. 81-86). Es absolutamente verdadero que todos éstos, especialmente el *Cuento de los dos hermanos*, en el cual una mujer, bella, pérfida y cruel, persigue al héroe osiriano, siendo al mismo tiempo hija, seductora y madre, están fuertemente influidos por motivos asiáticos, pero el aspecto más característico, la arrepentida autoemasculación de Osiris o del dios sol Rê', es tan antiguo como en *Libro de los Muertos*, XVII, 29; es decir, data del Imperio Medio. Una variante de este mito se encuentra en el *Harris Magic*

Papyrus, VII, 8, que ha sido traducido en págs. 127-28. Aquí Horus (es decir, el joven Osiris) viola a su madre Isis, cuyas lágrimas por este ultraje hacen desbordar el Nilo, mientras sus aguas están llenas con un pez que se dice apareció cuando la *virilia* de Osiris fue arrojada dentro de ellas, como remordimiento por su pecado; de cualquier manera, estos peces la devoran (nota 80). Para una variante inversa, en la cual Horus decapita a su madre por algún pecado, véase págs. 120, 129. El presente escritor ha mostrado (*OL*, V, 348 [1902]) que en un texto mágico (A. Erman, *Zaubersprüche*, págs. 2, 7) encontramos una alusión a la malvada hija de Osiris, proveniente de Asia o Nubia (véase nota 76), «quien hace ladrillos [el texto debería ser correctamente leído, «teje una vestidura»] para él», siendo estas obras de sus dedos evidentemente envenenadas o de alguna otra forma fatales. No es claro porque «ella dijo de su padre, «Pueda él vivir de hierbas *za'es* y miel». En la historia que extrañamente confunde a Osiris y Mikerinos, el constructor de las Pirámides, Herodoto (II, 129-33) parece considerar a Isis como la hija de su héroe, cuya muerte provoca. Véase también la oposición de Osiris-Horus y Sothis en Fig. 55, y también nota 85 sobre la mujer como la razón por la cual el hombre pierde la inmortalidad o fracasa en obtenerla; págs. 102-03 sobre Isis como unificada con la diosa de la región de los muertos; y pág. 120 sobre su salvamento de Sêth y así combatiendo con los poderes de la luz.

107. Véase los mitos expuestos en la pág. 76 y ss.

108. El *Historical Papyrus of Turin* enumera los reinos terrenales de Qêb, Osiris, Sêth, Horus, Thout, la reina de la Justicia y Horus (¿el joven? véase pág. 120). Las razones de esta secuencia son claras a partir del mito osiriano.

109. Para este jubileo, véase F.Ll. Griffith, en *AZ*, XXXVIII, 71 y ss. (1900).

110. Para el mito de Adonis véase *Mythology of All Races*, Boston, 1916, I, 198-99, y nota 112. La afirmación de que Biblos es realmente la ciudad fenicia y no, como se ha afirmado, tan sólo una interpretación errónea de la palabra griega bubloV, «papiro» (refiriéndose al grueso papiro del Delta; pág. 117), se sostiene directamente, al menos en los últimos textos, como cuando Osiris es denominado «toro de Biblos» (Lanzone, *Dizionario*, pág. 175). El culto de la diosa de Biblos estaba muy extendido en Egipto a partir del 2000 a.C. (véase pág. 156). Por otra parte, cuando se decía que Osiris moraba en Oases (*Libro de los Muertos*, CXLII), era simplemente una caracterización de éste como señor del oeste, el desierto y la región de los muertos.

111. Así la muerte de Adonis por el jabalí parece una idea tomada prestada de una última explicación de Sêth en forma animal (véase nota 33 sobre su animal sagrado); en otras palabras, Siria parece haberlo derivado de Egipto. Así el pilar adorado en Biblos (pág. 156) parece ser simplemente el símbolo egipcio de Dêd. Por otra parte, los paralelos egipcios con los «Jardines de Adonis», las imágenes de Osiris hechas de trigo germinado para simbolizar la resurrección, no pueden ser trazadas antes del 1600 a.C., aunque es en Egipto donde encontramos a Osiris más claramente conectado con el árbol o planta de la vida (pág. 97, etc.). Tammuz como pastor tiene sólo raros paralelos en Egipto, por ejemplo en el *Cuento de los dos hermanos*, que es manifiestamente asiatizado (véase nota 106), y en Orión cuidando becerros (*Pyr*, 1533, 1183); pero el papel de Osiris como claro conductor de rebaños parece haber estado originalmente asociado con la vaca celestial, aunque no está lógicamente expresado en todo Asia. El *Cuento de los dos hermanos* parece, no obstante, considerar al más joven y agonizante hermano, Bati-Osiris (véase notas 60, 106, y pág. 134), como pastor, aunque no lo hace distintivamente con el hermano mayor, Anubis (es decir, el predecesor de Osiris como dios de los muertos, y consecuentemente el hermano de leche de éste o de su doble, Horus; véase pág. 105), pues éste es labrador en contraste con el pastor. En el *Leyden-London Gnostic Papyrus* (VI, 2, 7; XIV, 28; véase también De Morgan, *Ombos*, nos. 66, 114), Anubis aparece como un claro pastor, aunque esto puede simplemente ser una derivación de la forma canina de la deidad. Por otra parte, Osiris como patrón de la agricultura (pág. 116), y especialmente del vino, armoniza con el mito de Adonis. Así los papeles del pastor y el labrador parecen intercambiarse libremente en Egipto. En Asia la idea del dios flotando en el arca o barca (nota 29, etc.) está mucho más ricamente desarrollada, mientras la rivalidad de las dos esposas del héroe (quizás el cielo o el mundo superior e inferior) está oscurecida en Egipto (nota 76). El alto y cónico tocado de Osiris nos recuerda el de los dioses sirios (pág. 157) y parece traicionar muy distintivamente su carácter asiático.

112. El muy escaso material babilónico sobre este tema ahora ha sido completamente reunido por H. Zimmern, «Der babylonische Gott Tamuz», en *Abhandlungen der königlichen sächsischen Gesellschaft der Wissenschaften*, XXVII. 701-38 (1909). Para una discusión completa de los análogos en otras mitologías, véase Sir J.G.Frazer, *The Dying God* (2a. ed., Londres, 1911).

CAPÍTULO VI

1. Papiro de Berlín del período griego, primera traducción de P. J. de Horrack, *Les Lamentations d'Isis et de Nephthys*, París, 1866. Este papiro afirma contener las palabras que restauran a Osiris a la vida y «coloca a Horus en el trono de su padre». Sobre Osiris como «el que se encuentra ante el oeste», véase pág. 22.

2. El cuarto mes.

3. O «el heliopolitano» (?). En los primeros tiempos, es cierto, Osiris no era prominente en Heliópolis (pero véase pág. 101). Otros consideran este nombre como una alusión a los pilares cuadrados contra los que por lo general se apoyaban las figuras de Osiris. Este pilar no tiene nada que ver con el pilar redondo de Dêd (pág. 96).

4. Para este título de Osiris, véase pág. 100.

5. Página IV del papiro.

6. O «tú, el resplandeciente» (?).

7. Es decir, manifestación; véase pág. 162 sobre esta etimología original de la palabra para «alma», y también Cap. IV, nota 90.

8. Página V del papiro.

9. *Libro de los Muertos*, CXII.

10. Es decir, representado sobre una flor o planta, y, de acuerdo a pág. 52, con frecuencia como un niño. Aquí también «el verde» es probable que originalmente significara el océano (Cap. III, nota 12); nuestro texto trata vanamente de explicar esta expresión, que se ha hecho ininteligible. «Horus, el señor de los cuatro verdes» (*Pyr*, 457), se refiere claramente a su nacimiento en los cuatro lagos o fuentes del Nilo.

11. *Harris Magic Papyrus*, VII, 8.

12. Deberíamos esperar «en el (seco) fondo», o «en la orilla».

13. De *la diosa*.

14. «Otra vez» (?).

15. Así en Brugsch, *Religion*, pág. 274; menos probablemente, «Sothis».

16. Del calendario de días felices e infelices en el *Sallier Papyrus*, IV, II, 6, ahora en el Museo Británico (véase Cap. XII, nota 7). Este texto muy importante parece ser una burda copia para escolares, como muchos de los más interesantes manuscritos egipcios; de allí que con frecuencia sea ininteligible.

Fig. 228. «Horus sobre su verde»

17. El primer mes del calendario egipcio.

18. El nombre significa «el lugar que contiene armas», «el arsenal», de modo que el combate es localizado cerca de esta ciudad en la frontera este del Delta, no lejos de Heliópolis. Sobre la forma de hipopótamo, tan contradictoria con el uso de armas, véase págs. 110, 120.

19. Nos sentimos tentados a leer «su metal». De otro modo Isis aparecería no sólo como la hechicera (págs. 81-82), sino también como el Destino (pág. 55).

20. Una laguna en el texto.

21. La negativa está omitida en el manuscrito, Sêth se refiere a su anterior pasión por Osiris (véase Cap. V, nota 34).

22. Literalmente, «volviendo la espalda al que habla».

23. La frase es oscura, pero quizás alude a una renovación del combate en el cielo.

24. Alterado en el manuscrito por «fijando una cabeza de una vaca en su lugar».

25. *De Iside et Osiride*, XIX-XX.

26. Budge, en *Archæologia*, LII, 542 (1890); véase pág. 70 para el ultísimo manuscrito de donde se tomó el texto.

27. Manuscrito: «diosa».

28. Los hijos del dios sol, creados por él como se ha descrito en págs. 70-71.

29. O «como mis miembros» (?).

30. Así, después de la analogía de los otros textos, más que «penetrando».

31. Es decir Sekhmet; véase pág. 77 para un juego sobre este nombre, y pág. 31 para el sol femenino.

32. Manuscrito: «tú has» (?).

33. Es decir el sol, que él se había tragado (véase pág. 109).

34. Así es descrito yaciendo en las profundidades de las secas tierras; o, por una repetición de ideas (Budge, en *Archæologia*, LII, 562 [1890], es custodiado por Aker (véase pág. 45).

35. Más literalmente, «hice sus dientes mellados» (?).

36. Una variante añade, «ni sus vecinos», probablemente deba corregirse a «tribu», es decir, sus similares.

37. Literalmente, «archivo».

38. Budge, en *Archæologia*, LII, 555 (1890).

CAPÍTULO VII

1. Esta lista incluye muchos dioses de alguna importancia real; las exclusiones intencionadas son unos pocos nombres cuya lectura es demasiado incierta (para algunos de éstos, véase Cap. I, nota 8), algunas dudosas tradiciones grecorromanas y la mayoría de los demonios y seres astrales que son raramente mencionados y de los cuales no podemos probar un culto real. Los animales sagrados y deidades extranjeras serán considerados en capítulos especiales, aunque algunas divinidades que ocasionalmente aparecen en forma animal no pueden ser aquí examinadas. Unas pocas referencias a nombres previamente mencionados sólo añaden detalles.

2. K. Piehl, en *AZ*, XIX, 18 (1881).

3. Véase pág. 22 para este raro ejemplo de disimilación de un dios en dos.

4. Véase pág. 132. La conexión con la constelación de Aries a través de la solarización de Amón es posible para el último período, aunque los jeroglíficos no lo declaren. Para las diferentes formas de cabezas de carnero del dios solar, véase Cap. II, nota 15. Finalmente, el solarizado Amón también aparece como el halcón solar (pág. 26), usualmente con una cabeza humana (muy raramente como un cocodrilo). Para una extraña forma local de Amón, véase G. Daressy, en *Annales du service des antiquités de l'Egypte*, IX, 64 (1908).

5. W. Spiegelberg, en *AZ*, XLIX, 127 (1911).

6. Es así confundida con Mut (Naville, *Shrine of Saft el Henneh*, Lámina II).

7. Gayet, *Louxor*, Lámina IX, etcétera.

8. *Pyr*, 182, 220, 614, 1833, y Brugsch, *Dictionnnaire géographique*, pág. 130; en el último pasaje 'Anezti es localizado al este del Delta.

9. Véase K.Sethe y A.H. Gardiner, en *AZ*, XLVII, 49 (1910).

10. Véase W.Golenischeff, en *AZ*, XX, 125 (1882), donde su sagrada planta (¿parecida a la hiedra?) es también descrita.

11. Por ejemplo Naville, *Shrine of Saft el Henneh*, Lámina VI.,

12. Mariette, *Dendérah*, IV, 81, *Pyr*, 556, Lacau, *Sarcophages*, pág. 226. Su nombre, «la Flamígera» (véase *aseb*, «flamígero», aplicado a los dioses masculinos en el *Libro de los Muertos*, LXIX), puede referirse a su forma serpentina.

13. Para esta deidad véase Cap. VIII, nota 1. Es raramente idéntica al patrón especial del antiguo rey Per-eb-sen (Petrie, *Royal Tombs*, I, Lámina XIX, 11, Láminas XXI-XXIII), un dios que usualmente tiene una cabeza de halcón y un nombre con muchas variantes que posiblemente deba ser leído «el del Lago de Horus».

14. *Pyr*, *W*, 644 y ss. Los Textos Piramidales generalmente escriben Babi (*Pyr*, 568) o Baibu; y la incógnita surge de saber si el «Babui con orejas rojas y lomo desollado» (*Pyr*, 604), es decir una hiena desollada, son idénticos. Incluso en los primeros textos, el dios parece pertenecer al dominio de la magia. Más tarde su nombre es etimológicamente conectado con *baba*, «agujero, cueva», como es posiblemente el caso de pág. 87.

15. LXIII. Su gran poder sexual también armoniza con su carácter osiriano (Schack-Schackenburg, *Buch von den zwei Wegen*, XVI, 9). En *Pyr*, 419, Babi está asociado con Chemmis (es decir, ¿en comparación con el itifálico Mîn? Véase pág. 140.

16. XVII, CXXV, y ed. Lepsius, XXX.

17. Véase E.Naville, en *AZ*, XLIII, 77 (1906), quien lo identifica con Bat (pág. 43) y de acuerdo con esto intenta ver en él un toro de doble rostro, como el representado en la Fig. 2 (d). Una huella de un Baiti como Osiris puede ser encontrada en el *Libro de los Muertos*, CXLII, 14, pero el Horus-Baiti de *Pyr*, 580, 767, y «las dos almas» (*baiui*) de forma humana de *Pyr*, 1314 y Borchardt, *Sa'hu-rê*, Lámina XIX, parecen ser diferentes.

18. En el *Libro de los Portales* (Bonomi y Sharpe, *Oimnepthah*, Lámina XII) hay una monstruosa serpiente con el nombre de Bit (!), Bita, y es por tanto confundida con Sêth-'Apop. El hecho es que utilice sobre sus dos cabezas la corona del Alto Egipto conecta otra vez a Bati con Babi y refuerza la sospecha de que los dos nombres fueron confundidos desde fecha muy temprana. Véase, quizá, Fig. 2 (e), que podría muy bien explicar la mezcla de una deidad toro y un dios serpiente. Naville (*Festival Hall*, Lámina X) reproduce la ortografía Batbat (*sic*) junto a Bat. Es incierto si un genio de forma de mono, Eb'ebta, Ebta, Ebi(?)u pertenece a esta categoría.

19. *Vice versa*, ambos aparecen como buitres (De Morgan, *Ombos*, no. 329). Originalmente Buto parece haber presidido sólo sobre ese distrito de la ciudad que era llamado Pe(y). «La Diosa de Pe» (Peyet) y «el de Dep» (Depet) (Naville, *Festival Hall*, Lámina VII) pueden ser diferenciaciones o divinidades que tempranamente fueron distintas. ¿Es el leontocéfalo Uazet (Naville, *Shrine of Saft el Henneh*, Lámina VI), una rara forma de Buto?

20. La más antigua pronunciación era Zedet (*Pyr*, 1100), y Zedut se encuentra incluso en Mariette, *Dendérah*, I, 6e, como contraste con II, 27. Véase Cap. V, nota 3.

21. La pronunciación Dua(u) aparece en *Pyr*, 484, 994, 1155, y la conexión con Herakleópolis en Naville, *Festival Hall*, Lámina IX, donde el símbolo se

parece más a una nariz. La comparación de Mariette, *Dendérah*, IV, 21 y 32, ahora prueba más allá de toda duda que la lectura Khônsu para el símbolo (pág. 36) es un error posterior para el correcto «Herakleopolitano».

22. Petrie, *Royal Tombs*, I, Lámina X; Borchardt, *Sa'hu-rê*, Lámina XIX (donde el dios aparece en forma humana); Mariette, *Les Mastaba*, pág. 366. etc. Para la pronunciación, véase *Pyr*, 631, donde posiblemente leamos «el Divino Adorador», de modo que la asimilación con la estrella matutina se completaría incluso allí. El símbolo divino, por supuesto, tenía sólo un parecido muy remoto a una barbilla barbada; debió haber sido una vieja y antigua escultura ininteligible, como el pilar de Osiris (pág. 96).

23. *Pyr*, 1428, 2042.

24. *Ib*., 632, 1428.

25. Petrie, *Royal Tombs*, II, Lámina V.

26. *Pyr*, 198, etcétera.

27. Véase H. Junker, «Der Auszug der Hathor-Tefnut aus Nubien», en *ABAW*, 1911, pág. 37, para material concerniente a él. La comparación con Shu también descansa sobre el mito dado en las págs. 88-94.

28. El nombre puede de igual forma significar «Señora de las Tierras del Norte» (Emhit)

29. Mariette, *Dendérah*, III, 36.

30. *Pyr*, 288.

31. *Ib*., 1013, etcétera.

32. Naville, *Shrine of Saft el Henneh*, Lámina V.

33. La forma Heqit aparece en el *Libro de los Muertos*, ed. Lepsius, CXLII, 5.

34. «Hesat conducía el toro celestial» (*Pyr*, 2080).

35. Esto está ahora probado por Isis-Hesat; véase Petrie y Mackay, *Heliopolis, Kafr Ammar, and Shurafa*, Láminas XLI y ss. Incluso en tiempos de los últimos egipcios, el nombre parece haber sido con frecuencia confundido por Hetmet (véase la nota siguiente).

36. Lepsius, *Denkmäler*, IV, 65. La serpiente Hetmet (Mariette, *Dendérah*, III, 75), o Hetmut (*Pyr*, 485), parece ser distinta (véase la nota precedente).

37. *Pyr*, 1210, donde es llamada «hija de Qêb», aparentemente asociada incluso con Isis. ¿Es idéntica a la «gran doncella (*hunet*) de Heliópolis» (*Pyr*, 728, 809, etc.)?

38. Estaba quizá localizado en o cerca de Akhmîn (véase Lacau, *Sarcophages*, pág. 17). Es mencionado en *Pyr*, 1603 y aparece en Memfis (L.Bor-chardt, en *AZ*, XLII, 83 [1905]). Su nombre fue mal leído An-mufet por

los escribas egipcios mismos, y en Mariette, *Dendérah*, II, 36, aparece la forma desfigurada Mer-mut-f.

39. En *Pyr*, 1226, el alma de los muertos es puesta en peligro por Kenemti, un demonio con forma de pájaro o de leopardo, o utilizando una piel de leopardo. Una vez más vemos cuántos dioses olvidados eran corporizados en las estrellas de los decanatos (págs. 59-61).

40. Esta es nuestra lectura provisional del nombre divino, significando «el del País Extranjero de las Montañas» (Naville, *Deir el Bahari*, Lámina LXIII, Lanzone, *Dizionario*, pág. 995, etc.), un nombre tan largo como incierta es nuestra pronunciación. El nombre es ahora leído Ahu por muchos eruditos, pero la ortografía Ha (*Pyr*, M, 1013 [=Horus], 699, etc.), Hat (*Pyr*, 1284; véase también Naville, *Festival Hall*, Lámina XII) señala al menos a la pronunciación Ahuti.

41. *Libro de los Muertos*, ed. Lepsius, I, 21, etcétera.

42. Así también von Bergmann, *Buch von Durchwandeln*, L, 70, donde es confundida con la diosa del nacimiento Heqet.

43. La forma griega de este nombre divino está basado en la (¿última?) pronunciación Khnûv, que está implicada también en el jeroglífico de ortografía etíope Knûfi (Lepsius, *Denkmäler*, V, 39) y Khnf; el Knhf de Plutarco (*De Iside et Osiride*, XXI) es problemático. Sobre la esposa de Khnûm (¿en Esneh?), véase Heqet (págs. 52-53, 136); sobre sus dos esposas en Elefantina, véase pág. 21; sobre su conexión con el abismo y el mundo inferior y su última función como creador, véase págs. 52-54.

44. Véase pág. 109. El que su símbolo fuera usualmente conectado con el jeroglífico *shems*, «seguir», como muestra nuestra ilustración (tomada de Petrie, *Royal Tombs*, II, Lámina VII, donde también se puede encontrar una representación diferente), está confirmada por *Pyr*, *M*., 608 = *Pyr*, *N*, 1213, *Pyr*, 280, 1212. Su localización en duodécimo nomo del Alto Egipto (*Pyr*, 1258) es cuestionable, y el sitio de su templo, «la Casa de la Vida» (*Pyr*, 440, etc.), es desconocido.

45. *Pyr*, 1440.

46. Mariette, *Monuments divers*, pág. 46.

47. El Mehit con una cabeza humana y dos altas plumas en Mariette, *Dendérah*, IV, 29, parece ser una deidad diferente.

48. *Libro de los Muertos*, CLXXX.

49. Mariette, *Dendérah*, IV, 29. El nombre aparece escrito Menhiu en el *Libro de los Muertos*, XVII, 59, ed. Lepsius (Menhu, ed. Budge); en los viejos manuscritos, sin embargo, se lee Amón o Hemén.

50. *Libro de los Muertos*, XCI, véase también CXLII, V, 26, Mariette, *Dendérah*, IV, 6, 15, De Morgan, *Ombos*, no. 112, von Bergmann, *Buch von Durchwandeln*, L, 71.

51. En esta capacidad iguala a Muut, Muit (pág. 49), es posible que su nombre también se lea así.

52. Naville, *Shrine of Saft el Henneh*, Lámina IV.

53. Mariette, *Dendérah*, II, 66, Lepsius, *Denkmäler*, IV, 26, 74, De Morgan, *Ombos*, no. 963.

54. E.Erman, en *AZ*, XXXVIII, 20 (1900).

55. Su nombre también se escribe Mnrui (?). La transcripción griega MandouliV sugiere que la ortografía ordinaria está abreviada. Una inscripción griega de Kalabasheh, en Nubia, editada por H.Gauthier, en *Annales du service des antiquités de l'Egypte*, X, 68 y ss. [1910], parece conectarlo con la de otro modo desconocida diosa Breith.

56. El nombre fue primeramente mal leído como Khem, Amsi, etcétera.

57. Nuestra pintura (después en Mariette, *Dendérah*, I, 23) parece indicar que por último el misterioso rito fue interpretado parcialmente como un peregrinaje a la capilla del dios sobre una alta roca y parcialmente como una simbólica pugna por la riqueza y el honor de la divinidad. Las primeras representaciones de la ceremonia, sin embargo (Müller, *Egyptological Researches*, I, Lámina XLII, Gayet, *Louxor*, Lámina X), no contienen estas especulaciones y ni siquiera lo conectan con el ascenso a la capilla de Mîn.

58. Para estas estatuas, véase J. Capart, *Les Débuts de l'art en Egypte*, Bruselas, 1904, pág. 217.

59. Así aparece sobre un relieve del Imperio Medio en el Museo Metropolitano de Arte, Nueva York. Véase también su variante, el Amón azul (pág. 132); para la confusión del negro y el azul, véase Cap. III, nota 10.

60. Véase nota 15 y Cap. V, notas 80, 106. De allí Mîn es también «el bienamado» (*Pyr*, 953) y más tarde se lo asocia con Qedesh-Astarté.

61. Quizás esta interpretación fue ayudada por una mala comprensión de la representación de sus árboles sagrados como espigas de trigo.

62. En *Pyr*, 1378, vuela al cielo, es decir, ya está identificado con el halcón solar.

63. Así Naville, *Shrine of Saft el Henneh*, Lámina II. Algunas veces es representado con una extraña cabeza de animal (Lanzone, *Dizionario*, pág. 386). Su cabeza de león parece derivarse de la de su madre, Sekhmet.

64. *Pyr*, 1146 (¿véase *ib*., 483?).

65. Esta identificación con 'Apop ocurre tan tempranamente como en *Harris Magic Papyrus*, V, 7.

66. Mariette, *Dendérah*, III, 69, Lanzone, *Dizionario*, Lámina CLXXIV.

67. Esta pronunciación inusual de la terminación femenina como *-th* es un arcaísmo local y posiblemente no egipcia, paralela a la larga preservación del final femenino *-t* de 'Anuqet en la región semiegipcia cercana a la Primera Catarata.

68. Con estas armas aleja a los espíritus de los durmientes (G.Daressy, en *Annales du service des antiquités de l'Egypte*, X, 177 [1910]).

69. Ya en el Imperio Medio el signo estaba enteramente desfigurado (De Morgan, *Fouilles à Dahchour*, pág. 104), y éste era el caso tan temprano como en *Pyr*, 489. Para las posteriores malas interpretaciones véase Mariette, *Dendérah*, IV, 4, etcétera.

70. La famosa declaración de Plutarco (*De Iside et Osiride*, IX) concerniente a una misteriosa inscripción, «Nunca nadie ha levantado mis vestiduras», parece no ser más que una extravagante y mala interpretación de referencias a su elaboración de riquezas para el entierro de Osiris (véase Pierret, *Etudes égiptologiques*, pág. 45; Budge, *Gods*, pág. 460, etc.).

71. Era también llamada «la gran vaca salvaje» y al mismo tiempo «la de largos cabellos» (*Pyr*, 728, 2003, etc.). Era igualmente adorada en algunos lugares vecinos, sobre todo en Fa'get (Fa'giet) y Herakleópolis Magna.

72. Naville, *Festival Hall*, Lámina IX. En This-Abidos Ophoïs parece haber sido conocido en el primer período principalmente como el dios lobo (?) de la necrópolis. Para su nombre «el que se Encuentra ante los Occidentales» y para su cambio de carácter, véase págs. 22, 100. Una forma local, «Ophoïs de su Tamarisco», es mencionado en *Pyr*, 126, etcétera.

73. La diosa buitre Pekhat (*Libro de los Muertos*, ed. Lepsius, CLXIV, 12) debe ser distinguida de esta divinidad.

74. En este color estamos tentados a ver una característica no egipcia, pues por lo general sólo las mujeres (que estaban menos expuestas al sol que los hombres) y algunos extranjeros estaban pintadas de amarillo. La piel amarilla de Heka, el dios de la magia (Borchardt, *Sa'hu-rê*, Lámina XX), y algunas veces Thout, sugiere, sin embargo, otras explicaciones para este aspecto, que parece indicar una naturaleza retirada, reflexiva, erudita y sabia, del que se entrega diligentemente a sus tareas.

75. Este epíteto se encuentra tan tempranamente como en *Pyr*, 560.

76. Por tanto «Ptah, descansando en la justicia, satisfecho con la justicia», aparece algunas veces como el dios que vigila los juramentos; véase pág. 235-

36, para textos que se refieren a esta función. Osiris se alza con frecuencia sobre un pedestal similar, con una explicación parecida a la hemos dado (pág. 99-100).

77. «Ptah abre la boca (de los muertos) con su punzón de metal» (Virey, *Tombeau de Rekhmara*, pág. 168), es decir, restaura su voz. En esta capacidad pudo quizá ser confundido con Sokari, y como alfarero, probablemente, con Nuu-Khnûm. Para la ceremonia, véase pág. 182.

78. ¿Era la situación de Memfis, cercana a la gran división del Nilo, una de las razones para esta identificación o, más bien, la afirmación de Ptah de ser el más antiguo de todos los dioses, como Nuu?

79. Véase págs. 222-24 para una posterior y panteísta concepción de Ptah como el dios del universo; para su último hijo, I-m-hotep, véase pág. 172, y sobre su última asociación con Astarté, véase Cap. VIII, nota 9.

80. *Pyr*, 468, 1180, 1348. 2153;

81. Mariette, *Dendérah*, IV, 55, etcétera.

82. «Las dos doncellas» como madres de Osiris (*Libro de los Muertos,* CXLII, 14) parecen indicar a Isis y Neftis como una última interpretación y sin asociación con Triphis. Las primera ortografía del nombre de Repit (por ejemplo, K. Piehl, en *AZ*, XIX, 18 [1881]) parece estar conectada con la palabra *repit*, «estatua en un pequeño capitel», de modo que toda la etimología citada antes sería secundaria.

83. La forma Setit aparece en *Pyr*, 1116.

84. Louvre C 15, etc. (ed. A.Gayet, *Musée du Louvre: Stèles de la douzième dynastie*, París, 1889).

85. *Pyr*, 1575, etcétera.

86. Primeramente el nombre era leído de forma errónea Sekhet, Pakht, etc. La vocalización Sokhmet es poco segura.

87. *Pyr*, 606, 1374, etcétera.

88. Véase págs. 91, 140; Cap. V, nota 43. Véase también *Pyr*, 1274, etc.; Petrie, *Gizeh and Rifeh*, Lámina XIII f, etcétera.

89. *Pyr*, 489.

90. Naville, *Festival Hall*, Lámina VIII.

91. Si la ortografía en *Pyr*, 1139, 1751 debe realmente ser leída Semtet, ella podría ser «la diosa de la necrópolis», siendo esta palabra escrita Semit en Petrie, *Gizeh and Rifeh*, Lámina IX, aunque durante el Antiguo Imperio aparece en todos lados como St.

92. Véase Naville, *Shrine of Saft el Henneh*, Lámina II.

93. *Ib*.

94. Lanzone, *Dizionario*, pág. 1170, Lámina XV.

95. El nombre es escrito con un brazo sosteniendo un cetro (*Pyr*, P., 662) o un niño (*Pyr*, M, 773), que parece ser confirmado por el hecho de que la última ortografía Shenet es idéntica. Es dudoso hasta donde *Pyr*, 444, 681, 689 la caracteriza como una serpiente (para la serpiente como emblema de todas las diosas, véase pág. 168). Para la identificación de Shentet con Isis, véase Lanzone, *Dizionario*, pág. 1178, y *Libro de los Muertos,* ed. Lepsius, CXLII, 17. El templo de (Per-)Shentit (von Bergmann, *Buch vom Durchwandeln*, L, 54, Mariette, *Dendérah*, IV, 35) era probablemente el único en Abidos (Lanzone, *op. cit*, pág. 729).

96. Naville, *Shrine of Saft el Henneh*, Lámina VI.

97. *Pyr*, 1196, 2013.

98. Las primeras ortografías fueron Sbek, Sbeuk; en Fayum una última forma local era llamada Petesuchos («Don de Sobk»). En *Pyr*, 507, Sobk usa una pluma verde.

99. El origen de esto parece estar en que los faraones de la Dinastía XII construyeran su residencia en Fayum. De este modo el Sobk de la ciudad de Shedet se convirtió en el dios oficial de todo Egipto y fue necesariamente solarizado, siendo esto evidente en tiempos tan tempranos como los «Himnos de la Diadema del Faraón» (ed. A.Erman, en *ABAW*, 1911, pág. 24, etc.). De acuerdo con esto fue «el ojo solar de Sobk sobre su cabeza» (*Libro de los Muertos*, CXXV, *ad fin.*), y esta solarización se debió a un error (o cambio) clerical en los manuscritos del *Libro de los Muertos*, que alteraron el lugar del hogar de Sobk de Ba'eru a Bekhu, es decir la montaña del amanecer. Más tarde fue también comparado, en raras ocasiones, con el dios de la tierra Qêb, pero la razón de esto es bastante oscura.

100. Este era el caso en la ciudad de Apis en el Delta, incluso en tiempos en que el cocodrilo era considerado como «tifónico» (pág. 110). Una forma femenina (¿posterior?), Sobket, debió haber sido comparada con la esposa o madre de Sobk, Neith, y distinguida de una primitiva diosa leontocéfala, Seqbet (*Libro de los Muertos*, ed. Lepsius, CXLIV, V).

101. *Pyr*, 445, etcétera.

102. Esto en épocas tan tempranas como *Pyr*, *W*, 211, que menciona a «Horus en su barca-trineo»; véase *Pyr*, *T*., 270, y *Pyr*, 1429 para la explicación de su barca como solar; en *Pyr*, 1824, Sokar es ya el solarizado Osiris.

103. A.Erman, en *AZ*, XXXVIII, 29-30 (1900) (Dinastía XX).

104. Sop es claramente uno con el dios Sepa (*Libro de los Muertos*, XVII; ¿identificado con Osiris?). En el mismo texto, LXIX, 6, 8, donde pudo ser identificado con Anubis, el nombre de Sop está escrito con el signo del ciempiés (*Pyr*, M. 763, etc.), que más tarde el escriba confundió con una espina dorsal, etc. La última pronunciación fue S'ep (von Bergmann, *Buch vom Durchwandeln*, L, 49). Es incierto si fue adorado en Hebet (véase G.Maspero, «Mémoire sur quelques papyrus du Louvre», en *Notices et extraits des manuscrits de la Bibliothèque National*, XXIV, 24 [1883]). Manetón fusionó a José y Moisés en una sola personalidad, sustituyendo a Osiris por el hebreo Yô= Yahveh (considerado como el primer componente del nombre de José), y así reconstruyendo el nombre como mitad egipcio y mitad hebreo. En su asociación del nombre de Sop con Heliópolis, fue sostenido por «Atum de Sep(a)» (*Libro de los Muertos*, CXXV).

105. Para este dios, véase E.Naville, *The Shrine of Saft el Henneh and the Land of Goshen*, Londres, 1887. La pintura asiatizada dada en el texto (tomada de Borchardt, *Sa'hu-rê*, I, Lámina V) es la más antigua que se conoce. Su sagrado árbol *kesbet* o árboles *kesbet* (*Pyr*, 1476, etc.) fueron subsecuentemente confundidos con sicomoros (*nubs*), de donde el último nombre de su ciudad.

106. Dümichen, *Patuamenap*, Lámina XV. La ubicación de su ciudad, Tatet, Taitet (*Pyr*, 737, 1642, 1794, etc.) es desconocida.

107. *Pyr*, 290.

108. Así A.Wiedemann, en *PSBA*, XXIII, 272 (1901).

109. Su nombre no debe ser leído Bast(et), como creen aún muchos egiptólogos.

110. Con gran corrección, podemos escribir este nombre Weng(i), y así los siguientes nombres, Wert, Wesret, etc.; pero véase el prefacio sobre la popularización de la transliteración. Para Ung, véase *Pyr*, 607, 952.

111. Naville, *Shrine of Saft el Henneh*, Lámina VI.

112. *Pyr*, *W*, 329.

113. Petrie, *Athribis*, Lámina XVIII.

114. *Pyr*, 650 (619), 1153.

115. *Ib*., 631, etc.

116. *Ib*., 662.

117. *Ib*., 994, 1476.

118. *Ib*., 131, 1537.

119. Ahmed Bey Kamal, en *Annales du service des antiquités de l'Epypte*, XIII, 170 (1913).

CAPÍTULO VIII

1. En general, se pensaba que los países extranjeros estaban bajo la protección de Hat-hôr, la diosa del cielo; y por esta razón la encontramos especialmente en Nubia, en la costa del Mar Rojo, en la península de Sinaí (Cap. III, nota 12), y como la diosa del Líbano (Champollion, *Notices*, II, 208). No es seguro llamar divinidades a los dioses extranjeros de los distritos fronterizos, ya que algunas veces veces se los llamaba amos de los países extranjeros adyacentes; así la Neith de Sais no tiene huellas de un origen o carácter libanés (pág. 144), ni el Mîn de los coptos (págs. 140-41) es realmente un dios troglodita, aunque ambos eran llamados respectivamente «señora de los libaneses» y «amo de los trogloditas». De igual manera la deidad «Ash, el señor de los libaneses», que introdujo a estos bárbaros por el lado de la diosa del oeste (Borchardt, *Sa'hu-rê*, Lámina I; véase pág. 131), es aún una divinidad egipcia. Véase también Sopd y Khasti, págs. 150, 137.

2. Se encontraron manifiestas tendencias asiáticas incluso en los Textos Piramidales; véase por ejemplo pág. 106 sobre la adopción aproximadamente fechable de la adopción del mito de la serpiente cósmica; Cap. III, nota 70, sobre el tipo ciego de Orión; pág. 112 sobre la lanza del dios celestial; pág. 60 sobre el doble Orión, etc.; y, sobre todo, pág. 122-23 sobre las grandes dificultades de decidir exactamente qué detalles del mito de Osiris son nativos de Egipto y cuáles fueron recibidos del exterior, aunque es probable que tuviera sus raíces en el mito del dios agonizante de países del este y norte de Egipto (pág. 122). La tendencia a convertir a todas las diosas en celestiales es remarcablemente paralela con la teología asiática y nos conduce a la era prehistórica.

3. Para los pies elevados del corredor Orión, véase pág. 59. Hemos ya encontrado (págs. 82-84) otra razón de los pies elevados del dios sol caminador o de su representante de noche, Orión, en una versión que hace que Isis-Virgo use malignamente la serpiente contra el dios, mostrando así los mismos motivos asiáticos invertidos.

4. Sobre el problema general de las relaciones, especialmente entre las religiones egipcia y babilónica, véase A.Jeremias, *Die Panbabylonisten, der alte Orient und die ägyptische Religion*, Leipzig, 1907. Este pequeño estudio, muy sugestivo, contiene sin embargo algunas comparaciones muy forzadas. Mientras se da un gran paso en no considerar ya a la religión egipcia como un crecimiento aislado, el celo «pan-babilónico» en considerarlo tan sólo una reproducción de creencias babilónicas es erróneo. Véase págs. 58-59 para el

hecho remarcable de que ni siquiera las bases astronómicas de la mayor parte de la religión babilónica eran reproducidas en el Egipto primitivo, que tenía una astronomía ampliamente diferente. Es sólo en el período grecorromano que encontramos muchas copias mecánicas de doctrinas babilónicas, por ejemplo en astrología o magia (véase pág. 201).

5. Para informaciones mayores sobre estas deidades, véase Müller, *Asien und Europa,* pág. 309.

6. Este gorro, con pliegues de juncos, es el tocado característico de muchos dioses asiáticos. Como ya hemos notado (Cap. V, nota 111), este es un caso frecuente en Osiris, y éste es una divinidad original del Bajo Egipto, donde este tipo de corona sería inadecuado, esto bien puede ser un nexo de unión entre Osiris y Asia.

7. También como Orión. Para esta cinta, véase Cap. II, nota 70.

8. Véase W. Spiegelberg, en *Zeitschrift für Assyriologie*, XIII, 120 (1898).

9. A partir de este templo tan famoso de ella, es llamada «hija de Ptah» en fragmentos de un cuento extraño (W.Spiegelberg, en *PSBA*, XXIV, 49 [1902], en el cual, después de vagabundear entre Egipto y Siria, aparece sentada desnuda en la costa del mar como la diosa griega Afrodita o la asiática «hija del mar» (es decir, Astarté).

10. La cabeza de león de la Fig. 160 muestra a Astarté confundida con la guerrera Sekhmet, su vecina en Memfis (pág. 149; ¿así también en De Morgan, *Ombos*, no. 208?). Para la doble naturaleza de Astarté, véase de igual modo ‘Anat (pág. 158).

11. Este es un mito astral: Virgo de pie sobre Leo, sosteniendo a Spica e Hidra, aparece en las leyendas diciendo cómo Isis conquistó al dios sol por intermedio de una serpiente (págs. 81-86) o lo ayudó (véase pág. 155). La idea mitológica egipcia puede también considerarse como una vuelta a una idea mitológica egipcia (véase págs. 31, 90, sobre el áspid de un perdido miembro de la deidad solar).

12. El nombre también aparece escrito Dedunti. Es bastante extraño que el antiguo jeroglífico no fuera reconocido en *Pyr*, 803, 994, 1718, y esto podría conspirar contra la lectura de este divino nombre en la apelación del rey Menenrê‘, Dedun(?)-em-sa(u)-f. Manetón lee esto MeqousoufiV, es decir, con el nombre del dios Mehti. Es posible que tengamos aquí una confusión de las divinidades egipcias cuyos nombres se escriban de forma similar, o bien que Dedun, cuando fue transferido a Egipto, asumiera diferentes designaciones locales.

13. Quibell, *Hierakonpolis*, Láminas XIX (con emblemas de guerra y conquista), XXXIV. De igual manera ambos nombres aparecen en la tumba de Menes (Petrie, *Royal Tombs*, I, Lámina III). Dedun es mencionado entre los dioses egipcios (Quibell, *op. cit.*, I, Lámina XXVIc), como lo es Selqet solo (*ib*, Láminas XVII, XVIII, etc.); ambos aparecen en otras vasijas prehistóricas (Petrie, *Diospolis Parva*, Lámina XVI).

Fig. 229. Símbolo de Selqet como el Conquistador

14. Ahora debe abandonarse, sin embargo, la teoría de que Bês era una deidad de África Oriental o Arábiga, véase pág. 65.

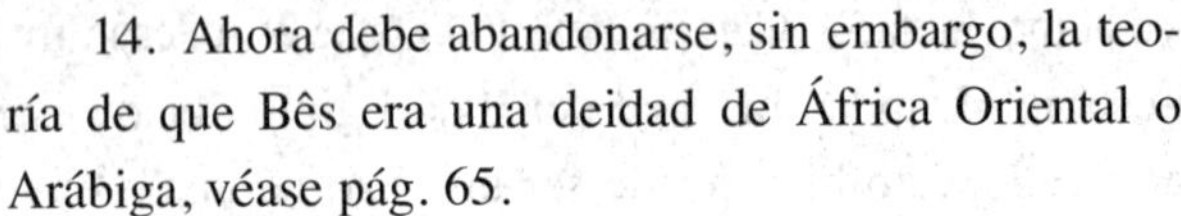

CAPÍTULO IX

1. Este tema ha sido tratado especialmente por A.Wiedemann en varios ensayos (véase la literatura citada en su *Religion of the Ancient Egyptians*, Londres, 1897, pág. 172) y en su *Tierkult der alten Aegypter*, Leipzig, 1912. El más completo tratado es el T. Hopfner, *Tierkult der alten Aegypter*, Viena, 1913.

2. Epet, originalmente una forma mezclada, aparece como hipopótamo sólo en tiempos más recientes (pág. 62). La asociación de este animal con Sêth pertenece a los períodos muy últimos (pág. 120 y Cap. V, nota 35).

3. Véase Cap. IV, nota 90, sobre este significado real de la palabra común para «alma».

4. Para los primeros ejemplos de tales representaciones mixtas, véase Petrie, *Royal Tombs*, II, Láminas XXI y ss. (¿de la Dinastía I?); véase también la confusa descripción de la diosa Nekhbet (cap. VII, nota 71). Un intento destacable de un pensador egipcio muy avanzado para explicar el origen de los animales sagrados de una forma muy peculiar, ha sido mencionado en la pág. 88; esto muestra las dificultades que estos remanentes de la antigüedad comenzaban a presentar.

5. En el período grecorromano era llamado Serapis, es decir Osor-hap (véase pág. 101 para esta etimología). Algunas veces parece haber sido confundido con Hepi, un hijo de Osiris-Horus (pág. 114), como en *Pyr*, 1313. Para la etimología «el Corredor», véase la ortografía en Mariette, *Les Mastaba*, pág. 183.

6. Hay una tradición, aunque de autoridad cuestionable, que afirma que los sacerdotes ahogaban al Apis cuando éste alcanzaba los veinticinco años. Esto traería a colación nuevamente la explicación como el Nilo y Osiris.

7. Setenta es un característico número cósmico; véase Cap. V, nota 75, sobre el más exacto número setenta y dos para expresar el ciclo anual.

8. Un ganadero fue denunciado por haber tratado la enfermedad de un becerro y su madre con las marcas sagradas (como Mnevis) (W.Spiegelberg, en *AZ*, XXIX, 82 [1891]).

9. Aquí el toro aparece sobre las monedas romanas del nomo de Her-monthis, véase pág. 141-42 sobre la forma original de Montu.

10. Ahmed Bey Kamal, en *Annales du service des antiquités de l'Egypte*, V, 198 (1904).

11. El color negro de muchos de los animales sagrados parece confirmar la sospecha de que se pensaba que el toro o la vaca celestiales moraban en ellos (véase Cap. III, nota 10, sobre la identidad del negro y el azul), aunque en general el comienzo de su culto debió haber sido más temprano que esta interpretación cósmica (pág. 162).

12. Esta designación parece mostrar que la fusión del dios del pilar de Busiris (pág. 96) y el «espíritu» de Mendés era anterior que la explicación del primero como el agonizante dios Osiris.

13. Véase pág. 30 y Lanzone, *Dizionario*, Lámina LXVII, 2 (que también prueba que los egipcios no daban a la palabra *b(a)i* el significado de «cordero» sino de «alma»). La Estela de Mendés (véase E.Naville, *Ahnas el Medineh*, Londres, 1894, págs. 20-21 y el *Himno a Hibeh* (L, 27; véase pág. 221 para este texto del período persa) identifica este dios con «el alma viviente» de Shu, Qêb, Osiris, Rê', etc., es decir, panteísticamente con el mundo entero (véase la idea subyacente de los cuatro elementos, pág. 68, e igualmente la de la deidad con las cabezas de los cuatro corderos, *ib*.).

14. Debería suponerse que la raza de carneros de cuernos de amplia expansión, al extinguirse más tarde, fue confundida con las cabras en las pinturas más antiguas, o que la cabra fue sustituida cuando estos carneros desaparecieron, o que por razones supersticiosas la cabra no era llamada con su correcta designación; pero ninguna de estas explicaciones es convincente. Que los griegos no estaban equivocados ha sido demostrado por Lanzone, *Dizionario*, Lámina LXVII, I, donde un macho cabrío aparece con la inscripción «el alma divina (¿o, «cordero»?) del jefe de los dioses» (véase también la designación del dios universal como *hai* [«macho cabrío»] en el *Himno de Hibeh*, L, 27). Momias de cabras, tanto machos como hembras, han sido también encontradas en el Alto Egipto.

15. Véase Mariette, *Dendérah*, IV, 80, Naville, *Shrine of Saft el Henneh*, Lámina VI.

16. Véase las afirmaciones del presente escritor sobre este nombre (explicado primero por Lefébure) en *MVG*, XVII, 290 (1913). La mejor imagen, reproducida en la Fig. 172, fue tomada por Naville, *Shrine of Saft el Henneh*, Lámina VII.

17. El nombre significa «el brillante», quizá debido a sus plumas blancas (véase la paronomasia en *Pyr*, 1652). Esto explica porqué en Heliópolis pudo ser interpretado como un símbolo de la luz.

18. Estos cuentos comienzan con Herodoto, II, 73.

19. Sobre la oca de Amón, véase pág. 132; sobre las ocas atribuidas a Qêb, pág. 44; sobre el ibis de Thout, pág. 36; sobre el halcón o falcón de Horus, pág. 104. Todos estos pájaros, tenían poca prominencia; véase págs. 169-70.

20. XVII, I, 38 (=págs. 811-12, ed. Casaubon).

21. Mariette, *Dendérah*, III, 28, 29, etc. Una pintura (*ib*., IV, 25) también nos muestra cuatro leones como los guardianes tradicionales del templo, representados mientras son alimentados, pero éstos son escasamente animales vivientes.

22. XVII, I, 22 (= pág. 803, ed. Casaubon).

23. En un estilo similar los tipos cósmicos como el toro y el halcón pueden haber tomado el lugar de otros animales en este período (véase pág. 162 y nota 11).

24. Véase F. Preisigke y W.Spiegelberg, *Die Prinz Joachim Ostraka*, Estrasburgo, 1914, para documentos sobre la inspección de tales «tumbas de dioses», y también W.Spiegelberg, en *Report on Some Excavations in the Necropolis of Thebes*, Londres, 1908, págs. 19 y ss. Sobre la incapacidad de las masas para distinguir entre lo «divino» y lo «sagrado», véase pág. 163.

25. Véase Cap. I, nota 3, sobre la dificultad de separar estas ideas subyacentes.

26. Véase, por ejemplo, Newberry y Griffith, *Beni Hasan*, II, Lámina XIII, sobre qué extrañas criaturas esperaban los cazador encontrar en el desierto.

27. Para la divinidad de los reyes, véase especialmente A. Moret, *Du caractère religieux de la royauté pharaonique*, París, 1902, y S.A.B. Mercer, en *Journal of the Society of Oriental Research*, I, 10 (1907) (donde se dan referencias a la literatura general).

28. Naville, *Deir el Bahari*, Lámina LI (con un sinónimo alternativo para *ka*), etcétera.

29. Templos en Deir el-Bahri, Luxor, Edfu (ed. Naville, Gayet y Chassinat respectivamente), etc. La teoría de la encarnación divina que artistas y poetas

describen en estos monumentos —con un exceso de detalles para el gusto moderno— es que el dios sol (Amón), atraído por los encantos de la reina y enamorado de ésta, se une a ella llenando al faraón con su alma. El niño nacido de tal unión es, por tanto, el fruto del dios como del rey.

30. U. Wilcken, en *AZ*, XLII, 111 (1905).

31. La declaración de que vino de Kochome, es decir «la Ciudad del Toro Negro», o de Athribis, parece una teoría posterior derivada del nombre de su padre (=Apis) en un esfuerzo por explicar su divinidad.

32. Lepsius, Denkmäler, IV, 73, etc. Tales cultos parecen haber florecido especialmente en Nubia.

CAPÍTULO X

1. Para estudios especiales sobre este tema, véase A.Wiedemann, *The Ancient Egyptian Doctrine in the Immortality of the Soul*, traduc. inglesa, Londres, 1895, E.A.W. Budge, *Egyptian Ideas of the Future Life*, Londres, 1908, G.A.Reisner, *The Egyptian Conception of Immortality*, Londres, 1912.

2. Posiblemente, sin embargo, esta costumbre puede haber sido comprendida como el bagaje para convertirse en un «seguidor del dios sol», un miembro de su tripulación (págs. 29, 57-58).

3. Que *ka* es meramente una primera y más cuidadosamente elegida palabra para «alma» es evidente del intercambio de ambos términos, por ejemplo en casos de encarnación divina en animales (págs. 166-67) y hombres (págs. 171-72). La etimología original dc la palabra es muy discutida. El sentido más elevado otorgado al término *ka* es también revelado en la idea dominante que es un doble de la personalidad del hombre (véase Fig. 180). Como otra palabra para «alma», el término *ikh* aparece tan tempranamente como en *Pyr*, 403, etc.

4. Ya que se pensaba que la cremación implicaba la completa aniquilación de la personalidad, era temida como una amenaza para la misma existencia del alma (véase A.Erman, *Gespräch eines Lebensmüden mit seiner Seele*, Berlín, 1896); ser ahogado, por el contrario, lo convertía a uno en un igual de Osiris y era una muerte bendecida (F.Ll.Griffith, en *AZ*, XLVI, 132 [1910]).

5. Esto no debe ser confundido, como se hace con frecuencia, con la doctrina india de la transmigración de las almas. Es obviamente una supervivencia del animismo primitivo descrito en el Cap. I. Los animales no tenían alma a menos que un alma humana o divina los utilizara como morada.

6. Si podemos comprender correctamente las numerosas invocaciones contra los «muertos, masculinos o femeninos», tales espíritus acechantes eran temidos y considerados como causa de la enfermedad. Un papiro contiene una curiosa carta escrita por un viudo a su fallecida esposa (trad. G. Maspero, en *JA* VII, XV, 371-82 [1880]), enumerando todas las bondades que él le había dado durante la vida de ella y en su entierro, rogándole que lo dejara en paz; no aclara si la causa eran sueños perturbadores o alguna enfermedad atribuida a la muerta.

7. El título egipcio es *El Libro de los que vienen con el día* (es decir, con el sol naciente). Es absolutamente erróneo llamarlo la «Biblia de los egipcios»; aunque sea una rica fuente de información, no parece formular el credo. El texto, codificado por última vez después del 700 a.C., fue primero editado por R.Lepsius (Leipzig, 1842) y mejor por E.Naville (Berlín, 1886); ha sido traducido al inglés por Lepage Renouf (Londres, 1904) y E.A.W.Budge (Londres, 1901). Pequeñas obras (en parte imitaciones y estratos) de este tipo son *El Libro de la respiración* (ed. H. K.Brugsch, *Sai An Sinsin*, Berlín, 1851), *El Libro «para que mi nombre pueda florecer»* (ed. J.Lieblein, Leipzig, 1895), *El Libro de los que vagabundean por toda la eternidad* (ed. E. von Bergmann, Viena, 1877), *Los rituales de embalsamamiento* (ed. G. Maspero, en «Mémoire sur quelques papyrus du Louvre», en *Notices et extraits des manuscrits de la Bibliothèque Nationale*, XXIV, 14-51 [1883]), *Los rituales de las ofrendas funerarias* (ed. E.Schiaparelli, Turín, 1881-90), etc. Continuaciones del *Libro de los Muertos* —aparte de los Textos Piramidales, nuestros más antiguos documentos egipcios— son obras como *El Libro de los dos caminos* (ed. H. Schackenburg, Leipzig, 1903; mejor ed. P.Lacau, en *RT*, XXIX, 143-50 [1907]).

8. Este número corresponde al de los nomos egipcios (pág. 19), de donde se deduce que los manuscritos hacían intentos poco satisfactorios para localizar a todos los jueces en estos nomos. ¿Es el número una supervivencia de la Liturgia Etíope, donde el sacerdote, después de decir el Kyrie tres veces, lo repetía secretamente cuarenta y dos veces (S.A. B. Mercer, *The Ethiopic Liturgy,* Milwaukee, 1915, pág. 360)?

9. Originalmente eran la mayor parte de los demonios malignos, como es obvio en el caso de Neheb-kau, el «Destructor de Almas» (pág. 144), quien más tarde no puede negar enteramente su origen maligno (véase Cap. V, notas 43, 54).

10. Esto puede quizá mostrar que originalmente, como hemos sugerido (págs. 35-36), eran dos dioses distintos.

11. *Pyr*, 1112, etcétera.

12. En los primeros textos los «campos de los sacrificios (¿*Pyr*, 471 tiene la variante «de aquellos en reposo», de retoños *(earu)*, de altares, de malaquita» (págs. 57-58, 100, Cap. III, nota 12), etc. donde eran originalmente verdes lugares de placer en el cielo, con lagos y canales representados en las estrellas (pág. 57); no eran, sin embargo, campos de trabajo. Véase también Cap. II, nota 10, para el «lago del chacal». Los «lagos de las adoradoras» (*duaut*; *Pyr*, *P*, 245) son confundidos con designaciones tales como «lagos del submundo (*duat*; Cap. V, nota 16)», etc. «Lago» es más bien sinónimo de «campo» en este sentido celestial. Así tenemos, por ejemplo, un «lago de la nodriza» (*Pyr*, 343, etc.) junto a «lago de las verdes plantas» (*khat*, *ib*.; posiblemente la primera lectura de *khaut*, «altares»), un «lago de plenitud» (*ib*., 1228), etcétera.

13. Esta parece ser una última etimología de la primera ortografía *shawabtiu* («procuradores de comida»).

14. El primer período era especialmente angustioso, ya que el fallecido podía gozar de placeres sexuales y ser protegido contra las debilidades sexuales. Las figuras de las llamadas «muñecas» depositada en las tumbas simplemente significaban concubinas para los muertos.

15. *Pyr*, 950, describe más modestamente cómo achicaban el agua de esta nave.

16. LXXX, LXXXII.

17. Esta rara expresión aparece tan tempranamente como en *Pyr*, 392, 1679; «servidores del dios» son mencionados en *Pyr*, 754, «seguidores de Osiris» en *Pyr*, 749, 1803, «seguidores de Ophoïs» en *Pyr*, 928, 1245, «seguidores de la morada celestial» en *Pyr*, 306.

18. El perro vigilante de Osiris tuvo este nombre tan tempranamente como en *Pyr*, 1229, donde la escena del juicio es situada cerca de la fuente del Nilo (Cap. V, nota 43). En Bonomi y Sharpe, *Oimenepthah*, Lámina V, parece estar confundido con el cerdo o cerda que algunas veces simboliza al pecador condenado.

19. En contraste con la creencia de que ahogarse confería una inmortalidad bendecida.

20. Estos cuatro mandriles (véase Fig. 186) son intercambiados con los cuatro hijos de Osiris-Horus en el *Libro de los Muertos*, CLIII A y B, mostrando una vez más que, como hemos probado antes, la escena se sitúa donde el Nilo viene del mundo inferior en el sur.

21. La idea de un infierno tal no es desarrollada hasta el Nuevo Imperio, y entonces bajo influencias que aún no están determinadas. Los mayores deta-

Fig. 230. Almas en la isla de las llamas entre flores y alimentos

lles sobre el submundo, cielo e infierno fueron encontrados en dos colecciones que gozaron de cierta popularidad entre 1500 y 1000 a.C.: el *Libro de lo que está en el Otro Mundo* y el *Libro de los Portales*. El propósito principal de estas colecciones de antiguas pinturas, con frecuencia mal interpretadas, era describir el curso nocturno del sol a través del domino de los muertos. Originalmente, como hemos declarado (Cap. II, nota 11), la «isla de las llamas» no era un infierno; y el *Libro de los Portales*, haciendo de ésta la morada de las almas benditas que viven de su pan y verdes hierbas, parece revertir a la concepción de los campos e islas con que las estrellas forman el cielo (véase Bonomi y Sharpe, *Oimenepthah*, Lámina XIV). Otros textos, como Lacau, *Sarcophages*, pág. 225, de igual modo representa la isla como un lugar de felicidades. Un «dios de los calderos» (Ketuiti), usualmente representado con la cabeza de un gato (¿véase pág. 109?) y alguna vez con la de un buey (¿véase sobre Nuu, pág. 49?), es parcialmente reconocido como maestro del infierno de la Dinastía XVIII. Curiosamente, Horus, el dios de la luz, es con más frecuencia considerado como el regente del lugar de tortura. Una inscripción a comienzos del período romano (Lepsius, *Auswahl der wichtigsten Urkunden der ägyptischen Alterthums*, Lámina XVI, etc.) declara que todos los muertos, incluso los buenos, deben ir al mismo Hades. «El oeste es la tierra del sueño y la oscuridad» donde todas las almas caen en el sopor y el olvido, y sin embargo (en directa contradicción con esta concepción) están en la miseria, viviendo en vano incluso para beber agua y quejándose de que no han gozado de más placer que durante sus vidas terrenales. Esto no puede, sin embargo, ser considerado como una expresión de la antigua doctrina egipcia, sino que representa un pensamiento extranjero, especialmente griego.

22. Esto es simplemente una hipótesis. Como una supervivencia de la misma idea, incluso en el Nuevo Imperio, ocasionalmente encontramos cortados los genitales de las momias y envueltos con éstas (véase Cap. V, nota 106, para el origen de esta practica en el mito osiriano). Es incierto saber por qué se quitaba algunas veces la piel de la planta de los pies, como tampoco sabemos hasta dónde hay una explicación religiosa para haber dorado partes de la momia (como el rostro y la punta de los dedos) en el último período.

23. Como en muchos otros países, los objetos depositados con los muertos eran con frecuencia rotos para «matarlos» y así enviarlos con el alma del

fallecido; por ejemplo, suelen encontrarse papiros literarios rotos. Como una seguridad para obtener la vida eterna, en el Nuevo Imperio se imitaban las costumbres de los enterramientos de los benditos ancestros primitivos (cap. XI, nota 23), al menos simbólicamente o en pinturas. De este modo encontramos alusiones a las costumbres primitivas de coser el cuerpo en una piel, o una pequeña pirámide de piedra que algunas veces parece colocar al fallecido en la posición de los primeros reyes que descansaban en las pirámides reales, etcétera.

CAPÍTULO XI

1. CXXV, introducción.

2. Variante: que vigilan a los pecadores (variante: el mundo inferior); variante posterior: que viven en la verdad y aborrecen el error. Este pasaje suministra un excelente ejemplo de la forma en que los eruditos luchaban con los textos, que con frecuencia eran oscuros y alterados.

3. Véase pág. 30 para esta interpretación de los dos ojos, que aparecen de forma excepcional como guardianes de la rectitud.

4. Esta canción existe en varias revisiones críticas y se afirma que era muy popular antes del 2000 a.C., siendo encontrada en el templo funerario de uno de los reyes Antef de la Dinastía XI. Para la más completa discusión de esto, véase *Liebespoesie der alten Aegypter*, pág. 29, del presente escritor; y también Breasted, *Development*, pág. 182.

5. La más vieja de estas escrituras morales es el famoso *Prisse Papyrus*, primero traducido por F.Chabas en su *Etudes sur le papyrus Prisse*, París, 1887 (véase B.G. Gunn, *The Instructions of Ptahhotep*, Londres, 1908). Este texto prosaico y utilitario, que aún permanece muy oscuro, afirma datar del tiempo de las Dinastías III y IV. Las exhortaciones del sabio Ani (Chabas, *Les Maximes d'Ani*, Châlon-sur-Saône, 1876), escritas durante el Nuevo Imperio, tienen mucho mayor valor literario y ético (véase págs. 234-35).

6. Escenas de embriaguez eran conmemoradas como bromas divertidas incluso en las tumbas. Es significativo que el nombre del rey Psammetichus signifique «el mezclador», es decir, el inventor de nuevas mezclas bebestibles *(p-sa-n-metk)*.

7. Especialmente CXXV. Tanto como podamos comprender este texto, muy alterado en los manuscritos, la mejor traducción inglesa de este importan-

te documento es de F.Ll. Griffith, en *Library of the World's Best Literature*, págs. 5320, 22.

8. Véase Renouf, *Religion of Ancient Egypt*, págs. 73 y ss; Breasted, *Development*, págs. 165 y ss.

9. Este interesante texto estaba mezclado por error con fórmulas rituales para el rey (*Pyr*, *P*, 164 y ss.).

10. Véase *Mythology of All Races,* Boston, 1916, I, 195.

11. La pintura ha sido extraída de Naville, *Festival Hall,* Lámina IX. Véase, además, Mariette, *Dendérah*, III, Lámina LXIII, donde aprendemos que los pequeños pilares estaban con frecuencia cubiertos con vestiduras para hacerlos parecer estatuas. W. Spiegelberg ha demostrado (*RT*, XXV, 184 [1903]) que el nombre de estos monumentos era «estacas» (es decir, probablemente, «postes»). Nuestra pintura confirma la frecuencia de cráneos cornados (para el significado de esto, véase pág. 40) en los pilares más antiguos. Los obeliscos y estos emblemas están conectados en *Pyr*, 1178.

12. Para uno de los caracteres más inusuales, véase Naville, *The Eleventh Dinasty Temple at Deir el Bahari*, Londres, 1894-1908.

13. La repetición de estas festividades en intervalos mucho más cortos que treinta años, como su curioso nombre, que es ahora generalmente interpretado como «festival de la cola» (?), no es aún inteligible. Petrie (*Royal Tombs*, I, Láminas VII, VIII) ha demostrado que el nombre primitivo era diferente («festival de la apertura» [?]), y que los más viejos edificios que conmemoraron este festival eran muy simples, así como en la ilustración acompañante. La primera de las estructuras elaboradas de los últimos tiempos fue encontrada por Naville y es descrita en su *Festival Hall of Osorkon II*, Londres, 1892.

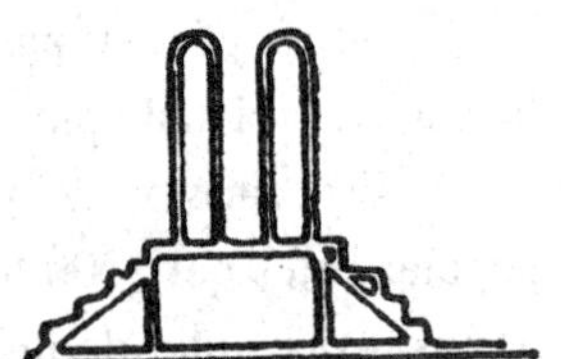

Fig. 231. La primera construcción conmemorando una «festividad de la cola»

14. Sobre las órdenes del sacerdocio egipcio, véase W.Otto, *Priester un Tempel im hellenistischen Aegypten*, Leipzig, 1905. Este trabajo se refiere, por supuesto, sólo al último período.

15. II, 35.

16. *Ib*., 92.

17. Véase A. Wiedemann, en *PSBA*, XXIII, 263 (1903), A. Erman, en *AZ*, XXXVIII, 53 (1901), y varios escritores en *AZ*, XXXIX (1902). Las vasijas descritas por Wiedemann (*op.cit*., págs. 271 ss.) son, sin embargo, relojes de agua para regular las horas de culto.Todo el problema de estas purificaciones

es aún oscuro, pues los escritores griegos dieron diferentes explicaciones para la ceremonia, confundiendo el simbolismo de la lustración, un signo de la presencia, y el registro o lanzamiento de dones monetarios en cajas de bronce.

18. La aplicación de este primer uso cosmético egipcio en las deidades produjo las grandes paletas adornadas, cinceladas en pizarra, en las cuales la pintura verde para los ojos de los dioses estaba mezclada en los tiempos prehistóricos y las primera dinastías. Incluso los animales sagrados (¿y sacrificables?) algunas veces tenían los ojos decorados de esta manera (Borchardt, *Sa'hu-rê*, Lámina XLVII). La sacerdotisa que así adornaba a la vaca, de acuerdo a una pintura reproducida en *AZ*, XXXVIII, Lámina V [1901]) usaba sólo una cuerda alrededor de las caderas, de modo que representaba a la diosa y de forma acorde ejecutaba alguna escena mitológica (¿a la cual se alude en *Pyr*, *W*, 421, etc.?).

19. Del Louvre C 15 (ed. A.Gayet, *Musée du Louvre: Stèles de la douzième dynastie,* París, 1889).

20. Véase *Petrogrado Papyrus I* (*Cuento del marino naufrago*, L, 145) para un ejemplo de tal sacrificio a un dios ausente. La quema de todo el buey es representado en conexión con los sacrificios humanos descritos más adelante.

Fig. 232. Una sacerdotisa pintando los ojos de una vaca sagrada

21. H. Junker, en *AZ*, XLVIII, 69 (1911). La representación del rey como conquistador no se refiere, sin embargo, al sacrificio humano.

22. *De Iside et Osiride*, LXXIII, etc. Un altar para sacrificios humanos encontrado en Edfu es descrito por A. E. P. Weigall, en *Annales du service des antiquités de l'Egipte*, VIII, 45 (1907). Las pinturas dadas en nuestro texto pertenecen todas a los sacrificios funerarios y pueden, por tanto, tener un objetivo diferente (véase Cap. X, nota 23, para la posibilidad de que el único objeto de matar esclavos era enviarlos con el alma de su amo); pero permiten algunas conclusiones sobre el sacrificio humano en los cultos divinos.

23. Véase G.Maspero, en *Mémoires publiés par les membres de la mission archéologique française au Cairo*, V, 452 (1894), y Griffith, en Tylor, *Tomb of Paheri*, gran formato, texto de Lámina VIII, donde, sin embargo, no encontramos consideraciones sobre el hecho de que los egipcios de los siglo XVI a.C.

ya no comprendían estas representaciones, pero confundían la ceremonia de enterrar los muertos a la moda de los benditos ancestros prehistóricos —en posición encogida y cosido en una piel— con entierros similares de sacrificios humanos. Esto ha sido notado en parte por Davies (*Five Theban Tombs*, pág. 9), quien también reproduce (Lámina VIII) el sacrificio de esclavos nubios dado en nuestro texto (Fig. 210). En nuestra pintura más antigua (extraída de Petrie, *Royal Tombs*, II, Lámina III), el curioso trineo de madera sobre el cual se arrastraba al sacrificado a la tumba tiene una forma inusual. Véase Fig. 210, donde este trineo es cuidadosamente enterrado después de haber sido utilizado.

24. Véase K.Sethe, en *AZ*, XLIV, 30-35 (1907).

25. El más importante de éstos son el papiro demótico de París, primero interpretado erróneamente como una crónica (ahora editado por W. Spiegelberg, en su *Demotische Studien*, VII, Leipzig, 1914), y una profecía en un papiro de Petrogrado (Leningrado). Un papiro de Leyden (ed. a.Gardiner, *Admonitions of an Egyptian Sage*, Leipzig, 1909) no es profético.

CAPÍTULO XII

1. La más extensa colección de material sobre magia egipcia está contenida en *Egiptian Religion*, de A. Erman. En muchas obras, usos y textos son tratados como mágicos más bien que clasificados como puramente religiosos.

2. Véase pág. 173. Para su libro mágico, véase G.Maspero, «Mémoire sur quelques papyrus du Louvre», en *Notices et extraits des manuscrits de la Bibliothèque Nationale*, XXIV, 58 (1883).

3. Hasta el período romano esto no fue completamente pronunciado como un deseo —¡Pueda él ir!—, pues para la mente de los primeros egipcios esto habría privado a la sentencia de toda su eficacia. Debía ser declarado como un hecho, y entonces se convertiría en un hecho. Sobre el efecto mágico conectado con tales textos religiosos, véase Breasted, *Development*, pág. 94.

4. Cada número es sagrado debido al sistema cósmico revelado en todos ellos, pero se otorga especial valor al 4, 9, (14,) 18, 27, 42, 110. El número siete tiene generalmente mala suerte (véase págs. 42, 61 sobre constelaciones de siete estrellas), aunque, por otra parte, aparece en las catorce almas del dios sol (véase págs. 30, 171-72), etc. Es sólo en el último período que el tres se hace especialmente sagrado. Para los nefastos cuarenta y dos jueces de los difuntos, véase pág. 177.

5. El más famoso texto de este tema, cuenta cómo la princesa de un alejado país asiático llamado Bekhten fue curada por una estatua de Khônsu (traducida por Maspero, *Contes populaires de l'Egypte ancienne*, 3a. ed., París, 1906, págs. 161-67), es una piadosa falsificación; pero hay análogos históricos de tales expediciones, como la que envió el ídolo de la Istar de Nínive de Mesopotamia a Egipto para curar la enfermedad de Amen-hotep III.

6. El jeroglífico para «talismán» (*sa*,) parece representar una cuerda con numerosos lazos mágicos (véase sobre Neith, pág. 145). Para un papiro sobre las propiedades mágicas de las piedras preciosas, véase Spiegelberg, *Demotische Papyrus aus den königlichen Museen von Berlin*, pág. 29. El símbolo de la mano abierta, tan popular en el oriente hasta el día de hoy, y desde entonces aparece entre amuletos cuya huella no puede ser trazada hasta una idea religiosa.

7. El más largo calendario de esta naturaleza está contenido en el Sallier Papyrus IV y ha sido traducido por F. Chabas (*Le Calendrier des jours fastes et nefastes*, Châlon-sur-Saône, 1870). Muestra muy poca concordancia con otros textos de esta característica (véase, por ejemplo, Budge, *Facsimiles of Egyptian Hieratic Papyri in the British Museum*, pág. 41; y también Cap. VI, nota 16). Los sacerdotes debieron haber contemplado con mucho disgusto estos sistemas calendarios.

8. Véase pág. 186 y Cap. I, nota 3, sobre esta ocupación, que fácilmente asumía una significación religiosa.

9. Véase especialmente el manual astrológico discutido por Spiegelberg, *op.cit.*, pág. 28.

10. Para una colección de tales pasajes, véase H. Grapow, en *AZ*, XLIX, 48 (1911).

11. *Pyr, W,* 496 = *T* 319.

12. Explicado en los últimos tiempos como «combatieron entre ellos», pero quizás originalmente significaba «cayeron como la lluvia».

13. Es decir, Aker (véase pág. 45); variante: «de aquellos que viven en las profundidades de la tierra, la gente de Aker».

14. Originalmente «mi alma», revelando el hecho de que primariamente todo el himno utilizaba la primera persona, incrementando así su carácter mágico.

15. Véase Cap. II, nota 11, y Cap. X, nota 21, para las distintas ideas sobre este lugar.

16. Un juego sobre palabras similares significando «mensaje, mensajero» y «cerrado sobre la punta de la cabeza».

17. Variante: «sobre los colores»; pero el texto está alterado. Quizá podamos leer «Shesmet» (véase pág. 61 sobre esta diosa, quien fue pronto olvidada).

18. La palabra para «cazar» es *khensu*. Es incierto saber si tenemos aquí una alusión a Khônsu (véase pág. 36); para los «portadores de cuchillas» como poderosos (y generalmente hostiles) demonios, véase págs. 176, 181.

19. Véase pág. 60 para este carnicero y cocinero; parece corroborar la sospecha de que originalmente Shesmet era mencionada antes (nota 17).

20. Los grandes dioses siderales (véase pág. 56 y ss, 179.

21. Es decir, como combustible, porque eran demasiado duros para ser comidos.

22. Es decir, como sus servidores (así Breasted, *Development*, pág. 128), pero quizás el significado sea, más bien, «están bajo su conjuro» (de modo que, sin dificultad, pueda elegir a quien más se ajuste).

23. La palabra también significa «alimentación, plenitud». Más tarde, pero carente de sentido, la variante tiene «sus dignidades, signo de nobleza».

24. Véase págs. 174-76. La posibilidad que tengamos aquí un tratamiento poético del motivo de la luna que crece cada mes tragándose las estrellas, o de Saturno, etc., quien devora a sus hijos, como A.Jeremias sostiene en su *Die Panbabylonisten, der alte Orient und die ägyptische Religion* (Leipzig, 1907), siguiendo las explicaciones de C.P.Tiele del mito de Cronos (véase *Mythology of All Races*, Boston, 1916, I, 6-7), es muy remota y en cualquier caso no habría sido comprendida por el escriba que copió este viejo texto y lo amplió.

25. Véase Müller, *Liebespoesie der alten Agypter*, pág. 17, donde una joven enamorada declara que defenderá a bastonazos su filtro. La «Confesión Negativa» (pág. 186), sin embargo, enumera este uso entre los pecados más abominables.

26. Este destacado manuscrito, que data del siglo III a.C., constituyendo así el último producto de la literatura egipcia pagana, ha sido traducido por F.Ll. Griffith y H. Thompson (*The Demotic Magical Papyrus of London and Leiden*, Londres, 1904), donde también se mencionan otros documentos de este tipo.

27. Westcar Papyrus, ed. A.Erman, *Die Märchen des Papyrus Westcar*, Berlín, 1890 (véase también Petrie, *Egiptian Tales*, I, 9 y ss., y Maspero, *Les Contes populaires de l'Egipte ancienne*, 3a. ed., París, 1906, págs. 25 y ss).

28. Véase Griffith, *Stories of the High Priest of Memphis*, pág. 103 (también traducido en los libros mencionados en la nota precedente).

29. Véase W.H. Worrell, «Ink, Oil and Mirror Gazing Ceremonies in Modern Egypt», en *Journal of the American Oriental Society,* XXXVI, 37-53 (1917).

30. Véase págs. 65-66, para esta selección de dioses. La inscripción dada por Daressy, *Textes et dessins magiques*, pág 46, los llama «estos dioses que otorgan la protección pedida por N.N.». Tales objetos han sido encontrados principalmente en tumbas y son discutidos por F.Legge, en *PSBA*, XXVII, 130-52, 297-303 (1905), XXVIII, 159-70 (1906) y M.A. Murray, *ib*., XXVIII, 33-43 (1906).

31. Griffith y Thompson, *op. cit*., Lámina XX, II, 28 y ss.; texto, pág. 133. Contiene muchos elementos no egipcios (véase notas 32, 44).

32. Mutilaciones del hebreo Yô (=YHVH) S^{e}bhaôth («Jehovah de las Multitudes»).

33. Es decir, «Yo soy él».

34. Es decir, posee el sol y la luna.

35. Griffith y Thompson, *op. cit*., Lámina XIX, II, 33 y ss.; texto, pág. 127.

36. *Heber* (¿«ángel»?).

37. Literalmente, «el grande en secretos».

38. La palabra *behen* («ladrar») es reconocible, de modo que podríamos traducir, más libremente, «señor de los ladridos».

39. Quizás una alusión a los cuatro hijos de Horus u Osiris (véase pág. 115) y también a Anubis.

40. Copto *kolch*, «dobla».

41. Literalmente, «derriba».

42. El significado es, «Deja que esta mordedura de perro sea tan inefectiva como los intentos de los poderes de la oscuridad para devorar al sol» (págs. 80, 109).

43. Una alusión al dolor ardiente de la herida, aunque al mismo tiempo parece referirse a una conflagración cósmica. En este acontecimiento hay una de las pocas sugerencias de conflagración escatológica o cosmogónica, conceptos que con frecuencia se funden uno con el otro (véase Cap. V, nota 104).

44. Véase nota 32. He aquí una interesante variante, *ab-iaho*, «Padre de Jehovah», el que precede incluso al dios eterno.

45. Véase pág. 119. La leyenda aparece en la Estela Metternich (ed. W. Golenisheff, Leipzig, 1877), Verso A, 11, 48 y siguientes.

46. Es decir, un hombre de buen nacimiento y educación sabe cómo obedecer.

47. Esta «ciudad cocodrilo» no es la Psoïs del Alto Egipto.

48. Literalmente, «mujeres de esposos».

49. Estos cuatro versos sobre el fuego parecen incongruentes; su inserción

se debe quizás a que el texto original puede haber declarado que la picadura ardía como fuego.

50. El texto también declara (l, 67) que la pobre mujer fue recompensada por su bondad: «Ella (es decir, Isis) llenó la casa de la pobre mujer con viandas (?), porque había abierto las puertas de su casa, al contrario del rico, quien se quedó lamentándose». Esta parte de la leyenda, sin embargo, no es esencial para el hechicero, quien la menciona sólo de pasada.

51. Para otros mitos usados como encantamientos mágicos, véase págs. 81-86, 127-28, 128-29.

CAPÍTULO XIII

1. Para las figuras humanas que, en el comienzo del período histórico, comienzan a reemplazar parcialmente los cuerpos animales, con el resultado de esas figuras extrañamente combinadas, véase págs. 161-64.

2. Para errores o dudas, véase, por ejemplo, págs. 60, 167.

3. Sobre la antigüedad de la expresión artística de esta tendencia en la composición de figuras semihumanas de las deidades, véase pág. 163.

4. Para el sistema cósmico subyacente a este agrupamiento, véase págs. 50-53.

5. Para la eneada, véase G.Maspero, en *RHR*, XXV, 1-48 (1892).

6. Véase, por ejemplo, *Pyr*, 2009, donde Atum es identificado con Osiris.

7. Cap. CLXII.

8. *Libro de los Muertos*, ed. Naville, XVII, 6 y siguientes.

9. *Destrucción de los hombres*, ed. E, Naville, en TSBA, IV, 1-19 (1876), VIII, 412-20 (1885), L, 85; véase también págs. 76-81, 87-88 para esta colección de mitos. Esta parte es anterior a las otras historias tomadas de esa colección.

10. Véase Cap. VII, nota 99, para esta tierra de amaneceres. Este país es por lo general ubicado en el sur (véase págs. 107-09, etcétera).

11. Anotado por Renouf, *Religion of Ancient Egypt,* pág. 229, copiado completamente por J. H. Breasted, en *AZ*, XXXIX, 39-54 (1901) (véase del mismo erudito, «The First Philosopher», en *The Monist*, XII, 321-36 [1902]), y más elaboradamente discutido por A.Erman, en *SBAW*, 1911, págs. 925-50. Es aún ininteligible en parte. Su edad no debe ser sobrestimada; el pensamiento religioso no es el de la Era de las Pirámides.

12. La argumentación es la siguiente: el diluvio primordial, manifestado sobre la tierra en el océano (Nuu) y —para obtener un par creador (véase pág. 50)— en Nekhbet como el Nilo femenino (pág. 48), es simplemente una revelación del dios memfítico de los comienzos. El sol en su designación heliopolitana debe tomar un segundo lugar después del principio acuoso, que se muestra en sí mismo en cada una de las partes de la creación. En otros aspectos, el sistema helipolitano, adaptado a la idea memfítica de los comienzos cósmicos, fue la continuación. La confusión entre divinidades masculinas y femeninas fue un paso, bastante raro y osado, en el primer período.

13. El resto del documento se relaciona con las tradiciones del mito osiriano de una manera más conservadora.

14. Véase también pág. 68 para su encarnación, Mendés, como el dios cósmico de los cuatro elementos.

15. Texto publicado por Brugsch, *Religion*, pág. 515. Los Textos Piramidales (2067) no pueden aún elevarse sobre el concepto de un dios que sostiene los cielos y se yergue de pie sobre la tierra.

16. A. Erman, en *AZ*, XXXVIII, 30 (1900). En los primeros tiempos Osiris no es aún completamente entendido como la deidad de toda la naturaleza, aunque aparece en todas sus formas cambiantes (págs. 96-99).

17. Brugsch, *Reise nach der grossen Oase Khargeh*, Lámina XXVII; algunos extractos han sido traducidos por Renouf, *Religion of Ancient Egypt*, pág. 240.

18. Traducido por Budge, *Gods*, I, 339.

19. *Harris Magic Papyrus,* VIII, 9 y siguientes.

20. Quizá sea correcto leer «enano de oro». Una estatura anormal puede parecer tanto enana como gigantesca (pág. 63).

21. Véase pág. 95 para esta forma de Busiris-Dêdu.

22. Un nombre alterado, posiblemente también se lea «Maga» (pág. 114).

23. Esto parecería explicar «Helipolitano» como el título de Osiris (Cap. VI, nota 3).

24. El manuscrito confunde dos palabras similares que significan «choza» (es decir, cabina) y «nave».

25. Más exactamente, «mono de larga cola, tití».

26. Probablemente alterado y restaurado, «apagado (‘*akhem*) sólo por los abismos».

27. O «de Triphis»; véase pág. 148, y la nota correspondiente, de acuerdo a la cual podría establecerse el primer sentido del nombre «Diosa en un Santuario».

28. Véase *Mythology of All Races*, Boston, 1916, I, 29-30.

29. *Harris Magic Papyrus*, VII, 6.

30. Véase pág. 29 y Cap. V, nota 84, sobre la isla de las llamas como posible base de esta idea.

31. La exacta vocalización es dudosa, y la pronunciación Ikhnatón es particularmente bastante incierta.

32. Para las primeras huellas de tales amalgamas, véase el mito dado en págs. 81-86 y los antiguos comentarios citados en págs. 220-22. Es verdad que la tendencia no encuentra su clara expresión hasta después del rey herético, pero, como hemos repetidamente demostrado, pueden buscarse sus huellas mucho antes de él.

33. La mejor edición del texto original es la de Davies, *Rock Tombs of El Amarna*, VI, Lámina XXVII. J.H. Breasted, *De hymnis in solem sub Amenophide IV conceptis*, Berlín, 1894, fue el primero en ocuparse de esta importante inscripción, que desde entonces ha encontrado muchos traductores, pero que aún presenta un buen número de dificultades. A pesar de la opinión de muchos eruditos, el himno no pudo haber sido compuesto por el rey mismo (véase nota 44).

34. Por implicación esto también puede significar «crecimiento».

35. Quizá la más correcta traducción de red es «crecimiento».

36. A partir de las siguientes palabras, el texto erróneamente añade, «desde».

37. Es decir, está predestinada (véase pág. 55 para la vieja idea de la predestinación).

38. Es decir, el color, la complexión de las varias razas humanas. En la primera tradición de igual modo Horus es el patrón de estas razas; en otras palabras, el sol los quema en diferentes matices.

39. Esto podría también significar «cansado de ellos» (así Griffith, en Davies, *Rock Tombs of El Amarna*, VI, 30), pero una alusión al mito del sol apartado de la tierra (véase págs. 78-81) no parece estar en armonía con el tono jubilante del himno. Este pasaje permanece oscuro.

40. Corrección del texto a *tekheb*.

41. El verbo está omitido.

42. Corrección del texto a *ellas*.

43. Literalmente «dan el pecho».

44. Estas líneas muestran que el autor del himno no era el monarca mismo (véase nota 33), sino un cortesano del faraón reformista. Este ahora comprende la naturaleza divina del sol pues su gracioso soberano lo ha instruido en la nueva sabiduría.

45. Literalmente «por tus miembros».

46. Una traducción conjetural que implica muchas correcciones del texto.

47. Texto, a «ellos».

48. O, quizá, «desde» (véase la expresión paralela en el Cap. V, nota 22).

49. Para una ampliación de esto, véase Davies, *Rock Tombs of El Amarna*, IV, Lámina XXXIII; ha sido traducido por Griffith, *ib.*, VI, 28.

50. Esta tendencia en la literatura egipcia es establecida por A. Erman, *Religion*, págs. 98 y ss., y en *SBAW*, 1911, pág. 1086. Desafortunadamente no podemos determinar hasta qué punto este cambio de estilo literario corresponde a un verdadero despertar religioso.

51. Mariette, *Les Papyrus égyptiens du musée de Boulaq*, Lámina XVII; véase también Chabas, *Maximes d'Ani*, pág. 91; y también Cap. XI, nota 5.

52. Aparentemente aludiendo a la deidad en su tranquilo y oculto santuario, donde no puede ser molestada más de lo absolutamente necesario.

53. Posiblemente significando «pensamientos», o quizá «sus palabras», refiriéndose al corazón.

54. *Sallier Papyrus*, I, VIII, 4.

55. Literalmente, «el que encuentra su boca».

56. A. Erman, en *SBAW*, 1911, pág. 1089.

57. Lámina XVI; Chabas, *Maximes d'Ani*, pág. 31.

58. Literalmente, «repite».

59. A. Erman, en *SBAW*, 1911, pág. 1102, después G. Maspero, en *RT*, IV, 143 (1883).

60. *Ibid.*

61. Es decir, ¿cómo una cuestión de propiedad?

62. A. Erman, en *SBAW*, 1911, pág. 1101. Nótese cómo en todas estas inscripciones se considera necesario una confesión pública del pecado.

63. O, quizá, «conoce».

64. A. Erman, en *SBAW*, 1911, pág. 1109.

65. *Anastasi Papyrus*, II, X, 5 y siguientes.

66. Así el manuscrito corregido después de la colación del original en Londres, por el presente escritor.

67. Literalmente, «vientre».

68. Es decir, sin cerebro, estúpido.

69. Los últimos versos, que son muy oscuros, pueden ser comprendidos como un vagabundear sin esperanzas en círculos. «Mi tiempo» puede quizá significar el tiempo de retornar al redil, siguiendo el símil del buey.

70. Véase Müller, *Egyptological Researches*, II, 149.

71. Mariette, *Les Papyrus égyptiens du musée de Boulaq*, No. 17 (Láminas XI y ss.); el texto en cuestión ha sido especialmente estudiado por E.Grébaut, «Hymne à Ammon-Ra», en *Revue archéologique*, nueva serie, XXV, 384-97 (1873).

72. Esta parte del himno era originalmente una alabanza a Mîn (véase págs. 132, 140-41), como también se demuestra por la estela del Louvre C 30.

73. Se ha perdido el nombre de algún santuario. Véase las pinturas de las capillas de Mîn dadas en pág. 141.

74. Véase págs. 141, 132 para el uso de esta cinta con Mîn y Amón.

75. Es decir, de Buto y Nekhbet; véase pág. 135.

76. Es decir, el rey.

77. Un pasaje importante para mostrar que el monstruoso enemigo del sol es el océano (págs. 108-09).

78. Literalmente «color» (véase nota 38).

79. La paranomasia del original es intraducible al inglés; los términos egipcios aquí utilizados para «conocimiento» y «sabiduría» también significan «satisfacción» y «abundancia».

80. El manuscrito dice «escucha».

81. Esta palabra también significa «belleza».

82. Corrección del manuscrito a *sanehem* y *khnems*.

83. Véase pág. 227 para la imagen del disco solar, «que es enviado por sus brazos» (véase pág. 228).

84. Véase los ejemplos dados en las págs. 115-17, 121-22, 128-29.

85. Un mono aparece también como el arquero solar, siendo quizás una confusión con Thout (Rosellini, *Monumenti del culto*, Lámina XLII). Para la concepción griega de la vida después de la muerte penetrando en una inscripción egipcia, véase Cap. X, nota 21.

86. Una concepción similar es expresada tan tempranamente como en los poemas homéricos, como cuando la *Iliada*, I, 423, habla de «los inocentes etíopes» (véase también *Odisea*, I, 22 y ss., *Iliada*, XXIII, 205-07).

87. Véase Legge, *Forerunners and Rivals of Christianity*, cap. II.

88. Véase W.M. Flinders Petrie, *Personal Religion in Egypt before Christianity*, Londres, 1909; G.R.S.Mead, *Fragments of a Faith Forgotten*, Londres, 1900, y *Thrice-Greatest Hermes*, 3 vols., Londres, 1906; R.Reitzenstein, *Poimandres*, Leipzig, 1904.

BIBLIOGRAFÍA

I. ABREVIATURAS

ABAW	*Abhandlungen der Berliner Akademie der Wissenschaften*
AR	*Archiv für Religionswissenschaft*
AZ	*Zeitschrift für ägyptische Sprache und Altertumskunde*
JA	*Journal Asiatique*
MVG	*Mitteilungen der vorderasiatischen Gesellschaft*
OL	*Orientalistische Literaturzeitung*
PSBA	*Proceeding of the Society of Biblical Archæology*
Pyr	*Pyramid Text* (ed. K. Sethe) [Textos Piramidalcs]
Pyr. M	*Text of the Pyramid of Mri-n-rê' I*
Pyr. N	*Text of the Pyramid of Nfr-k'-r' Pipi II*
Pyr. P	*Text of the Pyramid of Pipi*
Pyr. T	*Text of the Pyramid of Tti*
Pyr. W	*Text of the Pyramid of Wn-is*
RHR	*Revue de l'histoire des religiones*
RP	*Records of the Past*
RT	*Recuil de travaux relatifs à la philologie et à l'archéolo gie égiptiennes et assyriennes*
SBAW	*Sitzungsberichte der Berliner Akademie der Wissenschaften*
TSBA	*Transactions of the Society of Biblical Archæology*

II. BIBLIOGRAFÍA PROPIAMENTE DICHA

Ahmed Bey Kamal, «Les Idoles arabes et les divinités égyptiennes», en *RT*, XXIV, 11-24 (1902).

Akmar, E. *Le Papyrus magique Harris*. Upsala, 1916.

Amélineau, A. «Un Tombeau égiptien», en *RHR*, XXIII, 137-73 (1891).

—. *Essai sur l'evolution historique et philosophique des idées morales dans l'Egypte ancienne*. París, 1895.

—. «Du rôle des serpents dans les croyances religieuses de l'Egypte», en *RHR*, LI, 335-60 (1905), LII, 1-32 (1905).

—. «Le Culte des rois préhistoriques d'Abydos sous l'ancien empire égyptien», en *JA*, X, VII, 233-72 (1906).

—. *Prolegomènes à l'étude de la religion égiptienne*. París, 1907.

Ani Papyrus. Véase Budge, E. A. W.

Anónimo, *Select Papyri in the Hieratic Character from the Collections of the British Museum*. 2 vols. Londres, 1841-60.

—. *Hieroglyphic Texts from Egyptian Stelae, etc. in the British Museum*, 5 vols. Londres, 1911-14.

Baillet, J. *Introduction à l'étude des idées morales dans l'Egypte antique*. París, 1912.

Bénédite, G. *Description et histoire de l'île de Philæ, etc.* 2 vols. París, 1893.

Benson, M. y Gourlay, J. *The Temple of Mut in Asher*. Londres, 1899.

Bergmann, E. von, *Das Buch vom Durchwandeln der Ewigkeit*. Viena, 1877.

—. *Hieroglyphische Inschriften gesammelt während einer im Winter, 1877, 78 unternommenen Reise in Aegypten*. Viena, 1879

Birch, S. «On the Shade or Shadow of the Dead», en *TSBA*, VIII, 386-97 (1885).

Blackman, A.M. «The Nubian God Arsenuphis as Osiris», en *PSBA*, XXXII, 33-36 (1910).

Bonomi, J. y Sharpe, S. *The Alabaster Sarcophagus of Oimenepthah I, King of Egypt*. Londres, 1864.

Book of that Which is in the Lower World (Libro de Aquel que Está en el Mundo Inferior). Véase Budge, E. A. W. *Egyptian Heaven and Hell*.

Book of the Dead (Libro de los Muertos). Véase Budge, E. A. W.;

Lepsius, C.R.; Naville, E; Renouf, Sir P. Le Page, y Naville, E.
Book of the Gates (Libro de los Portales). Véase Budge, E.A.W., *Egyptian Heaven and Hell*.
Borchardt, L. *Das Grabdenkmal des Königs Sa'hu-re'*. 2 vols. Leipzig, 1910-13.
Breasted, J. H. *De hymnis in solem su rege Amenophide IV conceptis*. Berlín, 1894.
—. *Ancient Records of Egypt*. 5 vols. Chicago, 1906-7.
—. *Development of Religion and Thought in Ancient Egypt*. Nueva York, 1912.
Brooksbank, F.H. *Stories of Egyptian Gods and Heroes*. Nueva York, 1914.
Brugsch, H.K. *Saï An Sinsin sive liber metempsychosis veterum Ægyptiorum*. Berlín, 1851.
—. *Reise nach der grossen Oase El Khargeh*. Leipzig, 1878.
—. *Dictionnaire géographique de l'ancienne Egypte*. Leipzig, 1879-80.
—. «Das Osiris-Mysterium von Tentyra», en *AZ*, XIX, 77-111 (1881).
—. *Thesaurus inscriptionum Ægypticarum*. 6 vols. Leipzig, 1883-91.
—. *Religion und Mythologie der alten Agypter*. 2 vols. Leipzig, 1885-88. 2a. ed. Leipzig, 1891.
Brugsch, H.K. y Dümichen, J. *Recuil de monuments égyptiens*. 4 vols. Leipzig, 1862-85.
Budge, E. A. W. «The Hieratic Papyrus of Nesi Amsu», en *Archæologia*, LII, 393-608 (1890).
—. *The Mummy*. Cambridge, 1893.
—. *Papyrus of Ani*. 2 vols. Londres, 1894-95.
—. *The Book of the Dead* (El Libro de los Muertos). 3 vols. Londres, 1898.
—. *Egyptian Magic*. Londres, 1899.
—. *Egyptian Religion*. Londres, 1900.
—. *Egyptian Idas of the Future Life*. 2a. ed. Londres, 1900.
—. *The Gods of the Egyptians*. 2 vols. Londres, 1904.
—. *The Egyptian Heaven and Hell*, 3 vols. Londres, 1906.
—. *The Book of Opening the Mouth*. 2 vols. Londres, 1909.
—. *The Liturgy of Funerary Offerings*. Londres, 1909.

—. *Facsimiles of Egyptian Hieratic Papyri in the British Museum*. Londres, 1910.
—. *Osiris and the Egyptian Resurrection*. 2 vols. Londres, 1911.
—. *Greenfield Papyrus*. Londres, 1912.
—. *Legends of the Gods*. Londres, 1912.
Capart, J. «La Fête de frapper les anou», en *Actes du premier congrès international d'histoire des religions*, II, 1-26. París, 1902. (También en *RHR*, XLIII, 249-74 [1901].)
Chabas, F. *Le Papyrus magique Harris*. Châlon-sur-Saône, 1860. Traducción inglesa en *RP*, X, 137-58.
—. «Horus sur les cocodriles», en *AZ*, VI, 99-106 (1868).
—. *Le Calendrier des jours fastes et néfastes*. Châlon-sur-Saône, 1870.
—. *Les Maximes du scribe Ani*. Châlon-sur-Saône, 1876.
Champollion, J.F. *Panthéon égyptien*. París, 1825.
—. *Monuments de l'Egypte et de la Nubie*. 4 vols. París, 1835-45.
—. *Notices déscriptives conformes aux notices autographes rédigées sur les lieux*. (Ed. J.J. Champollion Figeac, E.de Rougé, y G. Maspero.) 2 vols. París, 1844-79.
Chassinat, E. «Le Livre de protéger la barque divine», en *RT*, XVI, 105-22 (1894).
—. *Le Temple d'Edfou*. 2 vols. París, 1897.
—. «Lesde Manéthon et la troisième ennéade héliopolitaine», en *RT*, XIX, 23-31 (1897).
Cumont F. *Oriental Religions in Roman Paganism*. Chicago, 1911.
Daressy, G. «Une ancienne liste des décans égyptiens», en *Annales du service des antiquités de l'Egypte*, I, 79-90 (1900).
—. *Textes et dessins magiques*, El Cairo, 1903.
—. «Hymne à Khnoum», en *RT,* XXVII, 82-93, 187-93 (1905).
—. *Statues de divinités*. 2 vols. El Cairo, 1905-06.
—. «Une Nouvelle Forme d'Amon», en *Annales du service des antiquités de l'Egypte*, IX, 64-69 (1908).
—. «Litanies d'Amon du temple du Louxor», en *RT*, XXXII, 62-69 (1910).
—. «Thouéris et Meskhenit», en *RT*, XXXIV, 189-93 (1912).
Davies, N. de G.*The Mastaba of Ptahhetep and Akhethep at Saqqareh*. 2 vols. Londres, 1900-01.

—. *The Rock Tombs of Deir el Gebrâwi*. 2 vols. Londres, 1902.

—. *The Rock Tombs of El Amarna*. 6 vols. Londres, 1903-08.

—. *Five Theban Tombs*. Londres, 1913.

De Morgan, J.H. *De la frontière de Nubie à Kom Ombos*. 3 vols. Viena, 1894-1909.

—. *Fouilles à Dahchour*. París, 1895.

Destruction of Men (Destrucción de los hombres). Véase Naville, E.

Dümichen, J. *Altägyptische Tempelinschriften*. Leipzig, 1867.

—. *Der Grabpalast des Patuamenap*. 3 vols. Leipzig, 1884-85.

Ebers, G. *Agypten un die Bücher Moses*. Leipzig, 1868.

Erman, A. *Die Märchen des Papyrus Westcar*. Berlín, 1890.

—. «Der Zauberpapyrus des Vatikan», en *AZ*, XXXI, 119-24 (1893).

—. «Gespräch eines Lebensmüden mit seiner Seele», en *ABAW*, 1896, no. 2.

—. «Zaubersprüche für Mutter und Kind», en *ABAW*, 1901, no. 1.

—. *Hierastische Papyrus aus den königlichen Museen zu Berlin*. 5 vols. Leipzig, 1901-11.

—. *Die altägyptische Religion*. 2a. ed. Berlín, 1909. Trad. inglesa, *Handbook of Egyptian Religion*, Londres, 1907.

—. «Hymnen an das Diadem der Pharaonen», en *ABAW*, 1911, no. 2.

—. «Ein Denkmal memphitischer Theologie», en *SBAW*, 1911, págs. 916-50.

Ermoni, V. *Religion de l'Egipte ancienne*. París, 1910.

Foucart, G. «Sur le culte des statues funéraires dans l'ancienne Egypte», en *RHR*, XLIV, 40-61, 337-69 (1901).

—. «Recherches sur les cultes d'Héliopolis», en *Sphinx*, X, 160-225 (1906).

Gardiner, A.H. «Egypt: Ancient Religion», en *Encyclopædia Britannica*, 11a. ed., IX, 48-57.

—. *Admonitions of an Egyptian Sage*. Leipzig, 1909.

Garstang, J. *Burial Customs of Ancient Egypt*. Londres, 1907.

Gauthier, H. «La Déese Triphis», en *Bulletin de l'Institut français de l'archéologie orientale*, III, 165-81 (1903).

Gautier, H. E. y Jéquier, G. *Mémoire sur les fouilles de Licht*. El Cairo, 1902.

Gayet, A. *Musée du Louvre: Stèles de la douzième dynastie*. 2 vols. París, 1886.

—. *Le Temple de Louxor*, París, 1894.
Golenisheff, W. *Die Metternichstele*. Leipzig, 1877.
Goodwin, C.W. «Translation of an Egyptian Hymn to Amen», en *TSBA*, II, 250-63 (1873).
Grapow, H. «Bedrohungen der Götter durch den Vertorbenen», en *AZ*, XLIX, 48-54 (1911).
Grébaut, E. *Hymne à Ammon-Ra*. París, 1874.
—. «Des deux yeux du disque solaire», en *RT*, I, 72-87, 112-31 (1880).
Grenfell, Alice, «The Iconography of Bes and of Pœnician Bes-Hand Scarabs, etc., for the Deceased», en *RT*, XXX, 105-20 (1908).
Griffith, F.Ll. The Inscriptions of Siut and Dêr Rîfeh. Londres, 1889.
—. *The Petrie Papyri: Hieratic Papyri from Kahun and Gurob*. Londres, 1898.
—. *Stories of the High Priest of Memphis*. Oxford, 1900.
—. «Herodotus II. 90. Apotheosis by Drowning», en *AZ*, XLVI, 132-34 (1909).
Griffith, F.Ll. y Thompson, H. *The Demotic Magical Papyrus of London and Leiden*, Londres, 1904.
Gsell, S. «Les Cultes égyptiens dans le nord-ouest de l'Afrique sous l'empire romain», en *RHR*, LIX, 149-59 (1909).
Guieysse, P. «Hymne au Nil», en *RT*, XIII, 1-26 (1890). Trad. inglesa en *RP*, nueva serie, III, 48-54.
Guimet, E. «Les Ames égyptiennes», en *RHR*, LXVIII, 1-17 (1913).
Harris Magic Papyrus. Véase Akmar, E. y Chabas, F.
Herodoto. Véase Wiedemann, A.
Historical Papyrus of Turin. Véase Pleyte W. y Rossi, F.
Hommel, F. «Zum babylonischen Ursprung der ägyptischen Kultur», en *Memnon*, I, 80-85, 207-10 (1907).
Hopfner, T. *Tierkult der alten Aegypter*. Viena, 1913.
Horrack, P.J. d', *Le Lamentations d'Isis et de Nephthys*. París, 1866. Traduc. inglesa en *RP,* II, 119-26.
—. *Le Livre des respirations*. París, 1877. Trad. inglesa en *RP,* IV, 121-28.
Jablonski, P.E. *Pantheon Ægypticum*. 3 vols. Frankfort, 1750-52.
Jacoby, A. y Spiegelberg, W. «Der Frosch als Symbols der Auferstehung bei den Aegyptern», en *Sphinx*, VII, 215-28 (1903).
Jéquier, G. *Le Livre de ce qu'il y a dans l'Hadès*. París, 1894.

—. *Le Papyrus Prisse et ser variantes*. París, 1911.
Jeremias. A. *Die Panbabylonisten, der alte Orient und die ägyptische Religion*. Leipzig, 1907.
Joubin, A. «Scène d'initiation aux mystères d'Isis sur un relief crétois», en *RT*, XVI, 162-66 (1894).
Junker, H. *Die Stundenwachen in den Osirismysterien*. Viena, 1910.
—. «Die Schlacht-und Brandopfer un ihre Symbolik im Tempelkult der Spätzeit», en *AZ*, XLVIII, 69-77 (1910).
—. «Die sechs Teile des Horusauges und der 'sechste Tag'», en *AZ,* XLVIII, 101-06 (1910).
—. «Der Auszug der Hathor-Tefnut aus Nubien», en *ABAW*, 1911, Anhang, no. 3.
Kees, H. «Eine Liste memphitischer Götter im Tempel von Abydos», en *RT*, XXXVII, 57-76 (1915).
King, L.W. y Hall, H.R. *Egypt and Western Asia in the Light of Recent Discoveries*. Londres, 1907.
Knight, A.E. *Amentet: An Account of the Gods, Amulets, and Scarabs of the Ancient Egyptians*. Londres, 1915.
Kristensen, W.B. *Agypternes forestillinger om livet efter döden*, Copenhague, 1896.
Lacau, P. *Sarcophages antérieurs au nouvel empire*. 2 vols. El Cairo, 1904.
—. *Textes religieux égyptiens*. París, 1910.
Lafaye, G. *Histoire du culte des divinités d'Alexandrie, Sérapis, Isis, Harpocrate et Anubis, hors de l'Egypte*. París, 1884.
Lange, H.O. «Die Aegypter», en P.D.Chantepie de la Saussaye, *Lehrbuch der Religionsgeschichte*, I, 172-245, 3a. ed. Tübingen, 1905.
Lanzone, R.V. *Le Domicile des esprits*. París, 1879.
—. *Dizionario di mitologia egizia*, Turín, 1881-86.
Lefébure, E. *Le Mythe osirien*, 2 vols. París, 1874-75.
—. «L'Etude de la religion égyptienne», en *RHR,* XIV, 26-48 (1886).
—. «L'Œuf dans la religion égyptienne», en *RHR,* XVI, 16-25.
—. *Rites égiptiens*. París, 1890.
—. «L'Animal typhonien», en *Sphinx,* II, 63-74 (1898).
—. «Le Sacrifice humain d'après les rites de Busiris et d'Abydos», en *Sphinx*, III, 129-64 (1900).

—. «Le Paradis égyptien», en *Sphinx*, III, 191-222 (1900).
—. «Khem et Ammon», en *Sphinx*, IV, 164-70 (1901).
—. «L'Arbre sacré d'Héliopolis», en *Sphinx*, V, 1-22, 65-88 (1902).
—. «Osiris à Byblos», en *Sphinx*, V. 210-20 (1902), VI, 1-14 (1903).
—. «Le Vase divinatoire», en *Sphinx*, VI, 61-85 (1903).
—. «Les Dieux du type rat dans le culte égyptien», en *Sphinx*, VI, 189-205 (1903), VII, 25-26 (1903).
—. «La Vertu du sacrifice funéraire», en *Sphinx*, VII, 185-209 (1903), VIII, 1-51 (1904).
—. «Le Bucrâne», en *Sphinx*, X, 67-129 (1906).
—. «The Book of Hades», en *RP*, X, 79-134, XII, 3-35.
Legge, F. «Magic Ivories of the Middle Empire», en *PSBA*, XXVII, 130-52, 297-303 (1905), XXVIII, 159-70 (1906).
—. «The Greek Worship of Serapis and Isis», en *PSBA*, XXXVI, 79-99 (1914).
—. *Forerunners and Rivals of Christianity*, cáp. II. 2 vols. Cambridge, 1915.
Lemm, O. von, *Studien zum Ritualbuch des Amondienstes*. Leipzig, 1882.
Lepsius, C.R. *Das Todtenbuch der Aegypter*. Leipzig, 1842.
—. *Auswahl der wichtigsten Urkunden des ägyptischen Alterthums*. Leip-zig, 1842.
—. *Denkmäler aus Agypten un Athiopien*, 12 vols. Berlín, 1849-56 (Ed. revisada de E.Naville, L. Borchardt y K. Sethe. 6 vols. Leipzig, 1897-1913).
—. «Ueber den ersten ägyptischen Götterkreis und seine geschichtlich-mythologische Entstehung», en *ABAW*, 1851, págs. 157-214.
—. «Ueber die Götter der vier Elemente», en *ABAW*, 1856, págs. 181-234.
Leyden-London Gnostic Papyrus. Véase Griffith, F. Ll. y Thompson, H.
Lieblein, J. *Gammelaegyptisk Religion*. 2 vols. Christiania, 1883-85. Resumen en inglés en su *Egyptian Religion*. Christiania, 1884.
—. *Le Livre égyptien... Que mon nom fleurisse*. Leipzig, 1885.
Loret, V. «Les Fêtes d'Osiris au mois de Khoiak», en *RT*, III, 43-57 (1882), IV, 21-33 (1883), V, 85-103 (1884).
—. «L'emblème hiéroglyphique de la vie», en *Sphinx*, V, 138-47 (1902).
—. «Horus-le-faucon», en *Bulletin de l'Institut français de l'archéologie orientale*, III, 1-24 (1903).

Mahler, E. «Notes on the Funeral Statuettes of the Ancient Egyptians, Commonly Called Ushabti Figures», en *PSBA*, XXXIV, 146-51 (1952).

—. «The Jackal-Gods on Ancient Egyptian Monuments», en *PSBA*, XXXVI, 143-64 (1914).

Manetón, ed. C.Müller, *Fragmenta historicorum Græcorum*, II, 511-616. París, 1848.

Mariette, A. E. *Abydos*, 3 vols. París, 1869-80.

—. *Dendérah*. 4 vols. París, 1870-74.

—. *Les Papyrus égyptiens du musée de Boulaq*. 3 vols. París, 1871-76.

—. *Monuments diverses recueillis en Egypte et en Nubie*. 2 vols. París, 1872-89.

—. «Identification des dieux d'Herodote avec les dieux égyptiens», en *Revue archéologique*, 111, IV, 343-50 (1884).

—. *Les Mastaba de l'ancien empire*. París, 1889.

Maspero, G. «Egytian Documents relating to the Statues of the Dead», en *TSBA*, VII, 6-36 (1882).

—. «Mémoire sur quelques papyrus du Louvre», en *Notices et extraits des manuscrits de la Bibliothèque Nationale*, XXIV, 1-123 (1883).

—. «Sur l'enéade», en *RHR*, XXV, 1-48 (1892).

—. *Etudes de mythologie et d'archéologie égyptiennes*. 7 vols. París, 1893-1900.

—. «La Table d'offrandes des tombeaux égyptiens», en *RHR*, XXXV, 275-330 (1897), XXXVI, 1-19 (1897).

—. *Les Contes populaires de l'Egypte ancienne*. 4a. ed. París, 1911. Trad. inglesa, Londres, 1915.

—. «Le Ka des Egyptiens est-il un génie ou un double?», en *Memnon*, VI, 125-46 (1913).

Mead, G.R.S. *Fragments of a Faith Forgotten*. Londres, 1900.

—. *Thrice-Greatest Hermes*. 3 vols. Londres, 1906.

Meyer, E. *Set-Typhon*. Leipzig, 1875.

—. «Die Entwickelung der Kulte von Abydos un die sogenannten Schackalsgötter», en *AZ,* XLI, 97-107 (1904).

Möller, G. *Hieratische Lesestücke*, 3 partes. Leipzig, 1909-10.

—. *Die bieden Totenpapyrus Rhind*. Leipzig, 1913.

Moore, G.F. *History of Religions*, Cap. H, VIII-IX. Edimburgo, 1913.
Moret, A. *Du caractère religieuse de la royauté pharaonique*. París, 1902.
—. *Le Ritual du culte divin journalier en Egypte*. París, 1902.
—. *La Magie dans l'Egypte ancienne*. París, 1907.
—. «Du sacrifice en Egypte», en *RHR,* LVII, 81-101 (1908).
—. *Mystères égyptiens*. París, 1913.
—. «Le Ka des Egyptiens est-il un ancien totem?», en *RHR,* LXVII, 181-91 (1913).
Müller, W. Max, *Asien und Europa nach altägyptischen Denkmälern*. Leipzig, 1893.
—. *Die Liebespoesie der alten Agypter*. Leipzig, 1899.
—. «Der Gott Proteus in Memphis», en *OL*, VI, 99-101 (1913).
—. *Egyptological Researches*. 2 vols. Washington, 1906-10.
—. «Der Anspruch auf göttliche Inkarnation in den Pharaonennamen», en *OL*, XII, 1-5 (1909).
—. «Marsyas», en *OL,* XVI, 433-36 (1913).
Murray, Margaret A. «The Astrological Character of the Egyptian Magical Wands», en *PSBA*, XXVIII, 33-43 (1906).
—. «The Cult of the Drowned in Egypt», en *AZ*, LI, 127-35 (1913).
Naville, E. *La Litanie du soleil*. 2 vols. Leipzig, 1875.
—. «La Destruction des hommes par les dieux», en *TSBA*, IV, 1-19 (1876), VIII, 412-20 (1883). Trad. inglesa en *RP*, VI, 105-12.
—. «The Litany of Ra», en *RP*, VIII, 103-28.
—. *Das ägyptische Todtenbuch*. Berlín, 1886.
—. *The Shrine of Saft el Henneh and the Land of Goshen*. Londres, 1888.
—. *The Festival Hall of Osorkon* II. Londres, 1892.
—. *The Eleventh Dynasty Temple at Deir el Bahari*. 7 vols. Londres, 1894-1908.
—. *La Religion des anciens Egyptiens*. París, 1906. Trad. inglesa, *The Old Egyptian Faith*. Londres, 1909.
Nesi-Amsu. Véase Budge, E.A.W.
Newberry, P.E. y Griffith, F.Ll. *Beni Hasan*. 4 vols. Londres, 1893-1900.
Orelli, C. von, «Religion der alten Agypter», en *Allgemeine Religionsgeschichte*, I, 122-81. 2a. ed. Bonn, 1911-13.

Otto, W. *Priester und Tempel im hellenistischen Agypten*. Leipzig, 1905.
Parisotti, A. *Ricerche sul culto di Iside e Serapide*. Roma, 1888.
Petersen, E. «Die Serapislegende», en *AR*, XIII, 47-74 (1910).
Petrie, W.M.F. *Tanis*, 2 vols. Londres, 1885-88.
—. *Egyptian Tales*. 2 vols. Londres, 1895.
—. *Religion and Conscience in Ancient Egypt*. Londres, 1898.
—. *Royal Tombs*. 2 vols. Londres, 1901.
—. *Diospolis Parva*. Londres, 1901.
—. *Abydos*. 3 vols. Londres, 1902-04.
—. *Religion of Ancient Egypt*. Londres, 1906.
—. *Gizeh and Rifeh*. Londres, 1907.
—. *Athribis*. Londres, 1908.
—. *Personal Religion in Egypt Before Christianity*. Londres, 1909.
—. *Memphis*. 6 vols. Londres, 1909-15.
Petrie, W.M.F. y Mackay, E. *Heliopolis, Kafr Ammar, and Shurafa*. Londres, 1915.
Pierret, P. *Etudes égyptologiques*. París, 1873.
—. *Essai sur la mythologie égyptienne*. París, 1879.
—. *Le Panthéon égyptien*. París, 1881.
—. *Le Livre des morts des anciens Egyptiens*. 2a. ed. París, 1907.
—. *Les Interpretations de la religion égyptienne*. París, 1912.
Pietschmann, R. «Der ägyptische Fetischdienst und Götterglaube», en *Zeitschrift für Ethnologie*, X, 153-82 (1878).
Pleyte, W. *Set dans la barque du soleil*. Leyden, 1865.
—. *Etude sur un rouleau magique du musée de Leyden*, 1866.
—. «La Couronne de la justificación», en *Actes du sixième congrès international des orientalistes*, IV, 1-30. Leyden, 1885.
Pleyte, W. y Rossi, F. *Papyrus de Turin*. 2 vols. Leyden, 1869-76.
Plutarco, *De Iside et Osiride*, ed. y trad. G.Parthey. Berlín, 1850.
Preisigke, F. y Spiegelberg, W. *Die Prinz Joachim Ostraka*, Estrasburgo, 1914.
Quibell, J.E. *The Ramesseum*. Londres, 1898.
—. *Hierakonpolis*. 2 vols. Londres, 1900-02.
Ravisi, Textor de, «L'Ame et le corps d'après la théogonie égyptienne», en *Congrès provincial des orientalistes français*, Egyptologie, págs. 171-420. París, 1880.

Read, F.W. «Egyptian Calendars of Lucky and Unlucky Days», en *PSBA*, XXXVIII, 19-26, 60-69 (1916).

Read, F.W. y Bryant. A.C. «A Mythological Text from Memphis», en *PSBA*, XXIII, 160-87 (1901), XXIV, 206-16 (1902).

Reisner, G.A. *Amulets*. El Cairo, 1907.

—. *The Egytian Conception of Inmortality*. Londres, 1912.

Reitzenstein, R. *Poimandres*. Leipzig, 1904.

Renouf, Sir P. Le Page, *Lectures on the Origen and Growth of Religion as I llustrated by the Religion of Ancient Egypt*. Londres, 1880.

—. «Egyptian Mythology, Particularly with Reference to Mist and Cloud», en *TSBA*, VIII, 198-229 (1885).

—. «The Myth of Osiris Unnefer», en *TSBA*, IX, 281-94 (1893).

Renouf, Sir P. Le Page, y Naville, E. *The Egyptian Book of the Dead*. Londres, 1904.

Robiou, F. «La Religion de l'ancienne Egypte et les influences étrangères», en *Congrès scientifique international des Catholiques*, I, 22-60. París, 1889.

Roeder, G. «Sothis und Satis», en *AZ*, XLV, 22-30 (1908).

—. «Der Name und das Tier des Gottes Set», en *AZ*, L, 84-86 (1912).

—. «Das ägyptische Pantheon», en *AR*, XV, 59-98 (1912).

—. «Die ägyptischen 'Sargtexte' und das Totenbuch», en *AR*, XVI, 66-85 (1913).

Rosellini, I, *Monumenti del culto*. 2 vols. Pisa, 1882-84. (Parte III de su *Monumenti dell' Egitto et della Nubia*.)

Rusch, A. *De Serapide et Iside in Græcia cultis*. Berlín, 1906.

Sallier Papyrus. Véase Anónimo, *Select Papyri*.

Sayce, A.H. *The Religions of Ancient Egypt and Babylonia*. Edimburgo, 1902.

Schack-Schackenburg, H. *Buch von den zwei Wegen*. Leipzig, 1903.

Schäfer, H. *Die Mysterien des Osiris in Abydos*. Leipzig, 1903.

Schencke, W. *Amon-Re*. Christiania, 1904.

Schiaparelli, E. *Il Libro dei funerali dei antichi Egiziani*. 2 vols. y atlas. Turín, 1881-90.

Sethe, K. *Die altägyptischen Pyramidtexte*. 2 vols. Leipzig, 1908-10.

—. «Der Name der Göttin Neith», en *AZ*, XLIII, 144-47 (1906).

—. «Der Name des Gottes », en *AZ,* XLIII, 147-49 (1906).

—. «Der Name des Gottes Suchos», en *AZ*, L, 80-83 (1912).
Sethe, K. y Schäfer, H. *Urkunden des ägyptischen Altertums*. 10 vols. Leipzig, 1903-09.
Sourdille, C. *Hérodote et la religion de l'Egypte*. París, 1910.
Spence, L, *Myths and Legends of Ancient Egypt*. Londres, 1915.
Spiegelberg, W. *Demotische Papyrus aus den königlichen Museen von Berlin*. Leipzig, 1902.
—. «Ein ägyptisches Verzeichnis der Planeten und Tierkreisbilder», en *OL*, V, 6-9 (1902).
—. «Der Stabkultus bei den Ægyptern», en *RT*, XXV, 184-90.
—. *Aegyptologische Randglossen zum Alten Testament*. Estrasburgo, 1904.
—. *Die demotischen Denkmäler*. 2 vols. Leipzig, 1904-08.
—. «Der ägyptische Mythus vom Sonnenauge in einem demotischen Papyrus der römischen Kaiserzeit», en *SBAW*, 1915, págs. 876-95.
Steindorff, G. *The Religion of the Early Egyptians*. Nueva York, 1093.
—. «Der Ka und die Grabstatuen», en *AZ*, XLVIII, 152-59 (1910).
Stern, L. «Ein Hymnus an Amon-Ra», en *AZ*, XI, 74-81, 125-27 (1873).
Strauss und Torney, V. von, *Der altägyptische Götterglaube*. 2 vols. Heidelberg, 1889-91.
Tiele, C.P. *Vergelijkende Gerschiedenis der egyptische en mesopotamische Godsdiensten*. 2 vols. Amsterdam, 1869-72. Trad. inglesa de I, *History of the Egyptian Religion*. Londres, 1882.
—. *Geschiedenis van den Godsdienst in de Oudheid*. 2 vols. Amsterdam, 1895-1901.
Tylor, J.J. *The Tomb of Paheri at El Kab*. Londres, 1894.
Vatican Magic Papyrus. Véase Erman, A.
Virey, P. *Etudes sur le Papyrus Prisse, le Livre de Kaqimna et Leçons de Ptah-hotep*. París, 1887.
—. «Le Tombeau de Reckmara», en *Mémoires publiés par les membres de la mission archéologique française au Cairo*, V, 1-195 (1894).
—. *La Religion de l'ancienne Egypte*. París, 1910.
Wescart Papyrus. Véase Erman, A.
Wiedemann, A. «Die Phönix-Sage im alten Aegypten», en *AZ*, XVI, 89-106 (1878).

—. «Maa déese de la vérité et son rôle dans le panthéon égyptien», en *Annales du Musée Guimet*, X, 561-73 (1887).

—. *Die Religion der alten Agypter*. Münster, 1890. Trad. inglesa, Londres, 1897.

—. *Herodot's zweites Buch mit sachlichen Erläuterungen*. Leipzig, 1890.

—. *The Ancient Egyptian Doctrine of the Immortality of the Soul*. Londres, 1895.

—. *Die Todten und ihre Reiche im Glauben der alten Agypter*, Leipzig, 1900. Trad. inglesa, *The Realms of the Egyptian Dead*, Londres, 1901.

—. Religion of Egypt», en *Dictionary of the Bible*, volumen extra, págs. 176-97. Edimburgo, 1904.

—. *Magic und Zauberei im alten Agypten*. Leipzig, 1905.

—. *Die Amulette der alten Aegypter*. Leipzig, 1910.

—. *Tierkult der alten Aegypter*. Leipzig, 1912.

Wilkinson, J.G. *Manners and Custom of the Ancient Egyptians*. 3 vols. Londres, 1837.

Wreszinski, W. «Tagewählerei im alten Agypten», en *AR*, XVI, 86-100 (1913).

Zimmermann, F. *Die ägyptische Religion nach der Darstellung der Kirchenschriftsteller und der ägyptischen Denkmäler*. Paderborn, 1912.

ÍNDICE DE ILUSTRACIONES

ÍNDICE

• OLIMPO •

· TÍTULOS DE LA COLECCIÓN ·

1. Mitología griega,
Francesc Lluis Cardona

2. Mitología romana,
Francesc Lluis Cardona

3. Leyenda y misterio de los aztecas,
J. Tapia Rodríguez

4. Mitología egipcia,
W. Max Müller

5. Mitos y leyendas de los mayas,
R. R. Ayala

6. Seres fabulosos de la mitología,
Joseph M. Walker